《新时代江西文化发展报告（2013—2023）》编辑部

主　编　傅　云　蒋金法　肖洪波

副主编　郎道先　钟小武　陈晓平

编辑部成员（以姓氏拼音为序）

李　靖　李小玉　李志萌　梁　杰　倪爱珍

王广兵　王迎春　汪春翔　张泽兵　朱袁楠

新时代江西文化发展报告

（2013—2023）

主　编　傅　云　蒋金法　肖洪波

副主编　郎道先　钟小武　陈晓平

江西人民出版社
Jiangxi People's Publishing House
全 国 百 佳 出 版 社

目 录

Ⅲ 专题报告

Ⅳ 区域报告

I

概　述

守正创新，铸就江西文化发展新辉煌

文化是一个国家、一个民族的灵魂。文化自信是一个国家、一个民族发展中最基本、最深沉、最持久的力量。党的十八大以来，习近平总书记把文化建设摆在治国理政的重要位置，提出一系列新思想新观点新论断，形成了习近平文化思想，为在新的起点上继续推动文化繁荣、建设文化强国、建设中华民族现代文明提供了根本遵循。习近平总书记三次来到江西考察指导，发表了重要讲话，提出了重要要求。特别是2023年10月，习近平总书记考察江西时强调，要解放思想、开拓进取，扬长补短、固本兴新，努力在加快革命老区高质量发展上走在前、在推动中部地区崛起上勇争先、在推进长江经济带发展上善作为，奋力谱写中国式现代化江西篇章，对景德镇陶瓷文化传承发展、长江国家文化公园建设等提出殷切希望。江西省委、省政府高度重视文化建设，坚持以习近平新时代中国特色社会主义思想为指导，深入学习贯彻习近平文化思想，牢牢把握“七个着力”重大要求，坚持守正创新，担当实干，积极探索以新质生产力赋能江西文化高质量发展，推动江西从文化资源大省向文化强省目标阔步前进。

一、用党的创新理论凝心铸魂取得重大进展

党的十八大以来，江西始终坚持以习近平新时代中国特色社会主义思想为指导，坚持马克思主义在意识形态领域指导地位的根本制度，全面加强党对意

识形态工作的领导，不断用党的创新理论武装全党、教育人民、指导实践。持续深化理论研究阐释与宣传。承办“学习宣传贯彻习近平新时代中国特色社会主义思想研讨会”等系列重大理论研讨和学术交流活动，完成“习近平新时代中国特色社会主义思想在江西的生动实践研究”“井冈山率先脱贫摘帽的经验做法及时代价值”等中宣部马克思主义理论研究和建设工程重大项目，国家社科基金项目立项数屡创新高，一批重大理论研究成果在《人民日报》《中国社会科学》等权威报刊发表。深入推进新时代马克思主义学院建设，江西师范大学马克思主义学院入选第三批全国重点马克思主义学院。在全国首创并连续多年实施“江西省青年马克思主义者理论研究创新工程”，相关经验做法入选全国宣传思想文化工作案例。切实加强新型智库建设，自 2018 年以来连续 6 年举办江西智库峰会，同时开展国家级大院大所产业技术及高端人才进江西活动，高位嫁接国家高端智库平台，助力江西高质量发展。连续 10 年举办江西省社会科学普及宣传周活动，开展群众性社科普及活动累计近 7000 场次。创新推出“社科青年微宣讲”“江西青马宣讲团”等融媒体视频，其中“社科青年微宣讲”获国家广电总局通报表扬。不断巩固壮大主流舆论阵地。出台《江西省关于加快推进媒体深度融合发展的实施意见》，加快推动传统媒体和新兴媒体融合发展，在全国第五个实现全省县级融媒体中心全覆盖、第二个实现全省市级融媒体中心建设全覆盖。全省“1 +2 +11 +105 + N”全媒体传播体系更趋完善，覆盖全网用户超 3. 5 亿，同比增长 15% 。媒体融合工作入选“全国媒体融合十大创新案例”。深入推进广播电视“头条工程”和网络视听平台“首页首屏首条”建设。“今视频”挺进全国广电媒体客户端第一方阵，入选国家广播电视总局媒体融合新品牌、全国广播电视新媒体联盟。2013 年以来，全省 94 件作品获中国新闻奖，18 件作品获中国广播电视大奖，2 件作品获电视文艺“星光奖”，4 部电影荣获中国电影华表奖，电视剧《大道薪火》在央视一套首播。大力培育和践行社会主义核心价值观，出台《江西省贯彻〈新时代爱国主义教育实施纲要〉的若干措施》《江西省新时代公民道德建设实施方案》。2013 年以来，全省入选时代楷模集体 1 个、全国道德模范 10 人、“中国好人榜”760 人，“江西好人文化”品牌进一步唱响。深入推进新时代文明实践中心建设，创新建立星级创建机制，实施“平台＋”工程，开展“赋能提质”行动。深入实施移风易俗乡风文明三年专项行动，广泛开展“五个100”推荐评议、集体婚礼等活动，文明新风浸润赣鄱大地。深化“五大创建”活动。2013年以来，全省10座城市被评为全国文明城市，公民文明素质和社会文明程度显著提高。扎实推进红色基因传承。高质量建设全国红色基因传承示范区，加快推进长征国家文化公园（江西段）建设，高水平推进井冈山全国红色旅游融合发展试点建设，全面升级江西省爱国主义教育基地数字展馆云平台。与中央党史和文献研究院等中央有关单位联合成立全国红色基因传承研究中心，持续深化伟大建党精神和井冈山精神、苏区精神、长征精神、老区精神等中国共产党人精神谱系研究阐释。注重革命文物整体保护，在全国率先提出革命文物整体保护模式，形成赣南等原中央苏区革命旧址整体保护经验，并被写入《国家文物事业发展“十三五”规划》。出台全国首部以革命文物为立法对象的省级地方性法规《江西省革命文物保护条例》，不可移动革命文物和红色标语数量均位居全国第一。加强红色教育培训，建立红色文化立体传播体系，红色基因绽放新的时代光芒。

二、文化领域改革实现全面突破

党的十八大以来，江西大力倡导“敢为人先、先行先试”的改革精神，文化建设重要领域和关键环节改革均取得突破性进展。文化管理体制实现深层次创新。成立省委文化体制改革专项小组和省国有文化资产监督管理领导小组，出台《江西省深化文化体制改革攻坚行动实施方案（2022—2024年）》《江西省文化企业培大育强三年行动方案（2023—2025）》等文件，组建省委网络安全和信息化委员会办公室、省文化和旅游厅、省广播电视局，完成省级层面文化市场综合执法改革和非时政类报刊出版单位转企改制。文化改革品牌实现多维度打造。《江西发挥考核指挥棒作用　促进企业发展提质增效》、石城县“请客不收礼　节俭办宴席”等改革信息被中央改革办《改革情况交流》刊登。2022年，2篇改革案例入选中宣部文改办《新时代文化改革发展案例选编》。2023年，“江西探索红色基因传承研究新机制新模式”等5个文化改革项目入选全省深化改革十佳案例。分宜县、贵溪市入选中宣部确立的57个县级媒体融合试点示范县(市),抚州、赣州、萍乡3个设区市入选全国60个地市级融媒体中心建设试点,数量位居全国第一方阵。2023年首次评选“南昌市创新‘孺子书房’建设管理运营新机制”等5个基层文化体制改革优秀项目。文化企业改革实现高质量推进。先后组建江西文化演艺发展集团有限责任公司、江西报业传媒集团有限责任公司、江西广电传媒集团有限责任公司、江西省电影集团有限责任公司、江西省数字文化集团有限责任公司以及江西省文化产业投资有限公司和江西省文化产业投资基金。江西出版传媒集团连续15届入选“全国文化企业30强”,2013年以来荣获中国出版“三大奖”——“五个一工程”奖、中国出版政府奖、中华优秀出版物奖共56项。陶文旅控股集团有限公司、江西文化演艺发展集团分别3次和2次入选“全国文化企业30强”提名名单。一批影视动漫、网络直播、网络媒体运营机构等新兴产业市场主体加速成长。文化体制改革极大地解放了生产力,为文化事业和文化产业的繁荣发展提供了坚强保障。

三、文艺创作和文艺活动蓬勃发展

党的十八大以来,江西出台了“文艺7条”、《江西省“五个一工程”文艺精品创作资助管理办法(暂行)》等多个繁荣文艺创作的政策文件,设立江西文化艺术基金,开展文学艺术奖和文艺创作奖评选,推动全省文艺事业蓬勃发展。精品力作不胜枚举。2013年以来,全省共有18件作品获精神文明建设“五个一工程”奖,23件作品获中国文联、中国作协主办的文艺奖,2件作品获文华奖优秀剧目奖,近200件作品入选全国美展。网络文学综合实力稳居全国前列。在国内网络文学界影响力巨大的“网文之王”评选中,江西作家、作品获奖占比接近10%。文艺赣军阵容强大。截至2023年底,江西各级文艺家协会会员超过10万人,国家级文艺家会员3732人,比2012年均增长75%以上。3人摘得中国戏剧梅花奖,3人获“全国中青年德艺双馨文艺工作者”称号,3人担任全国文艺家协会副主席,1人担任中国作协主席团委员,9人入选国家级重点人才工程,42人次享受国务院、省政府特殊津贴。文艺活动亮点纷呈。紧扣新中国成立70周年和决战脱贫攻坚、决胜全面建成小康社会等重大时间节点和主题,组织开展戏曲演出、音乐会、文学征文、美术书法摄影创作展等重大文艺活动。连续举办庐山国际爱情电影周和“星河映像”电影创投会。文艺志愿服务深入人心,年均开展活动1000多场。江西文艺工作者深入生活,扎根人民,正在奋力开启从“高原”向“高峰”迈进的征程。

四、赣鄱文化传承发展谱写华章

赣鄱文化历史悠久,底蕴深厚,是江西文化强省建设的强大根基。党的十八大以来,江西推进赣鄱优秀传统文化的创造性转化、创新性发展,奋力谱写赣鄱文化繁荣发展新篇章。文化遗产和文物保护成效显著。省级基层文物保护领域资金从2013年的4000万元跃升至2023年的9000万元。全省登记在册的不可移动文物总计32831处,总量位居全国第11位。11处大遗址列入“十三五”“十四五”期间大遗址名单,数量位居全国前列。南昌西汉海昏侯墓考古发掘项目囊括考古领域所有奖项,成为全国科技考古、公众考古等方面的典范。国家级非遗代表性项目由2013年的46项增至2023年的88项,增量居全国第二。3个制茶项目作为“中国传统制茶技艺及其相关习俗”重要组成部分,于2022年列入联合国教科文组织设立的《人类非物质文化遗产代表作名录》,实现江西在该名录上零的突破。国家级文化生态保护(实验)区从2013年的1个增至2023年的3个,数量并列全国第一。国家级非遗生产性保护示范基地、中国非遗传承人研修培训计划参与院校数量位居全国前列。历史文化“双创”工作成绩斐然。景德镇市以习近平总书记对景德镇的五次重要指示批示精神为指引,以国家陶瓷文化传承创新试验区建设为统领,以申遗为龙头,全力保护好千年窑址、传承好千年技艺、呵护好千年匠心、讲述好千年故事,争取国家级试点示范项目70余项,实施重点项目302个,完成投资906亿元,“千年瓷都”这张名片正被擦得更亮。高标准推进长江国家文化公园(江西段)建设,核心领域九江段致力于打造长江“最美岸线”,项目一期、二期已完成并对外开放,三期项目正在推进。启动江西省有史以来规模最大的文献整理与研究出版工程——《江右文库》，部署擦亮“江西诗派”文化品牌系列活动，组织推进书院文化、江西画派等江西特色文化研究，坚持省、市、县（市、区）三级“一年一鉴、公开出版”全覆盖，在全国率先启动“两志”编纂。非遗工坊建设、非遗进校园、非遗与旅游融合发展取得突出成效，赣鄱文化影响力、凝聚力、软实力不断提升。

五、公共文化服务水平跃上新台阶

党的十八大以来，江西公共文化服务坚持政府主导、社会参与、重心下移、共建共享，加快全省城乡公共文化服务体系一体建设，推动公共文化服务标准化均等化。保障力度不断提升。出台《江西省公共文化服务保障条例》等地方性法规，印发《江西省公共文化服务高质量发展行动计划（2023—2025 年）》《江西省基本公共服务实施标准》。不断增加资金投入。2022 年，全省文化部门机构经费为 75.1 亿元，比 2013 年增长 235.9%。基础设施持续完善。提前两年完成国家广电总局“十四五”应急广播体系建设目标任务，统筹有线、无线、卫星、互联网等传输方式，推进数字化、高清化、网络化，保障人民群众听好广播看好电视。截至 2023 年底，全省广播综合人口覆盖率达 99.58%，电视综合人口覆盖率达 99.81%。基本实现市有“四馆”、县有“三馆”，乡镇（街道）综合文化站、村（社区）综合性文化服务中心全覆盖。由省图书馆、省博物馆、省科技馆组成的江西省文化中心等基础设施建成使用，成为展示江西历史文化的地标建筑。国家等级博物馆从 2013 年的 20 家增至 2023 年的 61 家，10 年增加了 41 家。平均每万人拥有群众文化设施建筑面积由 2013 年的 189.26 平方米增至 2023 年的 290.44 平方米，增长 53.5%。群众文化活动丰富多彩。创造性开展“百馆千万场　服务来共享”系列群众文化活动。常态化组织广场舞、百姓大舞台、“四季村晚”、戏曲进乡村、“书香赣鄱”全民阅读等活动。持续开展城乡电影公益放映工作，年均放映 28 万余场。2013 年以来，共有 11 项陈展获得“全国博物馆十大陈列展览精品”奖项。江西省公共文化服务形成全新格局，人民群众文化获得感和满意度不断提升。

六、文化产业高质量发展势头强劲

党的十八大以来，江西深化文化体制改革，完善文化经济政策，推动文化产业招大引强，实施重大文化产业项目带动战略和文化数字化战略，培育壮大文化经营主体，健全现代文化产业体系和市场体系，推动文化产业高质量发展。产业总量稳步递增。2023 年，全省规模以上文化产业实现营业收入 2599.53 亿元，居全国第 11 位，较 2013 年增加 815.91 亿元，增长 45.7% 左右。产业结构不断优化。以文化制造业为主逐步转为文化制造业、文化服务业同步发展。规模以上文化制造业营业收入比重由 2013 年的 82% 下降到 2023 年的 64.4%，下降了 17.6 个百分点；文化服务业营业收入比重由 2013 年的 7% 上升到 2023 年的 25%，上升了 18 个百分点。产业增速位居全国前列。江西文化产业克服三年新冠疫情影响，发展增速稳居全国前列。2020、2021、2022 年，规模以上文化产业营业收入增速分别位居全国第 2 位、第 4 位、第 4 位。其中，2022 年，规模以上文化产业营业收入同比增长 7.83%，比全国增速高出 6.9 个百分点。2023 年，规模以上文化企业数量为 2743 家，较 2018 年增加了 1213 家，增幅 79.28%。产业贡献度持续提升。文化及相关产业增值占 GDP 的比重从 2013 年的 3.5% 提高至 2022 年的 4.46%，增加 0.96 个百分点，首次达到全国平均水平。吸纳就业人数从 2013 年的 50.94 万人增至 2023 年的 64.98 万人，增长 27.56%。新业态新模式蓬勃发展。2023 年，新业态行业实现营业收入 960.93 亿元，同比增长 15.5%，连续 5 年保持两位数增长，占规模以上文化产业营业收入总量的 37%，比 2019 年增加 28.2 个百分点。影视产业发展迈上新台阶。2013—2023 年，全省电影院从 127 家增长到 471 家，电影票房从 3.83 亿元增长到 14.28 亿元，分别增长 270.87%、272.85%。8 部电影票房超 1 亿元。2023 年，全省广播电视和网络视听新媒体业务收入达到 19.07 亿元，占全省广播电视实际创收收入的比例达到 29.46%，较 2017 年占比增长 28.53 个百分点。文化旅游融合发展成绩喜人。国家 5A 级旅游景区由 2013 年的 3 家增至 2023 年的14家，并列全国第7位；国家4A级旅游景区由33家增至234家，位居全国前列。南昌、景德镇等成为“网红城市”。江西国内旅游接待总人数由2013年的2.48亿人次增至2023年的8.18亿人次，年均增长11.46%；国内旅游接待总收入由1896亿元增至9668亿元，年均增长15.96%。其中，2013—2019年，国内旅游接待总人数和总收入分别保持年均18.06%和26.18%增速；2020—2022年，因新冠疫情影响各项指标有所下降，但2023年已全面恢复至2019年水平。文化产业高质量发展对全省产业结构调整、消费结构升级等产生了系统性效应，有力助推江西经济高质量发展。

七、江西文化“走出去”步伐更加有力

党的十八大以来，江西积极响应“一带一路”倡议，通过搭建平台、拓宽渠道、整合资源、数字赋能等手段，大力推动江西文化“走出去”。举办国际交流活动。与外交部联合举办以“开放的中国：美丽江西秀天下”为主题的全球推介活动，赴境外举办“风景独好·江西日”系列交流推广活动，举办第五届“阿拉伯艺术节”、中国景德镇国际陶瓷博览会、景德镇文化创新发展论坛、汤显祖戏剧节暨国际戏剧交流月、战略传播论坛等重大国际交流活动，“江西风景独好”品牌进一步在国内外唱响。打造外宣特色品牌。《用china讲China——景德镇用陶瓷名片讲述中国故事》《讲好中华文化故事　推动文明交流互鉴——“江西文化符号”对外推广案例》分别入选2021、2022年度全国“对外传播十大优秀案例”。国际陶瓷文化朋友圈、“三宝蓬”国际交流基地等入选国家级重点项目。打造“丝路瓷行”等对外文化品牌项目，丝绸之路旅游城市联盟、国际瓷器研究联盟等在景德镇成立，着力擦亮“千年瓷都”亮丽名片。推动文化贸易繁荣发展。景德镇入选国家级文化出口基地。江西出版传媒集团海外品牌影响力和优秀出版物国际影响力不断增强，版权输出数量逐年上升，从2013年的191种增加到2023年的489种，10年增加了298种。着力培育陶瓷、中医药、赣菜美食等一批具有国际竞争力和影响力的文化产品与服务。江西文化“走出去”成果丰硕，有

力增强了赣鄱文化软实力，提升了中华文化影响力，为推动人类文明交流互鉴贡献了江西力量。

总之，党的十八大以来，在以习近平同志为核心的党中央的坚强领导下，在以习近平新时代中国特色社会主义思想的科学指引下，全省人民勠力同心，守正创新，铸就江西文化发展新辉煌，江西文化的创造力、传播力、影响力和综合竞争力不断得到提升，为谱写中国式现代化江西篇章作出了重要贡献。

II

分类报告

新时代江西文化体制改革发展报告

江西省委文化体制改革专项小组办公室课题组

摘要： 进入新时代十余年，江西全面落实中央文化体制改革决策部署，以改革激发文化发展新动力，以开放扩大文化影响力，以融合提升文化竞争力，文化体制改革架梁搭柱，蹄疾步稳，成果丰硕。文化管理体制实现深层次创新，文化强省建设实现战略性推进，文化经济政策实现系统化保障，文化改革品牌实现多维度打造，文化企业改革实现高质量发展，文化改革动力实现更广泛调动。着眼新一轮文化体制改革，江西将全面学习贯彻习近平文化思想，进一步扎实落实中央文化体制改革部署要求，坚持改革攻坚、问题导向、守正创新、系统集成，不断推动文化体制改革谋定有方、执行有力、惠民有效，加快建设更具新质生产力的文化强省。

关键词： 文化体制　文化强省　改革攻坚

党的十八大以来，习近平总书记高度重视文化改革发展，亲自谋划、亲自指导，提出一系列新思想、新观点、新论断。江西省委文化体制改革专项小组深入学习贯彻习近平文化思想、习近平总书记重要指示精神和党中央决策部署，围绕中心，服务大局，固本培元，守正创新，为全省人民奋进新征程、建功新时代提供了思想保证、舆论支持、精神动力和文化条件。

课题组成员：郎道先，中共江西省委宣传部副部长、文资办主任；王迎春，中共江西省委宣传部改革发展处处长；张亮，中共江西省委宣传部改革发展处一级主任科员；李俏，中共江西省委宣传部改革发展处一级主任科员。

一、新时代江西文化体制改革的主要做法和成效

党的十八大以来，江西全面落实中央文化体制改革决策部署，以改革激发文化发展新动力，以开放扩大文化影响力，以融合提升文化竞争力，文化体制改革架梁搭柱，蹄疾步稳，成果丰硕。

（一）文化管理体制实现深层次创新

2013年以前，全省已有70家非时政类报刊出版单位完成转企改制，江西省成为全国最早完成非时政类报刊出版单位转企改制工作的省份之一。2014年2月，中共江西省委网络安全和信息化领导小组成立，指导、协调、督促有关部门加强互联网信息内容的管理。2014年4月，成立省委文化体制改革专项小组，统筹推进文化体制改革，组长由省委常委、宣传部部长担任，副组长由省政府分管副省长和省委宣传部分管日常工作的副部长担任，成员为19家单位主要负责同志和相关同志，专项小组办公室设在省委宣传部。先后召开13次省委文化体制改革专项小组会议。2017年，成立以省委常委、宣传部部长为组长，分管副省长为常务副组长的省国有文化资产监督管理领导小组，领导小组办公室（简称"省文资办"）设在省委宣传部，依法对省属文化企业履行出资人职责，完善了国有文化资产管理体制机制，推进了管人、管事、管资产、管导向的统一。2018年，组建省委网络安全和信息化委员会办公室，为省委网络安全和信息化委员会的办事机构，作为省委工作机关，对外加挂省互联网信息办公室牌子。根据江西省机构改革方案，省委宣传部统一管理新闻出版和电影工作，将省新闻出版广电局的新闻出版、电影管理职责划入省委宣传部，对外加挂省新闻出版局（省版权局）、省电影局牌子。在省新闻出版广电局广播电视管理职责的基础上组建省广播电视局，作为省政府直属机构。2018年组建省文化和旅游厅，2019年全省11个设区市、100个县（市、区）挂牌成立文化广电新闻出版旅游局，在全国较早实现了省、市、县三级文化和旅游主管机构的职能调整和"三定"工作。2020年，省地方志办整体并入省社科院，并加挂江西省地方志研究院牌子。2020年，经过两次改革，完成省级层面文化市场综合执法改革，整合组建、

挂牌成立文化市场综合执法队伍，统筹整合行使文化、文物、出版、版权、广播电视、电影、旅游市场的综合执法职能。2021年，制定《江西省文化市场综合行政执法事项指导目录》，指导各地执法队伍的执法工作。2022年始，推动理顺全省市县新闻出版版权电影“扫黄打非”行业管理体制机制，形成了《关于理顺市县新闻出版版权电影和“扫黄打非”管理体制的方案》，明确了职责划转、机构编制调整、审批备案、办理方式等有关改革事项。

（二）文化强省建设实现战略性推进

2018年8月，省委、省政府印发《关于加快文化强省建设的实施意见》（赣发〔2018〕23号），把文化强省建设作为全省高质量发展的重大战略，落实党政一把手的第一责任，举全省之力共同推进文化强省建设。各地各部门把文化强省建设纳入经济社会发展全局，将其作为评价地区发展水平、衡量发展质量和考核领导干部工作业绩的重要内容。省委、省政府每年召开文化强省建设推进大会，总结经验，推动工作。2019年，成立文化强省建设工作领导小组，组长由省长担任，副组长由省委常委、宣传部部长和分管副省长担任，成员由相关厅局主要负责同志担任，制定《江西省文化强省建设工作领导小组工作规则》《江西省文化强省建设工作领导小组办公室工作规则》，进一步凝聚合力推动文化强省建设工作。2019年至2023年，连续在南昌、抚州、赣州、上饶、九江五市举办文化强省建设推进大会，围绕文化强省建设目标任务，总结工作，表扬先进，交流经验，部署任务，配套举办文化产业博览交易会、高峰论坛、展览展演等系列活动，实现了办好一次会、带动一座城市、温润一方百姓的目标，有力推动了全省文化事业和文化产业繁荣发展。2022年3月，由中共中央宣传部指导、江西省委宣传部等7家单位共建的全国红色基因传承研究中心在中国共产党历史展览馆揭牌成立，成为国内首个以红色基因传承为研究方向的全国性学术机构。2022年10月，编制印发《江西省“十四五”文化发展规划》，提出到2025年，全社会文化自信充分彰显，国民素质和社会文明程度达到新高度，赣鄱文化软实力显著增强，基本建成在全国更具创造力、创新力、竞争力、影响力的文化强省。

（三）文化经济政策实现系统化保障

2019 年 4 月，省委、省政府办公厅印发 4 家省属文化企业深化改革的方案，标志着省属文化企业改革发展进入了快车道。先后出台《江西省深化文化体制改革攻坚行动实施方案（2022—2024 年）》《江西省文化产业招商三年行动方案》《江西省文化企业培大育强三年行动方案（2023—2025）》等 40 余份文件，形成了文化经济政策“四梁八柱”。出台《关于推广县级以下基层公共文化设施社会化管理运营机制的实施方案》，加快完善基层公共文化设施社会化管理运营机制。2021 年，出台江西省《关于深化国有文艺院团改革的实施意见》，提出每个设区市和县（市、区）一般应有 1 个国有文艺院团，采取“一团一策”的办法，保持基本队伍稳定，以服务基层群众为主要任务，更多承担政策宣传、文明实践、公共服务、惠民演出、艺术普及、地方剧种和特色民间艺术保护传承等工作，努力成为繁荣本地舞台艺术的基础力量。推动省属文化企业深化改革创新发展，江西报业传媒集团完成采编与经营两分开、深化人才培养和分配激励等体制机制改革。2023 年，完成 8 家企业资产脱钩移交事宜，实现了国有文化资产集中统一监管。

（四）文化改革品牌实现多维度打造

2014 年，在全省 22 个县（市、区）分批开展基本公共文化服务标准化、均等化建设试点工作，推动贫困地区公共文化建设跨越式发展，并走在全国前列。由省图书馆、省博物馆、省科技馆组成的文化新地标——省文化中心项目于 2016 年 8 月开工建设，历时 5 年建成开馆。南昌汉代海昏侯国考古遗址公园、江西省美术馆新改竣工并对外开放，成为丰富全省人民精神文化需求的重要阵地和展示江西历史文化的地标建筑。2019 年 7 月，国务院批复建设景德镇国家陶瓷文化传承创新试验区；2021 年，景德镇国家陶瓷文化传承创新试验区管理委员会正式挂牌成立，国家陶瓷文化保护传承创新基地、世界著名陶瓷文化旅游目的地、国际陶瓷文化交流合作交易中心建设成效明显。2019 年以来，江西不断深化思政课综合改革，实现了从课堂到社会实践、从高校内部到全社会的深刻变革。2022 年，印发《关于设立文化体制改革攻坚行动基层观测点的通知》;2023 年,出台《江西省文化改革发展典型案例推广工作机制》,通过构建基层试点探索、指导单位调研推动、省级层面总结推广“三方联动”模式,推动改革基层观测点项目“增设一批、推进一批、推广一批、结项一批、表彰一批”。《江西发挥考核指挥棒作用　促进企业发展提质增效》、石城县“请客不收礼　节俭办宴席”等改革信息在中央改革办《改革情况交流》刊登。2 篇改革案例入选中宣部文改办《新时代文化改革发展案例选编》。“江西探索红色基因传承研究新机制新模式”“江西深入推进市级媒体融合改革”2 个文化改革项目分别于 2022 年和 2023 年入选全省深化改革十佳案例。抚州、赣州、萍乡 3 个设区市入选全国 60 个地市级融媒体中心建设试点,数量位居全国第一方阵。为鼓励基层大胆改革创新,完善体制机制,用改革的办法解决发展中的问题,2023 年,首次评选了“南昌市创新‘孺子书房’建设管理运营新机制”等 5 个优秀基层文化体制改革优秀项目,并在文化强省建设推进大会上进行通报表扬。2023 年 6 月,中宣部文改办在江西调研并召开研究谋划新一轮深化文化体制改革座谈会,对江西的文化体制改革工作给予了充分肯定。

(五)文化企业改革实现高质量推进

2017 年 9 月,江西省将 14 家单位合并起来,组建了江西文化演艺发展集团,以进一步聚集优势,壮大实力,彰显特色,为文艺院团和文化演艺发展开辟更加广阔的空间。2018 年 2 月,江西报业传媒集团有限责任公司、江西广电传媒集团有限责任公司揭牌成立,实行“一个党委、两个机构、一体化运行”的组织架构,坚持社会效益优先、两个效益相统一的原则,建立现代企业制度,构建新型现代传媒集团。2021 年,印发《江西省省属文化企业违规经营投资责任追究暂行办法》《江西省省属文化企业投资监督管理暂行办法》,明确依法依规履行经营投资决策程序。优化考核机制,“一企一策”合理确定企业负责人双效综合考核指标和计分办法,确定了考核结果与企业负责人薪酬挂钩和职工工资总额同向联动机制。在省属文化企业设立“首席”制度,倡导“以作品论英雄”,以岗定薪、以绩取酬,破除论资排辈的观念,打破“终身制”。2022 年 4 月,省委宣传部联合省委组织部、省委网信办、省发改委等 8 个部门印发《江西省国有文化企业深化改革创新发展行动方案》，以完善有文化特色的现代企业制度为主线，不断优化企业法人治理结构。江西出版传媒集团发起组建江西电影集团、省文投公司。江西广电传媒集团为实施文化数字化战略，主导组建江西数字文化集团。江西文演集团并购文展装饰艺术有限公司。江西出版传媒集团控股上市公司中文传媒下属的北京智明星通科技股份有限公司在坚持国有资本的主导地位的基础上，积极引入合格战略投资者，顺利完成混合所有制改革并实施员工持股试点工作，成为江西省首个国有文化企业混合所有制改革及员工持股试点成功案例。江西出版传媒集团、江西文演集团、江西报业集团分别制定了《职业经理人管理暂行办法》。出版集团在蓝海国投、智明星通、慈文传媒等子公司试点开展"市场化选聘、契约化管理、差异化薪酬、市场化退出"的职业经理人管理方式；文演集团在文演创科、文演数字、文演教育引进职业经理人各 1 人；报业集团在房地产公司试点职业经理人制度。2023 年 11 月，以省委深改委名义印发《关于进一步完善省属文化企业法人治理结构的实施意见》，持续深化省属文化企业改革发展，明确 4 家省属文化企业党委会、董事会和经营管理层的领导职数、人员构成和管理权限，推动构建各司其职、各负其责、协调运转、有效制衡的国有文化企业法人治理结构，进一步完善有文化特色的现代企业制度。江西出版传媒集团连续 15 届入选"全国文化企业 30 强"。江西文演集团深耕演艺主业，两次入选"全国文化企业 30 强"提名企业。景德镇陶文旅集团三次入选"全国文化企业 30 强"提名企业。

（六）文化改革动力实现更广泛调动

2017 年，江西日报社以数字化推进报网融合和融媒体建设，中宣部、最高法院在南昌召开现场交流会。2017 年，下发《关于印发〈全省县级文化馆总分馆制建设实施方案〉的通知》，以南昌市东湖区文化分馆为例，设立了东湖区文化馆总馆，董家窑街道、百花洲街道、扬子洲镇 3 个分馆，光明社区、福州路北社区、阳明社区等 6 个社区服务点。2018 年 11 月，由江西省财政厅牵头，报经省政府审定，设立江西文化艺术基金。2019 年，江西 86 个县列入全国第一批革命文物保护利用片区。2019 年 3 月，华章天地投资集团收购控股慈文传媒，仅用

67天就完成对1个上市公司的收购，创下了国资收购上市公司的“江西速度”。十年来，全省共有18部作品荣获精神文明建设“五个一工程”奖。2023年，“赣州市瑞金市：探索建立革命文物保护利用长效机制”等3个文化改革项目入选“中国改革2023年度地方全面深化改革典型案例”。近年来，总结、推广、宣传了一大批各地各部门的文化体制改革经验典型，思改革、谋改革、推改革成为当前全省各地各部门的普遍共识和自觉行动。

二、文化体制改革的有利条件与短板弱项

习近平文化思想为文化体制改革提供了根本遵循。党的二十大报告在分析面临的困难和问题时指出，重点领域改革还有不少硬骨头要啃。从全省来看，虽然近年来文化体制改革工作成效显著，但也还存在一些突出问题亟待解决。

（一）文化体制改革的有利条件

党的二十大报告把“坚持深化改革开放”作为推进中国式现代化五条重大原则之一，并在文化建设方面提出要“坚持把社会效益放在首位、社会效益和经济效益相统一，深化文化体制改革，完善文化经济政策”，为文化体制改革指明了方向。

1. 方向更明确

习近平文化思想，进一步深化了党对社会主义文化建设的规律性认识，体现了党中央对推进新征程上文化改革发展的战略考量，明确了工作的方向和重点。新时代要持续深入学习贯彻习近平文化思想，紧密结合宣传思想文化领域新形势，结合人民群众精神文化新期待，结合这些年文化领域改革发展、守正创新的新实践，深刻领悟“国之大者”，把握根本遵循，努力把思想认识成果转化为工作成果、实践成果。

2. 目标更聚焦

2022年4月，中办、国办印发《“十四五”文化发展规划》，这是宣传文化领域唯一一个被纳入21项国家“十四五”重点专项规划的规划，明确了今后几年

我国文化发展的任务书、路线图，列出了一批具有引领性、带动性、示范性的重大文化工程项目。江西也结合实际出台了《江西省“十四五”文化发展规划》，正在按照已经印发的分工方案，加强协调配合，将规划的目标指标、重点举措、重大工程项目逐一落实、有序推进。

3. 基础更牢固

近年来，江西各地对文化体制改革的认识由浅入深，对文化体制改革的推动由点到面，最主要的原因是：改革观测点提供了抓手，大会表彰激发了动力，案例推广机制提供了路径，“五个一批”举措教会了方法。应该说，这一套“组合拳”为推动下一步文化体制改革奠定了坚实的基础，坚持做下去，一定会起到“一粒良种，千粒好粮”的良好效果。

（二）文化体制改革存在的问题

改革只有进行时，要坚持用改革的办法解决发展中的问题，要准确理解把握习近平总书记对江西提出的“解放思想、开拓进取，扬长补短、固本兴新”重要要求，坚持问题导向，重点克服和解决以下个几方面的问题。

1. 改革创新的意识不够强

一些地方和部门对中央和省委文化体制改革决策部署研究不够，缺乏系统性谋划、前瞻性部署和集成化推进，对文化改革的重点、难点、关键点调查不够、研究不深、招数不多，对群众关心、关注的痛点、堵点、卡点攻坚不够，工作不主动，缺乏敢为人先、敢闯敢试的锐气。

2. 改革集成的效果不够好

一些地方和部门系统观念不够牢，造成改革的系统性、整体性、协同性不够，改革领域之间、部门之间、政策之间仍存在“孤岛化”的问题，改革责任压紧压实不够到位，除中央和省里明确要求的任务外，改革的“自选动作”不多，自主探索创新的改革举措较少，基层群众文化感受度、获得感还不是很强。

3. 改革攻坚的闯劲不够足

一些地方和部门面对“深水区”的改革，攻坚克难、担当实干的锐气不够强，心存顾虑不敢改，一定程度存在“不求有功，但求无过”的思想，啃“硬骨头”、涉

"险滩"的力度不够大,没有真正从"要我改"转变到"我要改",存在"形式化""任务化"等被动应付倾向,导致改革落地见效不明显。

4. 改革典型的影响力不够大

一些地方和部门改革探索主动性不够强,边实践、边总结、边提升做得不够,把改革推进中形成的好做法、好经验上升为制度成果的工作还有待加强,在中央大报大刊、中央部委内刊宣传推介力度也不够,导致在全国叫得响、有重大影响力的文化改革品牌还不多。

三、新一轮文化体制改革的对策建议

改革工作既要蹄疾步稳,又要有新举措、新办法。当前,外部环境的不确定、不稳定因素增多,国内经济发展面临一些压力,文化领域各行业受到不同程度影响。推进文化改革发展,要坚持统筹国内、国际两个大局,增强系统观念,坚持稳中求进工作总基调和高质量发展总要求,协调推进文化领域各项改革任务,进一步提高文化发展的质量效益。

(一)以系统集成推动文化改革部署

贯彻落实中央《文化强国建设规划纲要(2021—2035 年)》《"十四五"文化发展规划》,全面落实中央和省委关于文化体制改革的部署要求,研究制定年度文化强省工作要点和文化体制改革工作要点,制定出台一批改革文件制度,谋划推进一批重大改革项目,推动实施一批重大工程项目,组织召开文化强省建设推进大会、文化强省建设工作领导小组和文化体制改革专项小组会议,研究推动各项工作落地、落实。

(二)以制度创新推动文化事业改革

重点围绕内部运行机制问题,创新推进分类改革,完善法人治理结构,进一步提高管理运行效率。国有博物馆资产所有权、藏品归属权、开放运营权分置改革试点,是一项重要制度创新,要积极探索推进。国有文化企业改革要坚持正确导向,增强发展活力,把握政策界限,创新体制机制,加快传统业态与新兴业态融合发展。

（三）以重点突破推动文化改革攻坚

深入实施文化体制改革攻坚行动，建立文化改革“五个一批”培育机制，抓好基层改革观测点项目。推动理顺市县新闻、出版、版权、电影“扫黄打非”管理体制机制。持续深化媒体融合，成立省级融媒技术公司，整合打通“赣鄱云”“赣云”两个技术平台，打造全国一流省级重大技术综合支撑平台，推动市县融媒体中心整体提质增效。组织实施文化体制改革攻坚行动，深入推进“基层观测点”项目，赋予先行先试、闯新路出经验等重要职责，大力实施典型推广机制，推动重点改革项目率先突破、率先成势，打造一批原创性、引领性、集成性，具有江西特色的文化改革品牌。

（四）以常态长效推动红色基因传承

高质量建设全国红色基因传承示范区，建好用好全国红色基因传承研究中心，举办红色基因传承高端论坛，推出一批高质量的研究成果。加强全省红色遗址、革命文物和纪念设施的保护利用，推动长征国家文化公园（江西段）重点项目与乡村旅游、红色研学、教育培训等融合发展，抓好长征国家文化公园主题纪念场馆数字展馆建设。常态化、长效化开展党史、新中国史、改革开放史、社会主义发展史、中华民族发展史等的宣传教育。

（五）以成果转化推动公共文化服务

创新社会力量参与公共文化服务方式，稳妥推进县以下基层公共文化设施社会化管理运营；探索建立博物馆面向社会征集藏品机制；完善全省图书馆联盟、文化馆联盟、剧场及演艺联盟、美术馆联盟，提升公共文化服务效率及设施利用率；深化国有文艺院团改革，推进“一县一团”落地见效；建立健全文艺创作引导激励机制，推动文化资源、文学作品向影视、戏曲、戏剧、歌舞剧等方面的创新转化；持续深化文化市场综合执法体制改革，全面推进严格规范公正文明执法。

（六）以创新传承推动文化遗产保护

推动全省文物古迹、古老建筑、历史文化名城名镇名村、历史文化街区、传统村落文化景观、非遗民俗等文化遗产的系统性保护；高质量建设景德镇国家陶瓷文化传承创新试验区；深入推进国家级文化生态保护（实验）区建设；编制实施《长江国家文化公园（江西段）建设规划》；加强历史文化保护传承，完善历史建筑和传统村落保护制度；建立完善非物质文化遗产保护机制；开展省级革命文物保护利用示范县创建；评选省级历史文化名镇名村，持续开展党建引领传统村落保护工作。

（七）以融合创新推动文化产业发展

围绕健全现代文化产业体系，深化供给侧结构性改革，进一步激发创新动力活力，促进形成文化产业发展新格局。贯彻落实《江西省文化数字化战略实施意见》，构建江西文化数据服务平台。总结好经验、坚持好做法，聚焦主旋律、高质量，着眼出精品、出人才，把优化文化供给和满足多样需求结合起来，把加强引领引导和尊重市场规律结合起来，推出更多现象级产品。建立健全文化科技融合创新体系，加强制约文化发展的共性关键技术研发，攻克瓶颈技术、解决"卡脖子"问题，加快发展新型文化企业、文化业态、文化消费模式。实施文化企业培大育强行动，培育一批具有核心竞争力的赣鄱文化品牌。

（八）以竞位争先推动文化企业改革

开展省属文化企业提质增效创新发展行动，持续完善国有文化资产监督管理制度建设。制定《江西省省属文化企业财务总监管理办法》，在省属文化企业推行委派财务总监制度。支持江西出版传媒集团做优做强，继续保持"全国文化企业 30 强"地位，支持江西文演集团和景德镇陶文旅集团等一批重点文化企业快速成长，冲击"全国成长性文化企业 30 强"。实施江西报业传媒集团、江西文演集团三年创新倍增计划，提高集团核心竞争力。加快江西广电传媒集团深化改革和高质量发展，经营业绩尽快进入全国一流行列。大力推动江西报业传媒集团所属大江传媒北交所转板上市。

新时代江西文学艺术发展报告

江西省文学艺术界联合会课题组

摘要： 党的十八大以来，特别是习近平总书记在文艺工作座谈会上发表重要讲话以来，江西文艺事业进入蓬勃发展时期。全省广大文艺工作者深入贯彻中央精神和省委决策部署，紧紧围绕中心大局，创作生产文艺精品，组织重大主题文艺活动，广泛开展文艺志愿服务活动，推动全省文艺事业开创新格局、迈上新台阶，为谱写中华民族现代文明江西篇章、助力文化强省建设作出了重要贡献。站在新的历史起点，江西文艺工作者将自觉扛起新的文化使命，努力推动江西文艺事业进一步繁荣发展。

关键词： 文学艺术　文艺精品　文艺活动

文艺是时代前进的号角，文艺事业是党和人民的重要事业。党的十八大以来，以习近平同志为核心的党中央把文艺工作摆在重要位置，习近平总书记主持召开文艺工作座谈会、文化传承发展座谈会，两次出席中国文联、中国作协全国代表大会开幕式并发表重要讲话，为文艺事业繁荣发展提供了根本遵循、指明了前进方向。

党的十八大以来，习近平总书记先后三次来到江西考察指导，为江西改革发展把脉定向、擘画蓝图。江西干部群众牢记嘱托、感恩奋进，加快经济社会高

课题组成员：叶青，江西省文联党组成员、主席；章亮华，中共江西省委宣传部文艺处处长；徐一雳，江西省文联文艺处负责人、江西省影视家协会秘书长；黄春景，江西省文联文艺处副处长；郭伟清，江西省文联文艺处一级主任科员。

质量发展，探索绿色崛起新路，聚力改善民生福祉，让老区焕发新活力、老区人民过上新生活。这一切都为江西文艺的繁荣发展提供了前所未有的历史机遇和广阔舞台，也给江西文艺工作者提供了无比丰富的灵感来源和创作题材。这一时期，江西文艺工作者与人民同行、为时代放歌，开启由“高原”向“高峰”奋进的征程。

一、新时代江西文艺事业发展概况

江西省委、省政府高度重视文艺工作，进入新时代以来，先后出台《关于繁荣发展社会主义文艺的实施意见》《关于加快文化强省建设的实施意见》等政策文件，组织召开文化强省建设推进大会，设立江西文化艺术基金，开展江西省文学艺术奖和文艺创作奖评选，在政策、资金、人才队伍建设等方面给予坚实保障，推动全省文艺事业展现生机勃勃、百花齐放的新气象。

（一）文艺精品创作活力奔涌、力作迭出

2013 年以来，江西文艺工作者潜心创作耕耘，推出了一批思想精深、艺术精湛、制作精良的精品力作。其中，18 件作品获精神文明建设“五个一工程”奖，24 件作品获中国文联、中国作协主办的全国文艺大奖，2 件作品获中国舞台艺术政府奖文华奖优秀剧目奖，近 200 件作品入选全国美展，4 件作品获得中国评协“啄木鸟杯”文艺评论年度推优（详见附录 2《江西省荣获国家级文艺大奖情况（2013—2023）》）。

一是文学创作景象繁荣，精品力作不断涌现。江西作家深入生活，扎根人民，作品收获了涵盖精神文明建设“五个一工程”奖、鲁迅文学奖、全国优秀儿童文学奖、全国少数民族文学创作骏马奖等一系列国内大奖。其中，江西散文激荡成势，特别是中青年散文家群体强势崛起，一部部力作迅速“出圈”，构建了令文坛瞩目的“江西散文现象”。江子散文集《回乡记》获第八届鲁迅文学奖，这是首获此奖的江西散文作品，也是时隔 24 年江西作家再次获此殊荣；同时，朝颜散文集《陪审员手记》获第十二届全国少数民族文学创作“骏马奖”，傅菲散文集《故物永生》、朝颜散文集《逃离》、谢宝光散文集《捡影子的人》获第二届三

毛散文奖，李晓君等7位作家的作品获第三届、第四届丰子恺散文奖。此外，江西网络文学创作活跃，人才济济。天瑞说符凭借《我们生活在南京》等作品三获中国科幻银河奖，鲁般以《白色悬崖》入围科幻文学界最高奖项之一“雨果奖”，《悟空传》《竹马钢琴师》等数十部网络文学作品被改编成热门影视剧或开发成游戏，实现市场转化（见表1）。

表1　2013年以来江西部分网络文学作品市场转化情况

作品	作者	市场转化情况
《悟空传》	今何在	改编成院线电影，票房累计6.97亿元
《十二生肖之龙行天下》等3部作品	草玄	分别改编成40集同名动画片
《竹马钢琴师》	木子喵喵	改编成同名电视剧
《盛世天骄》	阿彩	网络点击量超10亿，已被改编成漫画和有声作品进行线上展播
《美人香》	安以陌	改编成同名电视剧
《奈何BOSS要娶我》系列	纯风一度	改编成影视剧。其中《奈何BOSS要娶我》在芒果TV和搜狐视频首播后被翻译成26国语言，登上Netflix世界剧集平台；姊妹篇《奈何BOSS又如何》在播出期间单集播放量破亿
《绝世武神》	净无痕	开发成大型3D国战游戏
《太古神王》	净无痕	改编成58集古装玄幻剧

资料来源：根据江西省作协提供的相关资料进行整理。

二是造型艺术聚焦重大主题，生动描绘时代气象。江西美术、书法、摄影工作者不断丰富艺术语法，以多样化的视觉语言讲述中国故事、江西故事，描绘气势蓬勃的时代气象。全省1200多位艺术家共同参加“赣籍开国将军百战图”创作，以精湛的人物画并结合诗词、书法等多种艺术形式，全面、系统地展示了300余位江西籍开国将军彪炳青史的丰功伟绩和伟大精神。油画《中印战争中的张国华将军》《战斗在黎明前的黑暗——南昌解放》、版画《从秋收起义到革命征途》等作品主题突出，艺术手法纯熟，被中国共产党历史展览馆收藏。精心策划“桃李春风·江西诗派主题书法作品展”，省内外著名书法家精心创作作品80余件。组织全省摄影家集体创作摄影长卷《千里赣鄱锦绣图》，作品长达110米，是迄今为止江西摄影界规模最大的单件作品。

三是舞台艺术守正创新，创作演出共创佳绩。全省戏剧、音乐、舞蹈、曲艺、杂技等领域的文艺工作者，在继承传统的基础上不断推陈出新，打磨精品。戏剧方面：深掘红色题材的赣南采茶戏《永远的歌谣》《一个人的长征》双双荣获精神文明建设“五个一工程”奖；话剧《遥远的乡土》作为一部以近代江西乡村为背景、深刻表现优秀知识分子刚强弘毅、拯济天下精神的力作获得第二十三届曹禺剧本奖。音乐方面：创作了诸多兼具人民性、时代性和流行性的佳作，比如原创民族歌剧《回家》、歌曲《老阿姨》《你笑起来真好看》获精神文明建设“五个一工程”奖；大型原创交响组歌《井冈颂》《赣江潮》用音符串联起江西的历史、现在与未来。舞蹈方面：追寻红色记忆的大型舞剧《井冈·井冈》获第十一届中国舞蹈“荷花奖”舞剧奖；赞美青春年华的群舞《生如夏花》获第九届中国舞蹈“荷花奖”校园舞蹈“编导奖”和“表演铜奖”；大型舞剧《大湖之灵》演绎人与自然和谐共生。曲艺方面：表现婺源乡村景观的鄱阳大鼓《晒秋》在第十一届曲艺牡丹奖评选中，为江西实现了“牡丹奖”文学奖零的突破；南昌清音《傲雪红梅》以清亮的唱腔、优雅的曲调，荣获第八届中国曲艺牡丹奖节目特别奖。杂技魔术方面：深入探索由单纯的技巧表演向综合性舞台表达转变，其中红色杂技剧《山上那片红杜鹃》、儿童杂技剧《魔幻大冲关》等作品备受好评。

四是民间文艺扎根乡野，展现蓬勃生命力。江西民间文艺工作者的足迹遍布山野，努力还原民间文艺的质朴风貌，挖掘传统文化的时代价值。全省共创建20个中国民间文艺之乡、3个民间文艺传承发展基地，数量居全国前列。2013年以来，谷中和剪纸作品《早市地摊》等8件作品获得中国民间文艺“山花奖”（见表2），涵盖了民间艺术表演、民间文艺学术著作、民间工艺美术、民间文学作品等类别。扎实推进《中国民间文学大系·江西卷》编纂工作，歌谣卷已正式出版，故事、谚语等其他7个卷本稳步推进。推出“抢救工程”系列新成果，其中《民俗江西》系列丛书全面反映江西丰富多样的民俗文化，图书《渼陂村》《钓源村》《栗园围》入选中国民间文艺家协会“中国最美古村落”工程。

表2　2013年以来江西获中国民间文艺“山花奖”名录

届次(时间)	类型	获奖作品
第十一届(2013年)	优秀民间艺术表演	《龙腾鱼跃》，青云谱城南龙灯表演队
第十一届(2013年)	优秀民间工艺美术作品	《花语芬芳》，屠丽青
第十一届(2013年)	优秀民间工艺美术作品	《飞舞的思绪》，岑艳
第十一届(2013年)	优秀民间文艺学术著作	《香炉造物艺术研究·战国至宋代香炉》，于清华
第十一届(2013年)	优秀民间艺术表演	灯彩作品《人物香灯》，婺源岩前
第十二届(2015年)	优秀民间艺术表演奖	《傩舞闹春》，南丰县市山镇流坊大傩班
第十二届(2015年)	优秀民间文学作品	《中国民间故事全书·江西抚州县卷本》，抚州市文联、市民协、琴城镇水北大傩班
第十五届(2022年)	优秀民间工艺美术作品	剪纸作品《早市地摊》，谷中和

资料来源：根据中国民间文艺“山花奖”名录整理。

(二)主题文艺活动紧贴时代、异彩纷呈

江西文艺工作者始终与党同心同德、与人民同向同行、与时代同频共振，紧紧围绕党和政府的中心工作，紧扣重要时间节点、重大事件，组织开展了一系列主题突出、特色鲜明、影响显著的重大文艺活动。

一是聚焦重要时间节点、重大事件筑同心。围绕建军90周年、改革开放40周年、新中国成立70周年、建党100周年、庆祝党的十九大和二十大胜利召开

等重要时间节点和主题，举办大型采茶戏《将军还乡》专场演出，组织“咱们江西人的40年”主题文学征稿、“行程万里　不忘初心”纪念井冈山革命根据地创建90周年散文采风、“党的光辉照我心”江西省党史题材原创舞蹈展演、“奏响新华章　同唱祖国好”——喜迎新中国成立70周年暨江西爱乐管乐团音乐会，在中国美术馆举办“百年赣鄱耀中华”江西省大型美术书法诗词创作展，在江西美术馆开展“江山壮丽　大美赣鄱”——喜迎党的二十大胜利召开主题美术书法摄影展，摄制“江西文艺中的百年党史·音乐篇”等，以文艺的形式热情讴歌党、讴歌祖国、讴歌人民、讴歌英雄、讴歌新时代。

二是聚焦新时代经济社会发展主题鼓与呼。策应决战脱贫攻坚、决胜全面建成小康社会、乡村振兴、“六个江西”建设等党委、政府的重大工作，举办“我们的扶贫故事”“红土地上的脱贫报告”等主题征文、脱贫攻坚和乡村文化振兴题材文学创作对接会、“遇见·新画卷”江西省脱贫攻坚美术创作作品展，开展“听故事见江西大型原创主题故事剧”展演、“小康照亮新生活”摄影展、“走在幸福路上”江西乡村振兴舞蹈创作展演等活动，以不同的艺术形式生动展现江西儿女牢记嘱托、砥砺奋进的火热景象。围绕抗疫主题，组织全省文艺工作者“以艺抗疫”，创作各类文艺作品1.3万余件，出版美术作品集《向光而行——战“疫”的色彩》，在非常时期起到强信心、聚民心的积极作用。

三是推动赣鄱优秀传统文化传承创新。围绕传承弘扬赣鄱优秀传统文化，在抚州市举办汤显祖戏剧节暨江西地方戏曲优秀剧目展演、南城麻姑文化节、全国颜体书法展，在上饶市鄱阳县举办渔俗文化摄影创作展，在南昌工学院·中国工艺美术大师博物馆举办江西省非遗优秀工艺美术作品展，在江西省文联展厅举办全省剪纸刺绣民间绘画作品展，在北京、九江等地举办江西诗派与新时代诗歌创作研讨会、“江西诗派”诗歌朗诵会、高端学术论坛等活动，承办第十三届全国美展陶艺作品展（景德镇展区），成功申办第十四届全国美展工艺美术与陶瓷艺术展区，推动璀璨绚丽的江西文化瑰宝实现创造性转化、创新性发展。

（三）文艺赣军队伍青蓝相继、茁壮成长

江西将文艺人才队伍建设作为文艺事业繁荣发展的根本性、基础性、长远

性工作来推动，通过开展常态化培训研修、实施精品创作扶持、策划评奖办节活动等方式，引领文艺赣军队伍不断壮大。

一是人才队伍发展壮大，层次提升。截至2023年，江西各级文艺家协会会员10万余人，省级文艺家协会会员23670人，国家级文艺家会员3732人，比2012年增长75%以上（见图1、图2）。2013年以来，江西有3人摘得中国戏剧梅花奖，3人获“全国中青年德艺双馨文艺工作者”称号，3人担任全国文艺家协会副主席，1人担任中国作协主席团委员，42人次享受国务院、江西省政府特殊津贴；涌现出一批有影响的创作群体，如“景漂”、八零油画社、鹰潭微诗群等；书法队伍基础扎实，作品入展、获奖总数位列全国前列；“青苗哺育工程”成效明显，助力江西省在音乐“小金钟”、舞蹈“小荷之星”、戏曲“小梅花”等赛事上频频获奖；百余位摄影家活跃在世界影展舞台，展示了江西形象。

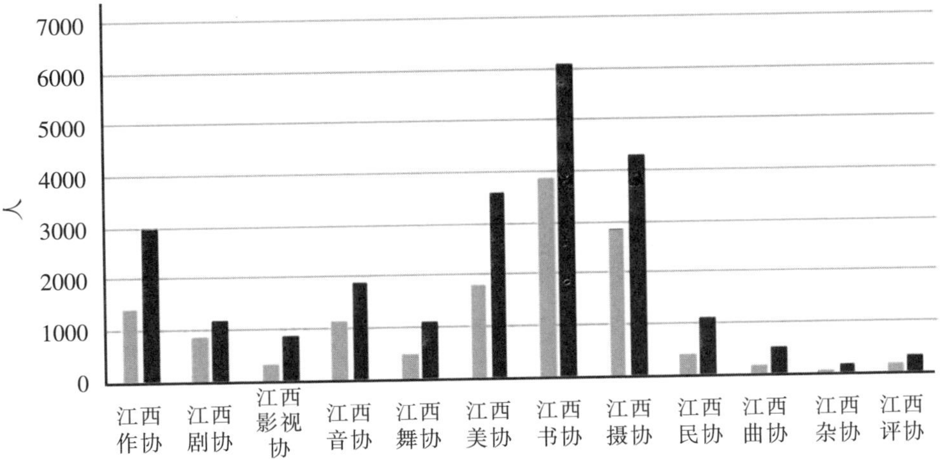

	江西作协	江西剧协	江西影视协	江西音协	江西舞协	江西美协	江西书协	江西摄协	江西民协	江西曲协	江西杂协	江西评协
2012年	1404	873	323	1151	484	1802	3868	2835	380	114	11	163
2023年	2969	1164	872	1891	1096	3601	6098	4313	1114	512	145	330

图1　2012年与2023年江西省级文艺家协会会员数量统计情况

数据来源：根据江西省文联提供的数据进行整理。

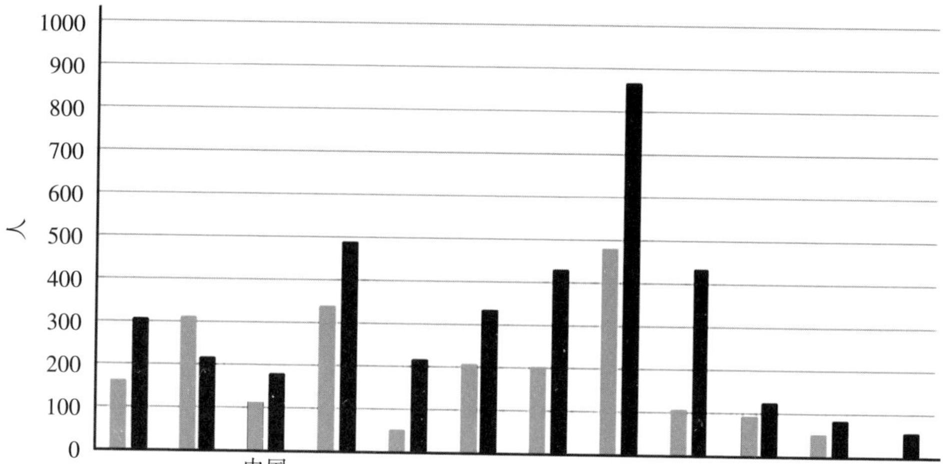

	中国作协	中国剧协	中国影视协	中国音协	中国舞协	中国美协	中国书协	中国摄协	中国民协	中国曲协	中国杂协	中国评协
2012 年	159	311	112	338	51	206	202	481	106	94	53	0
2023 年	304	215	179	489	214	333	431	868	434	125	84	56

图 2　2012 年与 2023 年江西国家级文艺家协会会员数量统计情况

数据来源:根据中国文联、江西省文联提供的数据进行整理。

二是以培训研修为人才“强筋壮骨”。开设了“江西文艺 · 名家讲堂”、各文艺门类“艺术沙龙”。相声表演艺术家姜昆、作曲家戚建波、剧作家罗怀臻、鲁迅文学奖得主刘庆邦等 50 多名全国知名文艺家来赣授课传艺,为全省文艺工作者创建了高端学习交流平台。面向全省中青年文艺工作者群体,有计划、有针对性地组织丰富的集中交流、培训研修活动,大力提升广大文艺工作者的专业素养和创作能力。文学领域定期召开中青年作家中短篇小说创作研讨会、中青年散文作家创作研讨会、青年诗人诗歌创作研讨会、8090 诗人创作研讨会等,艺术领域每年分专题分层次举办各类创作采风活动、培训研修班、改稿会等数十场。

三是以创作扶持、激发人才活力。省级层面先后制定了《江西文化艺术基金章程》《江西省“五个一工程”文艺精品创作资助管理办法(暂行)》《江西省文联文艺精品创作扶持奖励办法》等若干文件,实施了江西省文艺创作与繁荣工程、江西文化艺术基金资助项目、江西省“五个一工程”文艺精品创作资助项目、江西省文联文艺精品创作扶持工程等，不断健全文艺精品创作扶持机制，激发文艺人才创新创造活力。2013—2017 年，江西文艺创作与繁荣工程投入资金约 5000 万元，扶持各文艺门类精品创作和主题活动项目 200 多个。2018 年，江西省政府批准设立了江西文化艺术基金，基金最初年规模约 3000 万元，2020 年增加到 4000 万元。截至 2003 年底，累计投入资金约 2 亿元，资助主题创作、主题活动以及传播交流推广、文艺人才培养等项目 680 多个。

四是以评奖办节为人才拓展舞台。2013 年以来，三年一届的江西艺术节和谷雨文学奖以及汤显祖戏剧奖、音乐“映山红奖”、舞蹈“白鹭奖”、书法“黄庭坚奖”等专业评奖活动常态化开展，推选、表彰了一大批优秀作品。2020 年、2022 年分别开展了第三届、第四届江西省文学艺术奖的评选工作，共计 31 件作品获奖，涵盖文学、戏剧、广播影视、音乐、文艺评论等类别。2023 年正式设立江西省文艺创作奖并开展首届评选活动，12 个文艺类别的 78 件作品获奖，弥补了江西部分艺术门类没有省级奖项的缺憾。一系列文艺评奖和丰富多样的文艺活动，为江西发现培养文艺人才、推动文艺精品创作起到了重要推动作用。

（四）文艺志愿服务广泛拓展、深入人心

省文联印发《关于进一步推进全省文艺志愿服务工作的实施意见》，为全省文艺志愿服务提质增效提供了制度保障。截至 2023 年，全省各设区市文联、省直管县文联全部成立了文艺志愿者协会，省、市、县、乡、村“五级联动”文艺志愿服务工作格局基本形成。江西省文艺志愿者协会荣获中宣部、中央文明办等部门联合表彰的全国学雷锋志愿服务“四个 100”先进典型“最佳志愿服务组织”称号。

一是围绕中心开展文艺志愿服务。围绕宣传党的创新理论、脱贫攻坚、乡村振兴等中心工作，精心谋划文艺志愿服务活动。如党的二十大胜利闭幕后，省、市、县三级文联积极联动，共同开展“领航新时代　奋进新征程”文艺志愿服务活动，推动党的二十大精神“飞入寻常百姓家”；围绕脱贫攻坚，省文联组织全省文艺工作者创作文学、美术、书法、摄影、农民画、音乐、微电影、群众舞蹈等主题作品上万件，并及时在全省进行展览展演；针对高价彩礼、薄养厚葬、赌博迷信等陈规陋习，省委宣传部、省文明办、省文联组织“时代新风进万家”移风易俗专场文艺志愿服务全省巡演、“倡导移风易俗　弘扬时代新风”主题漫画全省巡展、“我们的中国梦——文化进万家”等活动，为营造良好社会风尚、助力乡村振兴凝心聚力。

二是以点单服务精准对接群众需求。2021 年起，省文明办、省文联全面启动文艺志愿“点单服务”项目，逐步建立起“群众点单、文联派单、文艺家接单、受众评单”的点单服务机制。“点单服务”精准对接了人民群众的精神文化需求，解决了所“送”非所“需”的问题，让文艺志愿服务更加贴民心、达民意。截至 2023 年，“点单服务”系统包含 1375 个文艺志愿服务项目，面向全省 100 个县（市、区）新时代文明实践中心（所、站）开放，设立了 1 个“省级平台”、11 个“市级平台”、100 个“县级平台”。通过“点单服务”系统，全省文艺工作者每年为基层群众提供文艺演出、艺术培训、艺术展览、现场教学等各种形式的志愿服务活动 500 多场，极大地丰富了基层文化生活。

三是打造特色文艺志愿服务品牌。在常态化开展文艺志愿服务、创新开设“点单服务”的基础上，全省文艺工作者深挖各地优势资源，打造了“万名文艺家下基层”“送万‘福’进万家”“作家教你写作”“新农村少儿舞蹈美育工程”“走近最美劳动者”等特色鲜明、深受群众欢迎的文艺志愿服务品牌。其中，省文联主办的“万名文艺家下基层”项目还被中央文明办评为最美文艺志愿服务项目。此外，南昌的“送欢乐下基层”、九江的“文艺五进”、景德镇的“送文艺送温暖”、萍乡的“百千万工程”、新余的“到人民中去”、鹰潭的“微诗创作”、赣州的“让文艺照亮生活”、宜春的“爱月乐团公益演出”、上饶的“千名文艺家下基层”、吉安的“送春送春联”、抚州的“八一双拥晚会”等品牌活动影响广泛、深入人心。这一系列文艺志愿品牌活动，有效活跃了人民群众的精神文化生活，助推了全省精神文明建设。

（五）团结凝聚文艺人才坚实有力、成效凸显

2013 年以来，省委、省政府出台了《关于繁荣发展社会主义文艺的实施意

见》《关于加快文化强省建设的实施意见》等一系列政策文件，全力推进全省各级文联文艺群团组织深化改革、转变职能，支持各级文联文艺组织强化“做人的工作”，引领全省文艺界更加凝心聚力、自信自强。

一是思想政治引领显著增强。全省文联系统广泛组织广大文艺工作者深入学习习近平新时代中国特色社会主义思想及习近平文化思想等党的创新理论，引导广大文艺工作者把牢正确文艺方向、价值取向，更加坚定、自觉地践行以人民为中心的创作导向。举办全省国家级、省级文艺家协会会员（文艺骨干）大轮训、全省市县文联负责人培训班、各文艺家协会主席团成员培训班等各类培训，为全省文艺工作补足精神之钙、筑牢思想之基。

二是行业清风正气更加充盈。2021 年以来，全省文联系统和各文艺家协会分别成立了文艺工作者职业道德和行风建设委员会，制定了工作章程及文艺工作者职业道德守则，共同发布了《江西省文艺工作者遵守职业道德共同宣言》，不断强化各级文联在行风和职业道德建设中的主导作用。2022 年组建江西德艺双馨文艺家宣讲团，每年赴各设区市、文艺院校、干部学院开展“崇德尚艺 为时代和人民放歌”巡回宣讲活动，通过先进典型传递新风正气，推动全省文艺界行风建设深入开展。

三是“文艺两新”工作走深走实。“文艺两新”涉及面广、影响面大，对文艺事业整体发展和行风建设有重要影响。江西高度重视“文艺两新”的团结引领，出台《江西省文联关于加强新文艺组织和新文艺群体工作的意见》，成立江西省文联文艺类社会组织行业综合党委，在挂靠的社会组织中成立 10 个党支部和 3 个联合党支部；成立江西省文联“文艺两新”工作领导小组，并推动全省各文艺家协会和设区市文联成立“文艺两新”工作机构，如省作协成立了网络作家委员会，省舞协成立了街舞工作委员会，景德镇成立了“景漂”协会并在“景漂”集中的地方成立村级文联、创客文联、园区文联等组织；召开全省“文艺两新”工作会、省文联挂靠社会组织工作座谈会，每年定期举办新文艺群体人才研修班；在全国较早全面启动新文艺群体职称评审机制，152 人获评（含认定）初中级职称、15 人获评高级职称，先后两次在全国文联系统新文艺群体职称评审工作会上交流经验做法;吸引中国文联首个“文艺两新”集聚区实践基地在景德镇落户揭牌,为景德镇“文艺两新”带去“家”的温暖。

二、新时代江西文艺事业存在的问题及短板

党的十八大以来,江西文艺事业保持了良好发展态势,各文艺领域均取得了显著发展,开创了文艺事业发展新格局。但是,对标先进省份和广大人民群众日益增长的精神文化需求,江西文艺事业仍存在诸多问题和短板亟待解决。

(一)扛鼎之作不多

党的十八大以来,江西文艺工作者围绕中心大局和重大题材、重要时间节点,创作了不少优秀作品。但总体而言,这一时期推出的具有代表性和标志性的传世之作、扛鼎之作不多,文艺领域有“高原”缺“高峰”现象仍比较突出。部分文艺门类国家级获奖数量较少,茅盾文学奖至今没有突破。

(二)领军人才缺乏

2023 年,江西拥有各级文艺家协会会员 10 万余人,国家级协会会员数在全国排第 17 位,但江西在全国具有广泛影响的文艺领军人才、中青年拔尖人才不多。在现任的中国文联下属的全国文艺家协会的 163 名兼职副主席中,江西文艺家仅有 2 位。与此同时,拔尖人才流失现象时有发生,如在外的江西籍优秀画家有七八十人之多,大部分是成才成名后调离的。

(三)文化品牌偏少

纵观江西文艺百花园,除了延续 60 余年的诗歌盛宴“谷雨诗会”、秉承“艺术的盛会、人民的节日”办节宗旨的江西艺术节等经典文艺品牌外,近年来江西还培育了“汤显祖戏剧节暨国际戏剧交流月”、“万名文艺家下基层”、“映山红”文艺论坛等品牌。但总体来看,能够在全国叫得响、传得开的江西文艺品牌偏少。

(四)创新转化不够

据初步梳理,全省有不少文艺精品在创作完成或斩获大奖后,由于缺乏合

适的平台或渠道来推广或转化，很快被束之高阁。与此同时，全省文化艺术市场活力不足，优质经营实体不多，对文艺精品进行转化利用的主动性、创新性方面明显不足，相关的成功案例不多。

三、进一步繁荣江西文艺事业的对策建议

习近平总书记在文化传承发展座谈会上明确指出，在新的起点上继续推动文化繁荣、建设文化强国、建设中华民族现代文明，是我们在新时代新的文化使命。新时代新征程，江西文艺工作者将深入学习贯彻习近平文化思想，勇担新的文化使命，直面问题与挑战，推动江西文艺事业继续繁荣发展。

（一）强化扶持激励，勇攀文艺高原高峰

一是加强创作规划。紧紧围绕新时代文化使命，聚焦文化强省建设，科学编制各文艺门类创作的中长期规划和专项创作计划，努力形成储备一批、打磨一批、推出一批的创作生产格局。近期，围绕新中国成立75周年、红军长征出发90周年、习近平总书记在文艺工作座谈会上的讲话发表10周年以及中国人民抗日战争暨世界反法西斯战争胜利80周年、中国人民解放军建军100周年等重要时间节点，聚焦重大革命历史题材、重大现实题材，以精神文明建设“五个一工程”为重点，组织开展主题文艺精品创作。

二是完善扶持机制。健全财政扶持机制，优化江西文化艺术基金资助项目的组织管理，扩大文艺精品项目扶持精准度、科学性，真正将有潜力的优秀文艺工作者、文艺作品扶持起来。创新扶持方式，完善文艺创作生产的政府采购、项目补贴、贷款贴息、捐资激励等制度，鼓励社会力量参与文艺创作。完善在创意孵化、选题论证、创作生产、宣传推介的全过程扶持机制，为推动精品创作提供全要素保障。

三是实施重大项目。定期发布江西文艺精品创作重点选题指南，精心遴选一批高质量的重大创作项目或文艺活动进行重点扶持，发挥重大文艺创作项目的引领作用。加强项目的组织实施管理，在人、财、物等方面聚集资源予以推进，以重点创作带动一般创作，以组织性创作提升江西文艺整体创作水平。

（二）加强政策供给，提升人才服务质效

一是提升待遇保障环境。完善文艺人才职称职务评聘措施和办法，优化中高级职称比例。对获得国家级文艺奖项、为江西文艺事业发展作出突出贡献的文艺工作者给予重奖，树立表彰先进、激励创作的鲜明导向。在文艺拔尖人才、特殊文艺专业人才引进方面，开通“绿色通道”，打破学历、职称等限制。

二是优化人才成长环境。在各文艺门类中遴选一批文艺名家和优秀青年文艺人才，分步开展名师带徒计划，发挥好领军人才传帮带作用。支持青年特别是“文艺两新”拔尖人才承担重点项目，领衔重要演出，为全省文艺人才崭露头角、事业发展搭建良好的平台。积极推荐文艺新锐参加全省、全国性文艺活动和文艺奖项评比，加大对文艺人才及其创作成果的宣传推介力度。

三是重塑人文关怀环境。健全领导干部联系文艺工作者制度、省级文艺创作和文艺人才荣誉制度等，对江西籍和在赣工作的优秀文艺家在政治上多关心、在工作上多支持、在生活上多帮助、在舆论上多助力，使他们在专业上有权威、在社会上受尊重。

（三）深挖优势资源，打造特色文艺品牌

一是推动转化利用。江西文化璀璨、底蕴深厚，具有在全国影响广泛的一系列文化标识。同时，新时代江西文学艺术传承千年文脉，创作了一批具有赣风鄱韵的优秀作品。打造江西文艺品牌，必须坚定文化自信，注重江西文化名片、文艺精品的转化利用。要加强创作引导，通过采用政府出题、文化企事业单位领题、文艺名家担纲创作的方式，精心策划实施一批赣派文艺品牌；探索市场化运作，吸引社会资本，通过文化企业、影视机构、演出院团合力运作，扩大文艺品牌市场号召力、文化影响力，实现江西文化资源优势向文艺品牌优势转化。

二是加大主题创作。一方面，通过各种形式的培训和辅导，在全省文艺工作者中推广江西文化名片，引导他们更好地挖掘江西地域文化底蕴，领悟其中的文化魅力。另一方面，有针对性地加强重大主题、重要时间节点、江西优质题材主题创作的组织策划，推出更多契合顶层设计、符合广大人民群众精神文化

需要、体现新时代风貌的主题创作活动，进一步引领全省文艺创作的方向，不断积累文艺品牌效应。

三是重视宣传推介。用好江西文化强省建设推进大会、江西文艺热点年度发布会等平台以及省内外主流媒体和新兴媒体、文艺刊物等媒介，常规化开展文艺评奖、“精品展演”、文艺评论等活动，为江西文艺繁荣发展搭建全方位、立体式的宣推平台。打造好江西文艺精品出版工程、江西文艺成果年度展演、“赣鄱好戏”优秀剧目展演、“影响世界的江西”系列舞台剧等文艺品牌。大胆运用现代科技及传播方式，增加沉浸式文化产品供给，制作江西文化题材微短剧等新媒体作品，将江西文艺品牌以立体化、全景式的活态模式进行传播展示。

新时代江西广播影视业发展报告

江西省广播电视局课题组

摘要： 迈入新时代以来，江西省广播影视行业坚持以习近平新时代中国特色社会主义思想为指导，在舆论引导、内容生产、公共服务、创新发展、产业转型、行业监管、人才保障等方面取得了显著成绩，整体实力和综合竞争力明显增强。新形势下，传统广播电视面临严峻挑战，内容创作生产还需进一步提质升级，有线电视网络和广电5G一体化发展尚需攻坚克难，广播影视公共服务水平、行业监管和安全保障能力还需进一步提升。要加大广播影视精品创作生产扶持力度、激发改革创新活力、强化视听科技赋能、推进公共服务提质增效、完善行业综合治理体系、持续优化营商环境，整合聚合发展合力，推动广播影视高质量发展迈上新台阶。

关键词： 广播影视　内容生产　媒体建设　改革发展　公共服务

党的十八大以来，在习近平新时代中国特色社会主义思想的科学指引下，江西省广播影视行业立足新发展阶段、贯彻新发展理念、构建新发展格局，稳步推进党中央、国务院和省委、省政府部署的各项目标任务和工程，求真务实，真抓实干，攻坚克难，善作善为，推动广播影视事业产业高质量创新性发展。

课题组成员：兰丽华，江西省广播电视局党组成员、副局长；赵卫萍，中共江西省委宣传部电影处处长；梁杰，江西省广播电视局发展改革处处长；郑华臻，中共江西省委宣传部电影处副处长；周文婷，江西省广播电视局发展改革处副处长。

一、新时代江西广播影视业主要发展成效

（一）广播影视体制机制改革顺利推进

1. 机构改革任务全面落实

2013 年，原江西省广播电影电视局、江西省新闻出版局合并组建为江西省新闻出版广电局。2018 年，江西省广播电视局挂牌成立，作为省政府直属机构，不再保留省新闻出版广电局，新闻出版及电影管理职能划转至中共江西省委宣传部，并在省委宣传部加挂江西省新闻出版局（省版权局）、江西省电影局牌子。江西省广播电视局统筹广播电视和网络视听两大业务，锚定"巩固提升传统广播电视、开拓创新推进媒体融合、整合聚合形成发展合力"三大工作方向，推动行业高质量发展。电影管理职能的划转进一步理顺了电影管理体制，强化了电影依法行政、统一管理的体系，更好地发挥电影在宣传思想和文化娱乐方面的特殊重要作用。2019 年，全省市、县两级全部挂牌成立文化广电新闻出版旅游局，在全国较早完成了广播电视、电影职能调整和"三定"工作。

2. 广播影视集团化改革全面深化

2018 年至 2023 年，先后组建江西广电传媒集团有限责任公司、白鹤影视集团有限责任公司、江西电影集团有限责任公司、江西省数字文化集团有限责任公司。江西广电传媒集团持续推进管理体制改革，建立健全现代企业制度，优化考核机制，集团治理水平和运行效率明显提升。江西电影集团积极整合优质资源，精心组织重大题材创作，在人才、产业、机制、资本等四个方面同向发力，为江西影视业高质量发展提供重要支撑。

3. 广电媒体转型升级融合发展

完善广播电视机构运营机制，2012 年全面完成了全省各级广播电台、电视台合并改革。统筹推进各级融媒体中心建设，2019 年 6 月在全国率先实现了县级融媒体中心全覆盖，2023 年底全省各设区市级融媒体中心挂牌实现了全覆盖，建设速度排在全国前列。全省已构建起"1 + 2 + 11 + 105 + N"的省、市、县三级融媒体联动指挥体系，实现了各种媒介资源、生产要素有效整合。江西广播

电视台"赣云平台"项目入选2020年度全国广播电视媒体融合成长项目，宜春广播电视台、萍乡市新闻传媒中心、江西广播电视台"今视频"融合发展经验分别入选2019年度、2022年度、2023年度全国广播电视媒体融合典型案例。江西广播电视台"今视频"挺进全国广电媒体客户端第一方阵，入选国家广播电视总局媒体融合新品牌、全国广播电视新媒体联盟。分宜县融媒体中心获"第九届全国服务农民服务基层文化建设先进集体"，其发展经济做法入选中宣部等部门"基层公共文化服务高质量发展典型案例"。贵溪市融媒体中心发展经验做法入选2021年全国县级融媒体中心能力建设十佳创新案例。

（二）主流舆论阵地持续巩固壮大

1. 舆论引导能力不断增强

为推动习近平新时代中国特色社会主义思想深入人心、落地生根，深入推进广播电视"头条工程"和网络视听平台"首页首屏首条"建设。着力推进全省各级广播电视和网络视听媒体协同联动，实现广播电视和网络视听舆论宣传同频共振，壮大主流舆论宣传声势。2023年，江西省广电新媒体账号重大宣传联盟成立，全省125个主账号加入广电新媒体重大宣传工作机制，江西成为全国率先建立广电新媒体协同工作机制的省份之一。机制运行以来，亮点频出，2023年，系列短视频《"如荷人生"　深切缅怀"老阿姨"龚全珍》全网推送总阅读量达1.58亿次，成为爆款产品。

2. 广播电视节目质量显著提升

坚持多措并举，抓原创，树品牌，创新创优，构建有序衔接的创作生产格局，涌现出一批有影响的优秀广播电视和网络视听节目。全省广播影视系统共有47件作品获中国新闻奖，18件作品获中国广播电视大奖，2件作品获电视文艺"星光奖"。2023年，江西10件广电作品获第33届中国新闻奖，获奖数量创历史新高。《思想的田野（江西篇）》《跨越时空的回信》《闪亮的坐标》《闪耀东方》等一批具有江西特色、江西风格、江西气派的节目，形成了品牌效应，社会反响热烈。

（三）广播影视内容创作生产能力显著增强

1. 重点文艺创作生产协调机制更加完善

江西省广电局坚持以人民为中心的创作导向，坚持规划引导和服务管理并重，聚焦内容精品创作，围绕主题主线宣传，制定重点选题策划，成立重点广电文艺创作生产协调推进小组，建立全流程管理服务工作机制，确定重点项目并加强指导协调和跟踪服务，营造有利于催生精品力作的良好环境。

2. 文艺创作生产扶持引导机制日益健全

省级层面出台多项经济措施支持广播影视文艺作品创作生产。先后出台《关于支持江西省电视剧繁荣发展若干政策的通知》《关于印发江西文化艺术基金章程和办法的通知》《关于支持江西省电影发展若干经济政策的通知》《江西省国家电影事业发展专项资金扶持电影创作生产实施细则》《江西省“五个一工程”文艺精品创作资助管理办法（暂行）》《关于进一步加强以“五个一工程”为龙头的文艺精品创作生产的措施》等。围绕国家重要时间节点和重大宣传主题，加强对重点选题和重大项目的主动谋划，加大对创作生产和创作宣传的支持力度。确保用足用好扶持政策和资金，激发创作生产活力。

3. 广播影视文艺精品力作不断涌现

深入实施新时代精品工程，聚焦重大时间节点，深入挖掘江西优秀文化资源，组织创作了一批对赣鄱文化传承具有深远意义，反映时代新气象，讴歌人民新创造，思想性、艺术性、观赏性相统一的优秀作品。电影《建军大业》《老阿姨》、电视剧《可爱的中国》《爱拼会赢》、广播剧《本色》《反腐第一枪》等10部广播影视作品获得精神文明建设“五个一工程”奖（见表1），电影《信仰者》《邓小平小道》等4部电影作品获得中国电影华表奖，电视纪录片《江豚归来》《鄱阳湖最后的渔民》获中国新闻奖、中国广播电视大奖，电视剧《大道薪火》《鲲鹏击浪》入选国家广电总局“2023中国20部剧集精选”。2023年，江西联合出品的电影《河边的错误》《白塔之光》分别在法国戛纳国际电影节和德国柏林国际电影节与世界各国最优秀的电影作品同台竞技，实现了历史性突破。江西联合出品电影《志愿军：雄兵出击》票房达8.68亿元，实现了社会效益和经济效益的双丰收。

表1　2013—2023年江西广播影视作品“五个一工程”奖获奖情况

创作类型	作品名称	获奖情况
电影	《洋妞到我家》	荣获第13届精神文明建设“五个一工程”优秀作品奖
电影	《建军大业》	荣获第14届精神文明建设“五个一工程”特别奖
电影	《老阿姨》	荣获第14届精神文明建设“五个一工程”优秀作品奖
电影	《信仰者》	荣获第15届精神文明建设“五个一工程”优秀作品奖
电视剧	《领袖》	荣获第13届精神文明建设“五个一工程”特别奖
电视剧	《可爱的中国》	荣获第15届精神文明建设“五个一工程”特别奖
电视剧	《爱拼会赢》	荣获第16届精神文明建设“五个一工程”优秀作品奖
广播剧	《本色》	荣获第13届精神文明建设“五个一工程”优秀作品奖
广播剧	《反腐第一枪》	荣获第14届精神文明建设“五个一工程”优秀作品奖
广播剧	《信念树》	荣获第16届精神文明建设“五个一工程”优秀作品奖

资料来源：江西省广播电视局、江西省电影局。

（四）广播影视公共服务优化升级

1. 广电基础设施建设持续升级

全省广电系统聚焦基层补短板、强基础，统筹有线、无线、卫星、互联网等，不断健全传输覆盖网络，全面提高城乡广播电视覆盖率和信号质量。2013—2023年，全省先后完成了直播卫星公共服务户户通工程、贫困地区县级广播电视播出机构制播能力建设、有线电视数字化转换工程、中央广播电视节目无线数字化覆盖工程、广播电视无线发射台基础设施建设、省级交互式网络电视（IPTV）集成播控平台建设，以及省级电视节目无线数字化覆盖工程一、二期项目建设。截至2023年底，全省广播综合人口覆盖率达99.58%，电视综合人口覆盖率达99.81%，广播电视节目覆盖面进一步扩大，让广大群众可以听好广播、看好电视。

2. 人民群众收视观影体验不断改善

强力整治电视“套娃”收费和操作复杂问题，圆满完成全国IPTV操作复杂治理试点省份各项任务,实现用户开机一键进入全屏直播(CCTV1 频道),开机广告(不含公益广告)全部下架,电视界面更加清晰、清爽。积极服务基层,探索搭建广播电视和网络视听优秀节目共享平台,建立了“广播电视节目、公益广告、网络视听节目”片库,解决市县广播电视播出机构节目生产能力不足问题。结合重大主题和时间节点,积聚种类多元的优秀广播影视内容版权资源,持续深入开展公益展播展映活动,更好满足群众收视观影需求。每年开展城乡电影公益放映工作,组织 1400 余支流动电影放映队,深入农村、中小学校、厂矿、军营、城镇广场、社区、敬(养)老院等广泛开展主题放映活动,年均放映 28 万余场公益电影,为广大人民群众送去丰富的“电影文化大餐”。

3. 应急广播体系建设走在前列

升级改造现有广电传输覆盖网络,布置应急广播终端,建设农村大喇叭系统,健全应急信息采集发布机制,形成省、市、县、乡、村联动,上下贯通,分级管理,可管可控,综合覆盖的应急广播体系,提前两年高标准完成国家广电总局“十四五”应急广播体系建设目标任务。截至 2023 年底,全省累计建成 10.1 万个大喇叭终端,每个行政村基本达到了 5 个,实现了行政村应急广播终端全覆盖。共建成 1 个省级平台、11 个市级平台、99 个县级平台、1397 个乡级前端、16262 个村级前端,纵向上实现了国家、省、市、县、乡、村六级应急广播平台的贯通,横向上与应急管理、气象、融媒体中心等平台实现了对接。通过共建共享,充分发挥应急广播体系在乡村治理上的作用,为基层群众生产生活、转移避险等提供有力支撑。

(五)智慧广电生态圈不断成长

1. 有线电视网络整合与 5G 一体化发展持续推进

2020 年,江西省委、省政府贯彻落实中宣部等九部委出台的《全国有线电视网络整合发展实施方案》,将省广电网络公司原有 93 家股东持有的全部股份无偿划转至江西广电传媒集团,由江西广电传媒集团作为发起人参与“全国一网”整合。省广电网络公司变更为中国广电江西网络有限公司,93 个市县网络公司成为中国广电分公司。江西成为在全国率先完成“全国一网”有线电视网络整合工作的 5

个省份之一。统筹推进广电5G建设，中国广电5G核心网南昌中心节点和江西广电网络数据云中心等重点工程建设完成并投入使用。2022年7月27日，全省启动了广电5G网络服务。通过与中国移动共建共享，加快广电5G/4G基站的建设，截至2023年底，全省5G/4G基站总数达13.11万个。

2. 高清、超高清电视制播能力稳步提升

有力推进全省高清电视建设，加快建立高清电视节目制作、直播技术、传输覆盖等全链路高清技术系统。截至2023年底，全省省级广播电视播出机构10个电视频道和所有设区市电视频道全部实现高清化，65%的县级电视频道完成高清化建设，实现高标清同播。江西广播电视台、南昌市广播电视台、宜春市广播电视台完成4K超高清系统改造，省广电网络现有的QAM频道、IP通道均支持超高清4K电视信号的传输，现有的智能终端均支持超高清4K电视频道的接收，为观众带来更好的收视体验。强化AR/VR/MR、超高清等技术运用，不断创新节目形态。2022年，江西广播电视台播出的《闪亮的坐标　青春季》在全国首次实现扩展现实（XR）技术的大规模电视运用，同时段收视排名全国前三。

3. 智慧广电创新生态建设有序推进

加强统筹谋划，2022年制定出台《江西省推进智慧广电发展实施方案》，加快推动智慧广电与教育、医疗、旅游、扶贫等行业合作发展，打造智慧县域、智慧社区、智慧旅游等一系列智慧应用，加快智慧广电业态培育和拓展。中国广电江西网络有限公司联合江西省教育厅完成了“智慧作业”终端产品的建设与推广，促进了省内基础教育的公平化、信息化，取得了良好社会效益。大余县依托覆盖全县的广电网络建设“数字大余”基础平台，通过“钨都云”APP为群众提供各类便民惠民生活应用，打通联系服务群众“最后一公里”。中国广电江西网络有限公司建设的3个项目入选国家广电总局2022年“全国智慧广电网络新服务”创新应用名单。

（六）广播影视产业总体实力不断壮大

1. 产业发展政策支撑更加有力

2019年以来，江西省政府办公厅出台《关于支持全省各级广播电视台持续发展的若干意见》，江西省广电局先后出台《关于推动我省广播电视和网络视听业高质量发展的实施意见（2019—2023年）》《江西省广播电视局深入推进广电业数字经济做优做强“一号发展工程”的实施方案》，并建立局领导联系重点企业和重大产业项目机制，设立工作专班，加强服务指导，推动全行业优化结构、转型升级、提质增效、高质量发展。

2. 广电产业不断壮大

做强龙头企业，推动江西广电传媒集团全力打造以数字技术为底座，以数字文化为主业，以市场化为方向的科技型、创新型现代企业集团。推动功夫动漫股份有限公司、仟得文化传播有限公司、江西巨网科技有限公司等一批新兴产业市场主体快速发展。加快推进重大项目建设，中央广播电视总台“超高清视音频制播呈现国家重点实验室虚拟现实应用实验室”落地南昌，南昌市广播电视台“基于广电5G架构的移动物联数字传媒”等9个符合行业高质量创新性发展方向的项目入选国家广电总局产业发展项目库，并按期完成建设。产业结构持续优化，产业总体规模迈上新台阶。2016年以来，特别是新冠疫情期间，受网络新媒体冲击，传统广告及有线电视收视收入受到较大影响，各级广播电视机构加快业务转型，新媒体业务快速发展。2023年，全省广播电视和网络视听行业克服各种困难，服务业实际创收达64.73亿元（见图1），再攀历史新高，其中新媒体业务收入达到

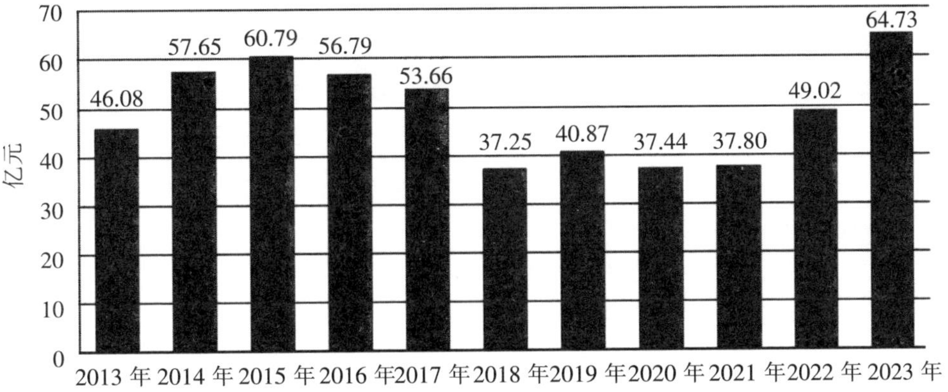

图1　2013—2023年江西省广播电视和网络视听服务业实际创收情况

数据来源：江西省广播电视局。

19.07 亿元，占比达到 29.46%，较 2017 年占比增长 28.53 个百分点。

3. 电影产业蓬勃发展

推动江西电影集团构建影视全产业链。着力打造江西特色“电影名片”。2020—2023 年，连续举办四届庐山国际爱情电影周，人民日报、新华社、中央电视台、新浪微博等百余家媒体平台联合呈现与报道相关活动，打响了全国具有特色的爱情主题电影节展品牌。2023 年，成立江西星河私募基金管理有限公司，打造全国性影视股权创投平台、人才孵化平台和资本汇聚平台。用好用足国家电影事业发展专项资金和省级文化产业发展基金相关政策，加快数字影院建设发展。2013 年以来，全省电影票房收入持续快速增长。2020—2022 年受新冠疫情影响，全省电影业受较大冲击。2023 年随着疫情防控政策优化和大量新片投入市场，全省电影市场快速复苏。2023 年，全省共有数字影院 417 家、电影票房收入 14.28 亿元，较 2013 年分别增长 228.35%、272.85%（见图 2）。

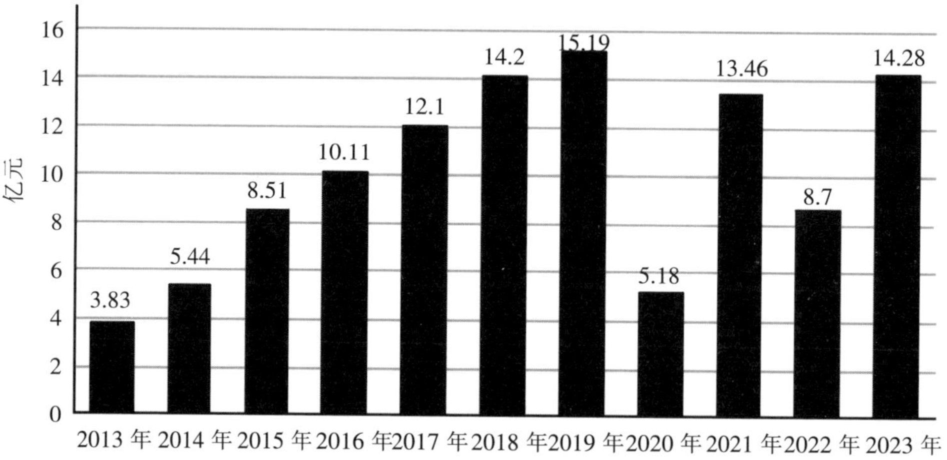

图 2　2013—2023 年江西省电影票房收入情况

数据来源：江西省电影专资办。

4. 营商环境进一步优化

营造公平竞争市场环境，出台《江西省广播电视局关于深入推进广电营商环境优化升级“一号改革工程”实施方案》，落实广电系统“三张清单”（市场准入清单、行政许可事项清单、“互联网 + 监管”事项目录清单），构建边界清晰、权责一致的职能体系。依法赋予16个国家级开发区“有线广播电视运营服务提供者向社会公布其业务种类、服务范围、服务时限、资费标准备案”的省级备案权限;赋予乡镇(街道)2项县级审批服务执法权限、经济发达镇2项县级经济社会管理权限。编制江西省电影系统《统一行政权力清单》,理顺电影主管部门职能职责。经过多轮简政放权,全省电影系统政务事项精简为12项(行政许可7项、行政备案5项),“外商投资电影院审批”等下放到县级。深化广播影视“放管服”改革,全力精简审批环节、压缩审批时限,提升服务效能,将涉及企业、群众的高频行政审批事项,由江西省广电局、江西省电影局驻省政务大厅窗口直接审批、“一窗”办结。

(七)行业发展和安全保障基础更加坚实

1. 安全播出保障能力持续提升

严格落实安全播出工作责任制,确保在重要会议、重大节日、重要活动期间实现安全播出“零事故”。不断健全安全播出保障体系,建成覆盖全省的无线发射台站地面数字电视节目数据回传监看运行维护系统,保证全省发射台站地面数字信号的播出效果和发射机运行质量。加强重要时政节目直播转播工作保障力度,统筹推进广播电视网络安全工作和设施保护工作,全省安全播出总体态势稳中向好。持续开展“打击非法生产销售卫星地面接收设施和网络接收设备”等集中整治行动,江西境外电视传播秩序专项整治工作连续9年在国家整治办考评中位列全国第一方阵。

2. 安全播出监管智能化水平不断提高

完善现代化技术监管体系和监测平台建设,“全方位、全过程、全覆盖、全天候”开展广播电视监测工作。建设和升级改造传统广播电视监测系统、江西省交互式网络电视(IPTV)监测系统、广播电视广告监测系统、移动互联网视听节目监测系统、宽带互联网视听节目监测系统等,运用大数据、云计算、人工智能等新技术,实现对广播电视、网络视听、融媒体平台、IPTV等更全面、更精准、更及时地分析监测,进一步保障了广播电视播出安全、内容安全。

3. 行业人才队伍建设力度进一步加大

大力实施广播电视和网络视听行业“领军人才”和“青年创新人才”两个工

程，统筹推动高层次人才和创新型、应用型、技能型人才培养。江西省广电局与国家广电总局研修学院、浙江传媒学院签订协议，利用行业资源加大广电专业人才培养力度。持续组织开展广播电视技术能手竞赛，以赛代练、以赛促学，全面提升广播电视和网络视听技术人员的能力水平。2013—2023 年，全省广播电视系统有 5 人入选中宣部文化名家暨“四个一批”人才及宣传思想文化青年英才，3 人获得“长江韬奋奖”，34 人被授予“全国广播电视技术能手”荣誉称号。大力培养优秀电影人才，2019—2023 年，江西省电影局多次举办电影创作与管理人才培训班、电影技术骨干（经理）培训班和电影行政管理与执法培训班，培训学员约 500 人次，并多次组织开展全国知名电影人江西采风活动，搭建省内电影工作者与行业领军人物的沟通合作桥梁。

二、新形势下面临的新要求和新挑战

（一）传统广播电视面临严峻挑战

自 2016 年以来，传统广电媒体遭受新媒体的巨大冲击，有线广播电视实际用户数逐年减少，市场规模萎缩，传统广播电视广告收入（见图 3）、有线电视网络业务收入、传统广播电视节目销售收入和电视购物频道收入明显下滑，各级传统广播电视机构近几年均处于融合转型、体系重构的关键时期和爬坡过坎阶段，虽然智慧广电及融合发展业务的崛起重塑了广电业务结构，但面对存量博

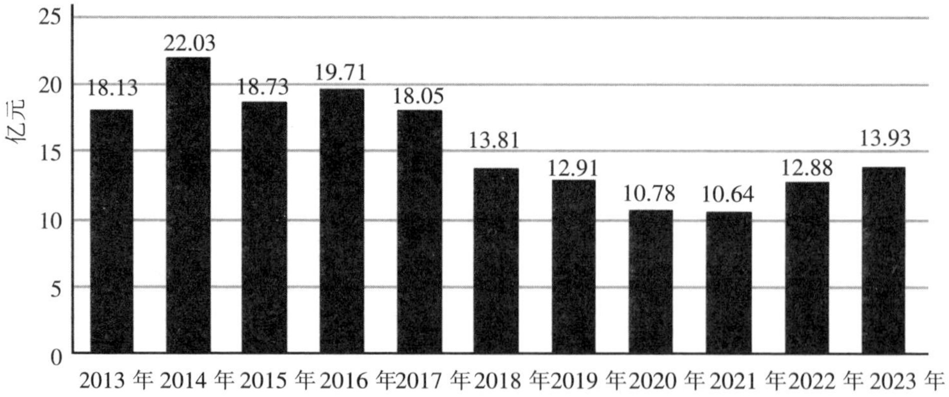

图 3　2013—2023 年江西省广播电视行业广告收入情况

数据来源：江西省广播电视局。

弈和减量竞争的大环境,广电媒体生存压力和发展压力依然较大。

(二)精品创作生产还需要进一步提质升级

江西广播影视文艺创作生产的短板主要是优秀作品供给不足,打造精品力作的总体能力欠缺,在数量、质量以及持续创新能力方面都与先进省份存在较大差距,存在省内制作机构和创作人才数量较少、制作能力不强、缺乏具备规模的影视文化产业园区、省级扶持资金可观但市县配套资金偏少等主要问题。

(三)有线电视网络整合和5G一体化发展还需要攻坚克难

江西广电网络的历史包袱重,网络基础比较薄弱,建设和改造成本高。传统有线电视业务购买者支出意愿薄弱、新业务发展迟缓、传统收视收入持续减少,运营困难。技术人才流失,队伍老龄化严重,5G、移动化等新技术人才储备远远不足。有线电视网络整合的关键一环——南昌市网的整合尚未完成,“全省一网”集约化运营未成规模。

(四)广播影视公共服务长效机制还未健全

广播影视公共服务重在建设,难在运营。在各项惠民工程取得建设成果之后,全省广播影视公共服务的内容服务、资金保障、队伍建设、运行维护等长效机制还不完善,难以保障农村广播电视公共服务和电影公益放映的服务质量和长远效果,政府主导、社会力量参与、社会化发展的公共服务供给格局尚未形成。特别是部分地区财政支持有限,广播影视公共服务面临运营和维护资金短缺、基层人员缺乏、应用规模化发展有待提升等问题。

(五)行业监管和安全保障能力还需进一步提升

全省广播影视行业安全生产(安全播出)仍然任重道远。一些机构重视程度还不够,仍然存在麻痹思想,安全生产(安全播出)的隐患治理还需强化。同时随着广播影视和网络视听行业的发展,运营主体和监管门类越来越多,现有管理体系和监管系统难以满足未来的管理需求。不同管理主体、不同类别的媒体管理信息系统和安全监管系统建设分散,资源孤岛和信息孤岛壁垒尚未打破,互联互通不足,数据资源共享开发利用率偏低,全媒体资源的深度融合需要加快。

三、进一步推动行业高质量发展的对策建议

(一)加大广播影视精品创作生产扶持力度

深入贯彻落实《关于进一步加强以“五个一工程”为龙头的文艺精品创作生产的措施》等政策文件,发挥好市县综合考评作用,增强地方党委政府支持文艺创作的主动性和扶持资金引导精品创作的积极性,突出重点项目,优化精品扶持机制,将资金向剧本创作、拍摄制作事中扶持和精品结果奖励倾斜,激励制作机构增强精品创作意识和热情。建立完善精品创作生产全流程服务机制,加强选题规划引导,建立审查指导前置制度,规范规划备案申报、引导作品质量提升、优化内容审查管理,以高水平的管理和服务加强视听内容创作引导,提高原创内容水平。

(二)激发改革创新活力

深化广播电视媒体融合发展,推动广播电视机构不断探索业务和内容创新、应用和技术创新、体制机制创新,加强对广电主流媒体、主力军的建设。完善人才激励机制,建立灵活多样的市场化收入分配方式、薪酬制度、奖励制度,强化对关键岗位、优秀人才、重要贡献的薪酬激励,在各类奖项的评选中重点向一线创作人才和营销人才倾斜,充分激发人才的积极性、主动性和创造性。培育壮大骨干企业,大力支持江西广电传媒集团深化改革,创新发展,建成拥有知名品牌、主业突出、核心力强的新型广电机构。大力支持江西电影集团参与优质电影项目,主导主控一批优秀影片,树品牌、立口碑、强引领,发挥好“主力军上主战场”作用。

(三)强化视听科技赋能

加快有线电视网络整合和5G一体化发展,强化广播电视和网络视听行业的技术产业属性,强化科技创新对全领域全链条的支撑作用,建设以新一代信息技术为核心的智慧广播电视网络。深入推进江西文化网等项目建设,丰富高新视听内容供给,推动文化数据流通,构建文化数字化新生态。创新智慧广电

内容形态，深耕专业化、垂直化、场景化内容服务，提高定制化、个性化、精准化供给能力，拓展广电＋政用、民用、商用服务，构建全媒体传播格局。积极培育“未来电视”新应用新业态，推动广播电视和网络视听产业数智转型。

（四）推进公共服务提质增效

在公共服务顶层设计上下功夫，围绕公共服务标准化要求，积极对接国家电影局、国家广播电视总局关于电影公益放映、有线电视、高清电视等基本公共服务政策，规范广播影视公共服务项目、运行管理、硬件配套、人才队伍、保障措施，强化各层级各区域协同。全力做好中央和地方广播电视节目无线数字化覆盖工程运行维护工作，确保无线覆盖长期通、优质通。加强应急广播体系建设，坚持应急广播“建管用”一体推进，推动应急广播体系建设项目的实施、验收及资金保障，建立健全多部门联动机制。深入实施智慧广电乡村工程，创新广播电视公共服务内容和业务承载形式，提升智慧广电公共服务水平。

（五）完善行业综合治理体系

统筹广播电视网、IPTV（交互式网络电视）、OTT（互联网电视）和互联网四个层次，坚持统一导向、统一标准、统一尺度，统筹内容、传输、播出、网络、数据、设施等各类安全，完善安全保障体系。深入排查安全风险隐患，完善联合惩戒机制，开展专项整治行动，强化隐患整治整改，筑牢广播影视领域安全生产防火墙。深化电视“套娃”收费和操作复杂治理，健全长效管理机制。坚持日常监管与专项整治相结合、管主体与管业务相结合，强化行业乱象的系统治理、综合治理，维护风清气正的良好行业生态。

（六）持续优化营商环境

落实行政执法责任制，加强行政执法监督，开展“抓规范、优环境”行政执法领域突出问题专项整治和监督行动。开展普法依法治理，落实“谁执法谁普法”责任制。加强行政规范性文件制定、备案审查和监督管理，严格落实公平竞争审查制度。持续开展信用监管，扩大信用评价在“双随机、一公开”检查中的运用，保持双公示工作良好态势。进一步提升政务服务水平，依据新修订的法律法规和事项清单，更新完善窗口审批事项，提高审批效率，方便群众办事。

新时代江西哲学社会科学发展报告

江西省社会科学界联合会课题组

摘要： 党的十八大以来，江西哲学社会科学高质量发展稳步推进，社科管理体制机制持续完善，社科研究量质齐升亮点纷呈，智库和基地建设提质增效，社科普及形式多样深入人心，社团组织规范化管理水平明显提升，学术活动日益活跃务实出新，社科期刊质量和水平稳步提升。同时，江西也面临哲学社会科学整体实力偏弱、高水平研究成果偏少、高层次社科人才缺乏、智库内涵建设不够等问题，需从加强社科统筹规划、着力提升成果质量、实施社科人才培育工程、打造特色新型智库等方面加以破解。

关键词： 江西哲学社会科学　社科管理　智库建设

哲学社会科学是人们认识世界、改造世界的重要工具，是推动历史发展和社会进步的重要力量。党的十八大以来，以习近平同志为核心的党中央高度重视哲学社会科学工作，习近平总书记主持召开哲学社会科学工作座谈会、学校思想政治理论课教师座谈会、经济社会领域专家座谈会，在中央政治局集体学习、全国两会、高校和科研机构调研等重要场合，就繁荣发展哲学社会科学发表一系列重要讲话。这些重要论述为新时代哲学社会科学发展指明了前进方向、提供了根本遵

课题组成员：罗勇兵，江西省社会科学界联合会党组书记、主席；汤水清，江西省社会科学界联合会党组成员、副主席；陈燕清，中共江西省委宣传部理论处处长；姚婷，江西省社会科学界联合会学术中心主任；刘忠林，江西省社会科学界联合会学术中心副研究员；邱信丰，江西省社会科学院副研究员；史慧芳，江西省社会科学界联合会学术中心研究实习员；刘倩，江西省社会科学界联合会学术中心研究实习员；赵云，江西省社会科学界联合会学术中心干部。

循、确立了行动指南。江西省哲学社会科学界深入学习贯彻习近平总书记关于哲学社会科学的重要论述，认真贯彻落实中央和省委关于繁荣发展哲学社会科学的战略部署，聚焦“走在前、勇争先、善作为”的目标要求，坚持“举旗帜、主战场、标识度、高质量、育人才、现代化”发展导向，强化理论武装、涵养政治定力，持续巩固马克思主义在意识形态领域的指导地位，锐意进取、守正创新，大力弘扬伟大建党精神和井冈山精神、苏区精神、长征精神，推动全省哲学社会科学事业繁荣发展，为奋力谱写中国式现代化江西篇章提供思想保证和智力支持。

一、江西哲学社会科学高质量发展稳步推进

进入新时代，江西哲学社会科学繁荣发展势头强劲，社科管理体制机制持续完善，社科成果量质齐升亮点纷呈，智库和基地建设提质增效，社科普及形式多样深入人心，社团管理规范化水平明显提升，学术活动日益活跃务实出新，社科期刊质量和水平稳步提升，哲学社会科学服务全省经济社会发展大局的成效更加彰显。

（一）社科管理体制机制持续完善

一是社科管理制度不断健全。在智库建设、社科普及、学会管理、基地建设、社科规划、社科评奖等方面出台了相应的规章制度（详见表1），全面提升了社科管理制度化、规范化、科学化水平。此外，为持续深化改革，2022 年成立社科规划发展工作、学术交流工作等 5 个专门委员会，印发《江西省社联专门委员会主要职责和名单》，进一步发挥了理事专业特长，拓宽了议事决策渠道。

表1　2015 年以来出台的社科管理方面重要规章制度

类型	文件名称	出台时间
智库建设	《关于加强江西特色新型智库建设的意见》	2015 年
	《关于加快推进江西特色新型智库建设的实施方案》	2017 年
	《江西省重点新型智库建设管理办法（试行）》	2019 年

续表：

类型	文件名称	出台时间
社科普及	《江西省社会科学普及条例》	2017 年
学会管理	《关于加强哲学社会科学学术社团建设的实施意见》	2020 年
基地建设	《江西省哲学社会科学重点研究基地管理办法》	2022 年
	《省社联关于扶持江西省哲学社会科学重点研究基地建设的若干措施》	2023 年
社科规划	《江西省社会科学基金项目管理办法》	2022 年
	《江西省社会科学基金项目资助经费管理办法》	2022 年
社科评奖	《江西省社会科学优秀成果奖评选实施办法》	2023 年

二是基层社联组织基本全覆盖。社联组织是党和政府联系社会科学工作者的桥梁和纽带，是全省社会科学工作者的联合组织。党的十八大以来，江西基层社联组织不断完善，截至 2023 年，全省社联系统有设区市社联 11 个，县（市、区）社联 100 个、高校社联 25 个，设区市、县区全部建立社联组织，机构、人员、办公场地和工作经费得到了保障，为江西哲学社会科学繁荣发展奠定了扎实的基础。

三是社科管理信息化水平不断提升。2017 年，江西省社联积极推进“江西省社会科学信息中心”和“社会科学专家库信息管理系统、规划项目申报评审系统、优秀成果奖评选系统、社会组织管理系统、规划项目管理系统”五大系统建设，着力提升社科工作信息化管理水平。2022 年，改造升级“两网五系统”①。江西社科网实现了从省社联机关政务网站到全省哲学社会科学界信息平台的升级。

（二）社科研究量质齐升亮点纷呈

一是马克思主义理论研究深入开展。2014 年，江西在全国首创“江西省青

① 两网五系统是指江西省社会科学界联合会主办的江西社科网、智库建设与成果管理处主办的江西智库网，社科规划办主办的专家（研究人员）信息系统、基金项目评审系统、基金项目管理系统、优秀成果奖评选系统、社会组织管理系统，以及各处（室、中心）以真实组织信息注册的新媒体等账户。

年马克思主义者理论研究创新工程”,截至2023年底,共对1000余名博士和硕士研究生的毕业论文进行资助立项,积极引导青年学生运用马克思主义立场、观点、方法研究当前重大理论和现实问题,相关经验做法入选全国宣传思想文化工作创新案例。全省103所高校(含独立学院)的马列·科社、党史·党建等23个人文社科学科中,有3个学科入选教育部第四届学科评估A类学科,22个优势学科入选国家一级学科博士学位授权。江西师范大学马克思主义学院入选第三批全国重点马克思主义学院。

二是社科规划项目量质齐升。在课题立项上,2014年以来,江西国家社科基金项目立项数和资助额不断创新高,立项数从2014年的125项上升至2023年的157项,获资助金额从2720万元上升至3705万元,省社科基金项目立项数也从749项上升至1051项,呈现出量质齐升的良好发展态势(如图1所示)。项目结项上,江西国家社科基金结项优秀率和良好率排全国前列,例如2023年均高出全国平均水平5个百分点以上,结项优良率位列全国前五。

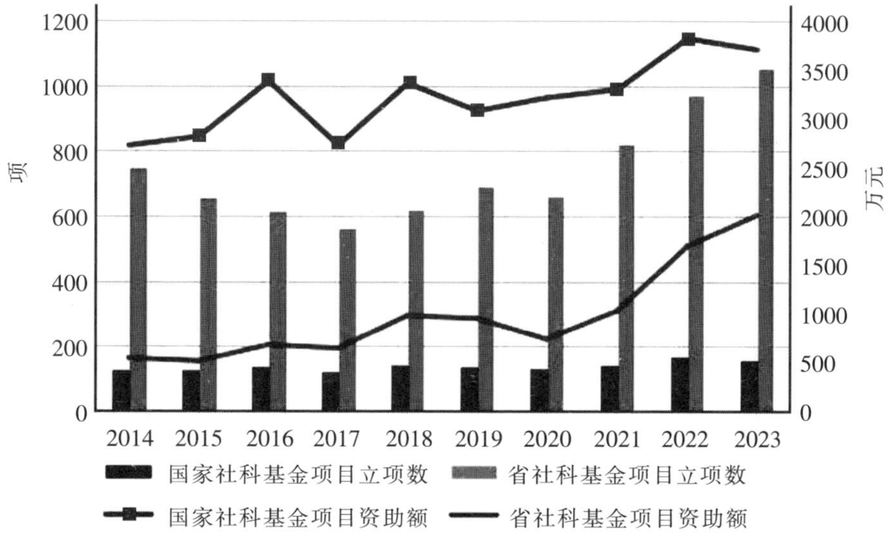

图1 2014年以来江西国家和省社科基金项目立项数和资助额

三是精品力作不断涌现。2013年以来,江西省先后组织六次社会科学优秀成果奖评选(如图2所示),一大批优秀成果脱颖而出,优秀成果数量和质量稳步提升，特别是第二十次社会科学优秀成果奖评选，一等奖数量同比增加 23%。

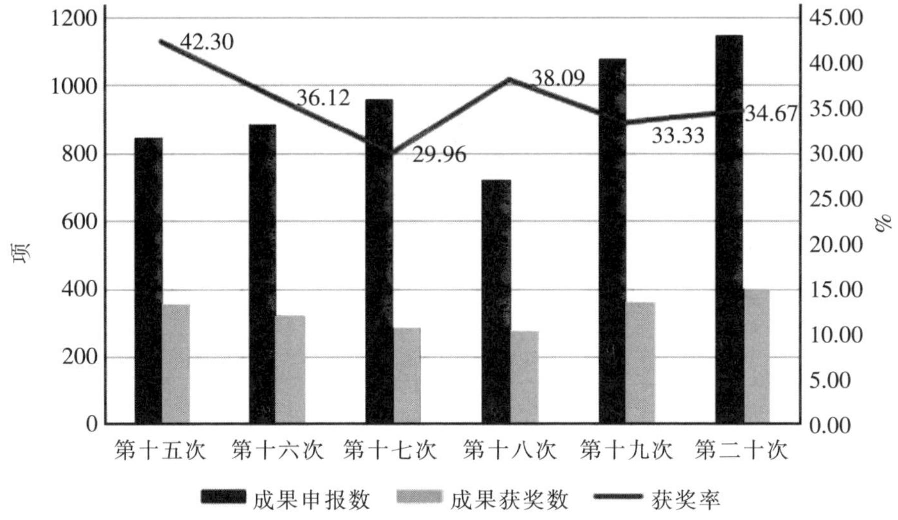

图 2　2013 年以来江西省六次社会科学优秀成果奖申报和获奖情况

以《中国共产党江西历史第二卷（1949—1978）》《中国陶瓷设计史》《我国现代化进程中意识形态安全问题研究》等著作和《“冠带荣身”与明代国家动员》《商法一般条款的类型化适用》《简约治理：超越科层化的乡村治理现代化》《中国早期空间观的创构及其形式美意义》等论文为代表的一批学术精品相继出版和发表。2023 年，共有 2 项研究成果入选“国家哲学社会科学成果文库”，5 项优秀成果入选全国哲学社会科学工作办公室“成果要报”“优秀成果选介汇编”。

（三）智库和基地建设提质增效

一是新型智库建设取得实效。2016 年，江西省社联专门设立“智库建设与成果管理处”。2017 年，江西省新型智库建设指导委员会批准设立首批 17 家省级重点新型智库试点单位，并于 2021 年考核评估后，确定 10 家省级重点高端智库和 5 家省级重点培育智库。从 2018 年开始，以江西智库峰会为抓手，每年聚焦江西经济社会发展重大理论和现实问题，设立一批智库研究项目，引导全省智库机构和研究人员为江西经济社会发展建言献策。特别是自2020年以来,江西智库峰会与国家级大院大所产业技术及高端人才进江西活动联合举办。截至2023年,江西智库峰会已连续举办6届。邬贺铨、郑纬民、严新平等众多院士和知名专家应邀为江西高质量发展建真言、谋良策,中国中医科学院中医药健康产业研究所、中国信通院江西分院等一大批重点平台落地江西。智库峰会不仅为江西创新发展带来了真知灼见,也为创新项目落地江西搭建了供需平台,已经成为江西新型智库建设的一个重要品牌。

二是基地建设实现高质量发展。江西加快推动省哲学社会科学重点研究基地建设,努力将基地打造成重点学科支撑平台、高端学术交流平台、应用对策研究平台、优秀人才培养平台,推动基地积极形成学术影响力、政策影响力、人才影响力、话语影响力。基地数量由2013年的11家发展为2023年的58家,其中基础理论研究基地23家,应用对策类研究基地35家。自2014年起,基地项目累计立项348项,累计资助项目经费393万元。2023年,有21家基地合计获得国家社科基金项目39项,有35家基地共获得省部级以上领导肯定性批示180余件次。

三是应用对策研究质效双升。以《专报》《智库成果专报》《领导论坛》等为代表的省级内参,不断推出契合江西经济社会发展实际的高质量研究成果,一批对策建议被省委、省政府及相关部门采纳,实现了"文章变文件、对策变政策"的转化。江西省社会科学院《专报》获省级以上领导的批示从2013年的26件次上升至2023年的107件次,2013—2023年累计获中央领导肯定性批示23件次。江西省委党校《领导论坛》获省级以上领导的批示从2018年的31件次上升至2023年的141件次。2023年,《智库成果专报》获省级领导肯定性批示创历史新高,达52件次;南昌大学、江西师范大学、华东交通大学等高校120余篇调研报告获省部级以上领导批示,其中获中央领导批示3件次。"江西观察报告"课题研究、"社科青年团队下基层"、省情研究特聘专家"四季走基层"等活动,积极引导社科专家围绕经济社会发展中的重点、热点问题,深入基层一线开展"蹲点式调研、跟踪性研究",课题研究成果屡获省领导肯定性批示,为破解全省经济社会发展难题提供智力支撑。

(四)社科普及形式多样深入人心

一是社科普及平台日益多元。江西是全国第10个出台社科普及条例的省份。借助数字技术创新应用,全省社科普及平台不断拓展,实现了传统的现场宣讲和数字化传播的有机结合,通过线上、线下融合,有效提高了社科普及影响力。例如,2022年,省社联举办“红色文化”和“江右文化”科普短视频创作大赛,并取得良好社会反响。

二是社科普及方式丰富多彩。依托江西社科普及周,每年确定宣传主题,深入开展形式多样的普及活动。2013—2023年,连续11年举办全省社会科学普及宣传周活动,累计开展群众性社科普及活动近7000场次,有9个基层宣讲单位先后被中宣部评为“全国基层理论宣讲先进集体”。“江西社科大讲堂”,采取“基层社联点单、社科大讲堂派单、专家接单、群众评单”的模式,选派高层次高水平专家深入基层开展讲座。江西青马宣讲团紧密结合党的创新理论进行宣讲,不断推进党的创新理论“飞入寻常百姓家”。江西省社科院联合江西广播电视台先后围绕学习宣传贯彻党的二十大精神、2023年全国两会精神和习近平总书记考察江西重要讲话精神,策划推出三批“社科青年微宣讲”融媒体视频,网络累计点击量超4500万人次,获国家广电总局通报表扬。南昌市流动数字博物馆、吉安市“揭榜挂帅”制度,让社科普及走进群众。赣州市“客家童谣”系列短视频被作为国际传播案例推送至外网传播。

(五)社团组织规范化管理水平明显提升

一是社团组织规范化建设稳步推进。牢牢把握“政治性、适用性、学术性、代表性”四条标准,推动社会组织有序进出。以日常管理引导规范发展,日常以每月工作提示的形式督促社团党支部开展活动、规范运转;以年检为抓手在对社会组织年检过程中发现问题并出具提醒函,针对问题较严重的社会组织约谈相关责任人,对运转存在问题和业务不符的社会组织实行劝退机制,2023年共注销社会组织4家。目前,省属社科类社会组织有85家。

二是党建引领作用不断加强。江西高度重视社科类社会组织党建工作，制定《以江西省社联为业务主管单位的社会组织党建工作"两个覆盖"实施方案》等系列制度，通过成立单独支部、联合支部等灵活方式，在所属社会组织内建立党组织。全省以省社联为业务主管单位的社科类社会组织已经实现了党建工作全覆盖，党组织建设成为社会组织发展壮大的"新引擎"。

（六）学术活动日益活跃务实出新

一是江西社会科学学术年会影响力持续提升。江西社会科学学术年会已成为全省规模最大、规格最高、影响最广的年度综合性学术活动，是交流最新学术成果的重要平台，也是培养哲学社会科学人才的重要摇篮。自2022年起，每年都举办江西社会科学学术年会，采用"1+N"模式，即1场年会大会和N场专题分会的形式。2022年、2023年，分别以"汇聚社科智慧力量　共谱江西精彩华章""集众智　谋良策　奋力谱写中国式现代化江西篇章"为主题，联合全省哲学社会科学界共举办2场年会大会和12场专题分会。学术年会围绕中心、服务大局，具有政治站位高、服务发展实、优秀成果多、社会关注度高等特点。人民网、中国社会科学网、央广网等知名媒体对学术年会进行了广泛报道，江西哲学社会科学的知名度和影响力不断扩大。

二是红色基因传承交流研讨活动精彩纷呈。2022年，由中宣部指导、江西省委宣传部等7家单位共建的全国红色基因传承研究中心（以下简称红研中心）正式成立。红研中心依托江西丰厚的红色资源，汇聚全国高层次学术资源和研究力量，举办了多场重要学术活动，红色基因传承高端论坛连续2年（2022—2023年）在江西南昌举行。2023年，江西还举办了纪念毛泽东同志诞辰130周年理论研讨会、纪念中央苏区闽赣省暨红七军团成立90周年座谈研讨会等红色基因传承交流研讨活动。此外，江西师范大学联合中国社会科学院农村发展研究所连续举办7届（2017—2023年）全国原苏区振兴高峰论坛。借助这些平台，一大批全国理论界、党史界的知名学者相聚江西、交流研讨，共同推动红色基因传承发展。

（七）社科期刊质量和水平稳步提升

全省有社科类期刊48种。《江西社会科学》《当代财经》《江西财经大学学报》《江西师范大学学报（哲学社会科学版）》《南昌大学学报（人文社会科学版）》《求实》入选CSSCI（2023—2024）来源期刊，其中，《江西社会科学》荣获“国家社科基金资助期刊”称号。《心理学探新》《苏区研究》《地方治理研究》《教育学术月刊》《农林经济管理学报》《社会工作》《南方文物》入选CSSCI（2023—2024）扩展版来源期刊，其中《苏区研究》入选“2022年度复印报刊资料高转载期刊名录”。《企业经济》《价格月刊》《金融与经济》等16种期刊入编北京大学图书馆《中文核心期刊要目总览》（2023年版）。《企业经济》《职教论坛》等7种期刊入选中国社会科学评价研究院《中国人文社会科学期刊AMI综合评价报告（2022年）》核心期刊。一大批优质社科期刊，为全省广大社科工作者开展理论研究提供了良好的学术交流平台，在展示社科成果、促进社科研究、培养社科人才方面发挥了积极作用。

二、江西哲学社会科学发展面临的新形势与存在的问题

党的十八大以来，江西哲学社会科学发展既面临难得的重大机遇，又面临诸多新任务新挑战。与周边社科强省相比，江西仍存在哲学社会科学整体实力偏弱、高水平研究成果偏少、高层次社科研究人才缺乏和智库内涵建设有待提升等问题。

（一）面临的新形势

江西哲学社会科学发展面临重大机遇。一方面，习近平新时代中国特色社会主义思想不断丰富发展，为江西哲学社会科学发展提供了根本遵循，指明了前进方向。2016年，习近平总书记在哲学社会科学工作座谈会上指出，“坚持和发展中国特色社会主义，统筹推进‘五位一体’总体布局和协调推进‘四个全面’战略布局，实现‘两个一百年’奋斗目标、实现中华民族伟大复兴的中国梦，我国哲学社会科学可以也应该大有作为”，特别是2023年10月习近平总书记

再次考察江西，提出“走在前、勇争先、善作为”的目标要求，为江西哲学社会科学发展提出了新任务新课题。另一方面，江西正加快打造“三大高地”、实施“五大战略”，大力弘扬伟大建党精神、井冈山精神、苏区精神、长征精神，为全省哲学社会科学发展提供了宝贵资源。

同时，江西哲学社会科学发展又面临新形势新任务。从新发展阶段看，当今世界正处于百年未有之大变局，全球治理体系正面临重大变革，新一轮科技革命和产业变革加速融合发展，以人工智能、大数据、物联网、云计算、5G 等为代表的新技术蓬勃发展，深刻改变了哲学社会科学发展的条件和环境。从经济社会发展大局看，我国正处于推进中国式现代化的战略机遇期，江西正处于厚积薄发、爬坡过坎、转型升级的关键期，迫切需要能够回应解答重大理论和现实问题的高水平成果，这对江西哲学社会科学工作提出了新任务新挑战。

（二）存在的问题

一是哲学社会科学整体实力偏弱。与沿海和周边省份相比，江西哲学社会科学总体水平仍偏弱。国家“双一流”学科缺乏，2022 年教育部第二轮“双一流”建设名单中，全省仅有南昌大学的材料科学与工程入选“双一流”学科，哲学社会科学类暂时还未有“双一流”学科。当前江西仅有 22 个一级学科博士学位授权点，数量仍然偏少。

二是高水平研究成果仍然偏少。江西重大理论创新成果较为缺乏，原创性开拓性标志性研究成果偏少，哲学社会科学研究整体上处于“追跑”阶段。国家社科基金最终成果精品不多，原创性重大成果偏少，“成果多精品少”的现象仍然存在。以 2010 年开始启动的《国家社科基金入选成果文库》为例，活动实施以来共有 467 部成果入选，江西入选的仅有 6 部。同时，以国家社科基金项目为支撑的阶段性成果发表在顶级期刊《中国社会科学》上的研究成果极少，截至 2023 年江西仅有 11 篇。

三是高层次社科研究人才缺乏。江西在全国叫得响的大师、名家、学科带头人、学术领军人物等高层次社科人才还比较稀缺。全省国家“万人计划”哲学社会科学领军人才、全国宣传文化系统“四个一批”人才、教育部“长江学者”等

"国字号"人才仍然短缺。国家社科基金会评专家是我国社会科学领域的最高级别专家,当前江西仅有国家社科基金会评专家 11 人,在全国 37 个省级社科管理系统中排名第 24 位。高水平专家数量整体偏少,难以满足新时代社科工作高质量发展需要。

四是智库内涵建设有待提升。江西智库研究聚焦重大现实问题不够,服务国家和江西经济社会发展重大理论和现实问题的前瞻性、战略性咨政成果不多,深入基层和企业开展蹲点式调研、跟踪式研究偏少,难以形成"接地气"、能落地的高水平研究报告,与江西建设新型智库的目标要求仍有差距,缺乏在全国有影响力的智库机构。

三、推动江西哲学社会科学繁荣发展的建议

新时代推动哲学社会科学繁荣发展,江西要从精心打造哲学社会科学江西品牌、着力提升社科研究成果质量、培育一批有影响力的社科名家大师及打造有特色叫得响的新型智库等方面入手,不断提升江西哲学社会科学综合实力、竞争力和影响力,努力提高哲学社会科学服务经济社会发展大局的能力和水平。

(一)加强社科统筹规划,精心打造哲学社会科学江西品牌

一是深入推进马克思主义理论研究和建设工程。坚持马克思主义在江西哲学社会科学领域的指导地位,不断推进马克思主义中国化、时代化、大众化,继续发展 21 世纪马克思主义、当代中国马克思主义。继续加强马克思主义理论研究阵地建设,加大扶持马克思主义理论研究重点学科和研究基地力度,充分发挥江西"青马工程"的积极引导作用,分领域汇聚一批马克思主义研究首席专家和青年学者。当前,要把学习研究宣传习近平新时代中国特色社会主义思想作为根本任务,紧紧围绕深入贯彻落实习近平总书记考察江西重要讲话精神以及对江西工作提出的重要要求开展专题式、系统性研究,为奋力谱写中国式现代化江西篇章提供思想引领和理论支撑。

二是高水平打造学科统筹平台。加强对全省哲学社会科学学科统筹规划,

构建全省一体化学科建设体系。大力推动“双一流”学科培育，在优势学科领域加大培育“双一流”学科力度。以马克思主义理论、应用经济学、统计学、党史党建、中国历史、中国文学等江西优长学科为重点，通过构建发展平台、实施项目带动、完善激励机制等举措，引导各类要素资源高效集聚和合理配置，协同推进江西哲学社会科学综合实力迈上新台阶。

三是持续推进江西特色文化研究。持续实施红色基因传承研究工程，深化中国共产党人精神谱系特别是发源于江西的主要革命精神以及江西重大革命历史的研究。持续深化江西特色历史文化研究，助力《江右文库》编纂工程开展。设立陶瓷文化研究重大专项课题，不断增强景德镇陶瓷文化国际传播力和影响力。通过在全国红色基因传承研究中心规划课题、省社科基金项目中设置专项课题，引导全省哲学社会科学界加强江西特色研究，努力塑造哲学社会科学江西品牌。

（二）着力提升成果质量，推动社科研究既“顶天”又“立地”

一是打造高水平学术研究平台。优化省哲学社会科学重点研究基地评选和考核机制，推动重点基地向特色鲜明和优势突出的研究领域和方向集聚，基本覆盖全省优势学科和重点研究领域。完善重点基地进入和退出机制，实施优胜劣汰、奖优罚劣的竞争机制。进一步加大对江西哲学社会科学重点研究基地的扶持力度，引导社科研究人员聚焦重点研究方向，着力培育高质量研究成果。

二是强化课题研究的引领作用。加大国家课题培育孵化力度，强化国家课题申报指导和成果转化，以国家级课题为支撑推动江西涌现一批精品力作。提升全省年度规划课题、专项课题和地区项目等课题的导向性和引领性，通过优化项目设置和加大资助力度，不断加强课题中后期的管理和监督，着力推出一批既有扎实理论基础又有重大现实意义的优秀成果。

三是完善成果评价和激励机制。逐步建立以创新质量和贡献为导向的学术成果评价体系，着力解决学术评价中存在的重数量轻质量及唯论文、唯职称、唯学历、唯奖项、唯帽子的“五唯”倾向。根据基础理论研究和应用研究的特点，完善理论研究以“代表作”为主要评价指标、应用研究以社会效益和咨政效果为导向的评估体系。推进哲学社会科学分类考核机制，根据理论研究和应用研究成果周期差异，分类设置考核指标和考核方式。进一步优化哲学社会科学奖励机制，加大对原创性优秀成果的奖励力度，真正体现创新导向和质量导向。

（三）营造良好社科环境，培育一批有影响力的社科名家大师

一是营造良好的社科人才成长环境。遵循哲学社会科学人才成长规律，营造尊重劳动、尊重知识、尊重人才、尊重创造的良好氛围，在思想上主动引导、工作上创造条件、生活上关心照顾，充分调动全省哲学社会科学人才的积极性、主动性。增强哲学社会科学工作者获得感、荣誉感和责任感，对有突出贡献的社科工作者进行表彰，营造良好的社科人才成长环境。

二是加大高层次社科人才培引力度。实施社科高层次人才培养项目，着力提升江西哲学社会科学人才总量和质量，形成与江西打造"三大高地"、实施"五大战略"相匹配的高素质哲学社会科学人才队伍。在"赣鄱俊才支持计划"基础上，进一步实施社科人才培养项目，不断加大对高层次社科人才的培养选拔力度。以江西急需学科和领域的领军人才为重点，加大国内社科高层次人才的引进力度，不断充实江西哲学社会科学领军人才队伍。

三是加大青年社科人才培育力度。实施江西青年社科人才培养工程，每年择优遴选一批科研能力突出、成长潜力较大的青年社科拔尖人才，形成与国家、省级青年社科人才队伍相衔接的培养体系，加快培育江西社科领域高层次人才后备力量。设立一批面向优秀社科青年的理论研究和调研报告专项课题，继续推动江西社科青年创新团队发展，从课题项目支撑到调研实践支持等多方面推动社科青年成长成才。加大对社科青年的培训力度，举办全省高层次社科青年研修班，鼓励青年社科人员潜心研究，引导社科人员主动聚焦国家和全省发展重大理论和实践问题。

（四）注重智库内涵建设，重点打造有特色叫得响的新型智库

一是着力提升智库建设内涵和成果质量。统筹推进各类智库协调发展，建设定位明晰、特色鲜明、规模适度、布局合理的新型智库体系，打造一批特色鲜

明、制度创新、引领发展的高水平高端智库。充分发挥“江西观察报告”课题研究的示范作用，鼓励智库研究人员深入基层一线了解实际情况、发现真问题，不断推动调查研究“接地气”和智库成果“冒热气”。

二是加快推进江西新型智库联盟建设。加快推进江西新型智库联盟建设步伐，构建全省智库机构信息互联互通协同发展平台，推动智库研究机构同决策咨询部门信息互联互通，推动智库部门的对策研究与党政部门的政策研究相结合。推动跨学科跨领域跨部门智库研究，从多视角、多层次、多领域分析和解决实践难题，为党委和政府提供更为科学的咨政建议。

三是进一步擦亮“江西智库峰会”品牌。江西智库峰会已连续举办6年，是江西高位嫁接国家高端智库平台的创新之举，是“引智入赣”“引才入赣”的重要举措。加强江西智库峰会品牌设计策划，创新峰会组织和运行模式，整合省内智库论坛品牌，形成“1+N”智库品牌矩阵。积极谋划并编纂《江西智库丛书》，加大推介江西优秀智库成果，支持智库机构根据研究特色和专长持续打造专业智库报告，不断扩大智库研究成果的影响力。

新时代江西公共文化服务发展报告

江西省文化和旅游厅课题组

摘要： 党的十八大以来，江西以推进公共文化服务治理体系和治理能力现代化、推动公共文化服务高质量发展为目标，着力解决公共文化服务“有没有”和“好不好”的问题。全省公共文化服务规章制度不断健全，从业人员素质持续提升，基础设施加速完善，资金保障更加有力，文化活动丰富多彩，数字化服务成效明显，社会参与更加广泛，品牌创建成果丰硕。全省公共文化服务进入新发展阶段的同时，还存在部分场馆标准等级不高、基层专业人才缺乏、资金投入不足、基层服务水平不高等问题，需要在完善服务网络、创新服务空间、提升服务品质、推进数字化服务、强化社会参与、加快文旅融合、助力乡村振兴、加大财政支持、加强队伍建设等方面持续用力。

关键词： 公共文化服务　群众文化　赣鄱文化

党的十八大以来，以习近平同志为核心的党中央明确提出提升公共文化服务水平的要求，习近平总书记多次强调加快构建现代公共文化服务体系，促进基本公共文化服务标准化均等化。党的二十大报告指出，实施国家文化数字化战略，健全现代公共文化服务体系，创新实施文化惠民工程。江西省委、省政府高度重视公共文化服务工作，坚持以习近平新时代中国特色社会主义思想为指

课题组成员：梅亦，江西省文化和旅游厅党组书记、厅长；万一君，江西省文化和旅游厅二级巡视员；陶涛，江西省文化和旅游厅公共服务处处长；罗维，江西省文化和旅游厅公共服务处三级主任科员。

导，深入贯彻落实党的二十大和习近平总书记考察江西重要讲话精神，聚焦“走在前、勇争先、善作为”的目标要求，坚持政府主导、社会参与、重心下移、共建共享，加快全省城乡公共文化服务体系一体建设，推动公共文化服务标准化均等化，不断提升人民群众文化获得感和满意度。

一、新时代江西公共文化服务发展成效

（一）发展概况

1. 规章制度不断健全

江西先后出台《江西省公共文化服务保障条例》《江西省革命文物保护条例》等地方性法规，印发《关于加快文化强省建设的实施意见》《关于推进文化和旅游高质量发展若干举措》《关于加快构建现代公共文化服务体系的实施意见》等实施意见，先后制定《江西省文化和旅游公共服务规划》《江西省“十三五”时期贫困地区公共文化服务体系建设工作方案》《推进基层综合性文化服务中心建设实施方案》《江西省村（社区）综合性文化服务中心服务规范（试行）》等政策文件。江西省文化和旅游厅、江西省发改委、江西省财政厅联合印发了《江西省公共文化服务高质量发展行动计划（2023—2025 年）》，江西省发改委等 10 部门联合印发了《江西省基本公共服务实施标准》，并三年一更新，明确“文体服务保障”项目全覆盖，为推进公共文化基本服务保驾护航。

2. 从业人员素质持续提升

2013—2022 年，因机构改革，部分机构合并导致全省公共文化服务机构数量有所减少，但从业人员数量略有增加，人员素质稳步提升。2022 年，纳入统计范围的全省文化单位 8179 个①，比 2013 年减少 2305 个；从业人员 68525 人，比 2013 年增加 5893 人，增长 9.4%（见图 1）。公共图书馆、群众文化服务机构、文物业机构、艺术展览创作机构四大类公共文化机构中，除艺术展览创作机构外，具有中级以上职称的人数均有所增加。其中增长最为显著的是文物业机构，正

① 因 2023 年相关数据统计尚未发布，本报告采用 2022 年数据，下同，不注。

高级职称增加 29 人，副高级职称增加 89 人，中级职称增加 255 人（见表 1）。2013—2023 年，省、市、县三级文化和旅游部门选派 7653 名文化工作者赴边远贫困地区、边疆民族地区、革命老区开展帮扶工作，委托中央文化和旅游管理干部学院、中国戏曲学院为“三区”集中培养文化工作者 626 名；江西省图书馆、江西省文化馆共举办各类培训 137 次，参训人员 10958 人次；选送 400 余人参加中央宣传部、文化和旅游部组织的各类戏曲艺术人才培养项目，国有文艺院团长培训实现了全覆盖。

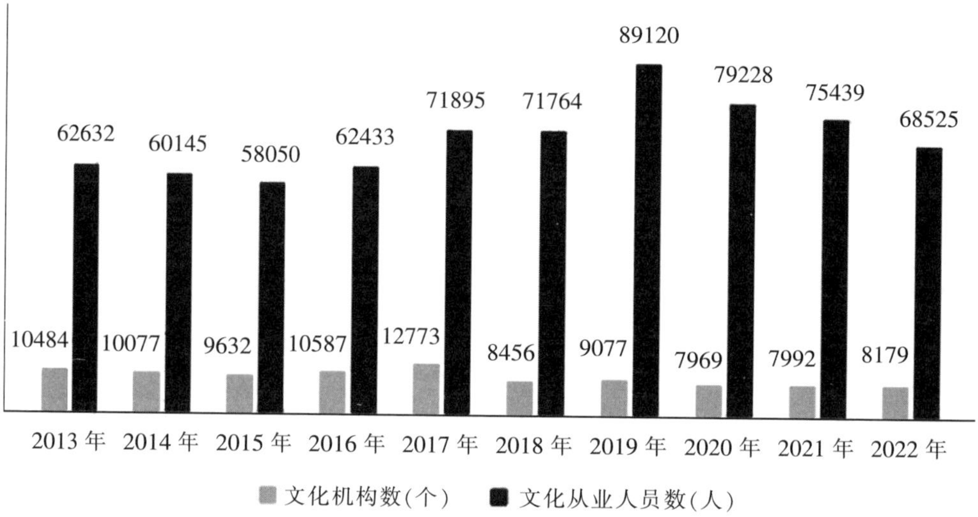

图 1　2013—2022 年江西公共文化服务机构和从业人员统计数据

数据来源：江西省文化和旅游厅。

表 1　2013 年和 2022 年江西公共文化从业人员结构统计数据（单位：人，%）

机构	指标	人数		2022 年较 2013 年增长人数	2022 年较 2013 年增长速度
		2013 年	2022 年		
公共图书馆	正高级职称	11	11	0	0
	副高级职称	86	91	5	5. 8
	中级职称	352	383	31	8. 8

续表:

机构	指标	人数		2022 年较 2013 年增长人数	2022 年较 2013 年增长速度
		2013 年	2022 年		
群众文化服务机构	正高级职称	17	22	5	29.4
	副高级职称	115	150	35	30.4
	中级职称	472	650	178	37.7
文物业机构	正高级职称	56	85	29	51.8
	副高级职称	134	223	89	66.4
	中级职称	445	700	255	57.3
艺术展览创作机构	正高级职称	9	5	-4	-44.4
	副高级职称	28	30	2	7.1
	中级职称	49	70	21	42.9

数据来源:江西省文化和旅游厅。

3. 基础设施加速完善

截至 2023 年底,全省基本实现市有图书馆、文化馆、博物馆、美术馆“四馆”,县有图书馆、文化馆、博物馆“三馆”,乡镇(街道)综合文化站、村(社区)综合性文化服务中心覆盖率达 100%。2013—2023 年,全省平均每万人拥有公共图书馆建筑面积由 75.89 平方米(全国第 18 位)增至 141.83 平方米(全国第 19 位),人均拥有公共图书馆藏书由 0.44 册(全国第 19 位)增至 0.75 册(全国第 19 位),平均每万人拥有群众文化设施建筑面积由 189.26 平方米(全国第 23 位)增至 290.44 平方米(全国第 18 位)。根据 2022 年全国第七次公共图书馆评估定级数据,江西等级图书馆有 106 家,其中一、二、三级馆分别有 56、37、13 家,一级馆比 2013 年增加 16 家,一级馆占等级馆 52.83%,高于全国平均水平,排在全国第 11 位,在中部地区排名第 2 位。根据 2020 年全国第五次文化馆评估定级数据,江西等级文化馆有 112 家,其中一、二、三级馆分别有 51、44、17 家,一级馆比 2013 年增加 26 家。根据 2020 年第四批全国博物馆定级评估数据,江西等级博物馆有61家，其中一、二、三级馆分别有11、27、23家，比2013年分别增加6、23、12家，一级馆占等级馆18%，高于全国平均水平，排名全国第4位，在中部地区排名第1位。

4. 资金保障更加有力

在中央和省级财政的带动和引导下，全省公共文化投入实现平稳增长。2022年，全省文化单位财政拨款预算收入41.58亿元，比2013年增长212.9%，全省文化事业费明显增加（见图2）。2013年，全省文化部门机构收入20.99亿元、支出19.2亿元，2022年，全省文化部门机构收入75.1亿元、支出73.56亿元，比2013年分别增长257.8%、283.1%。省财政每年安排1000万元支持省级院团送戏下乡，每年安排4000万元文化艺术基金。每年安排基本公共文化服务专项资金7.88亿元，包括免费开放补助资金3.21亿元、公共文化服务体系建设补助资金4.67亿元。免费开放补助资金保障全省2100多个国有博物馆、纪念馆、图书馆、美术馆、文化馆（站）实行免费开放，开放率100%，接待人次从2013年的4869.4万人次增加到2022年的10430.93万人次，增长114.2%。

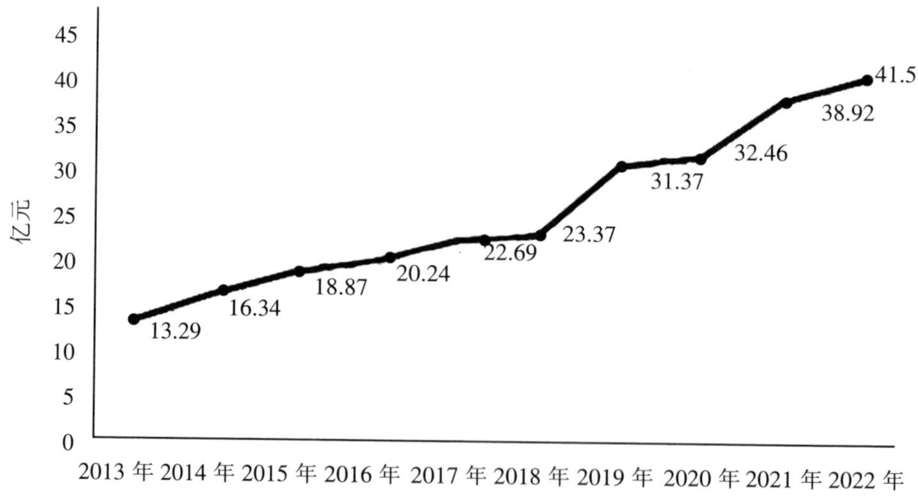

图2　2013—2022年江西文化单位财政经费收入情况

数据来源：江西省文化和旅游厅。

5. 文化活动丰富多彩

承办全国暨江西省文化科技卫生“三下乡”集中示范、全国优秀群众文艺作品展演、全国“四季村晚”之秋季村晚主场等活动。重点举办庆祝改革开放40周年“为了庄严的承诺”——脱贫攻坚小戏小品曲艺大赛和村歌大赛、庆祝新中国成立70周年“歌唱祖国”群众歌咏比赛和广场舞展演、庆祝中国共产党成立100周年“永远跟党走”全省广场舞展演活动。广泛开展“大地情深”——全国优秀群众文艺作品示范性江西巡演、“大地欢歌”江西省乡村文化活动年、江西省现代地方小戏大赛、江西省广场舞集中展演、赣鄱群星奖评选等活动，群众文艺作品《好心缘》荣获全国“群星奖”。创造性地开展“百馆千万场 服务来共享”系列群众文化活动。常态化组织广场舞、百姓大舞台、“四季村晚”、戏曲进乡村、“书香赣鄱”全民阅读等活动，群众广泛参加，参与人次从2013年的996.6万人次增加到2022年的4004万人次，增长301.8%。

6. 数字化服务成效明显

江西省数字图书馆与国家数字图书馆实现了物理专线互通，公共数字文化服务平台与国家公共文化云实现了互通。江西省图书馆跟11个市级馆通过虚拟专网互通，跟41个县级图书馆互通，实现了通借通还。68家县级以上文化馆已开通基于国家公共文化云的基层智能服务端。2021—2023年共争取到4017万元中央财政补助资金，实施智慧图书馆体系、公共文化云项目建设。江西省图书馆“5G智慧图书馆”项目获工业和信息化部主办的全国第四届“绽放杯”5G应用征集大赛智慧文旅专题赛一等奖、智慧生活专题赛二等奖和优秀奖；“以无感借还为核心体验的智慧图书馆建设”项目、江西省博物馆“数智江博”综合管理服务体系建设项目入选2022年文化和旅游数字化创新实践案例“十佳案例”。

7. 社会参与更加广泛

全面完成中央部署的以县为单位推进基本公共文化标准化建设、县级文化馆公共图书馆总分馆制建设、省市级文化馆图书馆美术馆等公共文化机构法人治理结构改革、村级综合性文化服务中心建设等四项重点改革任务。全省11个设区市100个县（市、区）全部出台基本公共文化服务目录；95家县（区）级文化馆、97家县(区)级图书馆完成总分馆制建设;22家市级以上图书馆、文化馆、美术馆完成法人治理结构改革试点,20686个行政村都建成了综合性文化服务中心。推动社会力量参与基层公共文化设施社会化管理运营,全省社会化运营的新型文化空间223个,占总数的34.6%。积极开展文化志愿服务,横峰"传承红色基因,擦亮红色名片"志愿服务项目、乐平"乐赣轻骑兵"文艺志愿服务项目荣获全国第六届青年志愿服务项目大赛金奖、铜奖。萍乡市地方特色曲艺艺术交流演出、上饶市博物馆馆藏历代名砚精品展入选"春雨工程"全国文化和旅游志愿服务边疆行优秀项目。

(二)特色亮点

1. 江西省文化中心成为新地标

2022年,江西文化项目历史上投资最多、面积最大、设施最先进的江西省文化中心全面开放,投资30亿元建设的江西省图书馆、江西省博物馆、江西省科技馆新馆建筑面积24.75万平方米,其中江西省图书馆、江西省博物馆面积在全国省级馆中排名由倒数第三跃升至正数第三、第五。"三馆合一"的江西省文化中心规模和功能居全国前列,成为江西文化的新地标,老百姓心中的"城市会客厅"。

2. 新型公共文化空间创新出彩

2021年,江西省委宣传部、江西省文化和旅游厅印发《关于加强城市书房建设的实施意见》,推动全省打造城市书房、文化驿站等新型公共文化空间。南昌市高新区美书馆、青山湖区海螺书屋、东湖区意库馆,赣州市龙南市芷溪阁书屋、信丰县桃江湿地公园城市书吧、崇义县阳明心城城市书房,新余市分宜县清芬书屋,宜春市靖安县清华书院,吉安市吉安县吉州窑书房、遂川县左溪书院,九江市修水县古艾书房、湖口县寻书书屋,景德镇市钟书阁城市书房、乐平市八一城市书房,抚州市临川区临汝书院、南丰县子固书房,上饶市广丰区广丰里城市书房、婺源县文昌阁等645个富有地方文化特色的新型公共文化空间相继建成。参加2022年、2023年长三角及全国部分省市最美公共文化空间大赛江西获得各类奖项45个,其中江西省图书馆红色图书馆、景德镇市陶溪川文创街区、南昌市心海书屋获得"最美公共文化空间"大奖。南昌"孺子书房"经验做法入选中国改革2023年度地方全面深化改革典型案例、中宣部宣传思想文化工作案例。

3. 江西艺术节品牌影响力持续增强

2013—2023年举办了第五届至第八届江西艺术节。尤其是第八届艺术节在南昌开幕，设置了玉茗花戏剧节等8场主体活动，"百县百艺"、广场舞集中展演等15项系列活动和文艺精品线上展播展览、网络宣传推广2项线上活动。涵盖了戏剧、音乐、舞蹈、美术、少儿艺术、残疾人艺术、非遗等多个门类，吸引了全省文艺院团、艺术类高校、美术馆、画院、文化馆、非遗传承机构和社会文艺爱好者参与，参与人数达到历史之最。

4. "最美基层文化人"受到广泛关注

为深入发掘全省基层文化建设中的先进人物和感人事迹，充分发挥基层文化工作先进典型的示范引领作用，江西省委宣传部、江西省文化和旅游厅从2019年起连续5年开展"最美基层文化人"学习宣传活动，共遴选出100名基层公共文化服务工作者并在全省范围内进行宣传，通过该活动提升基层文化阵地服务效能，推动基层公共文化服务高质量发展。

5. 公共文化服务品牌创建成果丰硕

全省有4个设区市入选国家公共文化服务体系示范区创建城市——赣州市、新余市、九江市、萍乡市；8个项目成功创建国家公共文化服务示范项目——宜春市"一乡一色""一村一品"特色文化建设、南昌市社区文化在线、九江市文化亲民"八个一"工程、吉安市农村文化"星火"工程、景德镇市中华陶瓷文献数字服务项目、抚州市黎川县油画惠民项目、景德镇市群众歌咏月活动、吉安市"激情泸潇·最美樟乡"广场文化活动；5家单位纳入全国文化和旅游公共服务机构功能融合试点单位——九江市庐山图书馆、萍乡市湘东区麻山镇综合文化站、萍乡市芦溪镇东阳村综合性文化服务中心、鹰潭市龙虎山游客服务中心、抚州市资溪县游客集散中心；6个县、乡被命名为中国民间文化艺术之乡——赣州市·兴国县兴国山歌、景德镇市乐平市·赣剧、南昌市青云谱区青云谱镇·灯彩、九江市庐山市蛟塘镇·西河戏、吉安市永丰县潭城乡·农民画、宜春市铜鼓县永宁镇·漫画。

6. 优秀传统文化在世界舞台大放异彩

重点打造对外交流优质项目，推动优秀传统文化“走出去”，提高江西文化国际影响力。2016—2022 年，先后举办五届汤显祖戏剧节暨国际戏剧交流月活动，推动汤显祖戏曲文化走向世界，成为江西对外文化交流的亮丽名片。开展“线路瓷行”系列陶瓷文化交流品牌活动，组织《千年瓷都——中国景德镇精品陶瓷展》赴意大利、西班牙、俄罗斯等国家参展，推动陶瓷文化海外传播。

（三）公共文化基本服务项目数据分析

1. 全省公共图书馆图书总藏量和总流通人次明显增长

随着全省公共文化服务供给的不断增长，公共图书馆文化资源也进一步丰富。截至 2022 年底，公共图书馆共 114 个，与 2013 年持平。全省公共图书馆的图书总藏量至 2022 年底达到 3403. 49 万册，较 2013 年增加了 1053. 81 万册，增长率为 52. 9% 。全省公共图书馆资源使用率稳步提升。图书总流通人次为 2903. 47 万人次，较 2013 年增加了 1738. 42 万人次，增长 149. 2%（见表 2）。

表 2　2013—2022 年江西全省公共图书馆资源发展基本数据

年份	机构数（个）	从业人员（人）	总藏量（万册）	总流通人次（万人次）	实际使用公用房屋建筑面积（万平方米）
2013	114	1435	1989. 68	1165. 05	34. 32
2014	114	1390	2127. 46	1213. 49	36. 66
2015	114	1395	2158. 88	1258. 31	36. 55
2016	113	1379	2177. 81	1374. 50	36. 95
2017	113	1420	2428. 77	1722. 10	40. 22
2018	113	1408	2522. 12	1754. 03	41. 43
2019	114	1372	2659. 05	1858. 71	44. 44
2020	114	1387	2857. 01	1396. 37	54. 26
2021	114	1389	3110. 99	2650. 69	58. 63
2022	114	1461	3403. 49	2903. 47	64. 22

数据来源：江西省文化和旅游厅。

2. 全省群众文化活动数量快速增长

截至 2022 年底,江西群众文化机构数达到 1854 个,比 2013 年末减少了 23 个;各级群众文化机构从业人员数 6521 人,比 2013 年末增加了 1059 人。省、地市、县、乡、村和城市社区在内的五级公共文化服务网络已基本建成。2022 年,各项群众文化活动顺利开展。各项群众文化活动基本数据大多处于快速增长之中。其中,组织文艺活动 50724 次,增幅高达 252.4%。举办训练班班次也实现了稳步增长,群众文化需求比较旺盛(见表 3)。

表 3　2013—2022 年江西全省群众文化机构基本数据

年份	机构数(个)	从业人员(人)	举办展览个数(个)	组织文艺活动次数(次)	举办训练班班次(次)
2013	1877	5462	15240	14393	7648
2014	1880	5936	3748	19078	11647
2015	1881	5987	4208	20079	12311
2016	1869	6004	3946	19623	12654
2017	1873	6181	4024	21297	14412
2018	1873	9287	4247	23706	15343
2019	1854	6351	4403	26981	16724
2020	1859	6215	4571	28047	13985
2021	1854	6303	10003	63729	33745
2022	1854	6521	4864	50724	17743

数据来源:江西省文化和旅游厅。

3. 全省博物馆机构和陈列数量稳步增长

截至 2022 年底,全省博物馆总数 203 个,较 2013 年增长 48.2%;从业人员比 2013 年增长 1337 人;藏品数量有较大的增长,增长率达 59%;举办基本陈列展览场数上升为 636 场,增幅为 182.7%。博物馆参观人次也有所增长,增幅为 27.9%(见表 4)。

表 4　2013—2022 年江西全省博物馆基本数据

年份	机构数（个）	从业人员（人）	藏品数（件/套）	基本陈列展览场数（场）	参观人次（万人次）
2013	137	2972	448996	225	2656. 71
2014	137	2873	476469	261	2475. 88
2015	137	2985	415473	265	2949. 23
2016	138	3007	402972	277	3391. 43
2017	144	3168	215732	345	3519. 26
2018	144	3418	444241	360	3696. 98
2019	143	3347	448155	375	3791. 89
2020	172	4033	601851	508	3238. 67
2021	189	4164	725931	590	4353. 76
2022	203	4309	714036	636	3400. 30

数据来源:江西省文化和旅游厅。

4. 全省美术馆参观人数持续上涨

截至 2022 年底,全省共有美术馆 46 个,比 2013 年增长 84%;从业人员 446 人,比 2013 年增长 85. 8%;年度展览总数为 425 个,比 2013 年增长 100%;参观人数为 195. 85 万人次,比 2013 年增长 283. 57%(见表 5)。

表 5　2013—2022 年江西全省美术馆基本数据

年份	机构数(个)	从业人员数(人)	年度展览总数(个)	参观人数(万人次)
2013	25	240	212	51. 06
2014	28	265	240	84. 92
2015	33	281	279	117. 81
2016	33	256	278	55. 16

续表：

年份	机构数(个)	从业人员数(人)	年度展览总数(个)	参观人数(万人次)
2017	36	281	314	86.87
2018	37	366	322	99.64
2019	42	395	392	144.38
2020	43	372	369	144.81
2021	45	398	426	185.80
2022	46	446	425	195.85

数据来源:江西省文化和旅游厅。

二、新时代江西公共文化服务发展问题分析

(一)部分场馆标准等级不高

从省级层面看,江西省文化馆没有达到国家一级馆标准,江西省非遗展示馆没有独立馆舍;从市级层面看,抚州市文化馆、鹰潭市文化馆和图书馆未达到国家一级馆标准;从县级层面看,8 家县级图书馆、文化馆未达到等级馆标准。江西一级文化馆占等级馆 45.5%,低于 52.9% 的全国平均水平,排在全国第 19 位,在中部地区排名第 5 位。2020 年事业单位改革后,市县级公共图书馆、文化馆事业单位改革后级别降低、单位合并,17 个单位取消法人(占总数 7.5%)。因基层“挂牌清理”统筹建设等,部分基层公共文化场所、文化设施与政府办公场所合建或共建,存在群众知晓度不高、服务时间与工作时间相冲突、文化氛围不足、群众不愿上门、设施利用率不高等现象。

(二)基层专业人才缺乏

全省共有群众文化专业技术人员 1131 人,其中具有本科以上学历仅有 566 人,占比仅为 50%。大部分乡镇没有长期从事文艺工作的人员,且缺乏专业化培训,存在公共文化服务高层次人才缺乏,专业人员学历水平不高、年龄结构老

化等问题。

（三）资金投入仍然不足

根据文化和旅游部统计数据，江西文化事业经费总投入、人均文化事业费、文化事业经费占财政支出比重等指标均在全国排名靠后。多数博物馆、美术馆没有馆藏经费。各文化场馆免费开放经费标准为10多年前确定，不能适应目前开放需求。设施建设、设备购买投放、管理人员经费、活动开支等方面经费缺口较大，地方财政资金配套不到位，乡镇一级因为财力等方面因素，用于文化方面的资金参差不齐，造成文化建设不均衡的现象。

（四）基层服务水平普遍不高

城乡公共文化服务资源提供不够均等，县级以下基层公共文化资源仍然比较匮乏。县级公共图书馆中购书经费不足10万元的有41个。从群体看，当前针对老年人、少年儿童、残疾人、农民工和贫困地区群众的公共文化资源普遍偏少，服务水平有待提升。文化活动对接群众需求不够，需要提高精准度。

三、新时代江西公共文化服务高质量发展的对策建议

（一）完善服务网络

推动公共文化场馆提档升级，努力实现省市两级公共图书馆、文化馆全部达到国家一级馆评估标准，县级公共图书馆、文化馆全部达到国家三级馆以上评估标准。进一步推进县级图书馆、文化馆总分馆制建设，将"城市书房""文化驿站"等新型文化业态纳入总分馆制，新增县级图书馆、文化馆分馆数量200个以上。加强新形势下基层综合性文化服务中心建设，主动将乡镇（街道）综合文化站、村（社区）综合性文化服务中心融入新时代文明实践所（站），实现场地共建、服务共享，人员共用、管理共治。

（二）创新服务空间

将改扩建公共文化设施纳入以县城为重要载体的城镇化建设项目，鼓励有条件的地方依托现有的设施建设公共文化综合体，打造地方文化新地标。实施

“公共文化新空间”行动计划，推动各地采取公办民营、民办公助等模式，依托商业综合体、综合交通枢纽、文化创意园区、A级旅游景区等场地，融合图书阅读、艺术展览、文化沙龙、轻食餐饮等服务功能，每年建造小而美、沉浸式、嵌入式的新型公共文化空间50个以上，并评选表彰最美公共文化空间。

（三）提升服务品质

修订完善《江西省公共图书馆服务标准》《江西省文化馆服务标准》，推动公共文化场馆提供延时、错时服务，开展创意集市、街区展览、阅读分享、古籍修复、传拓体验等互动服务，增加未成年人、老年人、残疾人等特殊群体的服务供给。推动赣州、新余、九江、萍乡四个国家公共文化服务体系示范区创新发展，率先成为全省公共文化服务高质量发展的先行区、样板区。开展公共文化服务品质提升年活动，遴选公共文化服务优秀案例进行推广。创造性地开展“百馆千万场　服务来共享”系列活动，定期举办赣鄱群星奖、少儿艺术节、“书香赣鄱”全民阅读等品牌活动，广泛开展百姓大舞台、广场舞等群众活动，培育“百姓大舞台优秀团队”“百姓大舞台明星”“优秀广场舞团队”“广场舞带头人”各100个。持续开展全省“最美基层文化人”学习宣传活动，每年树立基层公共文化服务工作先进典型。

（四）推进数字化服务

升级改造全省公共文化服务数字化平台，县级以上公共图书馆、文化馆纳入平台监管和服务。以省图书馆、省文化馆为引领，以国家智慧图书馆体系、国家公共文化云平台为支撑，加快实现《江西省“十四五”文化和旅游公共服务规划》制定的50%以上设区市公共图书馆和文化馆、20%以上县级公共图书馆和文化馆具备智能化服务能力的目标。依托国家文化数据服务平台，优化乡镇（街道）、村（社区）的基层公共数字文化服务网络，形成线上线下融合互动、立体覆盖的公共文化服务供给体系，提升公共文化服务的到达率、及时性。加强公共文化服务数字资源库建设，推动各公共文化场馆数字资源共建共享。

（五）强化社会参与

稳妥推进公共文化设施社会化运营，以提高基层公共文化设施运营效率和服务水平为目标，吸引社会力量积极参与文化设施运营、活动项目打造、服务资源配送等。健全省、市、县、乡、村五级文旅志愿服务工作网络，规范志愿者招募、注册、培训、管理、保障、服务、考核机制，开展全省文旅志愿服务最美志愿者、最美志愿服务团队的评选表彰。

（六）加快文旅融合

进一步推进文化和旅游公共服务融合发展，深化“公共文化场馆 + 旅游服务”试点工作，推动有条件的公共文化设施申报国家 A 级旅游景区，公共文化机构在场馆内不断完善旅游信息咨询服务，并走进景区景点举办富有地方特色的群众文化活动。引导支持游客服务中心、旅游景区、酒店、旅馆、民宿等设置公共文化空间，配备公共文化设施。大力宣传推广文旅融合典型案例和示范项目，举办“跟着诗词游江西”活动，让承载赣鄱文化的诗词曲歌赋引领游客畅游江西，推进文化和旅游深度融合。

（七）助力乡村振兴

按照有标准、有网络、有内容、有人才的要求，健全农村公共文化服务体系。以易地扶贫搬迁安置区为重点，优化设置农村公共文化服务网点和设施。巩固创建 6 个中国民间文化艺术之乡、30 个江西省民间文化艺术之乡，创作一批乡村振兴题材的群众文艺作品，提升乡村文化建设品质。挖掘培育 1000 名乡土文化能人，扶持 2000 个基层群众文艺示范团队，引导他们投身本土乡村文化建设。广泛开展“大地欢歌”乡村文化活动年、千乡万村闹新年、“四季村晚”等体现农味的文化活动，继续开展写春联、送年画、“戏曲进乡村”等送文化下基层活动，进一步丰富农民的文化生活。

（八）加大财政支持

加快落实《江西省公共文化领域省与市县财政事权和支出责任划分改革方案》，推动将公共文化服务纳入各地国民经济和社会发展规划，统筹利用现有资金渠道保障公共文化服务发展。发挥财政资金引导作用，鼓励更多社会资源投向公共文化服务领域，促进资金、人才、内容等公共文化发展的要素优化重组，不断增强发展的活力，确保公共文化服务实现高效能运转。

（九）加强队伍建设

培养全民阅读优秀推广人和群众文艺领军人才，并根据需要逐步将其纳入公共文化专家库。探索乡镇（村）文化人才定向培养、县管乡聘（乡聘村用）等工作机制，支持乡镇（街道）培养一批扎根乡村（社区）、乐于奉献、服务群众的基层优秀文艺骨干，使其成为基层公共文化服务工作的主力军、带头人。实施基层文化队伍培训计划，分级分类开展全省公共图书馆、文化馆工作人员和乡、村级基层综合性文化服务中心文化专干、文艺骨干轮训。

新时代江西文化产业发展报告

中共江西省委宣传部课题组

摘要： 2013—2023 年，江西文化产业发展呈现较强的时代特征，规模实力稳步增强、产业结构不断优化、发展贡献度持续提升、市场主体发展壮大、政策保障体系愈加完善，文化产业逐渐成为推动全省经济社会转型升级、提振文旅消费新动能的重要力量。在中国式现代化的新征程上，结合文化产业新质生产力发展要求，应当坚持做大总量规模、加快转型升级、推动前沿技术研发应用、促进跨界融合创新、发挥重大项目带动效应、强化多元要素保障，实现江西文化产业高质量发展。

关键词： 文化产业　产业结构　文化数字化　文化新业态

文化产业发展是经济结构优化升级的重要手段，是推动中国式现代化高质量发展的重要支撑，也是激发文化创造活力、推进文化强省建设的必然要求。党的十八大以来，在以习近平同志为核心的党中央坚强领导下，在全省各级党委政府大力推动和社会各界的共同努力下，江西文化产业呈稳步发展态势，在推动全省经济转型升级和提质增效、满足群众精神文化生活新期待、提高赣鄱文化影响力等方面发挥了重要作用。

课题组成员：朱衷楠，中共江西省委宣传部文化产业处处长；张泽兵，江西省社会科学院文学与文化研究所副所长、副研究员；傅戈，中共江西省委宣传部文化产业处二级主任科员；陈德明，江西省社会科学院哲学研究所副研究员；刘月平，江西省社会科学院社会学研究所助理研究员。

一、江西文化产业发展成效

进入新时代以来,江西文化产业规模实力稳步增强,文化新业态快速发展,政策保障体系更加有力,文化产业发展态势良好。截至 2023 年底,江西拥有国家级文化产业示范园区 1 个,国家文化出口基地 1 个,国家文化和科技融合发展示范基地 2 个,国家数字出版基地 1 个,国家级文化产业示范基地 10 个,全国文化产业赋能乡村振兴试点县(区)2 个,国家工业旅游示范基地 3 个,国家文化产业和旅游产业融合发展示范区 3 个,产业集聚效应不断显现。

(一)文化产业规模实力稳步增强

一是产业规模持续扩大。2023 年,全省规模以上文化产业实现营业收入 2599.53 亿元,位居全国第 11 名,较 2013 年的 1783.62 亿元,增加了 815.91 亿元,是 2013 年的 1.45 倍。江西文化产业总量规模持续壮大。

二是产业结构持续优化。三大产业总量占比趋于合理,在文化制造业成为全省文化产业发展的主要力量的同时,文化批发和零售业与文化服务业带动作用明显增强。江西规模以上文化制造业营业收入比重由 2013 年的 82.02% 下降到 2023 年的 64.41%,下降了 17.61 个百分点;文化批发和零售业营业收入比重基本维持不变;文化服务业营业收入比重由 2013 年的 7.06% 上升到 2023 年的 25.02%,上升了 17.96 个百分点(见表 1)。

表 1　2013—2023 年江西规模以上文化产业三大类结构情况

年份	文化制造业营业收入(亿元)	文化批发和零售业营业收入(亿元)	文化服务业营业收入(亿元)
2013	1053.05	140.21	90.63
2014	1272.69	126.62	96.01
2015	1518.02	162.49	116.10
2016	1693.65	189.86	123.38

续表:

年份	文化制造业营业收入（亿元）	文化批发和零售业营业收入（亿元）	文化服务业营业收入（亿元）
2017	1396.37	283.67	131.67
2018	1388.91	273.40	659.35
2019	1475.24	164.13	363.52
2020	1873.14	181.06	436.26
2021	2259.31	200.86	507.75
2022	2347.72	253.52	648.88
2023	1674.30	274.95	650.28

数据来源:根据江西省统计局《江西文化产业及相关产业概览》整理。

注:2023 年,因国家统计局对文化产业统计口径有所调整,当年数据相比上一年度有较大变化。

三是产业贡献度持续提升。江西文化产业增加值占 GDP 比重逐步提升,从 2013 年的 3.5% 提高至 2022 年的 4.46%,增加 0.96 个百分点,首次达到全国平均水平(见图 1)。从企业数来看,2023 年,江西规模以上文化企业 2743 家,较 2018 年 1530 家增加了 1213 家,近 6 年增幅达 79.28%。文化产业吸纳就业人数从 2013 年的 50.94 万人增加到 2023 年的 64.98 万人,增长 27.56%,社会效益不断显现。

四是文化市场主体不断壮大。江西规模以上文化企业数量从 2013 年的 669 家增加到 2023 年的 2743 家,增幅达 310%。2023 年,全省营业收入超过 10 亿元的规模以上文化企业有 41 家,比 2013 年翻三番,实现营业收入 1186.85 亿元,占 2023 的规模以上文化产业营业收入总量的 45.7%,成为全省文化产业发展“压舱石”,文化企业培大育强成效明显。

(二)产业发展活力不断释放

一是文化新业态快速发展。2023 年,全省文化新业态行业实现营业收入 960.93 亿元,同比增长 15.5%,占规模以上文化产业营业收入总量的 37%,同

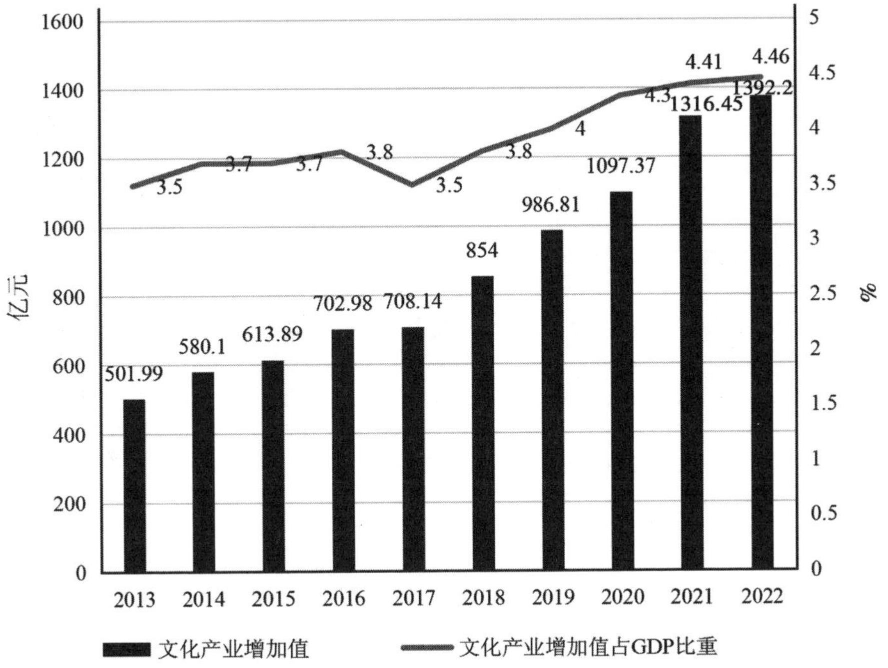

图1　2013—2022 年江西文化产业增加值及占 GDP 比重

数据来源:根据江西省统计局《江西文化产业及相关产业概览》整理。

比提高 4.8 个百分点。其中,互联网广告服务业、其他文化艺术业、互联网文化娱乐平台、可穿戴智能设备 4 个行业小类表现亮眼,营业收入分别同比增长 51.4%、28.3%、26.5%和 24.9%。自 2019 年新业态首次纳入文化产业统计范畴以来,5 年来文化新业态营业收入增长了 135.54%,成为拉动文化产业发展的重要驱动力(见图 2)。

二是产业发展平台日益壮大。为全面展示江西文化发展成果,2019—2021 年,先后在南昌、抚州、赣州举办江西文化发展巡礼展,将文化产业列为重要展示板块,主要展示重点文化企业发展成就和精品文创产品,积极向外推介江西文化品牌。2022 年,为集中展示新发展阶段文化产业发展新成就,搭建文化企业展示交易、招商对接平台,在上饶市举办首届江西省文博会,展区总面积 2.5 万平方米,共设置 32 个展馆,邀请 30 家国内头部文化企业和 720 家省内文化企

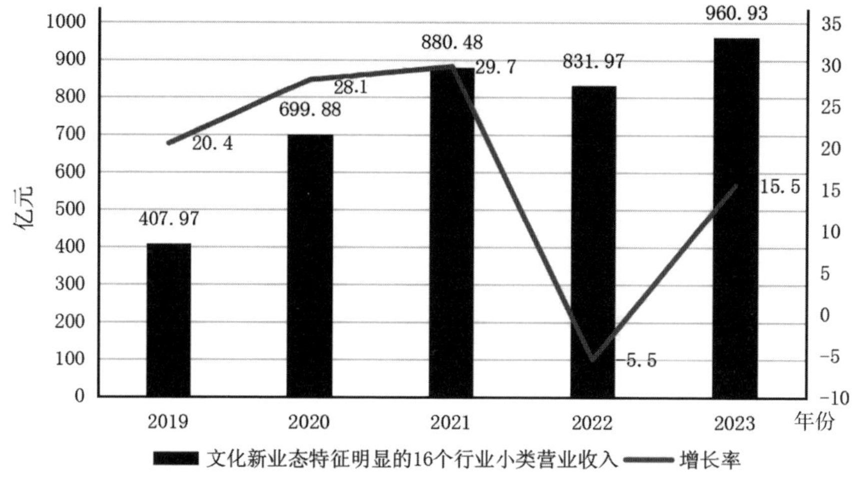

图 2　2019—2023 年江西新兴文化产业发展情况

数据来源:根据江西省统计局《江西文化产业及相关产业概览》整理。

业参展,现场交易额 381 万元、项目签约 23.9 亿元,观展人数约 8.38 万人次。2023 年,为展示数字文化产业新技术、新成果、新应用,打造头部数字文化企业宣传推介和招商合作平台,在九江市举办江西数字文化产业展,共邀请 40 家国内头部数字文化企业参展,展区面积达 1400 平方米,接待观众近 3 万人次。

三是产业数字化趋势明显。江西主流媒体大力推进媒体深度融合,数字视听传播服务新矩阵快速发展。江西广播电视台在节目制作中运用 AR 虚拟包装技术,打造出沉浸式节目场景;推出阿尔法精灵智能广播系统,实现消息自动抓取、编排和语音播报;江西日报集团推出全国首张 VR 报纸,带来全新数字视听体验;南昌广播电视台打造基于广电 5G 架构的移动物联智慧屏。数字出版方面,江西人民出版社积极布局有声书市场,深耕喜马拉雅 FM、蜻蜓 FM 等国内主流音频分享平台;2023 年,二十一世纪出版社与斗半匠文化深度合作,上线推广短视频,在采编、IP 开发、线上直播等方面多方开辟数字出版新赛道。

(三)文化供给水平持续提升

一是消费场景更加多元。为增强游客文化体验感,省内各重点景区陆续推出大型实景演出项目，如2015年龙虎山景区推出《寻梦龙虎山》、2018年抚州市文昌里街区打造《寻梦牡丹亭》、2018年上饶三清山景区创排《天下三清》等，其“行进式”和“游园式”等沉浸式演出模式，给游客带来一种身临其境的强烈体验感和代入感。2019年以来，南昌市、新余市等设区市围绕国家文化和旅游消费试点城市建设，先后打造了万寿宫文化街区、“夜东湖”文化和旅游消费圈、赣西民俗风情街等文旅消费集聚区，着力发展新型文旅融合业态，培育消费新增长点。截至2023年，全省共有国家文化和旅游消费试点城市5个、省级文化和旅游消费试点城市7个、国家级夜间文化和旅游消费集聚区14个、省级夜间文化和旅游消费集聚区54个、省级特色文化街区13条，有力促进全省文旅消费提升、带动文化产业回稳向好发展。

二是消费水平不断提高。江西城镇居民人均教育文化娱乐消费支出从2013年的1687.01元提高到2022年的2909.19元，增幅达到72.45%；农村居民人均教育文化娱乐消费支出从2013年的356.42元提高到2022年的1936.43元，增幅达443.3%。2023年，江西创新推出“百企领跑”文旅育强行动、“百企千品”文旅直播季等系列活动，全省共开展各类文旅促消费活动9789场，出台441项政策措施，发放1.11亿元文旅消费券，带动综合消费人数3.02亿人次。

三是消费产品更加丰富。立足江西丰富的红色文化资源，2019年首次推出“江西好礼”红色旅游文创系列，小红军系列、兵娃娃公仔系列等36套优秀红色旅游文创产品深受欢迎；2021年，拓展到“红领巾”系列、长征IP服饰系列；2022年，陆续推出“红色摇篮”“世代风华”“初心耀征程”红色系列；2023年，新增“人民的记忆”“我爱南昌”“红色经典”“初心”“追忆江西”等系列。此外，还有立足历史文化资源研创的“再现海昏”系列、“八大山人”系列、传统陶瓷传承系列、夏布经典服饰系列等文创产品，构建了内容多样的文创产品体系。为打响江西文创品牌，2019年起，由省文旅厅牵头打造特色文创品牌“天工开物坊”，截至2023年底共开设13家品牌店，并在线上开设一批淘宝店和抖音店，总销售额突破千万元。立足文化旅游新模式，由传统的景区游览逐步向“景区+文化体验”“景区+文化演艺”“景区+康养休闲”等模式拓展，为游客提供各具特色的消费体验。

（四）政策保障体系更加有力

一是政策措施日趋完善。进入新时代以来，为引导、推动、激励和保障文化产业发展，江西构建了以省委、省政府“两办”出台的《关于进一步支持文化产业发展的若干意见（试行）》为主导的“1 + N”文化经济政策体系，配套出台《江西省文化产业项目扶持管理办法（试行）》《江西省文化产业园区认定及规范管理办法（试行）》《文化和科技深度融合发展的实施意见》《金融支持文化产业高质量发展若干措施》《江西省中小文化企业贷款风险补偿资金管理暂行办法》《江西省文化产业重点县（市、区）认定管理暂行办法》《江西省重点文化企业认定管理暂行办法》《关于促进特色文化街区建设的指导意见》等文件（见表2）。涉及产业结构优化、产业平台打造、市场主体培育、财政资金投入和使用、融资渠道拓展及其他相关配套举措，为推动文化产业高质量发展提供政策支撑。自2019年起，江西还定期发布“年度文化产业发展报告”，分析评估全省文化产业发展状况，探寻文化产业创新发展新路径。

表2　进入新时代以来江西文化经济主要政策汇总表

序号	年份	发文单位	文件名称
综合类			
1	2012	中共江西省委办公厅、江西省人民政府办公厅	《江西省深化国有文艺院团体制改革指导意见》
2	2012	中共江西省委办公厅、江西省人民政府办公厅	《江西省深化非时政类报刊出版单位体制改革指导意见》
3	2013	江西省人民政府办公厅	《关于加快发展文化创意产业的若干政策措施》
4	2014	江西省人民政府办公厅	《江西省政府关于加快发展文化贸易的实施意见》

续表：

序号	年份	发文单位	文件名称
5	2016	中共江西省委办公厅、江西省人民政府办公厅	《关于推动国有文化企业把社会效益放在首位、实现社会效益和经济效益相统一的实施意见》
6	2019	中共江西省委办公厅、江西省人民政府办公厅	《关于进一步支持文化产业发展的若干意见（试行）》
7	2019	江西省人民政府办公厅	《进一步加快虚拟现实产业发展的若干政策措施》
8	2019	江西省人民政府办公厅	《加快独角兽、瞪羚企业发展十二条措施》
9	2020	江西省人民政府办公厅	《关于支持全省各级广播电视台持续发展的若干意见》
10	2022	中共江西省委办公厅、江西省人民政府办公厅	《江西省实施文化数字化战略行动方案》
财政投入类			
11	2019	江西省财政厅、中共江西省委宣传部、江西省电影局	《江西省国家电影事业发展专项资金征收使用管理办法》
12	2019	江西省财政厅、中共江西省委宣传部	《关于减征文化事业建设费有关事项的通知》
13	2020	江西省文旅厅	《关于应对新冠肺炎疫情支持文化和旅游企业共渡难关的10条措施》
14	2021	江西省人民政府	《关于减税减费减租减息减支32条政策措施的通知》
主体培育类			
15	2019	中共江西省委文化体制改革专项小组	《江西省文化产业园区认定及规范管理办法（试行）》
16	2021	江西省文化强省建设工作领导小组	《江西省文化产业重点县（市、区）认定管理暂行办法》

续表：

序号	年份	发文单位	文件名称
17	2021	江西省文化强省建设工作领导小组	《江西省重点文化企业认定管理暂行办法》
18	2021	江西省文化强省建设工作领导小组	《关于促进特色文化街区建设的指导意见》
19	2021	中共江西省委宣传部	《关于推动文化企业坚持正确导向履行社会责任的若干措施》
20	2022	江西省人民政府办公厅	《关于进一步帮扶文旅企业纾困发展的若干措施》
21	2023	江西省文化强省建设工作领导小组	《江西省文化企业培大育强三年行动方案（2023—2025）》
22	2023	中共江西省委宣传部	《江西省关于促进网络文学繁荣发展的若干措施》
资金使用类			
23	2015	江西省财政厅等 9 部门	《关于支持江西省电影发展若干经济政策的通知》
24	2016	中共江西省委宣传部	《江西文化“走出去”项目资助暂行办法》
25	2017	中共江西省委宣传部等 12 部门	《江西省关于支持实体书店发展的实施意见》
26	2017	江西省文化厅	《江西省数字文化创意设计项目扶持实施暂行办法》
27	2018	中共江西省委宣传部	《中共江西省委宣传部专项资金监督和绩效管理实施办法》
28	2019	江西省财政厅、中共江西省委宣传部、江西省电影局	《江西省国家电影事业发展专项资金扶持电影创作生产实施细则》
29	2019	中共江西省委宣传部	《江西省文化产业项目扶持管理办法（试行）》

续表：

序号	年份	发文单位	文件名称
文化金融类			
30	2020	中共江西省委宣传部、江西省财政厅、中国人民银行南昌中心支行、江西省金融监管局、江西银保监局、江西证监局	《关于金融支持文化产业高质量发展的若干措施》
31	2020	中共江西省委宣传部、中国人民银行南昌中心支行、江西省金融监管局、江西银保监局	《江西省中小文化企业贷款风险补偿资金管理暂行办法》
32	2021	中共江西省委宣传部、江西省财政厅、江西省文旅厅、江西省金融监管局、江西省广播电视局、中国人民银行南昌中心支行、江西银保监局、江西证监局	《关于加快推进江西省文化与金融合作示范区发展的实施意见》
文化科技类			
33	2019	江西省广播电视局	《关于推动我省广播电视和网络视听业高质量发展的实施意见（2019—2023 年）》
34	2020	江西省科学技术厅、中共江西省委宣传部、中共江西省委网信办、江西省财政厅、江西省文旅厅、江西省广播电视局	《关于推进文化和科技深度融合发展的实施意见》
35	2021	江西省科学技术厅、中共江西省委宣传部、中共江西省委网信办、江西省文旅厅、江西省广播电视局	《江西省文化和科技融合示范基地认定管理办法（试行）》
文化旅游类			
36	2019	江西省人民政府办公厅	《江西省旅游产业高质量发展三年行动计划（2019—2021 年）》

续表：

序号	年份	发文单位	文件名称
37	2019	江西省文旅厅	《江西省文化和旅游产业融合发展示范区（点）创建办法（试行）》
38	2022	江西省文旅厅	《关于推动数字文旅产业高质量发展的实施方案》
贸易消费类			
39	2019	江西省商务厅、中共江西省委宣传部、江西省文旅厅、江西省广播电视局	《江西省文化出口基地认定管理办法（试行）》
40	2020	江西省人民政府	《关于进一步激发文化和旅游消费潜力的实施意见》
41	2020	江西省文旅厅、江西省发改委、江西省财政厅	《关于开展引导城乡居民扩大文化和旅游消费试点工作的通知》

资料来源：根据历年文化经济政策整理。

二是文化金融服务体系逐步完善。2020 年初，为帮助文化企业渡过难关、走出困境，江西省委宣传部牵头开展中小文化企业融资需求摸底调查。在充分了解文化企业融资需求的基础上，自 2020 年开始，每年定期由省委宣传部牵头，会同省金融监管局、银行业金融机构等单位，组织开展“政银企”对接会，截至 2023 年 12 月，共举办各类对接会 11 场，为 726 家文旅企业发放贷款 203.1 亿元。同时，江西省委宣传部鼓励支持各银行业金融机构以专业支行、特色支行、专营事业部等形式，建设文化金融专营机构。2020 年以来，推动中国银行在景德镇市成立陶瓷文化支行，专注服务国家陶瓷文化传承创新试验区建设；支持江西银行、浦发银行南昌分行、北京银行南昌分行分别在抚州、南昌等地成立特色文化支行，引导省交通银行在旅游资源丰富的市、县设立文旅产业支行等，为文化企业提供专业金融服务。

三是持续拓宽投融资渠道。为破解中小文化企业融资难题,针对文化企业轻资产、重创意的特点,2020 年,由江西省委宣传部、省金融监管局等 7 部门联合推出“文企贷”,设立 7900 万元中小文化企业贷款风险补偿资金,按 1∶10 倍的比例,撬动近 8 亿元银行资金支持中小文化企业发展。截至 2023 年 12 月 31 日,“文企贷”入库企业共计 750 家,213 家企业累计获批贷款 11.8 亿元,通过利率优惠、免担保费、贷款贴息等措施,为获贷企业节约融资成本近 1700 万元。为充分发挥政府投资基金撬动引导作用,2022 年,在江西省委宣传部推动下,由江西出版传媒集团牵头组建江西省文化产业投资有限公司,发起设立江西省文化产业发展投资基金,首期资金募集规模为 10 亿元,2023 年,基金在管资金规模达 50 亿元,有效填补江西文化产业投资领域“空白”。

二、江西文化产业发展亟须克服的短板、不足

进入新时代以来,尽管江西文化产业发展取得显著成效,但对标新时代高质量发展和江西文化强省建设目标,江西文化产业发展仍然有许多亟待克服的短板与不足。

一是产业结构还不够合理。从产业领域看,江西文化核心领域与文化相关领域规模以上企业营业收入比从 2019 年的 13.9∶86.1,变为 2023 年的 42.7∶57.3,文化核心领域占比提高了 29.7 个百分点,但与全国相比,江西文化核心领域发展仍存在较大的优化空间。从行业结构看,江西文化产业发展仍然以文化制造业为主,对大数据应用、大语言模型、AI 智能应用等前沿文化科技领域投入不够、扶持力度不足。从区域结构看,南昌、吉安、赣州等营业收入规模较大的设区市,均以文化制造业为主,且多集中在文化消费终端生产、文化装备生产、文化辅助生产和工艺美术品制造等有限的几个门类,抗风险、稳增长能力比较弱。

二是文化企业竞争力不强。江西在文化装备领域具有明显优势,但多为代工文化制造企业,江西营业收入前 20 的文化企业中,近半数没有自主品牌,上游设计研发、下游批发零售均在省外,企业极易受到上下游产业链冲击,如赣

州、吉安拥有多家为手机提供液晶显示、蓝牙模组的龙头企业，但由于上游订单减少，导致企业营业收入下降。2023年，江西文化产品出口总额为147.3亿元，同比下降48.5%。江西文化企业的核心技术掌握能力不足。如江西的VR产业大部分集中在应用端，目前已落地在昌的运营机构多数以办事处、孵化器甚至工作室等形式存在，其科技研发、产品开发等并没有在南昌，核心技术层面存在短板。

三是资源吸纳力还不够强。受珠三角、长三角等周边发达区域影响，江西文化产业从一线“蓝领”到研发“骨干”，“外流”较为严重。虽然部分省内文化企业薪资待遇与沿海地区同岗位几乎一致，但仍存在招工难等问题，成为制约企业发展壮大的瓶颈之一。另外，受周边省份招商引资政策及国际贸易影响，部分龙头文化制造业企业有产能外迁意向。如新余市上市文化企业沃格光电将部分产能迁移至湖北，吉安市、赣州市部分文化制造业企业也有回迁珠三角意向。

四是产业政策还不够精准。一些产业政策在可行性和便利度上，离企业期盼仍有一定差距。如入规入统方面，部分小微企业为节约企业运行成本（比如入规企业应配备专门财务人员），升规入库意愿不强，甚至个别规模以上文化企业为享受小微企业税费减免政策，主动退库。部分设区市尚未出台文化企业扶持政策，也没有分类建立文化企业培育库，对辖区内重点企业发展情况了解不多、掌握不够，难以及时帮助企业应对风险、渡过难关。

三、新时代江西文化产业发展的对策建议

推动江西文化产业高质量发展，将文化力量转化为高质量发展推动力，需要继续做大文化产业总量规模，培育壮大文化市场主体，进一步优化文化产业结构，加快核心技术创新，发展文化新业态，推动产业升级发展，更好满足人民精神文化生活新期待。

（一）做大规模总量，培育壮大文化市场主体

一是坚持不懈抓好文化产业招商引资工作。数字技术变革为江西文化产

业发展提供了良机。2023 年，以 ChatGPT、文心一言为代表的大语言模型在文字、图片、音频领域迅速发展；2024 年，Sora 人工智能文生视频大模型席卷全球。江西的文化产业招商紧盯文化产业数字化、智能化发展的重点方向和重点区域，在 AI 运用、云计算、文化数据运用、大模型平台方面加大招商力度，研究制定招商地图和更新招商手册，通过开展上门招商、专题推介、专业招商等形式，继续招引头部文化企业和优质文化产业项目落户江西。推动重大招商引资项目落地见效，修订完善《江西省文化产业招商引资评价激励办法》，优化招商项目调度机制，对重点招商项目落地情况进行现场抽查，及时协调解决制约项目建设、落地投产的重大问题。

二是继续实施文化企业培大育强行动。根据已经出台的《江西省文化企业培大育强三年行动方案（2023—2025）》，聚焦重点产业领域，遴选一批重点文化企业和拟上市后备文化企业作为培大育强目标企业，积极引导生产要素向优势企业集中，培育一批主营业务突出、竞争力强、有良好发展前景的龙头文化企业，培育壮大文化市场主体。组织开展文化产业重点县（市、区）、重点文化企业、省级文化产业园区、省级特色文化街区认定工作，发挥先进典型的辐射带动和示范引领作用。

三是激发文化市场活力。进一步健全文化企业的现代企业制度，积极创新文化管理体制和文化微观运行机制，增强对市场的应变能力。进一步完善文化企业法人治理结构，积极实施人事制度、劳动用工制度和收入分配制度的改革，盘活文化资源。积极探索集团化管控模式下国有文化企业的内部治理机制创新路径，推出一批优秀文化企业经营管理案例。筛选一批优质文化企业，积极推动文化企业上市，建立文化企业上市培育库，实行动态管理、能进能出。抓住数字技术为文化产业出口带来的机遇，在内容出口、模式出口、平台出口方面发力，建设文化出口电商平台，培育数字文化国际贸易企业，加大国际文化贸易海外仓建设力度，畅通文化产品出口通道，扩大数字文化贸易规模，增强文化企业的国际竞争力。

（二）加快转型升级，推动产业数字化智能化发展

一是推动文化制造业数字化转型。立足文化消费终端生产的规模优势，大

力发展以可穿戴智能文化设备为主的智能消费品制造，促进产业链延伸，打造智能文化消费终端产业生态圈，引导企业提升技术研发能力、培育自主品牌，加快由代工向自主创新转型。提升文化制造业辨识度，加大对与大数据、云计算、人工智能等先进技术成果相关的数字文化装备的招商力度。发挥文化产业专项资金引导作用，聚焦文化消费终端、文化装备生产、工艺美术品制造等领域，重点打造一批专精特新"小巨人"企业、制造业单项冠军企业。

二是增强文化新业态发展动能。破解新型文化企业、文化业态、文化消费模式"有体量无规模"的发展困境，以文化数字化战略为依托，主动谋划一批基础性、示范性、引领性数字文化产业项目，大力发展文化新业态、新模式和新型文化企业。借助阅文集团、爱奇艺、灵犀互娱、恺英网络等头部数字文化企业落户契机，加强政策供给、加快产业集聚、完善产业配套，在影视创作、动漫游戏、网络文学、电子竞技等细分领域抢占先机。

三是发挥文化消费带动作用。大力发展文化会展业，搭建江西特色文化产品和服务的交易平台、招商平台和宣传展示平台，对文化企业发起主办的各类文博展会予以资金补助，打造江西文博展会品牌。鼓励各地出台文化消费促进政策，培育网络消费、定制消费、体验消费、智能消费、互动消费等新型消费形态，培育新型文化消费市场。以文化 IP 为引流点，引导地方特色文化与商场、酒店、体育场所相融合，打造一批商业服务与特色文化相结合的综合文化消费空间，大力发展线上消费、线上文旅，不断满足群众多样化的精神文化需求。

（三）推动前沿技术研发应用，大力发展文化产业新质生产力

一是加大核心技术攻关。大力发展文化产业的新质生产力，关键在于核心技术的突破。瞄准数字文化领域关键核心技术装备，实现重要软件系统和重大装备自主研发和安全可控，提升数字文化装备制造水平。发挥政府在陶瓷、文化制造、VR 等行业的基础研究、前瞻技术和关键共性技术的开发及扩散方面的作用。加大智能穿戴设备、5G、VR/AR、4K/8K 超高清视频等技术的研发力度，实现从代工到自主的转变。针对印刷包装业的相关设备、陶瓷产业相关的核心设备缺少自主研发的短板，提高核心技术研发的重视程度与投入力度，进一步补链强链，力争产业链全链发展。支持自主或联合建立技术中心、设计中心等机构，推动数字文化产品服务升级。

二是发挥数字技术引擎作用。深化大数据、人工智能在文化产业中的运用，利用数字技术推动智能制造、数字出版等优势产业提质升级，增强数字文化装备产业实力。推动数字化创新创意平台建设。在省级层面加强数字化创新平台建设，推动建设一批高质量直播、短视频基地，推动网络文学、影音、资讯等数字内容精品化发展，提升数字内容原创水平和产品质量。

三是加快文化资源数字化转化。加大力度推动新技术在文化领域的运用。关联形成省级文化资源数据库，分类建设文物、古籍、文学艺术、美术馆藏品、地方戏曲剧种、陶瓷文化、非遗文化等资源数据库，分系列开展文化资源的数字化转化和开发，系统推进书院文化、陶瓷文化、戏曲文化、中医药文化等代表性历史文化系列数字文创。加强博物馆、艺术馆、科研机构、出版传媒机构等各类文化机构的文化资源数字化转化，推进智慧博物馆建设。大力支持文物、非物质文化遗产通过数字技术进行产业转化。

（四）促进跨界融合创新，打造产业发展新增长极

一是以数字化推动文化和旅游融合发展。加强数字文化企业与互联网旅游企业对接合作，促进文化创意向旅游领域拓展。强化旅行社、导游、景区、酒店、交通数字化，提升整体文旅企业的科技实力。利用数字化技术对景区进行改造提升，加大对景区数字化的改造，推动旅游景区建设数字化体验产品开发，丰富游客体验内容。在景区引进流量监控、人脸识别通道、无人导游、人工智能导游服务、电子票务等科技手段，实现景区的数字化。

二是促进数字文化与教体娱乐的融合发展。通过创新数字技术的智能化、数字化、多元化发展促进艺术和素质教育推广，推动数字技术为驱动的沉浸式的教育新模式。参考杭州电竞数娱小镇的发展模式，以电竞文化为特色，培育和完善电竞数娱产业链，打造数字文娱产业集聚综合平台。聚焦电竞游戏领域，抓紧编制出台《江西省电竞产业发展规划》，出台配套扶持举措，抢占产业发展“新风口”。推动网络文学的产业转化，打造中部地区网络文学发展高地。

三是推动数字文化与新经济形态结合。促进数字文化与社交电商、网络直播、短视频等在线新经济结合。推动文化大数据与新经济形态的结合和运用，如原真采集、解构重构、关联标识、搜索查询、匹配交易、常识图谱挖掘、全息呈现、数字孪生、多语言交互、高逼真、跨时空共享体验等。

（五）发挥重大项目带动效应，增强文化影响力辐射力

一是完善重大文化项目落实的制度保障。出台《江西省关于实施重大文化产业项目带动战略的实施意见》，设立江西省重大文化产业项目库，聚焦文化数字化建设、文化产业发展平台建设、文化新业态创新、重大文化科技研发或成果运用、文旅消费新场景新模式等重点方向。支持江西视听文创产业园（上饶市）、中国漫谷数字创意产业园（赣州市）等一批基础性、示范性、带动性强的文化产业项目建设，培育文化产业新增长点，促进文化产业要素集聚和优化。

二是创新重大文化项目的支持措施。建立和完善重大文化项目建设的领导机制、协调机制、调度机制，建立重大文化项目实施的统筹协调和督导落实机制，制定工作台账，明确责任分工，确保完成各项任务。各级宣传文化部门也要制定工作方案，确保项目高效推进。改变以往扶持资金“撒胡椒面”方式，撬动市县资金共同支持文化产业发展，形成重点资金支持重点项目、重点项目带动文化产业高质量发展的新模式。

三是推进国家级重大文化项目建设进程。推进长征、长江国家文化公园（江西段）建设。高标准编制完成长江国家文化公园（江西段）建设保护规划、项目规划，建好用好长征、长江国家文化公园（江西段），整合沿线重要文化、文物、旅游资源，统筹保护传承和开发利用，一体化实施研究阐释、环境配套、文旅融合、数字再现、教育培训工程。加快推进景德镇国家陶瓷文化传承创新试验区建设，在体制机制创新、数字技术赋能、文化双向交流、完善贸易体系、人文城市建设、陶瓷文化旅游融合发展等方面持续发力，继续做优平台载体。

（六）强化多元要素保障，优化产业发展环境

一是完善多层次投融资体系。由省文化投资基金牵头，邀请省内外各类投资基金，每年至少举办 2 场文化企业与基金机构对接会，推动基金管理人与优质文化企业、文化产业项目面对面对接。在各设区市分别举办“文企贷”政银企对接会，重点推动合作银行在降低审批门槛、提高信贷额度、优化审批流程等方面下功夫，扩大“文企贷”覆盖面，确保应贷尽贷。

二是提升金融服务产业发展的水平。完善“投、贷、奖、补”体系，优化年度省级文化产业扶持项目重点支持方向，对优秀文化产业项目和文化企业进行重点扶持和奖励。推动“文企贷”线上申报系统实质化运行，持续做大“文企贷”信贷规模。发挥省文投基金牵引带动作用，投资一批省内高成长性、高附加值文化企业。鼓励担保机构、保险机构开发适合文化产业发展需要的产品，分散银行对文化产业的信贷风险。

三是提升文化知识产权服务水平。及时总结景德镇国家级知识产权保护中心建设和抚州市民间文艺版权保护与促进试点建设的经验，形成可供推广的制度经验并在全省推广。在全省范围逐步推广知识产权保护“一站式”综合服务，为文化艺术版权转化利用保驾护航。推动企业和金融机构开展知识产权质押登记、股权质押登记等信用增进措施，积极引入文化行业专业资产评估机构，将文化企业拥有的知识产权、进行合理的估值利用，为文化企业发展提供一个健康、可持续的生态环境。

新时代江西旅游发展报告

江西省文化和旅游厅课题组

摘要： 党的十八大以来，江西锚定旅游强省战略目标，坚持以文塑旅、以旅彰文，推进文化和旅游深度融合，在健全机制、资源开发、融合创新、做大产业、夯实基础、优化环境、打造品牌、激发活力等方面取得长足进步。新增一批富有赣鄱特色的高品质国家级旅游景区和度假区，“江西风景独好”品牌形象愈发深入人心，全省各项旅游数据指标实现大幅度增长，旅游业对国民经济综合贡献度不断提高，旅游业实现跨越式发展。同时，江西旅游发展还存在产业发展不平衡、市场主体不强、品牌打造不够、优质产品供给不足、旅游人才短缺等问题，需要在统筹战略布局、加速内外开放、壮大市场主体、强化品牌建设、优化产品供给、建强人才队伍等方面持续发力。

关键词： 旅游强省　文旅融合　旅游品牌

党的十八大以来，江西坚持以习近平新时代中国特色社会主义思想为指导，深入学习贯彻习近平总书记考察江西重要讲话精神，全面落实党中央、国务院决策部署，高度重视文化和旅游融合发展。2013 年，江西省委、省政府作出推进旅游强省建设的战略决策，将旅游业提升到前所未有的战略高度，依托丰富的红色资源、优美的生态环境、厚重的历史文化，不断做“强”红色、擦“亮”古

课题组成员：梅亦，江西省文化和旅游厅党组书记、厅长；陈晓平，江西省文化和旅游厅党组成员、副厅长；刘晓军，江西省文化和旅游厅政策法规处处长；张爱辉，江西省文化和旅游厅政策法规处副处长；李靖，江西省文化和旅游厅政策法规处四级调研员。

色、打“响”绿色，持续完善现代旅游业体系，旅游产业鼓点激越、高歌猛进，旅游各项经济指标稳中向好，旅游产业规模迅速壮大，旅游产业体系不断完善，旅游产业质量显著提升，旅游发展氛围更加浓厚，江西正由旅游资源大省向旅游发展强省挺进。江西国内旅游总人数由2013年的2.48亿人次增至2023年的8.18亿人次，年平均增长11.46%；旅游总收入由1896亿元增至9668亿元，年平均增长15.96%。江西国家5A级旅游景区、国家级旅游度假区等重点旅游品牌数量居全国前列。

一、新时代江西旅游发展成效

(一)旅游发展体制机制更加健全

1. 重大政策持续推出

各级党委、政府相继出台促进旅游发展系列政策、规划，为江西旅游高质量发展理清了思路，增添了动力，强化了保障。省级层面相继出台《关于推进旅游强省建设的意见》《关于全面推进全域旅游发展的意见》《关于推进文化和旅游高质量发展若干措施》《关于推进旅游业高质量发展的实施意见》《关于推进康养旅游发展的意见》《关于促进民宿健康发展的意见》等重要文件，编制了《江西省旅游业发展“十三五”规划》《江西省“十四五”文化和旅游发展规划》等旅游发展规划。多地出台旅游业高质量发展、促进旅游消费等方面的政策文件。

2. 机构改革全面完成

2014年，江西省旅游局更名为江西省旅游发展委员会，并列入政府组成部门，江西成为全国第五个成立旅游发展委员会的省份。2017年，全省100个县(市、区)完成旅游局改旅游发展委员会，是全国第一个完成省、市、县三级“局改委”的省份。2018年组建江西省文化和旅游厅，全省各县(市、区)在2019年3月前均挂牌成立文化广电新闻出版旅游局，在全国较早实现了省、市、县三级文化和旅游主管机构的职能调整和“三定”工作。省、市、县三级均成立由主要领导任组长的旅游产业领导小组，建立文化和旅游产业链链长制，设立旅游产业发展专项资金，成立旅游集团。

3. 景区管理体制改革全面深化

重点国有景区经营管理体制机制不断完善，改革"红利"不断释放。持续推进庐山管理体制改革，实现"市局合一"，"庐山天下悠"品牌不断做大做强。深化武功山经营管理体制改革，整合资源，一山共治，萍乡武功山景区成功创建国家5A级旅游景区，获评首批"风景独好"旅游名景区，武功山旅游火热出圈。理顺庐山西海景区管理体制，成功创建国家5A级旅游景区，获评国家体育旅游示范基地、首批"风景独好"旅游名景区。

（二）旅游资源开发利用更加高效

1. 国家文化公园建设稳步推进

作为长征国家文化公园5个重点建设省份之一，江西以瑞金、兴国、于都等19个县（市、区）为重点区域，系统推进保护传承、研究发掘、环境配套、文旅融合、数字再现和教育培训"六大"工程，着力打造体验性、教育性、旅游性的长征文化纽带。扎实推动长江国家文化公园（江西段）保护建设开好头、起好步，坚持系统谋划、高位推进，加强长江文化保护传承弘扬，全力打造"长江最美岸线""鄱阳湖最美岸线""赣江最美岸线"，加快编制保护规划，认真谋划一批国家级、省级标志性项目。

2. 红色旅游"红红火火"

用好革命旧址、革命历史纪念场所等红色资源，成功创建A级红色旅游景区45家，11家景区入选全国红色旅游经典景区名录，5条线路入选"建党百年红色旅游百条精品线路"，井冈山入选首批全国红色旅游融合发展试点单位，赣州方特东方欲晓等沉浸式、体验式项目持续火热。大力发展红色演艺，《井冈山》《那年八一》等红色演艺节目广受游客好评。2017年倡议发起成立中国红色旅游推广联盟，联盟秘书处永久设立在江西，已有29个省（区、市）加入。持续举办中国红色旅游博览会，该博览会已成为扩大全国红色旅游交流合作的重要平台。

3. 生态旅游凸显优势

充分发挥江西绿色优势，扩大优质文旅产品供给，加快建设长江国际黄金旅游带。赣州三百山成功创建国家5A级旅游景区，大余丫山、新余仙女湖成功创建国家级旅游度假区。成功创建4家国家级生态旅游示范区和34家省级生态旅游示范区。持续举办江西森林旅游节、鄱阳湖国际观鸟季等活动，推出江西“鄱湖观鸟”等一批生态旅游精品线路，展现江西绿色生态这一最大财富、最大优势。开展“绿水青山就是金山银山”省级实践创新基地创建工作，评定43家创新基地。

4. 优秀传统文化旅游彰显文脉

发挥赣鄱优秀传统文化资源优势，促进文化遗产保护利用与旅游产业融合发展，打造中华优秀传统文化体验地。推进景德镇国家陶瓷文化传承创新试验区建设，打造世界著名陶瓷文化旅游目的地。越来越多的博物馆成为旅游目的地，全省38家博物馆成为国家4A级以上旅游景区景点。海昏侯国遗址博物馆以“金色海昏”“数字海昏”展示大汉风韵，成为全省热门文博景区、网红打卡地。鼓励文博场馆依托自有文化IP开发文创产品，多措并举提升全省文创产品市场影响力。

5. 乡村旅游成为品牌

加大乡村旅游绿道、旅游厕所、停车场、自驾车等设施建设力度，推进乡村旅游提质升级，打造一批具有历史特征、地域特点的乡村旅游品牌。相继出台多项民宿发展扶持政策，加强民宿行业管理，促进民宿产业发展。截至2023年底，全省共有证照齐全的旅游民宿2285家，其中甲级旅游民宿8家，乙级旅游民宿4家，甲级旅游民宿数量居全国第一。靖安发展民宿的做法入选中国改革2023年度地方全面深化改革典型案例。婺源篁岭获评联合国世界旅游组织“最佳旅游乡村”。截至2023年底，全省拥有全国乡村旅游重点镇6个、全国乡村旅游重点村51个、5A级乡村旅游点37家。

（三）旅游融合发展更加深入

1. 文化和旅游深度融合

以文化提升旅游内涵品质，以旅游促进文化传播和消费，推进文化和旅游业态融合、产品融合、市场融合、服务融合，推动旅游演艺、文化遗产旅游、主题公园等提质升级，建设集文化创意、休闲娱乐、教育培训等于一体的体验式文化和旅游综合体。婺源《梦里老家》、鹰潭龙虎山《寻梦龙虎山》、宜春明月山《明月千古情》、南昌滕王阁《寻梦滕王阁》、景德镇《尚镇 CHINA》等景区演艺活动广受好评。3 个县(区)列入国家文化产业和旅游产业融合发展示范区建设单位名单。江西文创旅游商品在中国旅游商品大赛中屡创佳绩。

2. 旅游与科技创新融合

大力发挥科技创新对旅游发展的赋能作用，以科技创新激发动力、增强活力、释放潜力。持续推进“一部手机游江西”项目建设，“云游江西”平台注册用户数突破 1600 万。通过组织开展智慧景区评定，联合开展“绽放杯”5G 应用征集大赛“5G + 文化旅游”行业赛，开展全省乡村智慧旅游优秀案例评选等活动，推进智慧文旅建设。景德镇陶溪川文创街区获评 2022 年国家旅游科技示范园区，南昌 VR 主题园智慧旅游沉浸式体验新空间列为第一批全国智慧旅游沉浸式体验新空间培育试点项目。

3. “旅游 +”“ + 旅游”广泛融合

推进旅游与农业、工业、交通、教育、体育、卫生健康、中医药等领域融合发展。结合体育赛事和群众体育活动，推出体育旅游精品线路、体育旅游目的地，2 家景区获评国家体育旅游示范基地。推动工业文化与旅游融合发展，促进工矿企业转型升级，6 家单位获评国家工业旅游示范基地。举办浙皖闽赣国家生态旅游协作推进活动，推进浙皖闽赣国家生态旅游协作区合作共建。持续发展中医药康养旅游，推出一批康养旅游精品线路，上饶列入国家中医药健康旅游示范区创建名单，4 家单位列入示范基地创建名单。

(四)现代旅游产业体系更加完善

1. 产业结构持续优化

从 2014 年至 2023 年，江西连续 10 年举办全省旅游产业发展大会，大会成为促进江西旅游资源转化、发展转型、动能转换的重要平台。江西着力推进区域间、城乡间旅游产业协调发展，创新开发旅游产品，引导反季节营销，推动和刺激夜间旅游经济发展，完善旅游产业要素体系，降低门票收入依赖，提高过夜游客占比，扩大“吃、住、行、游、购、娱”六大要素中购物、娱乐的二次消费比例和提升人均消费，旅游产业发展势头良好，产业结构持续优化升级，旅游业对国民经济综合贡献度不断提高。

2. 产品业态愈加丰富

着力培育文旅产业特色优势，推动产业提质增效。关注“三区一圈”（旅游景区、度假区、街区和商圈）游客新需求，培育产业新动能，加快形成红色旅游、山岳旅游、乡村旅游、康养旅游、体育旅游、工业旅游等多元融合的旅游产品体系，分期分批推出特色鲜明的旅游线路。大力发展沉浸式演出、互动体验、文化主题餐饮等新业态，创新戏剧节、音乐节、艺术节、动漫节、演唱会、艺术展览、文旅展会、文体赛事等新场景。

3. 市场主体不断壮大

狠抓重点文旅项目建设，积极推动重大重点文旅项目落地，加快推进旅游产业化，赣州方特东方欲晓、鹰潭方特东方神画、南昌融创乐园等主题乐园成为热门旅游目的地。深化文旅与金融合作，发挥省文投基金带动作用，用好“文旅贷”机制，拓展文旅企业融资渠道，江西旅游企业影响力和竞争力逐步提升。江西省旅游集团2023年总资产达370多亿元，2020—2022年连续3年入选“中国旅游集团20强”。

（五）旅游市场环境更加向好

1. 依法治旅成效彰显

加强旅游领域法治建设，2015年修订《江西省旅游条例》，2019年出台《江西省旅游者权益保护条例》。《江西省旅游者权益保护条例》是全国首部专门保护旅游者权益的地方性法规，在全国率先将“旅游购物先行赔付制度”写入法条。深化文化市场综合行政执法改革，持续加大旅游市场监管执法力度，常态化开展综合行政执法、专项整治和“体检式”暗访。江西作为唯一地方代表在全国旅游法实施十周年座谈会上作交流发言。

2. “放管服”改革深入推进

系统梳理文化和旅游系统统一行政权力清单，建立完善行政许可和行政备案等事项实施规范和办事指南，出台《江西省文化市场综合执法行政处罚裁量基准》《江西省文化和旅游市场初次轻微违法违规经营行为免罚清单》等文件，依法推进市场经营活动轻微违法行为免罚和“首违不罚”。深入推进营商环境优化升级“一号改革工程”，不断优化政务服务窗口办事流程和提升服务质量，“只跑一次”和“一次不跑”服务在文化和旅游系统全面落实。

3. 市场监管更显“温度”

创新开展旅游诚信体系建设，深入推进优秀旅游服务体验城市、文明旅游示范单位创建，“基于‘有感服务　无感监管’理念的智慧旅游监管平台”获评首届全国数字化监管典型案例，优秀旅游服务体验城市试点创建工作获评全国旅游市场服务质量提升典型案例。积极引导文明旅游新风尚，南昌八一起义纪念馆相关经验入选全国第一批文明旅游宣传引导十佳案例，2 家景区入选第二批国家级文明旅游示范单位。新余被列为文化和旅游市场信用经济发展试点地区。

（六）旅游品牌影响更加凸显

1. “江西风景独好”品牌体系加快构建

聚焦红色文化、绿色文化、古色文化等优势，结合各地资源特色，构建以“江西风景独好”为引领的品牌体系，打造以“庐山天下悠”“三清天下秀”“龙虎天下绝”和“四大摇篮”等为代表的目的地品牌，突出红土圣地、陶瓷故乡、客家摇篮、户外天堂、才子之乡等重点品牌，做优“天下英雄城南昌”“赣州 · 红色故都客家摇篮”“抚州 · 一个有梦有戏的地方”等城市品牌。“江西风景独好”媒体矩阵号多次上榜全国省级文旅新媒体传播力指数、全国省级文化和旅游新媒体国际传播力指数前十名榜单。

2. 旅游品牌创建硕果累累

不断充实“江西风景独好”品牌体系内涵，加快建设一批富有文化底蕴的世界级旅游景区和度假区，打造一批文化特色鲜明的国家级旅游休闲城市和街区。江西国家 5A 级旅游景区由 2013 年的 3 家增至 2023 年的 14 家（见图 1）；国家 4A 级旅游景区由 33 家增至 234 家，处全国第一梯队。全省共有国家级旅游度假区 4 家，国家全域旅游示范区 7 家，国家级旅游休闲街区 5 家，省级全域旅游示范区 34 家，省级旅游度假区 24 家，省级旅游休闲街区 8 家。评定“风景独好”旅游名县 10 个、“风景独好”旅游名镇村 10 个、“风景独好”旅游名景区 5 家。

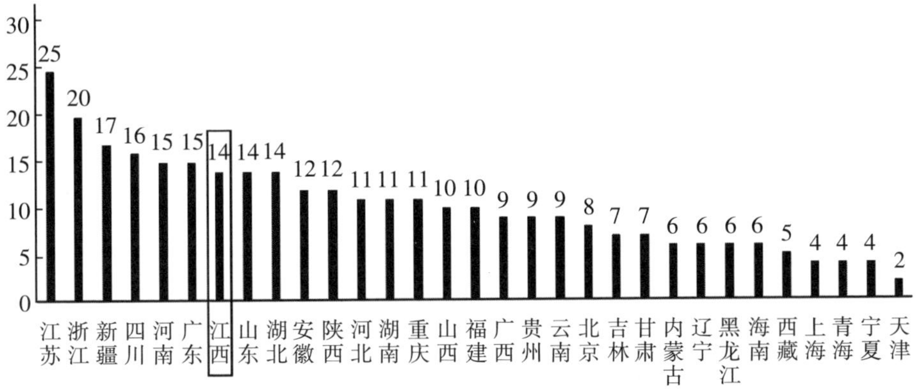

图 1　2023 年全国各省（区、市）国家 5A 级旅游景区数量分布

数据来源：根据文化和旅游部网站数据整理，不含港澳台数据。

3. 宣传推广活动有声有色

持续举办全省旅游推介会、“全国学子乐游江西”等系列活动，声势浩大。先后赴十余个国家开展人文交流和旅游推广活动，“风景独好 · 江西日”活动在当地影响广泛。“江西风景独好”云端旅游系列推介会获评 2022 年国内旅游宣推 10 佳案例。创新开展“全球学子嘉游赣”全省旅游宣传推广活动，打造“亿万级”宣传话题。“世界珍奇 China 物语”“阳明圣地、客家摇篮”纳入 2023 日本国际旅游博览会中国旅游精品路线 20 选。“庐山天下悠 · 白鹿国学游学营”线路等多个项目先后入选港澳青少年内地游学推荐产品和精品线路。

（七）旅游发展基础更加坚实

1. 旅游公共服务设施持续完善

优化旅游公共设施布局，完善停车场、旅游集散中心等设施。截至 2023 年底，全省建有游客服务中心（不含景区）231 个，旅游交通标识牌 4935 个，交通节点旅游信息服务中心243个，旅游厕所完工6220个。全省共有旅游住宿设施超2万家，客房数68万多间、床位数超110万张。全省拥有星级旅游饭店363家，其中五星级20家。昌景黄高铁的开通，形成跨越皖赣两省“名城、名湖、名山”等丰富文旅资源的世界级黄金旅游线。

2. 旅游人才加速培养

健全决策咨询机制，完善文化和旅游重点人才信息库。优化旅游人才职称管理制度，实现旅游经济专业职称单列申报。实施文化和旅游行业培训行动计划，开展分类分级、精准培训。支持普通高等院校、职业院校做大做强旅游、酒店等专业，加强全省“金牌讲解员”“金牌志愿讲解员”队伍建设，培养一批全国红色旅游“五好讲解员”。江西在全国红色故事讲解员大赛、全国导游技能大赛、全国星级饭店从业人员服务技能大赛中屡创佳绩。

3. 旅游标准体系不断完善

全面推进旅游标准化，把政府单一供给的旅游标准体系，逐步转变为由政府主导制定的标准和市场自主制定的标准共同构成的新型旅游标准体系。围绕红色研学、乡村旅游等热门业态，2013年起先后编制出台《江西省全域旅游示范区检查验收指标体系》《红色旅游服务示范景区评定规范》等30余项地方标准和规范性文件，不断增强旅游标准化对旅游业提质增效升级发展的推动力。江西《导游星级划分与评定》地方标准，被文化和旅游部评为优秀地方旅游标准。

（八）旅游市场活力更加充沛

1. 国内旅游蓬勃发展

2013年至2019年，全省旅游业呈现蓬勃发展态势，全省国内旅游接待总人数由2.48亿人次增至7.93亿人次，年平均增长18.06%（见图2）；全省国内旅游总收入由1896.06亿元增至9656.38亿元，年平均增长26.18%（见图3）。2020年至2022年，受新冠疫情影响，全省旅游业受到较大冲击。2023年，随着疫情防控“乙类乙管”政策和稳经济一揽子政策的深入实施，全省旅游业加速恢复，全省接待国内游客人数和国内旅游总收入已全面恢复至2019年水平。

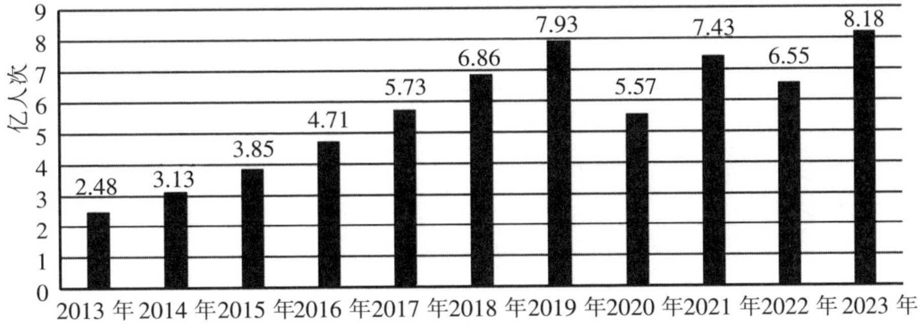

图 2　2013—2023 年江西国内旅游接待总人数

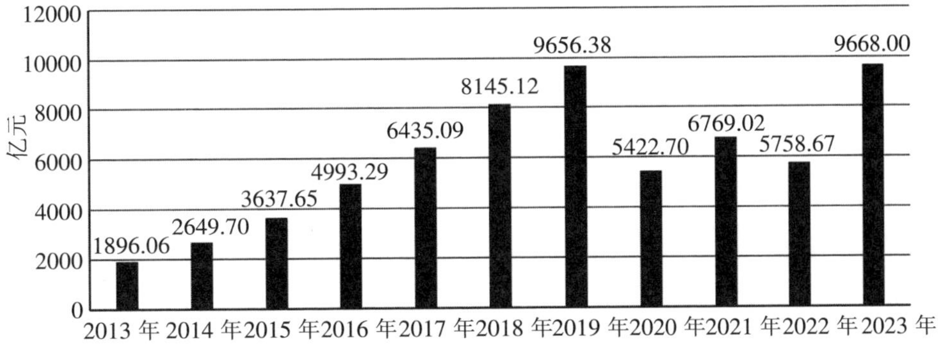

图 3　2013—2023 年江西国内旅游总收入

图 2、图 3 数据来源：根据《江西省旅游业发展“十三五”规划》《江西省“十四五”文化和旅游发展规划》《江西省 2022 年国民经济和社会发展统计公报》《江西统计年鉴 2023》《江西省 2023 年国民经济和社会发展统计公报》相关数据整理。

2. 旅游消费活力持续激发

创新营造文化和旅游消费场景，提升管理机制和配套设施，延展文化和旅游消费时间和空间。开展文旅消费促进行动，充分激活“县域活力”，持续做大做强“百县百日、百城百夜、百企百创”文旅消费季和江西旅游消费节等系列活动品牌，有力推动了文旅市场加快复苏。国内旅游人均消费由 2013 年的 763.09 元增加至 2019 年的 1217.70 元，2023 年恢复至 1181.91 元（见图 4）。全省共有国家级夜间文化和旅游消费集聚区 14 个，5 个设区市被列为国家文化和旅游消费试点城市。

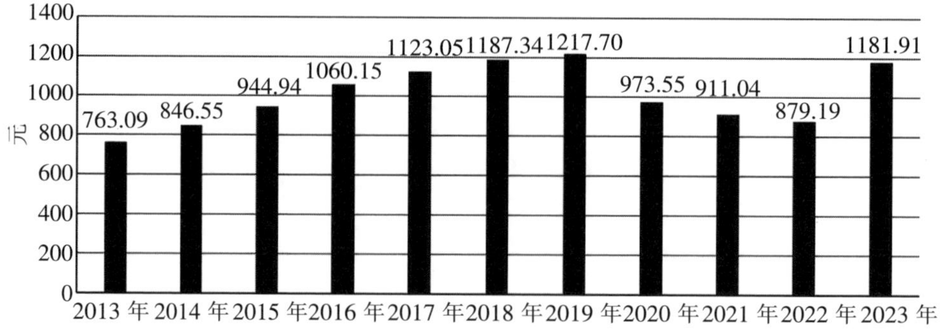

图 4　2013—2023 年江西国内旅游人均消费

数据来源：根据《江西省旅游业发展"十三五"规划》《江西省"十四五"文化和旅游发展规划》《江西省 2022 年国民经济和社会发展统计公报》《江西统计年鉴 2023》《江西省 2023 年国民经济和社会发展统计公报》相关数据整理。

3. 假日客流持续走强

得益于江西赴长三角、中三省、大湾区等地开展的系列推广活动及各地深入推进"引客入赣"计划，2023 年"五一"期间，全省累计接待游客 5160.45 万人次，恢复至 2019 年同期的 129.59%；实现旅游收入 276.12 亿元，恢复至 2019 年同期的 115.39%。2023 年中秋国庆假期，全省累计接待游客 7319.82 万人次，实现旅游收入 537.06 亿元，按可比口径计算，分别较 2019 年增长 10.65% 和 23.83%，旅游人次和收入均创历史新高。

二、新时代江西旅游发展形势与问题分析

（一）形势分析

从全球来看，世界正经历百年未有之大变局，国际环境日趋复杂，不稳定性不确定性明显增加，三年疫情使全球旅游产业链、供应链、价值链遭受严重冲击。当前，人类命运共同体理念深入人心，全球旅游业正在加快复苏，文化交流合作逐步恢复，旅游发展快速回暖，旅游在外交、经济领域的地位和作用日益凸显。

从全国来看，党的二十大擘画了全面建设社会主义现代化国家的宏伟蓝图，高质量发展成为全面建设社会主义现代化国家的首要任务。进入新时代，

我国社会主要矛盾已转化为人民日益增长的美好生活需要和不平衡不充分的发展之间的矛盾。我国经济持续向好的基本面没有改变，文化和旅游既是拉动内需、繁荣市场、扩大就业、激活国内大循环的重要内容，也是促进国内国际双循环的桥梁和纽带，文化和旅游需求正向更高层级转变，高品位文化产品、高品质旅游业态成为追捧的热点。

从全省来看，习近平总书记考察江西重要讲话精神为江西省文旅产业发展指明了新的发展方向和目标，注入了强大的信心和力量。江西经济社会发展取得了新成效，文化强省、旅游强省战略持续推进，江西与全国同步全面建成小康社会，人民生活水平显著提高，对旅游的需求日益增长。进入新发展阶段，江西文化和旅游发展区位优势进一步彰显，“一带一路”建设、长江经济带发展、中部地区崛起等国家战略叠加，赣南等原中央苏区振兴发展、江西内陆开放型经济试验区、景德镇国家陶瓷文化传承创新试验区等国家战略集成，对江西文化和旅游发展产生极大溢出效应。

（二）问题分析

1. 产业发展不平衡

统筹谋划、协调推进还不够有力，“乡强城弱”“山强水弱”的区域旅游发展格局依然没有改变。特别是城市旅游发展水平还不高，省会南昌的知名度远不及成都、重庆、长沙、武汉、西安等热门城市。江西省 14 家国家 5A 级旅游景区中，11 家景区不在设区市主城区范围内，占比 73.3%；9 家景区以山地丘陵为主要地形地貌，占比 64.3%。旅游“淡旺分明”“昼强夜弱”的现象依然存在。

2. 市场主体不强

江西实力型旅游集团不多，企业竞争力不强，龙头企业牵引作用较弱，全省旅游企业普遍处于“小散弱”状况，地域性旅游集团业务集中，扩张缺乏积极性。中小微旅游企业发展后劲不足，研究创新性质的旅游企业规模较小。以中国旅游研究院与中国旅游协会每年发布的中国旅游集团 20 强及提名名单为例，2013 年以来，江西仅江西省旅游集团 1 家企业先后 3 次进入名单，而安徽则有安徽省旅游集团、黄山旅游集团 2 家企业先后 20 次进入名单。

3. 品牌打造不够

旅游品牌的影响力、传播力、吸引力不足,“江西风景独好”品牌形象、文化内涵表现不充分,没有转化成易于传播、家喻户晓的品牌精品。如,武汉黄鹤楼和南昌滕王阁同列“江南三大名楼”,两家景区同为5A级,2023年中秋国庆长假期间,武汉市黄鹤楼公园累计接待游客32.8万人①,南昌市滕王阁旅游区累计接待游客24.7万人②;迈点研究院发布的2023年国家5A级旅游景区品牌传播力100强榜单中,湖南长沙市岳麓山·橘子洲旅游区位列第5位,安徽黄山风景区位列第9位,而江西最高排位为萍乡武功山景区位列第25位。

4. 优质产品供给不足

全省旅游产品类型丰富、结构齐全,但是优质旅游产品供给体系尚未建成,缺乏精品化、差异化、高端化的文旅产品。代表性的旅游景点没有形成独有的文化IP资源,缺乏具有江西特色、一流水准的旅游演艺项目,文旅领域数字化建设基础薄弱,缺乏在全国有影响力的应用场景。中长线旅游产品还不够成熟。旅游景点中高端设施不足,有些地方的民宿品位还比较低,旅游服务水平也有待提升。

5. 旅游人才短缺

高层次旅游人才无法满足未来市场扩容需求,高端人才牵引带动全省旅游高质量发展的效用仍未彰显,在全国业内叫得响、立得住的高水平拔尖领军人才尤为匮乏,旅游职业教育有待加强。特别是经历三年疫情,全省文旅企业从业人员出现不同程度流失,文旅产业人才总量普遍不足。

三、新时代江西旅游发展的对策建议

(一)统筹战略布局

根据江西文化和旅游资源禀赋,依托江西毗邻粤港澳大湾区、长三角经济区和海西经济区形成的“四面逢源”区位优势,着力打造全国红色旅游首选地、

① 引自中国黄鹤楼公园官方网站《黄金周32万人爆游黄鹤楼》。
② 引自南昌市人民政府官方网站《南昌“双节”假期文旅市场持续升温》。

最美生态旅游目的地、中华优秀传统文化体验地、休闲康养度假热门地和世界著名陶瓷文化旅游目的地。实施城市更新和城市旅游牵引行动，大力发展城市旅游，推进建设以南昌为旅游中心城市，九江、上饶、萍乡、赣州为旅游门户城市，景德镇、鹰潭、抚州、吉安、宜春、新余为旅游节点城市的城市旅游体系。依托滕王阁、古窑民俗博览区、武功山、大觉山、龟峰等重点旅游景区，连点成线扩面，打造红色经典、陶瓷文化、环鄱阳湖、最美乡村等旅游线路，推广革命伟人诗路、赣鄱唐宋诗路、江西山水诗路等一批文化和旅游精品线路。

（二）加速内外开放

深入实施旅游对内对外开放战略。推进区域旅游合作，强化省内“一盘棋”和省际协同发展，加大与国内重点旅游客源地合作，实现资源共享、线路互连、市场互动、客源互送。深入实施“引客入赣”工程，出台“引客入赣”奖补政策，建立“引客入赣”长效机制。大力发展入境旅游，充分发挥丝绸之路国际博物馆联盟等合作平台作用，广泛开展海外宣传推广活动，建立海外旅游推广中心，构建国际旅游目的地城市品牌，打造以江西为节点的“一带一路”文化旅游精品线路，优化产品供给、接待设施、支付服务、导游服务，提升国际游客入境服务质量。

（三）壮大市场主体

引进头部企业，创新对接联系体制机制，出台强有力政策，引进文旅头部企业进江西，与江西旅游头部企业共同开展合作交流。培育龙头企业，支持通过资产重组、股份合作、资源整合、品牌输出等多种形式做强本土旅游企业，打造跨界复合型的现代旅游产业集团、旅游产业联盟，推动本土旅游企业上市。帮扶小微企业，加大政策支持力度，积极安排小微文旅企业纾困专项资金，发挥政府性融资担保机构作用，扩大国家融资担保基金、省级融资再担保机构对小微文旅企业的再担保业务覆盖面。

（四）强化品牌建设

打造高辨识度旅游品牌，进一步挖掘细化“江西风景独好”的内涵，持续唱响“庐山天下悠”“三清天下秀”“龙虎天下绝”品牌，创新做强井冈天下红、武功天下奇、千年瓷都、共和国摇篮、中国最美乡村、江西书院文化、跟着历史文化名人游江西等重点品牌。打造重点节庆节事活动，持续举办中国红色旅游博览会、景德镇国际陶瓷博览会等系列品牌活动。打造新媒体营销矩阵，深化与各头部新媒体、OTA（在线旅游）平台合作，运用好短视频、微电影、网红代言、网络直播等方式进行创新营销，用好各类平台和渠道，构建全方位立体式营销推广矩阵。

（五）优化产品供给

大力发展红色旅游、城市旅游、康养旅游、研学旅游、体育旅游、冰雪旅游、露营旅游、非遗旅游等新场景、新业态，因地制宜加强特色旅游培育。全面推进数字化旅游产品建设，运用5G、VR/AR、人工智能、多媒体等数字技术开发旅游资源，推进景区、旅行社、酒店等旅游行业数字化转型，推动数字化旅游在重点景区和场景的应用创新，推动“一部手机游江西”项目迭代升级。优化文旅市场环境，推动“旅游诚信省”建设，探索“有感服务、无感监管”网格化服务、信用化监管模式。

（六）建强人才队伍

重点引进旅游企业经营、景区运营、行政管理、市场营销、旅游投融资等方面的高层次人才，推动“赣鄱旅游英才工程”建设，从省内外选拔一批旅游领军型人才。大力支持江西旅游应用型培训基地建设，加强导游、研学导师、民宿管家、乡村运营师、中医疗养师等应用型人才培训。建立旅游人才多元化发展平台，加大旅游青年骨干人才专项支持，搭建各类旅游技能大赛平台，培养技能型人才。推进旅游职业教育高质量发展，通过独立建设或合作办学打造应用型本科层次旅游高校，培养适应新人才市场需求的、特色化的旅游人才。

Ⅲ

专题报告

新时代江西推进红色基因传承报告

江西省社会科学院课题组

摘要： 党的十八大以来，江西持续围绕红色资源保护、红色基因传承研究、红色教育、红色文旅融合、红色文化传播、红色基因传承保障机制等开展探索实践，取得积极成效，部分经验做法为全国首创并被作为先进典型在全国予以推广。2021年，江西省委作出建设全国红色基因传承示范区的决策和部署。对照这一建设目标要求，江西在资源保护、文旅融合、文化传播、保障机制等方面还存在短板和弱项，需进一步加大红色资源保护力度、完善红色文化教育体系、加快红色文旅融合、提升红色文化传播效能、强化组织保障等，扎实推进红色基因传承，让红色基因代代相传。

关键词： 红色基因　传承弘扬　示范区　红色资源

党的十八大以来，习近平总书记在地方考察调研时多次到访革命纪念地，瞻仰革命历史纪念场所，反复强调要用好红色资源，传承好红色基因，把红色江山世世代代传下去。进入新时代以来，习近平总书记先后三次来到江西考察，对江西提出"推进红色基因传承"的重要要求，强调要用井冈山精神、苏区精神、长征精神砥砺党员、干部，教育引导党员、干部坚定理想信念、牢记初心使命、积极开拓进取、勇于担当作为。江西始终把学习贯彻习近平新时代中国特色社会

课题组成员：吴晓荣，江西省社会科学院历史研究所所长、研究员；黄解明，中央江西省委宣传部宣教处处长；许丹丹，中共江西省委宣传部宣教处副处长；姜庆刚，江西省社会科学院历史研究所副研究员；王斯鸿，江西省社会科学院历史研究所助理研究员。

主义思想和习近平总书记考察江西重要讲话精神作为首要政治任务，以建设全国红色基因传承示范区为目标，扎实推进红色基因传承，教育引导广大党员干部群众传承红色基因、赓续红色血脉、凝聚奋进力量，走好新时代长征路。

一、江西推进红色基因传承的主要做法及成效

江西是中国革命的摇篮、人民共和国的摇篮、人民军队的摇篮和中国工人运动的策源地，孕育了伟大的井冈山精神、苏区精神和长征精神等，是一片充满红色记忆的红土地，是一座“没有围墙的红色博物馆”，是中国共产党人最为重要的精神家园之一。

党的十八大以来，江西认真贯彻落实习近平总书记关于“推进红色基因传承”的重要要求，充分发挥红色资源优势，创新性加强保护利用和传承弘扬，在全社会营造了爱党爱国的浓厚氛围，提振了全省干部群众的精气神，为奋力开创各项事业新局面、续写红土圣地新荣光凝聚了强大精神力量。

（一）坚持高位聚能，初步形成科学有效的工作机制

江西在红色基因传承工作的顶层设计、制度保障和经费投入等方面不断加大力度，建立健全相关工作机制，出台系列政策文件，建立健全了红色基因传承长效机制。

一是顶层设计不断强化。江西对传承红色基因各方面工作作出总体设计、进行全面部署，不断把红色基因传承引向深入。把推动红色基因传承纳入省委常委会重要议题，纳入省委理论学习中心组学习重要内容，纳入江西省“十四五”发展规划，并先后出台《关于推进红色文化资源保护与开发利用工作的意见》《关于深入推进红色基因传承的意见》《关于加强革命历史类纪念设施、遗址和爱国主义教育基地工作的实施意见》《江西省革命文物保护利用工程（2018—2022 年）实施方案》《关于加强新时代江西革命文物保护利用的意见》等政策法规，为推进红色基因传承提供了坚强有力保障。2021 年，江西省第十五次党代会提出“全国红色基因传承示范区”建设目标，并实施“红色基因代代传工程”“红色经典出版文化工程”等，推动红色基因传承不断项目化、具体化落

地落实。

二是工作机制不断完善。在统筹协调、分工合作基础上,建立建设全国红色基因传承示范区、爱国主义教育基地工作、革命文物保护工作等联席会议机制,常态化通报工作情况,研究解决推进红色基因传承工作中的有关问题,部署推动各项工作。特别是通过定期召开全国红色基因传承示范区联席会议,每年制定红色基因传承重点工作安排,实行清单化管理、项目化推进,形成各级党委宣传部门牵头抓总、有关部门各负其责、社会共同参与的工作格局。

三是工作保障更加有力。持续加大政策支持力度。2021 年颁布的《江西省革命文物保护条例》是全国首部明确以革命文物为立法对象的省级地方性法规,为全省革命文物保护管理与传承提供了重要法制保障。持续加大经费投入力度。一方面,积极争取中央财政对江西红色文化资源的保护支持。2014 年至 2016 年,750 个"赣南等原中央苏区革命遗址保护工程"项目获国家文物保护专项补助资金 10.5 亿元;2016 年至 2023 年,争取中央 7652 万元补助支持 35 个地方革命史题材博物馆、纪念馆陈列布展项目;2023 年,国家文物局又给予江西革命文物保护资金 6715.54 万元资助。另一方面,在省财政资金有限的情况下,加大革命文物保护经费投入,每年投入 800 万元至 1000 万元专项经费支持革命文物保护。据统计,仅 2016—2023 年,省财政协同中央财政共下达博物馆、纪念馆免费开放经费 17.4 亿元;自 2016 年开始,省财政先后投入 1880 万元加强红色标语普查和保护工作;2023 年省财政增加投入 3000 万元开展革命文物建筑消防安全整治工作,为红色资源保护提供了有力经费保障。①

(二)坚持保护优先,红色资源保护力度不断加大

江西认真贯彻落实习近平总书记对革命文物保护的重要要求,按照"保护第一、加强管理、挖掘价值、有效利用、让文物活起来"的新时代文物工作方针,在全国率先提出革命文物整体保护模式,率先开展红色标语保护试点,率先在省文化和旅游厅成立革命文物处,革命文物保护呈现较好发展态势。

---

① 数据来源于江西省文化和旅游厅。

一是开展全域红色资源普查，建立红色资源名录。2021年、2022年，江西分别公布第一批、第二批革命文物名录，全省登记不可移动革命文物2960处，可移动革命文物43650件/套；普查登记红色标语10748条。不可移动革命文物、红色标语数量均为全国第一。党的十八大以来，江西省全国爱国主义教育示范基地数量大幅度增加（见图1）。截至2023年12月，江西有全国爱国主义教育示范基地23个，省级爱国主义教育基地122个，国家级抗战纪念设施、遗址6处。①

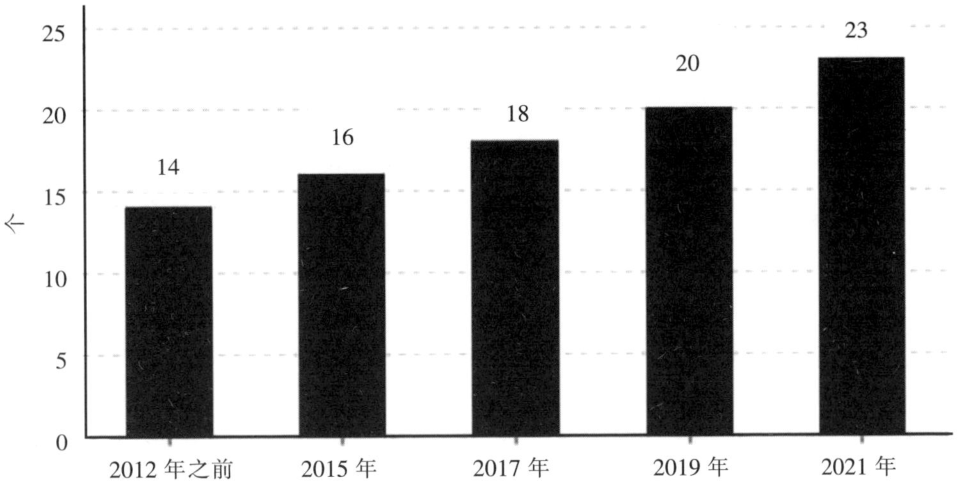

图1 江西省全国爱国主义教育示范基地数量

数据来源：江西省文化和旅游厅。

二是加强整体保护，有效保证革命文物历史真实性、风貌完整性和文化延续性。江西始终把保护放在第一位，推动形成革命文物整体规划、连片保护、统筹展示的示范效应。2014年，江西在全国率先提出革命文物整体保护模式，实施并形成赣南等原中央苏区革命旧址整体保护经验，经验做法被写入《国家文物事业发展“十三五”规划》。2019年、2020年，中宣部、财政部、文化和旅游部、国家文物局分别公布第一批、第二批革命文物保护利用片区名单，江西共有87个县（市、区）分别入选其中9个片区，位列全国“第一方阵”（见图2）。

① 数据来源于中共江西省委宣传部。

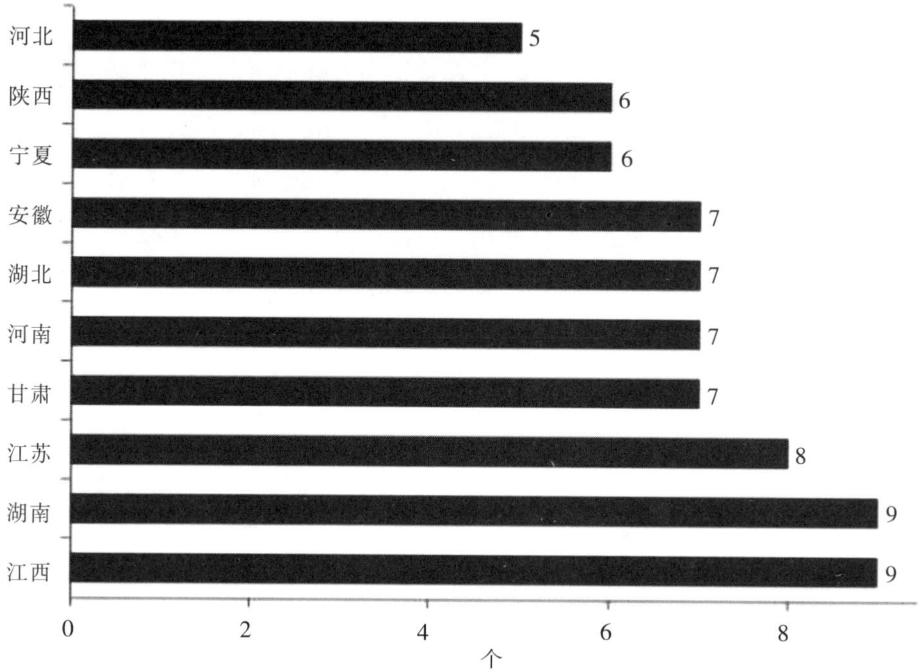

图 2　全国革命文物保护利用片区数量前十省份

数据来源:江西省文化和旅游厅。

三是实施分级分类保护,探索科学有效保护办法。江西在推进革命文物保护利用过程中,坚持在形式上融合创新、内容上守正创新,红色资源利用工作成效提质升级明显。按照国家、省、市、县四级文物保护体系,对全省革命文物进行分级保护。在红色标语保护尚无统一技术标准的情况下,借鉴北方壁画保护方法,最大限度保留红色标语整体原貌。于都县禾丰镇麻芫村红三军团二师五团团部旧址 31 条红色标语,采用此种方法,取得较好效果。乐安县"红色标语+全社会参与"保护利用模式,2020 年被评为"全国革命文物十佳保护利用案例"之一。2023 年,瑞金中央革命根据地纪念馆"保护一片旧址　带旺一个村镇——瑞金市叶坪镇朱坊村革命旧址赋能乡村振兴示范项目"入选全国革命文物保护利用十佳案例。2022 年,江西在全国率先开展革命文物保护利用示范县创建工作。2023 年 12 月,瑞金市、铜鼓县、井冈山市、于都县、安源区 5 个县(市、区)被评选为江西首批革命文物保护利用示范县。

（三）坚持成风化人，红色文化传播效能不断增强

江西坚持把红色基因传承研究、红色文艺创作、红色文化传播作为推进红色基因传承的重要途径，深入挖掘红色文化精神内涵，创新传承红色基因形式，红色基因传播效能不断增强。

一是红色文化研究阐释不断深化。加大对江西革命历史和井冈山精神、苏区精神、长征精神等研究阐述，为推进红色基因传承提供强有力的理论支撑。党的十八大以来，江西在国家社科基金项目红色基因传承主题方面立项60余项，省级课题立项近200项。建设“国家革命文物协同研究中心”、教育部人文社会科学重点研究基地等国家级平台，创办《苏区研究》（2015年）、《红色文化学刊》（2017年）等刊物，不断壮大革命历史文化研究平台阵地。2022年，中共江西省委宣传部与中央党史和文献研究院第七研究部、人民日报社理论部等联合成立全国红色基因传承研究中心，立足江西，面向全国，每年发布重大委托课题、重点课题，举办红色基因传承高端论坛等系列研讨活动，在全国产生积极反响。推出《中央革命根据地历史资料文库》（16卷）、《中央苏区革命史调查资料汇编》（8卷）、《中国共产党100年江西简史》、《红色家书》、《井冈山革命根据地史》、《永恒的力量》等重要著作，进一步深化了对革命精神丰富内涵和时代价值的认识。

二是红色文艺精品力作不断涌现。江西把红色基因融入文艺作品创作全过程，以精神文明建设“五个一工程”为龙头，实施文艺作品质量提升工程，讲好革命故事。结合改革开放40周年、中华人民共和国成立70周年、中国共产党成立100周年等重要节点，围绕革命历史题材，推出高质量电影、戏剧、歌舞、小说等。赣南采茶戏《一个人的长征》、广播剧《信念树》等13部红色题材作品获精神文明建设“五个一工程”奖，讲述甘祖昌和龚全珍故事的电视剧《初心》获第29届中国电视金鹰奖优秀电视剧奖，《信仰者》《邓小平小道》获第18届、第19届中国电影华表奖优秀故事片奖。

三是红色文化立体传播体系初步形成。注重发挥主流媒体作用，全省各级各类媒体推出专题专栏专页，加强红色故事宣讲，全省学党史新中国史、读红色

家书、讲革命故事的氛围日益浓厚。省广播电视台推出《跨越时空的回信》《闪亮的坐标》等电视节目,广受群众欢迎。注重利用网络媒体和网络平台开展红色主题宣传,利用全省重点新闻网站、学习强国、今日头条、微信公众号、抖音等新媒体平台加大红色故事传播力度。2020 年启动建设江西省爱国主义教育基地网上数字展馆云平台,截至 2023 年底,访问次数超 2 亿。

(四)坚持铸魂育人,红色文化教育成效不断凸显

江西坚持传承党的光荣传统和优良作风,培育家国情怀,坚定理想信念,构筑多元立体全方位教育体系,建立全员、全程、全方位红色文化教育格局,积极推动红色文化育人入脑入心、走深走实。

一是以红色基因锤炼党员干部。江西始终把“传承红色基因”作为干部教育培训的重要内容,把红色文化纳入党性教育主课堂,出台《江西省干部教育培训规划(2018—2022 年)》,编写红色文化干部培训教材,规范干部党性教育管理。以革命旧址和革命纪念馆(博物馆)为现场教学点,将革命遗址旧址作为党史“教室”、革命文物作为党史“教材”、英烈模范作为党史“教师”,依托 2900 多处革命遗址旧址、210 个红色名村、720 个党性教育现场示范点,打造“家门口”红色课堂,引导党员干部从红色基因中汲取力量,使红色基因成为谱写中国式现代化江西篇章的强大精神动力。

二是以红色基因引领青少年健康成长。坚持把红色文化教育融入立德树人全过程,推动红色文化进校园、进课堂、进头脑,努力在青少年学生心灵里播种下爱党、爱国和爱社会主义的种子。建设常态化实践育人体系,组织全省师生开展“井冈行”“苏区行”“重走长征路”等活动。2018 年编写的全学段红色教材《红色文化》荣获 2021 年全国优秀教材一等奖。在省内 5 地 28 校抽样调查显示,为该教材点赞的学生比例达 86.2%。2021 年以来,打造红色家书巡演、红色走读、红色故事我来讲等红色品牌。2022—2023 年,为推动红色文化融入“大思政课”综合改革,先后建设高校“红色班级”17 个、“红色文化优秀团队”15 个、中小学校“红色基因传承示范校”199 所。

三是以红色基因引导广大群众爱党爱国爱社会主义。坚持把讲好红色故事作为基层宣传教育的主要内容，遴选优秀基层红色宣讲员和“赣鄱劳模宣讲团”“青年讲师团”“赣鄱红色娘子军宣讲团”等，依托爱国主义教育基地、新时代文明实践中心（所、站）等开展对象化、分众化、互动化宣讲活动，开展党旗在基层高高飘扬、入党宣誓、诵读红色家书、观看红色经典电影等群众性主题宣传教育活动，引导群众听党话感党恩跟党走。2018 年以来，“可爱的中国”宣讲团从弋阳县出发，先后赴国内 15 个省区市宣讲方志敏革命精神 1600 余场，2023 年获评“全国基层理论宣讲先进集体”。2020 年 5 月成立的长征源宣讲团由“红军后代 + 宣讲骨干 + 志愿者”组成，截至 2023 年 12 月，在全国义务宣讲 750 余场，听众 70 万余人，2022 年获评“全国基层理论宣讲先进集体”。

（五）坚持合理开发，红色文旅融合活力不断增强

江西以打造全国红色旅游首选目的地为目标，在强化保护基础上，推进红色文化资源合理利用，推动红色文化与旅游、培训、演艺、文创融合发展，助推红色基因传承。

一是红色文化与旅游融合品质提升。大力推动红色文化和旅游相结合，开发系列红色旅游精品线路与红色旅游体验项目，寓教于游、寓教于乐。2017 年开始，江西通过红色旅游工作领导小组与文旅产业链链长制，推进红色旅游景区改造，提升服务保障能力，推动全省红色旅游高质量发展。截至 2023 年，全省有 45 家 A 级以上红色旅游景区（5A 级景区 3 家），11 家景区入选全国红色旅游经典景区名录。制作《江西省红色旅游地图》，推出 12 条精品红色旅游线路，其中 5 条入选文旅部、中宣部等部委推出的“建党百年红色旅游百条精品线路”。2016—2023 年，江西红色旅游接待人数和收入约占全省旅游业总量的 25%。

二是红色培训走在全国前列。依托红色资源、红色景区等开展红色培训和研学，吸引全国各地党政机关、学校、企业等前来参加，提升了江西红色旅游品牌知名度。井冈山推出“六个一”（走一段红军小路、听一堂传统教育课、向革命先烈献一束花、吃一顿红军餐、看一场红色歌舞、学唱一首红军歌谣）培训模式，深受学员喜爱。2020 年，“井冈山推动红色教育培训高质量发展的生动实践”被文旅部列为“全国红色旅游发展典型案例”。2021 年开通全国首条红色旅游专列——井冈山至韶山红色专列。2023 年,全省红色培训 285 万人次,同比增长 163%。同时,对接粤港澳大湾区,出台“引客入赣”等奖励政策,开展与深圳、东莞、泉州等地红色研学合作。

三是大力推进红色文旅项目建设。江西积极推进长征国家文化公园(江西段)建设,通过保护传承、研究发掘、环境配套、文旅融合、数字再现等工程,建设长征步道、场馆、公园等,打造红色文化精神标识。截至 2023 年,中央红军长征出发历史步道于都段、信丰百石长征第一仗核心展示园等 36 个省级重点调度建设项目完工 35 个,完工率 97.2%。长征文化公园项目成为红色培训、红色研学、红色旅游热门打卡地。江西各地聚焦本地红色资源,打造由赣州方特东方欲晓、共和国摇篮、中央红军长征集结出发纪念园等重点景区组成的红色文化体验精品线路。截至 2023 年底,赣州方特东方欲晓累计接待游客 200 万人次,经营收入超 3 亿元,为全省红色文旅高质量发展注入新活力。2023 年,于都县打造的大型红色文旅史诗《长征第一渡》,演出超 200 场,观众 20 余万人次,实现社会效益与经济效益双丰收。

二、江西推进红色基因传承工作存在的问题与短板

党的十八大以来,江西扎实推进红色基因传承工作,取得突出成效。但是,对照全国红色基因传承示范区建设目标任务,对照人民群众的精神文化需求,还存在一些问题和短板。

(一)“全省一盘棋”思想有待进一步深化

红色基因传承工作涉及组织、宣传、党史、教育、文旅、退役军人事务、住建等部门,虽然初步形成齐抓共管局面,但有的工作部门各管一块的现象还一定程度存在,全省一盘棋的思想和工作格局尚未完全形成,一定程度上限制了红色基因传承的总体效果。各地工作推进不平衡,存在“重形式、轻实效”等现象。

(二)低等级革命文物有较大损毁风险

作为红色资源丰富的省份,在 2021 年革命文物普查中,江西公布的可移动

革命文物数量只有福建的三分之一，这与各地分类标准不同有关，但也说明江西的革命文物普查工作的广度和深度还有较大提升空间，有必要进一步开展革命文物普查，增补遗漏的红色资源。江西省低等级革命文物总量大、分布广，保护资金存在较大缺口，难以实现对全部文物开展有效保护。部分地区的红色资源，特别是尚未核定公布为文物保护单位的不可移动革命文物因自然灾害、保护不到位等原因，存在损毁消失现象。

（三）红色基因理论研究有待深化

江西省内高校、科研院所、党史等部门之间协作不足，存在同质化、低水平重复研究问题。虽然推出了一些研究精品，但是数量有限，缺少有全国影响力的重大研究成果。同为红色资源大省的湖南、陕西，先后推出《红藏：进步期刊总汇（1915—1949）》（428 册，国家“十二五”重点图书出版规划项目、国家出版基金项目）、《红色档案——延安时期文献档案汇编》（60 册，入选庆祝中国共产党成立 100 周年精品出版物展优秀图书）等大型丛书，在学术界影响力较大，夯实了研究基础。江西的革命史料整理工作大部分停留在 20 世纪八九十年代，影响到相关研究的深入开展。

（四）红色教育培训成效有待提升

全省党员干部红色教育方式仍以课堂学习为主，互动式、沉浸式、体验式教育不够。部分红色教育现场活动中存在形式主义现象，吸引力不强，导致入脑入心效果不佳。江西是红色培训大省，在全国率先起步，但延安、遵义、临沂等红色资源丰富地区红色培训呈后来居上之势，如何在全国红色教育蓬勃发展大势中继续保持领先，江西面临着一定的挑战。

（五）红色文化传播影响力有待加强

江西红色文化宣传推介主要依托报纸、广播、电视等传统媒体，运用微博、微信、抖音等新媒体手段还不够，影响力不强。部分爱国主义教育基地展陈水平不高，全省有 78 个革命纪念场馆布展自 20 世纪八九十年代后未有大的调整，仍沿用“照片 + 展柜 + 文物”等旧模式，吸引力和感染力弱。在主动走出去宣传,讲好中国共产党故事、江西故事方面有待深化。

(六)红色文旅融合有待优化

江西红色旅游走在全国前列,但也存在发展粗放、管理不够规范等问题,部分红色文旅项目同质化,旅游综合带动能力有待提升。“四大摇篮”是江西红色旅游独特品牌,但高质量红色文旅产品供给不足,游客体验感不强,存在“有流量、少留量”“旺人不旺财”现象。统计数据显示,2021 年,前往井冈山、瑞金的游客人均支出分别是 812 元、522 元,相比当年全国出行游客人均支出 899 元,存在差距。

三、江西建设全国红色基因传承示范区的对策建议

推进红色基因传承,要深入贯彻习近平新时代中国特色社会主义思想,全面贯彻习近平总书记考察江西重要讲话精神,以高水平建设全国红色基因传承示范区为重要目标,强化顶层设计,坚持守正创新,切实把红色资源利用好、把红色传统发扬好、把红色基因传承好,为奋力谱写中国式现代化的江西篇章提供强大精神力量。

(一)强化科学保护,打造全国红色资源保护样板地

一是持续开展红色资源普查工作。借助第四次全国文物普查的机会,在 2021 年全省革命文物普查基础上开展第二轮普查,摸清全省红色资源情况,建立红色资源名录制度并向社会公布。推进红色资源数据库建设,对革命文献、陈列品、出版物、音视频等进行高精度数据采集、结构化存储,完善相关数据库并推动红色资源信息开放共享。

二是完善革命文物保护机制。设立革命文物征集经费,加强对社会上散存的革命文物和文献、口述资料的调查征集工作。强化对革命文物分级分类保护,实施革命旧址、馆藏革命文物保护修复计划,对具有较大政治影响和历史价值,因年久失修濒临毁坏的革命文物,进行抢救修复性保护。做好红色档案、红色歌谣、红色标语等挖掘、修复和保护工作。推广革命文物整体保护模式经验,

持续开展革命文物保护利用示范县建设。

三是高质量推进长征国家文化公园（江西段）建设。统筹发改、文旅、文物、财政、环保等部门力量，切实保障《长征国家文化公园（江西段）建设保护规划》落地，通过保护传承、研究发掘、环境配套、教育培训、文旅融合、数字再现等工程，把长征国家文化公园（江西段）打造成红色基因传承精品。

（二）强化资源整合，打造全国红色基因传承研究高地

一是突出重点，深化研究内容。聚焦南昌起义、秋收起义、井冈山革命根据地创建100周年等重要时间节点，集中力量、集中资源、集中优势加强对江西革命历史及精神研究，推出一批重量级、原创性研究成果，推动革命精神具体化、时代化、标志化。

二是强化建设，打造研究平台。建强用好全国红色基因传承研究中心和“国家革命文物协同研究中心”等国家级人文社科研究平台，加强与全国其他高端平台合作，建设一批江西革命历史研究重点基地、重点学科和研究中心，打造“红色基因传承研究高端论坛”等在全国有影响力的高端论坛，建设全国知名红色文化研究交流平台，提升全省红色文化研究水平、传播效果和社会影响力。

三是整合力量，推出优秀成果。统筹全省高校、党校、社科研究机构、党史、纪念馆博物馆陈列馆等专家学者力量，编撰江西革命历史文献整理与研究大型丛书，推出一批有思想内容、理论高度和实践价值，在全国有影响的学术成果。

（三）完善教育体系，打造全国红色教育聚集地

一是推动党员干部党性教育常态化。坚持不懈用习近平新时代中国特色社会主义思想凝心铸魂，把党史学习教育纳入各级党委（党组）中心组理论学习重要内容，纳入各级党校干部教育培训必修课，纳入基层党组织“三会一课”计划，推动党史学习教育、红色基因教育常态化。充分利用江西丰富的红色文化资源和教育基地，开展党员干部党性教育和理想信念教育。

二是提升大中小学思政课实效。进一步发挥《红色文化》教材的作用，将红色基因与思政课相结合，完善集体备课、听课评课制度，推动红色基因传承进教

材、进课堂、进头脑。精心组织主题班队会、主题团(队)课、“开学第一课”,广泛开展“红色走读”“追寻红色足迹”“诵读红色家书”等教育实践活动,引导青少年知史爱党、知史爱国。持续推进中小学生社会实践和研学活动,组织青少年参观纪念馆、展览馆、博物馆、烈士纪念设施,开展各类主题教育,使青少年从中汲取成长力量,激发奋进精神。

三是规范红色教育培训。制定颁布红色教育培训管理办法,完善红色教育培训机构准入、监管和退出机制,规范教师、教材、教法管理。发挥党校(行政学院)、干部学院、社会主义学院在红色教育培训中的重要作用,建设一批具有全国影响的红色研学示范基地。加强课程研发,丰富现场教学、专题教学方式,提升红色教育培训吸引力和效果。

(四)创新传播形式,打造全国红色文化传播引领地

一是实施爱国主义教育基地改造提升工程。加紧修建、完善、开放革命纪念馆、烈士陵园等爱国主义教育基地,打造一批主题突出、导向鲜明、内涵丰富的革命文物展览精品。严格落实展陈内容和解说词审查制度,把好政治关和史实关,不断激活红色基因生命力。利用互联网数字化手段,对展馆进行全景式、立体式、延伸式展示,让红色文化“动起来”“活起来”。

二是实施传播能力提升工程。构建网上网下一体、内宣外宣联动的立体传播体系,围绕中国人民解放军建军100周年等重大时间节点开展宣传,营造推动红色基因传承的浓厚舆论氛围。加强公益宣传平台建设,落实“百城千屏”计划,制作刊播优秀红色公益广告。开展对象化、分众化、互动化基层宣传宣讲,加强对外传播能力建设,讲好中国红色故事、江西红色故事。

三是实施红色题材创作提升工程。加大红色主题文艺创作项目扶持力度,聚焦江西重大现实题材和革命题材开展创作。围绕受众需求,尤其是90后、00后接受习惯,打造一批主题鲜明、思想精深、艺术精湛、制作精良的红色主题文艺精品。

(五)深化文旅融合,打造全国红色旅游首选地

一是持续推进红色文旅融合。加强江西红色文化资源转化,推动红色旅游

融合创新发展示范区建设，推进红色旅游景区标准化建设，提升景区基础设施水平和服务质量。加强“红、绿、古”深度融合，实现红色旅游转型升级。提升红色文创产品质量，打造完整产业链，形成红色旅游、红色出版、红色会展、红色动漫、红色数字传媒、红色研学等传统业态和新业态合作共赢新格局。

二是以重大项目为抓手丰富红色旅游产品供给。建好用活长征国家文化公园（江西段）等重大项目，实施革命文物保护利用和烈士纪念设施提升工程，建设一批红色文化传承标志性工程和爱国主义教育基地，建设红色影视基地，延伸“红色旅游＋工业”“红色旅游＋康养”“红色旅游＋文创”等产业链，进一步丰富红色旅游产品供给，提升红色旅游品质。

三是加强红色旅游品牌推广与合作。打造红色旅游品牌IP，拓展以“四个摇篮”为核心的红色文旅内涵，开发相关衍生产品。培育红色文旅品牌，在做大做强中国红色旅游博览会、南昌国际军乐节基础上，鼓励各地市推出红色文旅特色品牌。加强省内、省际合作，支持省内各市围绕重大红色主题联合策划展览展示活动，探索跨区域工作联动、协同合作。加大与粤港澳大湾区、长三角区域红色旅游合作，推动建立赣闽、赣粤等红色旅游发展联盟。

（六）强化组织保障，建好全国红色基因传承示范区

一是加强制度建设。进一步发挥建设全国红色基因示范区联席会议作用，加强相关单位之间合作，高质量编制《江西省创建全国红色基因传承示范区规划（2024—2028年）》，明确目标定位、重点任务、实现路径，集中宣传、党史、文物、文旅、财政等部门力量，调动全省工作积极性，形成传承红色基因合力。

二是完善资金投入和社会资本参与机制。积极争取国家对革命老区振兴的资金支持；省级财政设立红色基因传承专项资金，市、县级将红色基因传承经费列入财政预算，专款专用；健全多元化投入体系，允许和鼓励社会资本参与红色基因传承事业。

三是加强人才队伍建设。建立健全全省红色资源保护利用专家库，对红色资源认定和保护管理提供咨询、评审等意见。健全人才激励机制，加强对党史党建、文物保护、展陈讲解等相关人才培养，完善培养、选拔、管理、考核体系，打造一支全国一流的红色基因传承工作队伍。

新时代江西文物保护利用报告

江西省文化和旅游厅课题组

摘要： 2013—2023 年是江西文物事业投入最多、发展最快、成果最大的时期，加强文物系统性保护、强化革命文物保护传承运用、深化博物馆改革发展、推动文物“活化”利用、夯实文物工作基础支撑等文物保护利用工作，亮点纷呈，卓有成效。但在文物管理、文物保护投入、文物价值阐释研究、文物展示利用等方面还存在短板弱项，下一步需着力在提升文物和考古研究阐释能力、保护好运用好革命文物、实施重大文物保护工程、推动文物“活化”利用上下功夫。

关键词： 文物保护利用　革命文物　博物馆　高质量发展

文物承载灿烂文明，传承历史文化，维系民族精神，是老祖宗留给我们的宝贵遗产。江西历史文化底蕴丰厚，革命文化灿烂辉煌。党的十八大以来，以习近平同志为核心的党中央高度重视文物和文化遗产保护传承工作，习近平总书记三次考察江西时分别前往井冈山革命旧址、于都中央红军长征出发纪念馆、景德镇陶阳里历史文化街区等文博场所，为奋进中的江西统筹推进文物工作指明了前进方向，提供了根本遵循。2013—2023 年，是江西文物事业投入最多、发展最快、成果最大的时期，文物保护利用呈现出向上向好的良好态势。

课题组成员：梅亦，江西省文化和旅游厅党组书记、厅长；丁新权，江西省文化和旅游厅党组成员、副厅长，省文物局局长；王琴红，江西省文化和旅游厅文物督察处处长；侯军，江西省文化和旅游厅文物督察处四级调研员。

一、江西文物事业发展概况

(一)文物登记数量快速增长

2007—2012 年,江西省第三次全国文物普查登记认定,全省登记在册的不可移动文物总计 32831 处,总量位居全国第 11 位。2012—2015 年,江西省第一次全国可移动文物普查登记认定,全省文物收藏单位 398 家,可移动文物 641550 件,其中珍贵文物 61471 件。据统计,2020 年,全省共有不可移动革命文物 2960 处,其中全国重点文物保护单位 41 处,省级文物保护单位 414 处;共有可移动革命文物 43650 件,其中珍贵文物 11737 件;全省 11 市 87 县(市、区)分两批列入国家 9 个革命文物保护利用片区分县名单,在全国排名第二。江西省不可移动文物类别及数量、比重如图 1 所示。

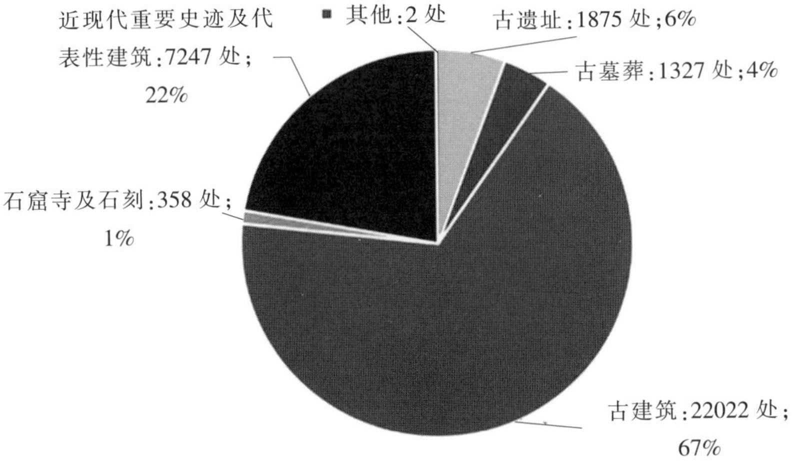

图 1　江西省不可移动文物类别及其数量、比重

数据来源:江西省文化和旅游厅。

(二)文物保护等级快速提升

继 1996 年庐山入选世界文化景观遗产后,2017 年 7 月,武夷山江西铅山段拓展列入武夷山世界文化和自然遗产,全省拥有 2 项世界文化遗产。

2013 年、2019 年,国务院核定公布第七批、第八批全国重点文物保护单位,江西省分别新增76处、32处，全省全国重点文物保护单位总数由52处增至160处（见图2）；2018年，江西省政府公布第六批江西省级文物保护单位684处，省级文物保护单位由2013年的265处增至920处；地市级文物保护单位640余处，县级文物保护单位3230余处（见表1）。

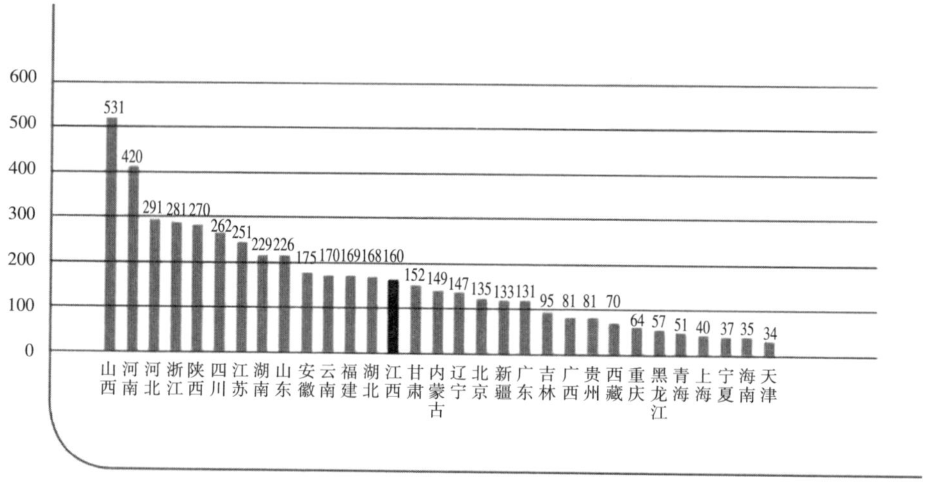

图2　2019年全国重点文物保护单位省域分布数量

数据来源：江西省文化和旅游厅，不含港澳台数据。

表1　2013—2023年江西文物基本指标变化表

	2013年	2023年	增幅	备注
全国重点文物保护单位	52处	160处	207.69%	全国排名第14位
省级文物保护单位	265处	920处	247.17%	
博物馆	132家	202家	53.03%	
其中：一级博物馆	5家	11家	120%	
二级博物馆	4家	27家	575%	
三级博物馆	11家	23家	109.09%	
国家等级博物馆	20家	61家	205%	全国排名第6位
年参观人次	2000万	5700万	185%	

数据来源：江西省文化和旅游厅。

2015 年瑞金市、2022 年抚州市和九江市被国务院公布为国家历史文化名城。2014 年,江西 12 个镇村被住房和城乡建设部、国家文物局公布为第六批中国历史文化名镇名村;2019 年,17 个镇村被公布为第七批中国历史文化名镇名村。截至 2023 年底,江西拥有 6 座国家历史文化名城(全国 142 座,江西列全国第九),7 座省级历史文化名城;中国历史文化名镇 13 个(全国 312 个)、名村 37 个(全国 487 个,见图 3),数量排全国第四。拥有省级历史文化名镇(村)66 座;历史文化街区 82 片(列全国第三);中国传统村落 413 个(全国 8155 个,江西列全国第八),省级传统村落 157 个。

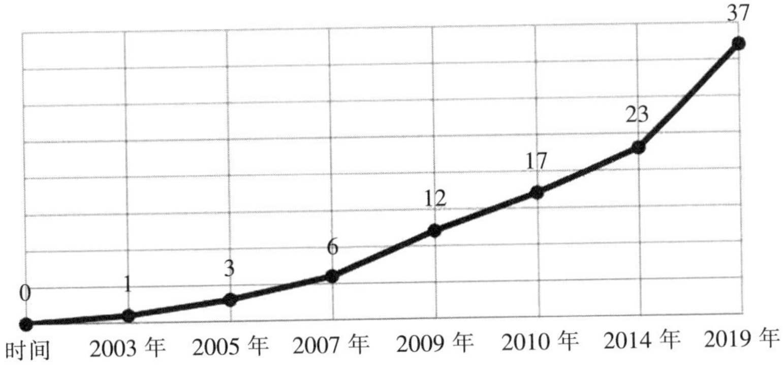

图 3　江西省“中国历史文化名村”入选数量增长图(单位:个)

数据来源:江西省文化和旅游厅。

(三)博物馆快速发展

江西省登记备案的博物馆数量从 2013 年的 132 家增至 2023 年的 202 家,其中文物系统国有博物馆 140 家,行业国有博物馆 11 家,非国有博物馆 51 家。国家等级博物馆从 2013 年的 20 家增至 2023 年的 61 家,其中一级博物馆 11 家、二级博物馆 27 家、三级博物馆 23 家(见表 1 和图 4)。2018 年景德镇中国陶瓷博物馆、安源路矿工人运动纪念馆、江西省革命烈士纪念堂 3 家被教育部评为“全国中小学生研学实践教育基地”。

全省登记备案的革命类专题博物馆、纪念馆 30 家,全省已形成国家、省、市、县四级爱国主义教育基地网络,其中全省 23 处全国爱国主义教育示范基地中有 22 处为革命类型，占 95.7%；122 处省级爱国主义教育基地中一半以上为革命类型。

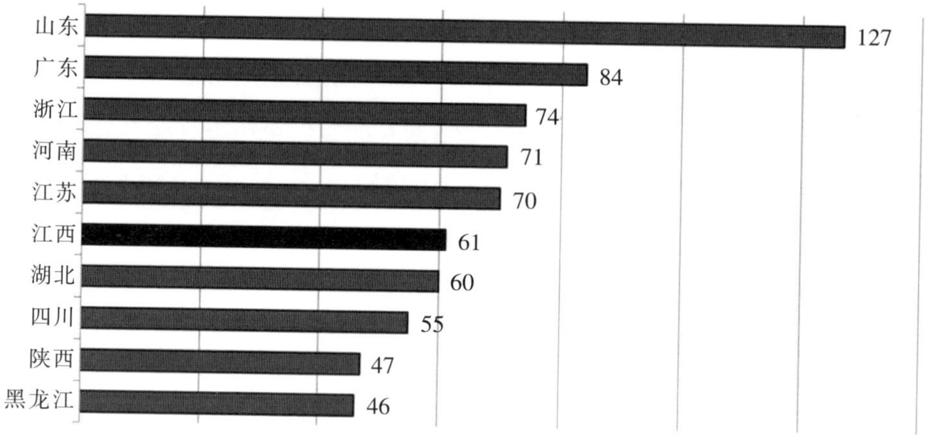

图 4　全国等级博物馆省域分布数量排名前十情况（单位：家）

数据来源：江西省文化和旅游厅，不含港澳台数据。

二、江西文物保护利用成效亮点

党的十八大以来，江西认真贯彻落实习近平新时代中国特色社会主义思想、习近平总书记关于文物工作的重要论述和习近平总书记考察江西重要讲话精神，始终把握改革创新主基调，统筹谋划、稳中求进，抓主抓重、攻坚克难，推动文物和文化遗产保护高质量发展。

（一）加强文物系统性保护

1. 加强考古研究阐释

江西省以习近平总书记关于考古和文物保护工作的重要指示批示为指引，加强顶层设计和高位推进，围绕“中华文明探源”“考古中国”等重大课题，探源赣鄱，赓续文明，在稻作农业起源、青铜文明之源、方国都邑等领域作出了有益探索，为实证中国百万年人类史、一万年文化史、五千多年文明史贡献出江西力量。2013 年以来，共开展考古发掘项目 118 项、调查勘探项目 270 项，出版报告专著 26 部，发表简报论文 140 篇，举办全国性论坛活动 10 余次，先后有 4 个考古发掘项目被评为“百年百大考古发现”、3个考古发掘项目入选“新时代百项考古新发现”、3个考古发掘项目入选“全国十大考古新发现”、2个考古发掘项目入选“中国六大考古新发现”。其中，南昌西汉海昏侯墓考古发掘项目囊括考古领域所有奖项，在科技考古、公众考古等方面成为全国典范（见表2）。

表2　新时代江西重大考古发现获奖情况一览表

奖项名称	颁奖单位	获奖项目
考古资产保护金尊奖	首届中国考古学大会	2016年，江西南昌西汉海昏侯墓考古发掘现场保护
田野考古奖（2011—2015年度）二等奖	国家文物局	2016年，江西省新建县大塘坪乡墎墩墓葬（海昏侯墓）考古调查与发掘
第四届世界考古论坛奖·重大田野考古发现奖	中国社会科学院、上海市人民政府	2019年，西汉海昏侯墓考古发掘项目
中国百年百大考古发现	第三届中国考古学大会	2021年，江西4项：江西万年仙人洞、吊桶环遗址，江西新干商代大墓，江西西汉海昏侯墓，江西景德镇御窑厂遗址
新时代百项考古新发现	中国考古学会、中国文物报社	2022年，江西3项：江西南昌西汉海昏侯刘贺墓、江西景德镇南窑唐代窑址、江西鹰潭龙虎山大上清宫遗址
全国十大考古新发现	国家文物局公布，中国文物报社、中国考古学会评选推介	2013年，江西景德镇乐平南窑唐代窑址 2015年，江西南昌西汉海昏侯刘贺墓 2017年，江西鹰潭龙虎山大上清宫遗址
中国六大考古新发现	中国社会科学院考古研究所	2015年，江西南昌西汉海昏侯刘贺墓 2021年，江西樟树市国字山战国墓葬

资料来源：江西省文化和旅游厅。

2. 推动大遗址保护

江西6处(8个点)列入国家"十三五"规划大遗址名单,5处(8个点)列入"十四五"规划大遗址名单,数量位居全国前列。景德镇御窑厂遗址(2013年)、吉州窑遗址(2017年)、汉代海昏侯国遗址(2022年)共3处被国家文物局列入国家考古遗址公园名单,吴城遗址(2017年)、铜岭铜矿遗址(2022年)列入国家考古遗址公园立项名单,这些国家考古遗址公园在考古研究、保护管理、开放服务和制度创新等方面取得成效。2022年,鹰潭大上清宫考古遗址公园等5处列入第一批省级考古遗址公园立项名单。2023年,江西省成功举办"文化因素分析法与吴城文化暨纪念吴城遗址发现五十周年"学术研讨会、大上清宫遗址保护利用峰会,"墩墩苑—海昏藏宝"海昏侯刘贺主墓全面建成开放。

3. 推进文物保护基础管理

进入新时代以来,江西顺利完成第一次可移动文物普查,启动第四次全国文物普查,开展革命文物、红色标语、石窟寺、长江流域、廊桥保护等专项调查,编纂出版《江西省第三次全国文物普查成果系列丛书》《江西省革命遗址遗迹图文集》等专著。批复10余项重点文物保护单位保护规划,完成第一至七批全国重点文物保护单位"两线"图谱编制,启动省级文物保护单位"两线"图谱编制,推动文物保护单位空间信息纳入各级国土空间规划。推动江西省汉代文化研究工作,实施建设"一中心五基地",江西省汉代文化研究共立项国家级课题2项、省级课题12项、省文物局课题67项,编辑出版江西省汉代文化学术辑刊(第一期),召开"江西汉代文化与海昏侯国遗址保护利用"线上学术论坛等活动。

4. 完善文物保护工程管理

党的十八大以来,江西实施文物保护项目近2000个,不断完善文物保护工程管理制度和规范,出台《江西省文物保护工程勘察设计丙级、施工三级、监理丙级资质标准(试行)》《文物保护工程资质审批办事指南》,推进江西省文物保护工程资质申报规范化工作。制定下发《江西省文物保护工程技术标准(试行)》《赣南等原中央苏区革命遗址文物保护工程导则(试行)》《江西省中国传统村落整体保护利用文物保护工程导则(试行)》《古建筑修缮工程消耗量定额(江西省单位估价表)》等一系列规范性文件。为确保文物保护工程项目及时实施,自2016年开始,江西省文物局每年组织开展全省范围的文保工程项目督导和交叉检查,形成对文保工程项目全覆盖、全流程的长效管理机制。

(二)强化革命文物保护传承运用

江西是中国革命的摇篮、人民军队的摇篮、人民共和国的摇篮、中国工人运动的策源地,被习近平总书记誉为“一片充满红色记忆的红土地”。党的十八大以来,江西高度重视并扎实推进革命文物保护工作,创新革命文物保护利用机制,革命文物保护利用工作在全国位列第一方阵。

1. 健全保护机制

江西省委办公厅、江西省政府办公厅陆续出台《关于加强革命历史类纪念设施、遗址和爱国主义教育基地工作的实施意见》《江西省革命文物保护利用工程(2018—2022年)实施方案》《关于推进红色资源保护与开发利用工作的意见》《关于加强新时代江西革命文物保护利用的意见》等一系列指导性文件,建立革命文物保护工作联席会议机制。2021年,出台全国首部以革命文物为立法对象的省级地方性法规《江西省革命文物保护条例》,与2019年《赣州市革命遗址保护条例》、2020年《吉安市红色文化遗存保护条例》形成完整的革命文物保护法律体系;2022年,率先开展江西省革命文物保护利用示范县创建;2023年,瑞金市、铜鼓县、井冈山市、于都县、安源区成为首批江西省革命文物保护利用示范县。

2. 积极探索创新

一是整体保护赣南等原中央苏区革命旧址。主动对接国家振兴发展赣南等原中央苏区战略,实施“赣南等原中央苏区革命遗址保护利用工程”,2014—2016年,750个苏区工程项目获得国家文物保护专项补助资金10.5亿元,革命老区受益地涉及8市54县,一大批革命遗址得到抢救保护和合理利用,促进革命文物保护利用与推动发展、乡村振兴、惠及民生、文明创建、脱贫攻坚等相结合,有效增强和提升了革命文化的生命力和影响力,成为全国示范。二是全面加强红色标语保护利用。2016年起，江西组织开展红色标语普查和保护利用专项工作，2019年出台《江西省红色标语保护利用工作规范（试行）》，普查登记红色标语10748条，全面完成分类认定，陆续推出一批优秀案例、示范展示点、研究专著和红色标语守护人，大量红色标语得到抢救保护。三是推进红色名村建设。坚持"抓示范、创特色、带整体"的总体思路，分三批在全省建设210个红色文化名村，以点串线、以县促面，挖掘特色亮点，形成集群效应，打造富有特色的江西"红色名片"。

3. 加强展示传播

实施展陈提升工程，"十三五"期间，打造江西省爱国主义教育基地网上数字展馆云平台，改陈提升50余个博物馆、纪念馆；实施"两讲"（讲解词、讲解员）规范工程，建立展陈方案审批和讲解词研究审查制度；实施红色人才队伍培养工程，开展红色旅游五好讲解员建设行动试点，出台《江西省红色旅游五好讲解员管理办法》，组织编写全国首套培训教材，常态举办骨干讲解员培训班。实施革命文物宣传传播工程，策划开展"百件革命文物说江西""诵读红色家书""红色走读""追寻红色足迹""五个一百"红色主题活动等，掀起全省革命文物保护利用宣传新高潮。

（三）深化博物馆改革发展

1. 优化博物馆体系布局

党的十八大以来，全省绝大多数县（市）实现了"一县一馆"，并免费开放，覆盖率居中部地区前列。全省投入博物馆设施建设资金超过60亿元，博物馆建筑总面积增长78%，达到130余万平方米，居中部第3位。全省馆舍面积达1万平方米以上的大型博物馆达到22座，馆舍面积达6000平方米以上的大中型博物馆达62个，均居中部地区前列；江西省博物馆、南昌汉代海昏侯国遗址博物馆、景德镇御窑博物馆等成为城市新客厅，80%以上设区市级博物馆面貌一新。景德镇中国陶瓷博物馆发起成立全国陶瓷文化博物馆联盟、中国陶瓷博物馆陶瓷专业委员会，建立了以江西为基地的首个全国性陶瓷文物研究展示共享平台。

2. 提升博物馆展陈水平

全省各级博物馆围绕重大主题，打造一系列高质量陈展。党的十八大以来，11 项陈展获得“全国博物馆十大陈列展览精品推介”，其中连续 6 年 7 展荣获“精品奖”（全国第一）。2021 年，9 展入选“新时代全国博物馆百大陈展精品奖”（列全国第四）；7 展入选“全国庆祝中国共产党成立 100 周年精品展览”（列全国第二）。2016 年以来，21 个项目列入国家文物局、中央精神文明建设办公室、中央网信办联合发布的“弘扬中华优秀传统文化、培育社会主义核心价值观”主题展览推介项目。推动展览交流，每年博物馆交流展、联展从 100 多个增长至 300 多个，以陶瓷文化为重点的境外和国际展览成为江西亮丽的文化名片。

3. 激发博物馆创新活力

江西充分运用现代科技，努力推动沉浸式体验、线上展示和场景应用，大力发展“云展览”“云课堂”“云直播”和微信公众号、短视频等数字文化服务，构建线上线下融合的博物馆传播和服务体系。全省 139 个博物馆建立了网上展厅，网上展览达到 509 个，博物馆电子视听屏超过 600 个，二维码文物音图和展示超过 2000 个，2019 年在中部地区率先建成“博物江西”全省馆藏文物数据公共服务平台，在线上分享海量高清文物图文信息，截至 2023 年底公布量为 6 万多个。2021 年，推出数个全国博物馆科技创新标杆，江西省博物馆“百年星火系列”荣获全国文化遗产云传播十佳项目，景德镇御窑博物院建立全国首个规模化的古代陶瓷基因库。江西省博物馆、景德镇御窑博物院先后被国家文物局评为 2020 年度、2022 年度“全国最具创新力博物馆”。

（四）推动文物“活化”利用

1. 创新文物宣传传播

党的十八大以来，江西省文物系统以庆祝“5·18 国际博物馆日”和“中国文化和自然遗产日”为契机，每年确定一个主会场，带动并促成全省形成广泛的宣传声势和浓厚的舆论氛围。其中，2014 年江西在景德镇承办“中国文化遗产日”全国主场城市活动；2015—2017 年，两项活动合并，为期一个月，分别在九江、鹰潭、宜春设主会场。2018—2021 年,江西省文化和旅游厅连续 4 年举办全省红色故事讲解员大赛;2018—2023 年,四届全国红色故事讲解员大赛 4 人获评全国金牌讲解员、6 人获评全国优秀讲解员。2023 年,江西省文物局遴选发布“全省文物瑰宝名录”“十大镇馆之宝”。

2. 推动文物与旅游融合

江西陆续举办 13 届红色旅游博览会,联合 29 个省份成立中国红色旅游推广联盟,构建点线面结合、全域一体的红色旅游发展新格局。积极推进长征国家文化公园(江西段)、长江国家文化公园(江西段)建设,扎实推进保护传承、研究发掘、环境配套、文旅融合、数字再现等工程,建设一批长征、长江主题旅游经典景区、精品线路,打造文旅融合品牌。2020 年,江西在中部地区率先推出《全省博物馆融合发展实施意见》,评定全省博物馆融合发展示范单位 34 家。2022 年,江西省博物馆学会主办的全省博物馆文创直播大赛首开全国先河。全省 38 家博物馆为国家 4A 级以上旅游景区(景点),4 个项目入选中国文物学会 2021 年全国文化遗产旅游百强案例。

3. 深化文物交流合作

进入新时代十余年来,江西博物馆交流更活跃、教育功能更凸显。每年博物馆展览交流从 100 多个增长至 300 多个,以陶瓷文化为重点的境外和国际展览成为江西亮丽文化名片。景德镇御窑博物院先后组织 19 次境外展览,包括 2017 年荷兰“景德镇御窑博物馆藏历代考古精品瓷器展”、2017 年澳门“启明气象——景德镇御窑博物馆藏洪武时期珍品展”、2018 年香港中文大学“填补空白 II——考古新发现明正统、景泰、天顺御窑瓷器展”、2018 年乌兹别克斯坦国家历史博物馆“青出于蓝——青花瓷的起源、发展与交流”。2021 年,江西省博物馆联袂故宫博物院、天津博物馆、德国有关博物馆等推出“白色金子 · 东西瓷都——从景德镇到梅森瓷器大展”,反响热烈。

(五)强化文物工作基础支撑

1. 建立法治保障体系

党的十八大以来,江西不断健全完善文物工作制度和规范,先后制定《江西省革命文物保护条例》等7项法规条例，以江西省委、省政府名义出台《关于加强文物保护利用改革的实施意见》等9项政策文件，印发《江西省文物局文物违法案件督察办法》等10项细则办法，编制《江西省“十四五”文物事业发展规划》等9项地区性规划标准，制度体系日臻完善（见表3）。

表3　党的十八大以来江西出台的地方性文物法律法规和重要文件情况表

	法律法规名称	通过时间
1	《景德镇市御窑厂遗址保护管理条例》	2017年11月
2	《上饶市历史建筑保护条例》	2018年12月
3	《赣州市革命遗址保护条例》	2019年3月
4	《赣南客家围屋保护条例》	2020年4月
5	《吉安市红色文化遗存保护条例》	2020年7月
6	《江西省南昌汉代海昏侯国遗址保护办法》	2020年12月
7	《江西省革命文物保护条例》	2021年11月
	重要文件名称	印发时间
1	江西省人民政府办公厅《关于进一步加强文物安全工作的实施意见》	2018年9月4日
2	中共江西省委办公厅　江西省人民政府办公厅《江西省革命文物保护利用工程（2018—2022年）实施方案》	2019年3月26日
3	中共江西省委办公厅　江西省人民政府办公厅《关于加强文物保护利用改革的实施意见》	2019年10月11日
4	中共江西省委办公厅　江西省人民政府办公厅《关于推进红色文化资源保护与开发利用工作的意见》	2020年12月21日
5	江西省人民政府办公厅《关于进一步加强考古和石窟寺保护利用工作的意见》	2021年4月8日
6	江西省人民政府办公厅《江西省“十四五”文化和旅游发展规划》	2021年9月17日

续表：

	重要文件名称	印发时间
7	中共江西省委《关于深入推进红色基因传承的意见》	2021 年 12 月 31 日
8	中共江西省委办公厅　江西省人民政府办公厅《关于在城乡建设中加强历史文化保护传承的若干措施》	2022 年 8 月 1 日
9	江西省人民政府办公厅《关于加强新时代革命文物保护利用的意见》	2023 年 11 月 29 日

资料来源：江西省文化和旅游厅。

2. 加强机构队伍建设

2019 年，江西省文化和旅游厅在全国率先设置革命文物处；2021 年，江西省文物保护中心更名为江西省文化遗产保护中心，由公益二类提升为公益一类事业单位；江西省文物商店更名为江西省文物交流中心，由生产经营类事业单位提升为公益二类事业单位。2022 年 4 月，江西省委编办印发《关于加强文物保护和考古工作机构编制保障的实施方案》，切实加强文物保护机构队伍建设，充实管理人员，明确 7 个文物大市、42 个文物大县。截至 2023 年底，省、市、县三级文物行政部门内设机构数 99 个，编制数 231 名，较 2020 年分别增长 54.7%、84.8%；省市县三级文博事业单位 182 个，编制数 2779 名，较 2020 年分别增长 8.3%、25.4%。100%的设区市、75%的县级文广新旅局加挂了文物局牌子，10 个设区市、66 个县（市、区）单设或加挂牌子设置文物保护和考古机构。

党的十八大以来，江西通过中组部三区人才计划，每年投入 100 多万元，共投入约 2000 万元用于培养 53 个县的博物馆业务人才工作，共培养基层博物馆人才约 1000 人次。江西省文化和旅游厅每年举办全省文博管理人员业务培训班，2021 年创新启动“名师带徒计划”。实施《江西省新时代文博人才队伍建设三年（2021—2023）行动计划》，与北京大学、厦门大学联合举办三期江西省文博领航人才研修班（每期三个月），培养 108 名基层文博人才。

3. 完善财政支持政策

党的十八大以来，江西争取国家文物保护专项资金 36 余亿元、国家博物馆免费开放资金 20 亿元的支持，先后实施了 1000 余个文物保护项目，支持 105 家博物馆免费开放，有力推进江西文物和博物馆事业高质量发展。江西省财政设立江西省公共文化服务专项资金，其中基层文物保护领域资金从 2013 年的 4000 万元跃升至 2023 年的 9000 万元。各级财政也设立本级文物保护专项资金。

4. 筑牢文物安全底线

2021 年起，江西将文物保护与安全纳入各级政府年度考核评价体系，及时出台相关政策措施，强化文物安全监管。推动建立多部门参加的文物安全工作联席会议制度和行政执法联动机制，连续 5 年联合公安、消防、气象部门联合开展全省文物安全督查；完成全省文物火灾隐患整治和消防能力提升三年行动，部署江西省文物行业重大事故隐患专项排查整治 2023 行动；持续实施文物安全工程，鼓励社会力量参与，共同构筑文物安全堡垒。2022 年起，江西率先建设省级文物安全监管平台，全省国保单位全面落实文物安全直接责任人公告公示制度。

江西现有涉案文物鉴定机构 3 家，十余年来，全省处理涉案文物案件 356 次，并联合南昌海关、纪检部门对涉嫌走私、没收受贿文物等进行鉴定，与海关、纪检部门建立长期合作机制，并将查获的 93 件（套）涉案文物移交博物馆进行登记、备案、收藏。2017 年起，江西在全省范围内连续开展打击文物犯罪专项行动。2023 年，中共江西省委宣传部、江西省高级人民法院、江西省人民检察院、江西省公安厅、江西省文化和旅游厅、南昌海关、江西省文物局等七部门印发《全省打击防范文物犯罪专项工作方案（2023—2025 年）》，成立全省打击防范文物犯罪工作专班。江西率先在古村落、可移动文物领域提起公益诉讼，为探索文物保护新路径提供了经验。

三、江西文物保护利用存在的短板弱项

江西文物工作坚持以习近平新时代中国特色社会主义思想为引领，认真贯彻落实习近平总书记关于文物工作的重要论述和考察江西的重要讲话精神，在

江西省委、省政府的高度重视和有力领导下，守正创新，守土尽责，文物保护利用水平全面提升，文物事业改革发展取得历史性成就。但是，全省文物工作还存在一些突出问题和不足。突出表现在：

（一）文物管理力量与文物资源地位不匹配

江西历史文化底蕴深厚，文物资源特色鲜明，其中革命文物、青铜文物、陶瓷文物等在全国占有重要地位，文物保护和"活化"利用任务繁重，文物保护和考古工作量越来越大。但另一方面，江西省人才队伍难以满足新任务需要，考古、保护、修缮、研究等文博专业人才匮乏，文博机构长期面临专业人才招不来、留不住的困境，文博队伍的学历结构、知识结构均与快速发展的文化遗产保护事业不适应。

（二）文物保护投入与保护需求不成比

全省文物保护经费投入"倒金字塔"结构较为突出，国保资金相对充裕，市、县级投入严重不足，将近 80% 的大量低等级文物得不到可靠的经费保障。此外，涉及文化遗产保护过程中拆迁、征地、基础设施建设、环境整治、文物日常保养维护的大量资金需求，地方财政难以配套。

（三）文物价值阐释研究与中央要求有差距

习近平总书记强调要建设中国特色、中国风格、中国气派的考古学，更好认识源远流长、博大精深的中华文明。进入 21 世纪以来，江西虽然屡有考古大发现，但江西早期文明考古研究存在短板，海昏侯等考古成果作用发挥不足。全省只有江西省文物考古研究院 1 家具备考古发掘资质，考古研究人员长期陷于繁重的配合基建考古任务，难以从事研究攻关和成果转化。

（四）文物展示利用水平与时代需求有落差

习近平总书记强调"让收藏在博物馆里的文物、陈列在广阔大地上的遗产、书写在古籍里的文字都活起来"。江西革命历史彪炳史册，陶瓷文化传承千年，但目前文物合理利用不足、传播传承不够，依托文物资源讲好江西故事的办法不多,文物价值的传播推广体系与展示利用模式创新不足。

四、江西文物保护利用对策建议

站在新的历史起点上,江西要深入学习贯彻落实习近平文化思想和习近平总书记考察江西重要讲话精神,践行新时代文物工作方针,着力在以下几方面下功夫。

(一)加快推进文明探源,在提升文物考古和研究阐释能力上下功夫

加强系统性、区域性考古调查研究,重点推进靖安老虎墩、九江荞麦岭和万年眺上等考古发掘项目,争取赣北博阳河流域、清江盆地考古有所突破,打造中华文明探源实证地,为"中华文明探源工程"和"考古中国"项目贡献江西力量。加强考古成果和历史研究成果的传播和运用,充分发挥汉代文化研究中心的整体优势,加快海昏侯墓资料整理和报告出版,统筹紫金城遗址以及其他汉代遗址的考古和汉代文物的研究,努力推出一批标志性的成果。

(二)深入推进红色基因传承,在保护好运用好革命文物上下功夫

发挥江西革命文物资源优势,积极推进新时代革命文物保护利用工作,高质量建设全国红色基因传承示范区,扎实推进革命文物集中连片保护,加大红色标语、红军村保护力度,建设一批革命文物保护利用示范县、革命文物协同研究中心和一流革命纪念场馆,全面建设革命文物保护管理示范地、革命文物研究阐释引领地、革命文物传承运用创新地、革命文物融合发展先行地,在全国率先建成革命文物保护利用强省,向建军100周年献礼。

(三)加大文物和文化遗产保护力度,在实施重大文物保护工程上下功夫

构建"大保护"工作格局,按照"保护第一""应保尽保"原则,扎实推进江西省第四次全国文物普查工作,开展第七批省级文物保护单位和第九批全国重点文物保护单位的申报遴选。全力推进景德镇和万里茶道(江西段)申遗工作,积极创建景德镇瓷业遗产国家文物保护利用示范区。突出江西文化标识,推进稻作文化、书院文化、陶瓷文化、青铜文化、汉代文化等区域特色文化的系统研究、

保护展示和传承发展。加强城乡历史文化保护，落实地上文物“先调查后建设”、地下文物“先考古、后出让”制度，加大古镇古村落古建筑古民居保护力度，打造具有江西特色的“党建 + 传统村落保护”品牌。

（四）增强创造性转化创新性发展能力，在推动文物“活化”利用上下功夫

坚持“办大展、树形象、立品牌”，创新博物馆展陈、传播方式，积极推进博物馆“百馆千校”行动，促进博物馆数字化智慧化建设。探索低等级文物建筑“活化”利用新模式，开展文物主题游径建设，开拓博物馆衍生品和文化创意产品研发途径。推动江西文物元素嵌入重大外事活动，打造一批文物外展精品和国际人文交流品牌，聚焦陶瓷文化开展文化交流互鉴，持续擦亮陶瓷文化名片，提高中华文明传播力影响力。充分发挥“文物 + ”杠杆效应，促产业、扩消费、增就业，既“富脑袋”又“富口袋”。

新时代江西非物质文化遗产保护传承报告

江西省文化和旅游厅课题组

摘要： 非物质文化遗产（简称非遗）是江西优秀传统文化的重要组成部分，是赓续赣鄱文脉的重要载体，也是文化强省、旅游强省建设的重要资源。党的十八大以来，江西非遗保护传承始终坚持以习近平新时代中国特色社会主义思想为指导，深入学习贯彻习近平总书记关于非遗保护传承工作重要论述精神，着眼服务文化强省、旅游强省建设战略大局，着眼体现当代价值、融入现代生活，着力推动非遗创造性转化、创新性发展，非遗系统性保护取得显著成效，为打造中华优秀传统文化体验地，建设更具影响力的文化强省作出了重要贡献。

关键词： 非物质文化遗产　保护传承　赣鄱文化

非物质文化遗产是中华优秀传统文化的重要组成部分，是传承中华文明、赓续中华文脉的重要载体，是建设中华民族现代文明、构筑中华民族共同精神家园的重要资源。党的十八大以来，以习近平同志为核心的党中央高度重视非遗保护工作。习近平总书记多次考察非遗代表性项目、与传承人亲切交流，对

课题组成员：梅亦，江西省文化和旅游厅党组书记、厅长；周建文，江西省文化和旅游厅党组成员、副厅长；杨鹏飞，江西省文化和旅游厅非物质文化遗产处副处长；刘薇薇，江西省非物质文化遗产研究保护中心副主任；申绍云，江西省非物质文化遗产研究保护中心馆员；熊子薇，江西省非物质文化遗产研究保护中心助理馆员。

非遗保护传承工作作出一系列重要指示批示，为做好新时代非遗保护传承工作提供了根本遵循、指明了前进方向。江西自古物华天宝、人杰地灵，勤劳朴实的江西人民在生产生活中创造了丰富灿烂的非物质文化遗产，陶瓷文化、客家文化、中医药文化、戏曲文化等交相辉映，构成了一幅底蕴深厚的多彩画卷，保护好、传承好、发展好江西非遗是历史赋予我们的重要责任和使命，也是赓续赣鄱文脉的重要载体、推动文化强省和旅游强省建设的重要资源。

一、新时代江西非物质文化遗产保护传承的做法成效

习近平总书记强调要扎实做好非物质文化遗产的系统性保护，更好满足人民日益增长的精神文化需求，推进文化自信自强。江西全省上下牢记习近平总书记的殷殷嘱托，深入学习贯彻习近平总书记关于非遗保护工作重要论述精神，在文化和旅游部关心支持下和省委、省政府正确领导下，深入实施非物质文化遗产传承发展工程，全省累计获得国家非遗保护资金 2.7 亿多元，下拨省级非遗保护资金 1 亿多元，切实提升非遗系统性保护水平，推动非遗创造性转化、创新性发展。

（一）非遗代表性项目和传承人名录体系持续完善

2013 年 1 月至 2023 年 12 月，江西省 42 个项目被列入国家级非遗代表性项目名录（见表 1），增加量居全国第 2 位（见图 1）；国家级非遗代表性项目增至 88 项，数量与 2013 年以前项目总量相比翻了近一番；新增两批省级非遗代表性项目共 190 项（见表 1），省级非遗代表性项目增至 560 项，数量比 2013 年以前项目总量增加了近一半；令人鼓舞的是，江西省赣南客家擂茶制作技艺、婺源绿茶制作技艺、宁红茶制作技艺 3 个项目，作为“中国传统制茶技艺及其相关习俗”重要组成部分于 2022 年 11 月被列入联合国教科文组织人类非遗代表作名录，实现了江西在联合国教科文组织非遗名录上“零的突破”。国家级非遗代表性传承人从 23 人增至 69 人，增长了 2 倍；省级非遗代表性传承人从 314 人增至 611 人，数量接近翻了一番（见表 2）；2021 年在全国率先试点认定了景德镇手工制瓷技艺省级代表性传承团体 119 人。从国家级、省级非遗代表性项目、传承人的内部结构和相互关系看，代表性传承人增加量、总量结构特点均与代表性项目高度一致（见图 2、图

3)。江西省18个非遗代表性项目入选文化和旅游部、工业和信息化部于2018年5月公布的第一批国家传统工艺振兴目录,数量在全国各省(区、市)中居第6位;江西省文化和旅游厅、江西省工业和信息化厅也于2019年3月公布了第一批江西省传统工艺振兴目录,45个传统工艺类非遗代表性项目入选。

表1 江西省国家级、省级非遗代表性项目信息汇总表(单位:项)

级别	批次	公布时间	数量	级别	批次	公布时间	数量
国家级	第一批	2006年5月	19	省级	第一批	2006年6月	62
国家级	第二批	2008年6月	16	省级	第二批	2008年5月	102
国家级	第三批	2011年5月	11	省级	第三批	2010年6月	206
国家级	第四批	2014年11月	24	省级	第四批	2013年8月	118
国家级	第五批	2021年5月	18	省级	第五批	2017年11月	72
国家级共计88				省级共计560			

注:根据国务院公布的国家级非遗代表性项目名录、江西省人民政府公布的省级非遗代表性项目名录,整理形成了汇总表。

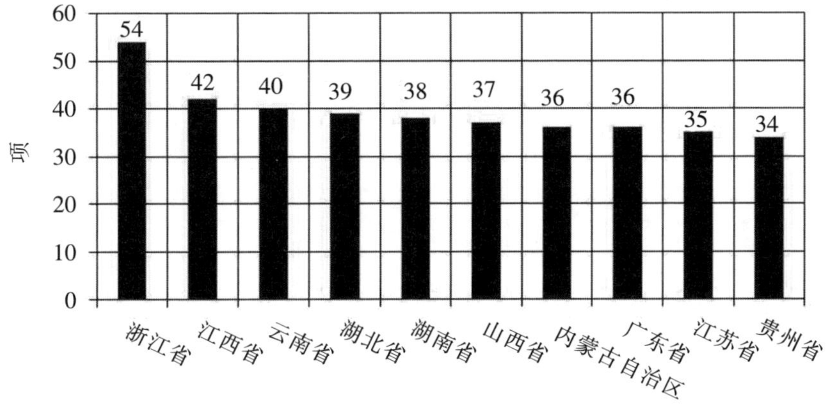

图1 2013—2023年国家级非遗代表性项目增加数量全国前十省区

数据来源:中国非物质文化遗产网,按照申报地区或单位进行统计。

表 2　江西省国家级、省级非遗代表性传承人信息汇总表(单位:人)

级别	批次	公布时间	数量	级别	公布时间	数量
国家级	第一批	2007 年 6 月	0	省级	2008 年 11 月	121
国家级	第二批	2008 年 1 月	9	省级	2011 年 6 月	159
国家级	第三批	2009 年 5 月	14	省级	2011 年 9 月	34
国家级	第四批	2012 年 12 月	13	省级	2015 年 12 月	54
国家级	第五批	2018 年 5 月	34	省级	2016 年 12 月	110
国家级合计 70				省级	2021 年 9 月	135
				省级合计 613		

注:①根据文化和旅游部(原文化部)公布的国家级非遗代表性传承人名单、江西省文化和旅游厅(原江西省文化厅)公布的省级非遗代表性传承人名单,整理形成了数据表;②国家级非遗代表性传承人从省级非物质文化遗产代表性传承人中遴选申报,因此省级非遗代表性传承人数量包括了国家非遗代表性传承人;③文化和旅游部取消了江西省 1 人国家级非遗代表性传承人资格,江西省文化和旅游厅取消了 1 人省级非遗代表性传承人资格,本汇总表未减去取消资格人数。

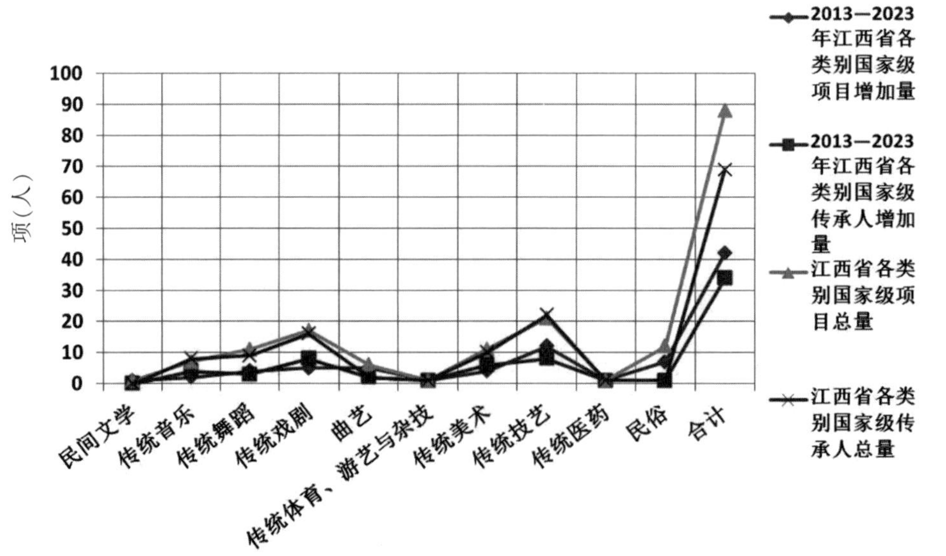

图 2　2013—2023 年江西省国家级非遗代表性项目、传承人增加量和国家级非遗代表性项目、传承人总量折线图

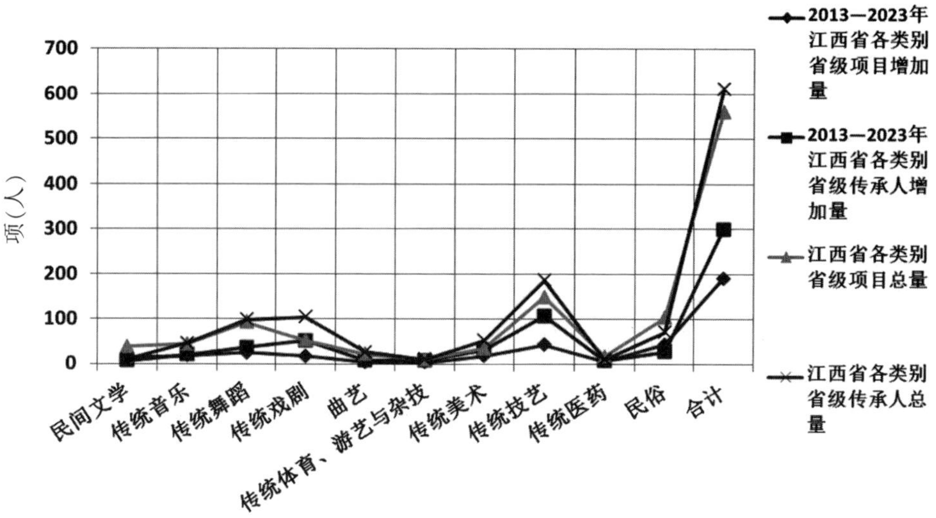

图3　2013—2023年江西省省级非遗代表性项目、传承人增加量和省级非遗代表性项目、传承人总量折线图

(二)非遗保护传承工作政策机制持续健全

不断完善法规制度。2015年5月28日,《江西省非物质文化遗产条例》由江西省第十二届人民代表大会常务委员会第十八次会议审议通过,并自2015年9月1日起施行,这是江西省首部关于非遗保护与传承的地方性法规,为保护好、传承好、发展好江西非遗提供强有力的法律保障。进一步完善江西省非物质文化遗产保护工作部门联席会议制度,成员部门由7家增至16家。出台系列政策文件,江西省人民政府办公厅于2017年10月转发《江西省传统工艺振兴计划》,从指导思想、目标原则、工作重点和保障措施等四个方面阐述了江西省传统工艺振兴发展总体安排;省文化和旅游厅于2019年11月印发《江西省省级文化生态保护区管理办法》,为申报与设立、建设与管理省级文化生态保护区提供了规范制度;2020年7月印发《江西省非物质文化遗产生产性保护示范基地管理办法》《江西省非物质文化遗产研究、传承、传播基地管理办法》,明确了四类基地申报、认定、管理的基本要求。2021年8月,中共中央办公厅、国务院办公厅印发《关于进一步加强非物质文化遗产保护工作的意见》,这是首次以党中央名义印发关于非遗保护工作的意见，是我国非遗保护事业中的一件大事，省委宣传部与省文化和旅游厅于2022年4月联合印发了《关于进一步加强非物质文化遗产保护工作的实施意见》；2023年组织制定《江西省省级非物质文化遗产代表性传承人认定与管理办法（试行）》，并将于2024年印发实施。

（三）非遗系统性保护传承水平持续提升

非遗保护工作方式、主体建设等不断拓展完善，从非遗代表性项目、代表性传承人的双线保护逐步发展到代表性项目、代表性传承人、文化生态保护（实验）区、特色村镇、生产性保护示范基地、研究教育机构等全面建设。2013年1月至2023年12月，文化和旅游部（原文化部）在江西省新设立2个国家级文化生态保护实验区，并正式命名2个国家级文化生态保护区，江西省国家级文化生态保护（实验）区从1个增至3个，数量与青海省并列全国第一；江西省新设立了3个省级文化生态保护实验区，涉及6个设区市的40个县（市、区）。2021年又在全国率先公布了17个省级非遗小镇建设名单，每三年一个批次开展省级非遗生产性保护示范基地建设，还开展了多个批次的省级非遗研究、传承、传播基地建设，4家单位入选文化和旅游部公示的2023—2025年国家级非物质文化遗产生产性保护示范基地推荐名单，数量居全国第一梯队（见图4）。自2021年起持续组织开展了国家级、省级非遗代表性传承人传承活动评估工作，2022年探索开展了省级非遗代表性项目保护情况评估。江西非遗保护从注重申报认定的结果导向，逐步发展到注重申报认定、评估监督、更新退出的全程管理。同时，省文化和旅游厅（原省文化厅）自2016年起支持景德镇陶瓷大学、九江学院、赣南师范大学、南昌工学院、江西艺术职业学院承办中国非遗传承人研修培训班36个班次，共培训来自全国的1220余人；2022年首次支持江西省赣剧院、江西旅游商贸职业学院、南昌职业大学承办江西省非遗传承人研修培训班3个班次，共100人，帮助非遗传承人“强基础、拓眼界、增学养”。景德镇陶瓷大学、赣南师范大学还获得中国非物质文化遗产传承人研修培训计划2021—2022年度绩效考核优秀；江西省5所院校入选文化和旅游部办公厅于2023年11月公布的2024—2025年度中国非物质文化遗产传承人研修培训计划参与院校名单，数量在全国各省（区、市）中并列第四（见图5）。

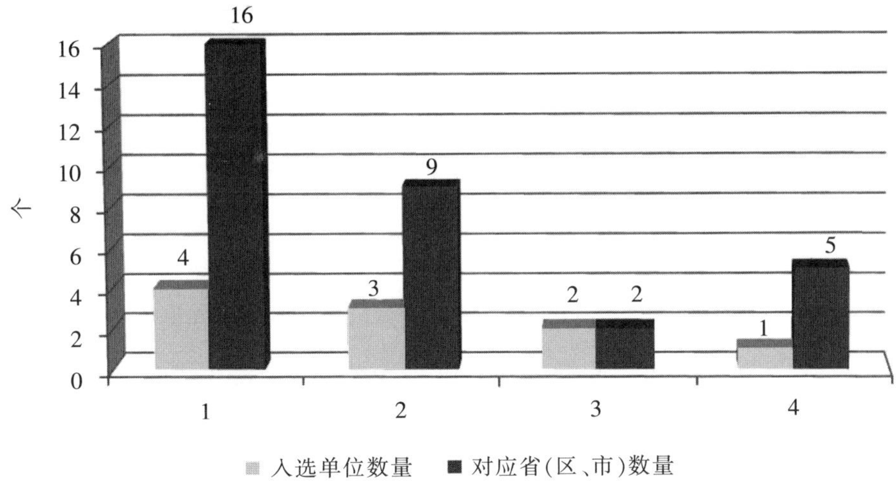

图4　2023—2025年国家级非物质文化遗产生产性保护示范基地推荐公示名单全国各省（区、市）入选单位数量分布图

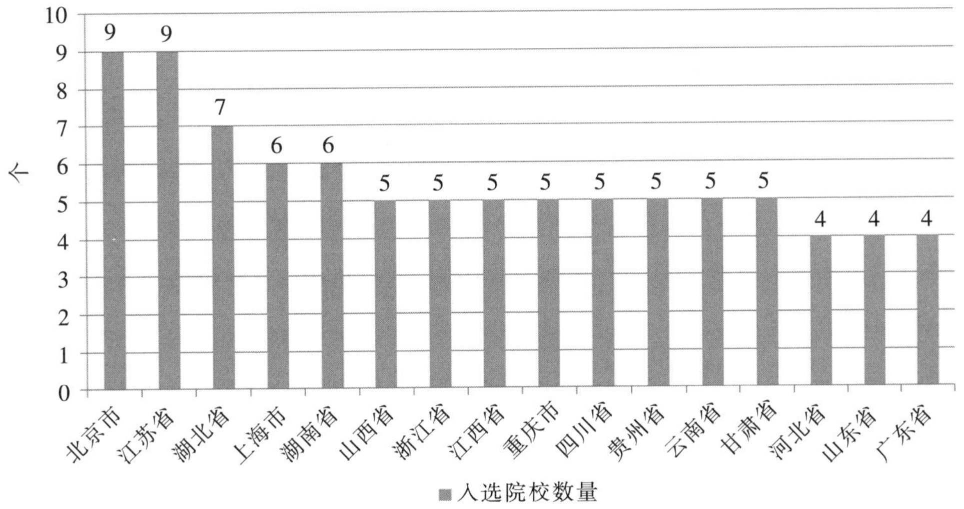

图5　2024—2025年度中国非物质文化遗产传承人研修培训计划参与院校名单入选数量全国前十六省份

（四）非遗融入重大战略和现代生活持续深化

习近平总书记强调要坚持以社会主义核心价值观为引领，坚持创造性转化、创新性发展，找到传统文化和现代生活的连接点，不断满足人民日益增长的美好生活需要。江西省将非遗保护传承融入国家、区域重大战略，积极推动国家级客家文化（赣南）生态保护区建设与赣南等原中央苏区振兴发展、赣州革命老区高质量发展示范区建设一体推进，国家级景德镇陶瓷文化生态保护实验区与景德镇国家陶瓷文化传承创新试验区建设协同实施，非遗保护传承与长征国家文化公园（江西段）、长江国家文化公园（江西段）建设统筹推进；2021 年以来连续 3 年组织参加“新疆是个好地方”对口援疆 19 省市非物质文化遗产展，并组织一批非遗代表性项目赴江西对口援建的阿克陶县开展交流活动；参与长江中游城市集群文化发展战略合作，江西与湖南、湖北、安徽三省每两年联合举办一次湘鄂赣皖非物质文化遗产联展，并相继承办了第二届、第六届湘鄂赣皖非物质文化遗产联展。近年来，江西省积极探索推动非遗和旅游融合发展，省文化和旅游厅于 2019 年在全省组织开展了“江西省非遗进景区宣传活动月”，2021 年印发了《江西省非物质文化遗产进景区行动方案（2021—2025 年）》、编辑出版了《江西非物质文化遗产旅行线路》，举办 2023 年江西省非物质文化遗产与旅游融合发展活动周，全省各地持续组织开展非遗进景区、进街区、进社区、进村镇活动，取得了明显成效。“江西景德镇：古窑红店让非遗‘活’起来”“江西婺源：非遗让中国最美乡村更有‘味道’”入选文化和旅游部非物质文化遗产司指导、中国旅游报社主办的“2019 全国十大非遗与旅游融合优秀案例”，江西省 23 个非遗旅游景区、旅游小镇、旅游街区、旅游村寨入选中国非物质文化遗产保护协会于 2022 年 10 月公布的全国非遗与旅游融合发展优选项目名录，客家文化（赣南）生态保护区于 2023 年 5 月入选文化和旅游部推出的“长江非遗体验之旅”线路。

（五）非遗服务社会民生发展质效持续扩大

充分发挥非遗面广量大、有市场潜力、促进就业增收的独特优势，采取多种措施推动非遗精准扶贫。争取文化和旅游部支持，将江西国贫县 25 个非遗扶贫就业工坊全部纳入全国脱贫攻坚项目库；联合省扶贫办参照扶贫车间标准，于2020年设立了省级非遗扶贫就业工坊70个，并举办全省非遗扶贫就业工坊建设和管理培训班、非遗助力精准扶贫培训班，帮助非遗传承人和非遗扶贫就业工坊更好地拓宽非遗产品销售及传播渠道。“永新和子四珍：匠心传承回味悠长”“萧坛云雾茶：两个巴掌炒出飘香生活”“陈年封缸酒：好酒出自咱老师傅的手”3个案例入选文化和旅游部、人力资源和社会保障部、国家乡村振兴局发布的2022年“非遗工坊典型案例”，数量居中部六省第3位（见图6）；“廖奶奶咸鸭蛋”脱贫案例入选由世界银行、联合国粮农组织等联合发布的“全球减贫案例征集活动”最佳案例。自2020年起，省文化和旅游厅每年在全省组织开展“非遗购物节”活动，年累计举办近百场非遗产品展销活动，受益群体达百万人次，推动线上线下消费有机融合，拓宽非遗产品消费市场。持续开展非遗进校园、进课堂、进课本活动，省文化和旅游厅于2019年印发《关于进一步推进“非物质文化遗产进学校、进基层文化阵地、进城市商业综合体”活动的通知》。各市县广泛发动传承人走进校园，开设非遗特色课程，传授非遗技艺，让优秀传统文化滋养中小学生，取得了显著成效。在团中央网络影视中心指导、中国青年网主办的2018全国“非遗进校园”优秀实践案例征集宣传活动中，江西省兴国县兴国山歌进校园实践案例入选2018全国“非遗进校园”十大优秀实践案例；在中国青年报主办、中国青年网承办的2021“非遗进校园”优秀实践案例征集宣传活动中，南昌市“我是小小传承人”非遗进校园特色活动入选2021全国非遗进校园十大优秀实践案例。

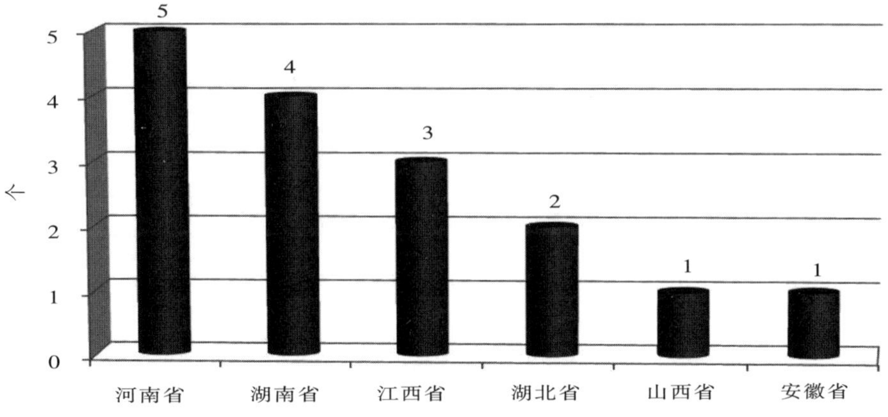

图6　2022年“非遗工坊典型案例”中部六省入选数量图

（六）非遗传播普及方式渠道持续拓展

采取线上线下融合推进的方式，利用特色传统节日、“文化和自然遗产日”（2006年至2016年称“文化遗产日”）开展综合性或专题性非物质文化遗产活动，并举办江西省灯彩展演活动暨非遗摄影大赛、“活色生香——江西省传统表演艺术类非物质文化遗产优秀节目展演”、“妈妈的味道”江西非遗美食大赛、“我画非遗—全省主题创作美术作品展”、“古曲唱新词　讴歌新时代”——全省传统表演艺术类非物质文化遗产代表性项目新词创作大赛等主题性非遗活动。成功举办2023中国原生民歌节，是该活动举办以来规模最大、参与人数最多、民族特色最浓的一届，整个活动现场观众近4万人次，平均每场活动近2000人次，新华社、江西卫视等平台直播观看人数达3777万人次；自2021年起在全省组织开展了“视频直播家乡年·我的江西年”活动，其中2021年江西省上传至全国新媒体展示展播平台的微博推文和短视频超过800条，线上参与超过1亿人次，视频投稿量方面位居全国第二，江西省非物质文化遗产研究保护中心官方非遗账号的视频播放量位居全国第十。鼓励各地建设了一批非遗馆、传承体验中心、传承所（点），婺源县非遗馆、龙南市世界客家非遗馆、瑞金市非遗展厅等已融入地方公共文化服务体系，成为当地民众、外地游客了解当地特色文化的重要窗口。

二、新时代江西非物质文化遗产保护传承存在的短板弱项

2013年以来，全省上下深入贯彻落实习近平总书记关于非遗保护工作重要指示批示精神，从体系建设、政策机制、系统保护、融合融入、服务民生、传播普及等多个方面推进江西非遗保护传承，取得一系列突出成果，系统性保护水平有力提升，但在工作力量、设施体系、政策制度方面还存在短板弱项。

（一）工作队伍专业素养需要进一步提升

经过各级的努力，江西非遗工作力量得到一定充实，特别是省级大为改观。在省委、省政府的关心支持下，2014年成立了独立建制的江西省非物质文化遗

产研究保护中心，乘着全省机构改革的东风，2018 年底江西省文化和旅游厅设立了非物质文化遗产处。市县两级不容乐观，截至目前仅有赣州市客家文化（赣南）生态保护区管理中心、婺源县非物质文化遗产保护中心 2 家独立建制的非遗工作机构。原来独立的景德镇市非物质文化遗产保护中心划入景德镇陶瓷文化传承创新中心，上饶市非物质文化遗产保护中心由上饶市公共文化服务中心管理，多数市县非遗工作机构属于“两块牌子、一套人马”的挂靠性质。如吉安市非物质文化遗产保护中心（吉安市文化馆）、南昌市东湖区文化馆（南昌市东湖区非物质文化遗产研究保护中心、南昌市东湖区文学艺术界联合会），工作人员存在专职少、兼职多、流动大的情况，影响了江西非遗保护传承质效，导致国家级非遗代表性项目总量全国排名偏后，品牌活动全国影响力不足，非遗资源转化利用成效不高。同时，要保护传承 88 项国家级、560 项省级非遗代表性项目，建设管理 3 个国家级、3 个省级文化生态保护（实验）区，评估管理一大批国家级、省级非遗代表性传承人，还要做好非遗资源的挖掘保护、传承发展等多向度工作，工作队伍的专业化、稳定性仍需要加强。

（二）传承体验设施体系需要进一步完善

由于非遗保护利用具有社会化、活态化、体验化的属性，国家和各省区市都非常重视非遗体验设施建设。中国非物质文化遗产馆（中国工艺美术馆）于 2022 年 2 月落成开馆，总建筑面积 9 万多平方米；浙江省非物质文化遗产馆也于 2023 年 8 月正式向公众开放，建筑面积达 3.5 万平方米；在此之前，福建省非物质文化遗产博览苑、贵州省和海南省非物质文化遗产馆已经落成开放，并成为所在地热门打卡地；目前，广东省、安徽省、甘肃省等多个省份也都正在建设省级非遗馆。《江西省非物质文化遗产条例》第三十五条提出：“县级以上人民政府应当利用现有场馆、在新建公共文化设施中设立专门区域或者根据需要新建专项公共文化设施，设立非物质文化遗产展示场馆，并将其纳入公共文化设施网络建设，用于非物质文化遗产代表性项目的收藏、展示和传播。”各地积极利用现有条件建设了一批非遗体验设施，但省级始终缺少一个集保护传承、展示传播、体验交流等功能于一体的综合性设施，多数市县也没有公共非遗展示空间。

（三）政策法规制度体系需要进一步健全

非遗保护传承是一项发展中的事业，需不断更新、完善保护政策和工作举措。近年来，江西省虽然陆续制定出台一系列法规制度，但与中央要求和先进省市相比，还有一定差距。在省级非遗保护资金管理和使用方面，财政部、文化和旅游部于2021年12月联合印发了《国家非物质文化遗产保护资金管理办法》，江西省目前尚未制定出台《江西省非物质文化遗产保护资金管理办法》，用以规范和加强江西省非遗保护资金的管理与使用，提高资金使用效益；在省级非遗代表性传承人认定与管理方面，虽然已制定出台《江西省省级非物质文化遗产代表性传承人认定与管理办法（试行）》，但该办法印发实施后，还需要根据试行情况进一步完善，且省级非遗代表性传承团体（群体）的认定与管理还没有细化规范化制度；在省级非遗代表性项目认定与管理方面，尚未制定出台可行性、适用性强的规范化制度，特别是省级非遗代表性项目、代表性传承人评估没有建立行之有效的实施细则；目前《中华人民共和国非物质文化遗产法》正根据国家非遗保护事业需要，研究吸收国内外经验组织修订工作，《江西省非物质文化遗产条例》将来也势必要对照进行修订。

三、新时代江西非物质文化遗产保护传承的对策建议

针对当前存在的工作力量、设施体系、政策制度方面的短板弱项，并结合江西非遗保护传承实际需要，江西省仍需全方位发力、立体式推动赣鄱非遗保护传承发展，进一步提升非遗系统性保护水平，加快非遗融入现代生活步伐，更好地满足人民群众美好生活需要、助推地方文化和旅游事业发展。

（一）加强资源调查，进一步完善保护传承体系

文化和旅游部《“十四五”非物质文化遗产保护规划》明确提出“研究启动第二次全国非遗资源普查”。与浙江省、江苏省等国内非遗保护工作第一梯队相比，江西省国家级、省级非遗代表性项目数量还有一定的差距，仍需要加强非遗资源调查。调查过程中要注意保存相关资料、实物，建立调查管理系统，加强

数据库建设，遴选一批列入省级非遗代表性项目名录，挖掘整理一批符合条件的非遗代表性项目申报国家级名录，持续健全国家、省、市、县代表性项目名录体系。代表性传承人掌握着非遗的丰富知识、精湛技能，是非遗得以活态传承的关键和核心。要同期组织开展省级非遗代表性传承人认定工作，持续推动传承人梯队的补充更新、发展壮大，积极探索代表性传承团体（群体）认定与管理。

（二）加强政策研究，进一步健全法规制度体系

深入研究国家非遗政策制度，充分吸收其他省区市好经验，加紧制定出台《江西省非物质文化遗产保护资金管理办法》，研究制定可操作性、科学合理的省级非遗代表性项目、代表性传承人评估办法，逐步建立有效有力的动态管理机制；待《中华人民共和国非物质文化遗产法》修订后，尽快推动《江西省非物质文化遗产条例》修订工作。充分发挥高等院校、科研院所专业优势，共同开展非遗保护利用专项研究，着力开展非遗与旅游深度融合发展政策举措研究，针对非遗十大门类具有的不同特点，探索非遗分类保护方式方法，促进研究成果的转化运用。

（三）加强系统保护，进一步提升传承发展质效

加强区域整体性保护，持续提升国家级文化生态保护（实验）区建设水平，加快省级文化生态保护实验区建设步伐，支持区域内各设区市、县（市、区）挖掘整合资源、突出地域特色。研究设立新的省级文化生态保护实验区，积极支持符合条件的省级文化生态保护实验区申报国家级文化生态保护实验区；鼓励各市、县建设非物质文化遗产特色村镇、街区。加强非遗数字化保护，组织开展非遗代表性项目、代表性传承人数字化记录、传播，提高非遗数字化成果的保存、管理和利用水平。加强非遗生产性保护，深入实施江西传统工艺振兴计划，加强对传统手工艺的挖掘整理和保护传承，支持各市县打造非遗生产性保护示范基地。

（四）加强融合赋能，进一步助推社会民生发展

深入实施“非遗点亮生活”江西行动。加快非遗与旅游深度融合发展，支持有条件的国家 4A 级以上景区、省级旅游度假区开展非遗进景区活动，鼓励各

市、县探索非遗融入全域旅游，建设非物质文化遗产特色景区、街区、村镇，推出一批非遗主题旅游线路、研学项目、体验产品及演艺作品。鼓励各地以“非遗工坊”建设为抓手，推动传统工艺与城市发展、乡村振兴有机结合。积极推动非遗保护工作融入长江经济带发展、中部地区崛起、乡村振兴、赣南等原中央苏区振兴发展、景德镇国家陶瓷文化传承创新试验区等重大战略和长征国家文化公园（江西段）、长江国家文化公园（江西段）建设等重点项目，提供非遗动量。加强与周边省份的非遗交流与合作，探索区域性非遗协同保护机制。持续组织线上线下非遗宣传展示活动，提升非遗可见度、美誉度，丰富广大群众文化生活。

（五）加强设施建设，进一步拓展综合功能载体

认真贯彻落实《江西省非物质文化遗产条例》，支持有条件的设区市建设非物质文化遗产馆（展示厅），县（市、区）充分依托本地区文化馆、图书馆、博物馆、美术馆等公共文化服务场所或景区景点建设传承体验中心（所、点），争取将非遗传承体验设施纳入公共文化服务体系；文化和旅游部《“十四五”非物质文化遗产保护规划》明确提出“建设20个国家级非遗馆”，江西省应当抓住这次良好机遇，积极推动省级非遗馆建设，并争取将其纳入国家级非遗馆序列，逐步形成集传承、体验、教育、培训、旅游等功能于一体的传承体验设施体系。鼓励社会力量兴办非遗传承体验设施，探索建设城乡非遗主题公园、广场、驿站等。

（六）加强培养培训，进一步提高保护队伍素养

定期开展非遗工作人员培训，适应新形势新变化，开设符合江西非遗保护工作实际需要的课程，提升工作队伍综合素质。支持省内高等院校继续办好中国非遗传承人研培班，推动江西省非遗传承人研培工作常态化实施，提升非遗传承人技能艺能，壮大传承人群队伍。扎实开展非遗进校园，支持开发非遗课程体系和教材体系，编撰出版非遗通识教育读本，推动非遗融入国民教育，鼓励中小学开设非遗校本课程、第二课堂，职业院校开设非遗特色专业和课程，高等院校加强培养非遗研究人才。促进传统传承方式与现代教育相结合，鼓励传承人多方式多途径培养后继人才。支持文化馆（站）、图书馆、博物馆、美术馆等公共文化场馆开展非遗主题培训、展览、讲座、学术交流等活动。

新时代江西网络文学发展报告

江西省社会科学院课题组

摘要： 江西网络文学起步早、发展快、成果多、影响大，综合实力位居全国第一方阵，数字阅读点击量巨大，作品获奖数量众多，作品主流化、经典化、精品化步伐稳健，网文改编成有声书、影视、动漫、游戏的成效突出。党的十八大以来江西高度重视网络文学发展，不断完善服务保障体制，努力构建产业发展体系。面对中国网络文学作家迭代、产业延伸、业态多元等新形势，江西需从多举措壮大网络文学赣军、多途径打造网络文学平台、多向度推动网络文学 IP 转化三个层面推动网络文学高质量发展，形成文化产业新的强劲增长点。

关键词： 网络文学　文化产业　IP 转化

习近平总书记指出，要顺应数字产业化和产业数字化发展趋势，加快发展新型文化业态，改造提升传统文化业态，提高质量效益和核心竞争力。中国网络文学被誉为世界四大文化现象之一，发挥着传播主流价值、引领社会风尚、激发文化创造活力、满足人民精神文化需求的重大作用。根据中国版权协会发布的《2021 年中国网络文学版权保护与发展报告》，2021 年中国数字文化产业规模达到 7841.6 亿元，其中，网络文学的 IP 全版权运营影响的游戏、影视、动漫、音乐、音频等产业规模合计约 3037 亿元，占比近 40%。网络文学产业已成为中国数字文化产业的增长引擎。

课题组成员：倪爱珍，江西省社会科学院文学与文化研究所所长、研究员；张子川，江西省社会科学院文学与文化研究所助理研究员；邱宗珍，江西省社会科学院文学与文化研究所助理研究员。

一、江西网络文学的突出成就

江西网络文学起步早，以今何在为代表的一批网络文学作家是中国网络文学的拓荒者。2000 年，今何在的《悟空传》被誉为“网络文学第一书”，他也因此被誉为“中国网络文学第一人”。今何在于 2004 年入选“影响中国互联网的 100 人”名单，2008 年被评为十年来引领并促进网络文学发展、为繁荣网络文学事业作出贡献的“十大杰出人物”之一。江西网络文学早期的代表作家还有圣者晨雷、朱近墨、夏言冰、草玄、犁天、撒冷、方想、浪漫烟灰等。他们共同开创了网络文学早期的“江西版图”。进入新时代十余年来，江西网络文学发展快，成果多，影响大，成就突出。

（一）网文赣军强势崛起，综合实力位居全国第一方阵

江西网络文学作家群是中国网络文学的一支主力军。长期活跃的江西网络文学作家有上千人，在全国各大文学网站重点签约作家逾 300 人，其中 18 人加入中国作家协会，1 人成为中国作家协会网络文学委员会委员①。国内最大原创小说门户网站“起点文学网”顶级作家（白金大神）中江西作家占比 8.8%。江西网络文学行业人才辈出，出现了顶级大神跨界创业的独特现象，如国内权威网文第三方平台橙瓜网联合创始人萧逸、阅文集团起点中文网第一编辑组前任主编太山和掌阅文化副总编兼男频主编八喜等。

江西网络文学作家的综合实力位居中国网络文学的第一方阵。作品数字阅读点击量巨大。点击量千万以上的有 80 余部，破亿的有 20 余部。②

作品获奖数量众多。由中国移动和阅读主办的“网文之王”是国内网络文学界评选范围广、影响力大的奖项之一，获奖类别包括作家和作品，至今已开展

① 分别是阿彩、浪漫烟灰、纯情犀利哥、夏言冰、金满、上山打老虎额、净无痕、太一生水、纯风一度、百里玺、犁天、番茄、跃千愁、安以陌、梅儿若雪、圣者晨雷、红刺北、残殇，阿彩为中国作家协会网络文学委员会委员。信息由江西省网络作家协会提供。

② 本数据是在梳理 100 余位有影响的江西网络作家之后，根据其作品在各类网络平台上的点击率情况进行保守估计的。

4 届，江西获奖数量超过总数的 10%（见表 1）。

表 1　江西网络文学作家在历届“网文之王”评奖活动中的获奖情况

年份	评奖届数	获奖情况	
		作家情况	作品情况
2015	第一届	方想名列“十二主神”	
2017	第二届	净无痕、跃千愁、九灯和善、纯情犀利哥、方想、太一生水、朽木可雕、番茄、天崖明月 9 人名列“百强大神”，占比 9%	净无痕《太古神王》获得最具潜力的玄幻作品奖 纯情犀利哥《诸天至尊》获得最具潜力的游戏改编奖
2018	第三届	净无痕、阿彩、纯情犀利哥、方想、残殇、朽木可雕、90 后村长、浪漫烟灰、番茄、太一生水、潘海根、跃千愁 12 位作家名列“百强大神”，占比 12%	纯情犀利哥《独步逍遥》、阿彩《盛世天骄》、净无痕《伏天氏》、齐橙《大国重工》、朽木可雕《王牌神医》、九灯和善《超品巫师》、太一生水《天神诀》、半醉游子《陨神记》、大红大紫《都市之最强狂兵》、番茄《都市圣医》10 部作品名列“年度百强作品获奖名单”，占比 10%
2019	第四届	花幽山月和猫小咪 2 位作家名列“年度十大最具成长力大神”，占比 20%	上山打老虎额《明朝败家子》、大红大紫《都市之最强狂兵》、豆娘《第一狂妃》、花幽山月《我的绝色总裁未婚妻》、90 后村长《焚天魔帝》、番茄《都市圣医》、净无痕《伏天氏》、残殇《绝世神通》、朽木可雕《王牌神医》、沉默的糕点《史上最强赘婿》等 10 部作品名列“年度百强作品名单”，占比 10% 纯情犀利哥《独步逍遥》为“年度最具潜力十大动漫 IP” 净无痕《伏天氏》为“年度最具潜力十大游戏 IP”

资料来源：根据网上公布的获奖名单整理。其中，第四届“网文之王”活动未和前三届一样设立“网文之王”“五大至尊”“十二主神”奖项，而是根据网络小说的不同类型，分别评选出每个分类中十位“见证网络文学 20 年”的优秀作者和作品。“网文之王”评选活动共举办四届，此后停办。

作品主流化、经典化、精品化步伐稳健，在全国各类重要评奖、排行榜、扶持项目中屡获佳绩。自 2014 年开始，江西网络文学作家作品入选中国作协、中国小说协会等机构设立的各类排行榜 11 次（见表2），入选中国作协重点作品扶持项目 7 次（见表3），荣获百花奖、中国出版政府奖等各类奖项 10 次，其中获中国科幻类最高奖“银河奖”最佳新人奖 1 次、作品奖 4 次（见表4）。2020 年，百部网文佳作入藏国家图书馆，江西作家创作的《太古神王》《气冲山河》《上品寒士》《明朝败家子》《大国重工》《材料帝国》《道君》《死在火星上》8 部作品入选，占入藏总数的 8%。天瑞说符的《我们生活在南京》2021—2022 年获得各类奖项和入选各类榜单达 8 项之多。齐橙的《大国重工》2022 年获第五届中国出版政府奖“网络出版物”，并成为被大英图书馆中文馆藏书目收录的 16 部中国网络文学精品之一。

表 2　江西网络文学作品入选中国作协等机构设立的排行榜情况

作品	作者	荣誉
《诸天至尊》	纯情犀利哥	入选 2017 年中国作协的中国网络小说排行榜半年榜，获得已完成作品榜“十佳”
《我们生活在南京》	天瑞说符	入选《青春》和扬子江网络文学评论中心的网文青春榜 2021 年度榜单、中国作协 2022 年度中国网络文学影响力榜、中国小说学会 2022 年度好小说·网络小说榜单、“新时代十年百部中国网络文学榜单”、首届扬子江网络文学最具 IP 潜力榜
《砸锅卖铁去上学》	红刺北	入围中国网络文学影响力榜 2021 年度网络小说榜单，入选 2023 年新时代十年百部中国网络文学榜单
《将错就错》	红刺北	入围“五校联合”2022 年网文青春榜第一期榜单
《道诡异仙》	狐尾的笔	入选中国小说学会颁发的 2023 年度中国好小说榜单
《大国重工》	齐橙	入选 2023 年“新时代十年百部中国网络文学榜单”

表3　江西网络文学作品入选中国作协重点作品扶持项目名单情况

时间	作品	作者
2015年	《近身武王》	未苍
2017年	《缉凶者》	公子小九
	《大国重工》	齐橙
2022年	《我们生活在南京》	天瑞说符
2023年	《市长返村记》	路远
	《第九农学基地》	红刺北
	《飞流之上》	阿彩

表4　江西网络文学作品荣获百花奖等奖项情况

作品	作者	荣誉
《一路走过——改革开放40年纪实》	路远	获北京市新闻出版广电局“2018年推荐优秀网络文学原创作品”
《死在火星上》	天瑞说符	获2019年第30届中国科幻银河奖最佳网络文学奖
《大国重工》	齐橙	2019年国家新闻出版署和中国作协联合推介25部网络文学佳作、2019年优秀网络文学原创作品、第五届中国出版政府奖“网络出版物”。作品的数字版本入藏中国国家版本馆,收录于大英图书馆中文馆藏书目
《我们生活在南京》	天瑞说符	获2021年第32届中国科幻银河奖最佳网络科幻小说奖、第二十届百花文学奖网络文学奖
《孤凰》	阿彩	获2022年第四届辽宁网络文学金桅杆奖,入选浙江省“十四五”重点数字出版规划(为唯一入选的网络小说)
《7号基地》	净无痕	入选2022年阅文集团举办的第二届石榴杯征文活动获奖名单,收录于中国民族文化资源库
《泰坦无人声》	天瑞说符	获2023年第33届中国科幻银河奖最佳原创图书奖

资料来源:根据江西省网络作家协会提供的资料及网上资料整理。

（二）网文改编成效突出，产业规模迅速扩大

网络文学产业化的根本途径在于 IP 转化，其渠道主要是有声书、影视、动漫、游戏改编。江西网络作家的作品产业化成效颇为突出（见表 5）。

表 5　江西网络作家作品改编影响力概览

改编类型	数量（约）	代表作品及其作者	影响力
有声书	260	九灯和善《超品相师》	累计播放量为 42.9 亿
		上山打老虎额《明朝败家子》	累计播放量为 17.6 亿
影视	80	梦魇殿下《延禧攻略》	电视剧，播出两个月的播放量超 150 亿
		慕容湮儿《倾世皇妃》	电视剧，全国同时段收视第一
		木子喵喵《竹马钢琴师》	电视剧，上档 8 天，累计播放量破 1 亿
		纯风一度《奈何 BOSS 要娶我》系列	电视剧，《奈何 BOSS 要娶我》在芒果 TV 和搜狐视频首播后被翻译成 26 国语言，登上 Netflix 世界剧集平台；《奈何 BOSS 又如何》单集播放量破亿
		今何在《悟空传》	电影，票房接近 7 亿元，在 2017 年中国电影票房榜中排名第八
动漫	50	纯情犀利哥《独步逍遥》	腾讯视频 38.2 亿次的播放量，作品总产值过亿元
		犁天《气冲星河》	快看漫画人气值超 6.91 亿
		纯情犀利哥《武映三千道》	2022 年 3 月上映，上线 10 集时即点击过亿
游戏	30	方想《不败王座》	手游改编权拍出 810 万元
		净无痕《绝世武神》	端游凝聚百人研发团队，重现了原著中宏大的世界观，堪称国产 3D 网游大作

注：①影视包括电视剧和电影改编，动漫包括动画与漫画改编；②代表作列出的是最具影响力的改编作品；③根据江西省网络作家协会以及成立的 6 个地级市网络作家协会（南昌市、上饶市、九江市、新余市、宜春市、景德镇市）提供的材料整理而成，统计数据偏向保守。

一是有声书改编如火如荼。有声阅读是网文改编中最广泛的一种改编形式。据艾瑞咨询发布的《2023 年中国网络音频产业研究报告》,2025 年我国网络音频产业产值将超过 188.4 亿元。江西作家九灯和善、上山打老虎额、犁天、净无痕、跃千愁等作家的大部分作品已经改编成有声书,在喜马拉雅、懒人听书两个头部音频软件上的累计播放量上亿的超过 20 部,排名前 10 的作品见表 6。其中,九灯和善的《超品相师》在喜马拉雅的播放量达 39.5 亿次,在小说类都市榜排第 15 位;上山打老虎额《明朝败家子》在喜马拉雅的播放量达 15.3 亿次,在小说类历史榜排第 11 位。

表 6　江西网络作家作品有声书改编播放量前 10 名

作品	作者	播放量(亿次)		
		喜马拉雅	懒人听书	总计
《超品相师》	九灯和善	39.5	3.4	42.9
《明朝败家子》	上山打老虎额	15.3	2.3	17.6
《修真界败类》	跃千愁	2.8	13.7	16.5
《史上最强赘婿》	沉默的糕点	10.5	1.6	12.1
《抗日之兵魂传说》	丑牛 1985	0.1	11.8	11.9
《万古至尊》	太一生水	9.2	—	9.2
《贞观憨婿》	大眼小金鱼	7.1	0.3	7.4
《大魏读书人》	七月未时	5.4	—	5.4
《神秘复苏》	佛前献花	5.1	0.2	5.3
《飞天》	跃千愁	1.2	2.9	4.1
《太古神王》	净无痕	0.6	3.5	4.1

数据来源:根据表中音频软件上的公开资料整理而成,数据截至 2024 年 3 月 2 日。丑牛 1985 和大眼小金鱼都是胡扬军的笔名。

二是影视改编有声有色。2011 年,由慕容湮儿小说《倾世皇妃》改编的同名电视剧在湖南卫视播出的同时,还在新媒体 PPS 影音和优酷网热播,收视率在全国同时段电视剧中排名第一。2017 年,今何在与周星驰合作的电影《悟空传》上映,票房近 7 亿元,在当年的中国电影票房榜中排名第八。2018 年,由梦魇殿下的《延禧攻略》改编的同名影视剧播出两个月时播放量即超过 150 亿次,获评第五届文荣奖“最佳电视剧”、爱奇艺“年度剧王”。人民网舆情数据中心等单位还为此主办了“影视剧的文化使命——电视剧《延禧攻略》专家研讨会”。2019 年,由木子喵喵作品改编的《竹马钢琴师》电视剧在优酷、芒果 TV 联合播出,上档 8 天,累计播放量破 1 亿次。2020 年,由净无痕《太古神王》改编的同名电视剧在优酷播放期间热度一直位于前三。

江西网络文学中还有很多作品具备影视改编潜力。在中国电影家协会编剧教育工作委员会、北京电影学院中国电影编剧研究院发布的《2019—2020 年度网络文学 IP 影视剧改编潜力评估报告》中,《大国重工》《泰坦无人声》《伏天氏》的改编潜力分别位列第一至第三梯队。

三是动漫改编异彩纷呈。纯情犀利哥的小说动漫改编影响极大,如《独步逍遥》改编成的动画在腾讯视频网络平台独播连载,截至 2022 年 4 月 20 日创 38.2 亿次的播放量。《武映三千道》被唐麟文化制作成动画,于 2022 年 3 月上映,上线 10 集即点击过亿。上述两部动画作品更新日人气均位于腾讯动画榜单前 10。① 其他作者的网文漫画改编也在国内影响较大,比如当年烟火的《超神道术》、犁天的《气冲星河》、净无痕的《太古神王》在快看漫画上的人气值分别为 7.57 亿、6.91 亿、1.62 亿。②

四是游戏改编颇具亮点。江西网络文学中玄幻作品较多,部分作品 IP 被改编成游戏并产生重大影响。2012 年纯情犀利哥的《异界魅影逍遥》被改编成页游。2014 年,方想的《不败王座》的手游改编权拍出 810 万元,其作品《五行天》在发布仅仅 4 万字时,便签订了影视与网页游戏改编权。2016 年起,净无痕的《绝世武神》先后被改编为端游、页游、手游,端游凝聚了百人的研发团队,重现原著中的宏大场景,为玩家精心打造了一场史诗级的玄幻盛宴,堪称国产 3D

① 数据来自“江西网络文学”微信公众号 2022 年 4 月 20 日发布的文章。
② 数据截至 2024 年 3 月 2 日。

网游大作。

二、江西促进网络文学发展的举措

江西网络文学 IP 储量大、影响广、价值高，江西省委省政府非常重视这一不可多得的资源，不断加强组织引领，完善配套机制，积极推动网络文学发展，抢占数字文化产业发展制高点。

（一）引导有力，高度重视网络文学发展

网络文学诞生之初，只是一种自发的写作，出于自我表达的需要，没有商业目的，在 2003 年前后才逐渐发展成以付费阅读为主要盈利方式的产业。早期它处于自然生长状态，后来随着互联网技术的快速发展，其产业规模迅速扩大，从而引起社会各方面的关注。江西省委、省政府审时度势，积极引导，大力推动网络文学发展。2016 年出台《中共江西省委关于繁荣发展社会主义文艺的实施意见》，明确指出要推进网络文艺平台建设，鼓励网络文艺精品创作和传播，推出一大批针对性强、受众明确、双向互动的网络文学、网络音乐、网络剧、微电影、网络演出、网络动漫等优秀网络原创作品。2018 年，在网络文学 IP 转化方兴未艾之时，出台《关于加快文化强省建设的实施意见》，指出要实施文艺精品创作计划，推动文艺与互联网融合，促进网络文学、网络音乐、网络动漫、网络影视、网络美术等优秀作品创作。2023 年，在“网文出海”、网剧盛行、网络文学产业化快速发展的时期，江西省委宣传部出台《江西省关于促进网络文学繁荣发展的若干措施》，从营造良好创作环境、建立网络文学作品推优机制、构建网络文学产业转化机制和壮大网络文学人才队伍等方面提出了具体措施，为今后江西网络文学发展指明了方向。

（二）责任有为，不断完善服务保障体制

江西依托丰厚的网络文学资源，逐步完善网络文学服务保障体制。一是完善网络文学组织机构。2018—2022 年间，江西省网络作家协会以及南昌、上饶、九江、新余、宜春、景德镇 6 个设区市网络作家协会相继成立，为团结引领全省网络文学作家提供了组织保障。二是搭建网络文学交流平台。自 2007 年开

始,江西散文网为江西作家网络创作与传播提供了重要平台。2018 年,江西省文联与新余市文联、新余学院合作,成立江西网络文学基地,积极开展网络文学的引导、宣传、培养、交流、研究工作。自 2019 年起,江西省作协每年举办江西网络文学创作培训研讨班,至今已举办 5 期。2022 年,江西琅轩文化集团有限公司与中国作家联合出版社联合主办"江西作家网",为网文作家提供写作指点与发表平台。三是注重网络文学人才培养。江西省文联、江西省作协推荐近百名江西网络作家参加中国文联、中国作协举办的各种培训班学习。2022 年,江西推出《江西省文学创作(网络文学)专业职称申报条件(试行)》,省文联、省人力资源和社会保障厅启动网络作家职称评审工作。自 2022 年至今,4 名网络文学作家获得三级文学创作(网络文学)中级职称。①

(三)发展有序,努力构建产业发展体系

江西网络文学产业发展势头良好,部分地区已初步形成集聚效应。如上饶已逐步形成了较为完善的网络文学产业发展体系。2022 年,上饶全市有网络文化企业(包括网络游戏、网络文学)102 家,其中江西元聚网络科技有限公司开发了在线文字类阅读平台"追书神器"、在线漫画阅读平台"漫画岛"、海外文学平台"Anystories",已跻身该领域前五。2020—2022 年,上饶市网络文学产业营业收入分别为 15. 6 亿元、28. 2 亿元、53. 5 亿元,年平均增幅达 185. 2% 。② 2023 年,首届中国余江微短剧剧本创作大奖赛暨拾方光影(余江)影视基地发布研讨会在鹰潭市余江区召开,12 个项目顺利签约。该基地能同时满足 15 个微短剧剧组拍摄,对江西网络文学产业链的完善起着重要推动作用。

三、江西网络文学发展面临的形势与挑战

中国网络文学已经进入了网络文学与影视、动漫、游戏等其他产业多元互动的 IP 时期,产业链不断延伸,成为文化产业的强劲增长点,呈现出诸多新特

---

① 分别是:黄芳(安以陌)、蓝亮(百里玺)、陈秀文(天下第一白)、郭星星(番茄)。

② 中共上饶市委宣传部课题组:《上饶市网络文学产业发展现状及对策研究》,载《江西文化产业发展报告 2023》,南昌:江西人民出版社,2023 年,第 166—180 页。

点，江西网络文学发展也因此面临新的挑战。

（一）规模扩大，作家迭代，江西网络文学呼唤生力军

近年来，中国网络文学蓬勃发展，作家和作品规模均呈快速扩大趋势。2023年，中国网络文学作家数量累计超过2405万人，新增作者225万人，作品数量达3620万部，新增作品420万部，并且呈现出95后、00后作家逐渐开始引领创作风潮的特点。阅文集团新增作家60%是00后，00后作家万订作品新增230%；番茄小说数据显示，入驻作者较2022年上涨42%，签约作者中57%为95后。[①] 新一代网络小说作家，创作力旺盛，创作题材多元，创作内容的专业知识性强，容易引发年轻读者的共鸣。与之相较，江西网络文学青年作家不多，重要的网文大神大多为80后、90后，江西网络文学呼唤生力军。

（二）类型复合，佳作迭出，江西网络文学需要精品化

随着网络小说作家的更新迭代，网络文学创作规模不断扩大，创作类型日趋多样化，创作质量不断提升。传统的玄幻、仙侠、都市、历史、现实、科幻、灵异等题材类型，不断互相叠加，形成了千姿百态的创作风貌。此外，"国潮+""现实+""职业+"等新锐类型小说，弘扬中华优秀传统文化，描绘现代中国美丽图景，传递中华民族向美向善价值观念，佳作迭出。江西网络小说作家长期深耕于玄幻领域，近年来虽然有天瑞说符等科幻小说名家出现，但总体来说，创作类型还比较单一，内容创新度不够，精品力作不多，不利于江西网络文学未来的发展。

（三）产业延伸，业态多元，江西网文产业需要配套产业链

网络文学作为数字文化产业的重要组成部分，已经成为内容开发、IP产业链的源头，引领着影视、动漫、短视频、有声书等其他产业的发展。当前，网络文学发展呈现出向两端延伸的趋势：一是网文IP开发前置，内容平台在作品连载时便开始进行读者参与、二次创作等IP开发预热手段，为后续的IP改编铺平道路；二是网络文学IP改编形势越发多样化，动漫、游戏、电影、电视、有声书层出不穷，尤其

---

① 以上数据，均来自中国社会科学院文学研究所《中国网络文学发展研究报告》，https://www.gmw.cn/xueshu/2024-02/28/content_37172214.htm。

是近年来随着碎片化阅读、观影风气的形成，微短剧成为网络文学 IP 改编的新风口。根据云合数据、清华大学影视传播研究中心、腾讯视频联合发布的《2023 年度短剧报告》，本年度短剧票房 TOP10（含并列）的 13 部作品中，网文改编作品达 10 部。网文 IP 改编涉及版权、出版、游戏、动漫、影视、有声书、短视频等上下游产业，是推动网络文学产业高质量发展的关键，但省内相关产业配套尚不完善，尤其缺乏网络小说发布平台，这些问题制约着江西网络文学的发展。

（四）版权保护，网文出海，江西网络文学需要“走出去”

近年来中央相继出台了《关于推进实施国家文化数字化战略的意见》《“十四五”文化发展规划》等文件，加强了网络版权保护，为网文出海提供了有利条件。根据中国社会科学院文学研究所发布《2023 中国网络文学发展研究报告》，截至 2023 年底中国网络文学出海市场规模已超 40 亿元，海外网络作家约 41 万名，海外原创作品约 62 万部，海外访问用户约 2.3 亿人次，覆盖全球 200 多个国家和地区。中国网络文学承担起了讲好中国故事、传播中国声音的重要责任。2022 年，16 部中国网络文学精品作品被大英图书馆中文馆藏书目收录，标志着中国网络文学得到西方主流文化的认可。《赘婿》《斗罗大陆》《锦心似玉》《雪中悍刀行》等网文改编剧集登录 YouTube、viki 等欧美主流视频网站，影响全球。网络文学还带动了中华文化的海外流行，中国功夫、文学、书法、美食、中医等成为最受欢迎的网文题材，传播尊师重道文化的《天道图书馆》海外阅读量超 1.54 亿次。网络文学已经成为中国文化海外传播的新名片，然而江西网络文学在海外传播不广、影响不大，这种局面有待改善。

四、未来江西网络文学高质量发展的对策建议

江西省委、省政府高度重视文化建设，强调要推动文艺繁荣发展，实现文化产业高质量发展，建设优秀文化赣军。江西网络文学历经 20 余年的发展，在全国产生了重大影响，拥有一支有实力的作家群，是发展江西数字文化产业、推进江西文化强省建设的优势资源。当前需解放思想，扬长补短，尽快落实《江西省关于促进网络文学繁荣发展的若干措施》（以下简称《措施》），努力推动江西网

络文学高质量发展。

（一）多举措壮大网络文学赣军

中国网络文学已经从野蛮生长进入到产业化发展时期，政府必须主动作为，统筹谋划，高位推动，全面引导推动网络文学发展。一是构建价值引领机制。出台《江西省网络作家优秀作品扶持奖励办法》，引导网络作家进行革命历史、乡村振兴、科技创新、中华文化精神等主题的创作。组织开展如“重走红军路”“江右风华”“瓷心剑胆”等主题的体验活动，让网络作家从中华文化根脉上汲取营养，传播赣鄱文化，讲好江西故事。可以借鉴浙江经验，推荐优秀网络作家加入各类社团、申报各类省级人才荣誉，引导他们树立正确的历史观、价值观，持续创作记录时代风貌、反映建设成就、弘扬中国精神的网文精品。二是建立人才培养体系。重视网络文学行业人才，用住房、税收、补贴、培训等方面的优惠政策吸引人才来赣发展。提供多种职业培训机会，让网络文学作家有机会到省内高校文学院进行交流与深造。鼓励省内高校设置“创意写作”“网络文学编辑与写作”等专业，培养网络文学产业的全媒型人才。推动校企合作，举办针对高校学生群体的各类文学创作征文活动，充分激发高校学生的创作潜力，培养网络文学新人。三是强化保障措施。完善职称评审条例。2022 年颁布的《江西省文学创作（网络文学）专业职称申报条件（试行）》在从业时间、发表字数和作家学历等申请门槛较高，应当提高订阅数据、实体出版、IP 改编等评价指标的权重，体现网络文学的独特性。加大网络文学原创作品保护力度，依法打击网络盗版、网络侵犯著作权等行为，积极对接网络文学作家，为其提供网络作品版权登记服务。

（二）多途径打造网络文学平台

网络文学平台是整合资源、推动产业集群发展、扩大江西网络文学影响的基础。一是搭建网络文学传播平台。借鉴各地网络文学评奖、比赛经验，如浙江“双年奖”、上海“天马奖”、江苏“金键盘奖”等，落实《措施》中设立网络文学金杜鹃奖事宜。鼓励支持网络作家参加重点网站举办的优秀网络文学作品联展活动、其他省市单位组织的评奖活动，加强组织工作。利用中国景德镇国际陶瓷博览会、世界 VR 产业大会等平台，推介江西网络文学精品。二是搭建网络文学研究平台。相较于江西繁荣的网络文学创作，网络文学研究明显滞后。研究力量薄弱，研究成果主要是对江西网络文学创作现象的总体描述或个案分析，缺少对网络文学生产、消费、IP 转化多元形态的全过程、跨学科研究。建议由相关单位牵头，联络全省各高校、科研院所研究力量，发挥省社科基金的导向和激励作用，加强网络文学研究队伍建设，引导网络文学发展方向，提升作品质量和影响力。三是搭建网文精品出海平台。目前网文"出海"主要是企业基于市场需求的自发行为，政府参与度较低，全国仅有海南省提出打造"'网文出海'的桥头堡"口号，但尚无具体措施。江西应当抢抓先机，依托上饶数字经济产业园和各网络文学创作基地，在金融、税收等方面扶持省内元聚网络等龙头企业，积极引进晋江文学城、掌阅科技、中文在线等海外传播平台，打造江西网文精品出海的"旗舰"。出台"网文出海扶持计划"，在创作、翻译、输出、知识产权保护等方面给予扶持。

(三)多向度推动网络文学 IP 转化

IP 转化能让网络文学产业实现价值最大化。江西应结合自身实际，从多个向度推动本土网文 IP 转化，实现从"读故事"，向"听故事""看故事""玩故事"等方向发展。一是优化网络文学产业布局。紧紧围绕"网文 +"多种形态的网络文化产业新业态，开通"IP 转化直通车"，完善网络文学产业链，丰富周边文创产品。加强与阅文集团、腾讯传媒、玄机科技等头部文化企业的战略合作，发挥省内文化企业在网络文学产业转化上的地域优势，引进头部网络文学上下游配套企业。举办网络文学文创大赛，积极培育网络文学文创企业，打造网络文学爆款文创周边。二是建立网络文学产业园。整合江西省网络文学协会、江西网络文学基地、江西作家网、上饶市网络文学创作基地等资源，建立网络文学产业园，完善各项基础设施建设，搭建作家工作室。加强网络文学作品的版权保护，为作者提供相关法律援助。学习长沙"中国网络文学小镇"、杭州"中国网络作家村"、成都"中国 · 天府智媒体城网络文学产业园"的先进做法，借鉴温州"墨客工场"模式，以网络文学原创 IP 为核心，将创作平台、交流平台、展示平台、服务平台集为一体，打造影视、动漫、游戏、经纪、衍生品等全产业链的众创空间平台，实现以集聚服务文学、文学驱动周边、周边赋能产业的良好效应。三是定期举办网络文学博览会。创新博览会内容，如白金大神交流会、网文作品签售会、动漫爱好者大聚会、网文有声书体验馆、网文游戏体验馆、网络文学 VR 馆、文创馆等。四是探索网文 IP 转化新模式。积极探索“网文 + 旅游”“网文 + 酒店”等新型转化方式，在旅游景区开展“剧本杀”等演绎式娱乐项目，打造网络文学主题公园、主题酒店，升级消费者的网络文学现场体验，通过网络文学让城市、景区、酒店持续“出圈”。

新时代江西重要农业文化遗产保护利用报告

江西省社会科学院课题组

摘要： 农业文化遗产蕴含的农耕智慧、生态思想、自治伦理是中华优秀传统文化的重要组成部分，对推动乡村全面振兴和促进共同富裕具有重要意义。江西农耕文明底蕴深厚，重要农业文化遗产数量位居全国前列、类型丰富多样，遗产地保护利用的实践探索各具特色。但同时也存在调查挖掘整理不够、保护管理机制不健全、开发利用程度不深、品牌影响力不高等困境，需从制度化促进原态保护、系统化守护文化根脉、品牌化推动活态利用、组合式强化要素保障等着力，不断推进江西重要农业文化遗产保护利用迈上新台阶。

关键词： 重要农业文化遗产　保护利用　乡村振兴

习近平总书记在文化传承发展座谈会上强调，要担负起新的文化使命，努力建设中华民族现代文明。农耕文明是中华文化的鲜明标签，承载着华夏文明生生不息的基因密码。其中，农业文化遗产蕴含的农耕智慧、生态思想、自治伦理是中华优秀传统文化的重要组成部分，对推动乡村全面振兴和促进共同富裕具有重要意义。江西农耕文明底蕴深厚，拥有众多重要农业文化遗产，对其进行发掘、保护、利用、传承，是江西加快建设农业强省、实现农业农村现代化的底气所在。

课题组成员：张宜红，江西省社会科学院农业农村发展研究所所长、副研究员；方芳，江西省社会科学院社会学研究所副研究员；高江涛，江西省社会科学院农业农村发展研究所助理研究员。

一、江西重要农业文化遗产保护利用现状

农业文化遗产有广义和狭义之分。广义的农业文化遗产指历史上形成并流传至今的一系列文化遗存性成果系统。狭义上的农业文化遗产是指在农村与其所处环境长期协同进化和动态适应下所形成的独特的土地利用系统和农业景观,这种系统与景观具有丰富的生物多样性,而且可以满足当地社会经济与文化发展的需要,有利于促进区域可持续发展。本报告所指重要农业文化遗产,主要为江西成功申报的全球或中国重要农业文化遗产。

(一)数量位居全国前列

党的十八大以来,江西省始终秉持“保护为主、合理利用、强化管理、传承发展”的工作思路,挖掘了一批具有江西特色的重要农业文化遗产,2023 年底,农业农村部共发布七批 188 项中国重要农业文化遗产,江西省拥有 8 项,位列全国第六,与安徽并列中部地区第 2 位,仅次于湖南(9 项)(如表 1 所示)。其中,万年稻作文化系统、崇义客家梯田系统被列为全球重要农业文化遗产,数量仅次于浙江(5 项)和福建(3 项),列全国第 3 位。拥有如此数量的全球或中国重要农业文化遗产,与江西农业发展的资源基础、地位条件是密不可分的。截至 2023 年末,江西稻谷产量居全国第 3 位,以全国 2.13% 的耕地生产了 3.21% 的粮食;是柑橘优势产区,产量居全国第 6 位,其中赣南脐橙种植面积世界第一、产量世界第三;是蔬菜优势产区,供港叶类蔬菜居全国前列;是生猪生产和调出大省,生猪净调出量居全国前三;是淡水渔业大省,水产品产量位居内陆省第 2 位。江西常年外调粮食 100 亿斤、水果 100 万吨、水产品 100 万吨、生猪 1000 万头以上。

表 1　中部六省重要农业文化遗产情况比较

	中国重要农业文化遗产(项)	排名	全球重要农业文化遗产(项)	排名
江西省	8	2	2*	1
湖北省	5	3	0	3

续表：

	中国重要农业文化遗产（项）	排名	全球重要农业文化遗产（项）	排名
湖南省	9	1	1*	2
安徽省	8	2	1	2
河南省	5	3	0	3
山西省	4	4	0	3

注：* 标记为 2018 年中国南方山地稻作梯田系统入选全球重要农业文化遗产，江西崇义客家梯田为其中一个子项目，另外加上万年稻作文化系统，一共 2 项。

（二）类型丰富多样

我国是全球农业文化遗产类型最多、分布最广、传承最好的国家，也是世界农业文化遗产的倡导者、推动者、实践者和受益者。江西入选全球和中国重要农业文化遗产系统的项目，不仅存在丰富多样的物种基因，而且拥有秀美的农牧业景观，对于推动现代农业的可持续发展、维护生物多样性、治理环境突出问题、提升遗产地居民的生活水平、建设美丽田园，具有十分重要的经济价值、生态环境价值和人文社会价值。这些重要农业文化遗产，既有人工驯化栽培的万年稻作文化系统、浮梁茶文化系统，也有长期农业生产生活中形成的南丰蜜橘栽培系统、广昌莲作文化系统、横峰葛栽培系统、湖口大豆栽培系统等农业技术体系，还有正在创新发展的泰和乌鸡林下养殖系统，更有创造土地利用与水土管理技术形成的集环境优美、生态与经济效益统一的崇义客家梯田，涵盖了众多农业文化遗产体系类型（如表 2 所示）。

表 2　江西重要农业文化遗产保护项目入选名单

入选年份	项目名称	入选平台
2010	万年稻作文化系统	全球重要农业文化遗产

续表：

入选年份	项目名称	入选平台
2018	中国南方山地稻作梯田系统（江西崇义客家梯田）	全球重要农业文化遗产
2013	江西万年稻作文化系统	第一批中国重要农业文化遗产
2014	江西崇义客家梯田系统	第二批中国重要农业文化遗产
2017	江西南丰蜜橘栽培系统、江西广昌莲作文化系统	第四批中国重要农业文化遗产
2020	江西泰和乌鸡林下养殖系统、江西横峰葛栽培系统	第五批中国重要农业文化遗产
2021	江西浮梁茶文化系统	第六批中国重要农业文化遗产
2023	江西湖口大豆栽培系统	第七批中国重要农业文化遗产

资料来源：江西省农业农村厅网站。

（三）实践探索各具特色

江西高度重视农业文化遗产保护利用工作，创新体制机制，各遗产地遵循从“留存”到“复活”再到“复兴”的建设思路，探索开展了各具特色的保护利用实践。

一是万年稻作文化系统：综合施策保护利用走在前列。万年仙人洞发现了世界上年代最早的栽培稻植硅石，将世界稻作起源由 7000 年前推移到 12000—14000 年前。为加强万年稻作文化保护利用，万年县成立了以县长任组长，分管县长为副组长，各相关单位负责人为成员的农业文化遗产保护领导小组，联合我国其他五个稻作文化遗址成立中华史前稻作文化遗址联盟，同时建设了原种保护栽培区，实施万年贡谷原种稻谷按国家保护价的三倍收购。“万年贡米”作为万年县农业产业发展的首位产业，已成为国家地理标志产品，品牌价值已达 96 亿元。万年县注重农业文化遗产与旅游、现代农业、城市建设融合发展，2022 年规模以上文化产业企业 32 家，营业收入 19 亿元。

二是崇义客家梯田文化系统：在原生态保护中开发利用。崇义梯田是国内三大梯田奇观之一，为做好“原生态”文章，崇义县组建管理机构，成立上堡梯田全域保护发展工作委员会，出台梯田保护、建房管理、灌溉工程遗产保护规划等近10项制度。以全域旅游为统领，推动非遗有机融入旅游产业，建成农耕民俗文化园、世界灌溉工程遗产博物馆、上堡整训旧址等，上堡梯田入选2022中国体育旅游精品项目；拓宽“农业+”新业态，探索出“稻鱼鸭共作”综合种养模式，构建“企业+村集体+农户”发展共同体，2022年崇义县获评全省富硒产业先行示范区和全国休闲农业重点县。

三是南丰蜜橘栽培系统：在发展壮大产业中保护利用。南丰蜜橘有着1300多年的栽培历史，形成了以南丰蜜橘为主的柑橘栽培体系，并与当地的节庆习俗、民间艺术、饮食文化等相结合，演变为南丰独具特色的橘文化。当地围绕南丰蜜橘“百亿产业”发展目标，依托一套从育苗到建园、从土肥管理到病虫害防治、从采收到储藏的南丰蜜橘栽培技术体系，建立南丰蜜橘食品产业研究院、南丰蜜橘产业科创园，成立蜜橘产业发展促进会，连续举办16届南丰蜜橘文化节，2023年南丰蜜橘地理标志产品入选中国品牌价值评价——区域品牌（地理标志）百强榜，品牌价值达197.32亿元。

四是广昌莲作文化系统：以科技创新引领产业发展中保护利用。广昌白莲栽培已有1300多年历史，代代相传的种莲习俗和丰厚的历史积淀，孕育了莲神太子庙会、莲花灯会、工艺展示、创意大赛等独特的莲乡文化。广昌县注重以科技创新引领白莲产业发展，先后成立了全国首家县级白莲科学研究所、广昌县白莲产业发展局以及江西省白莲工程技术研究中心等科研及管理平台，成立县莲科所院士工作站，成功培育出以太空莲36号等为当家品种的太空莲系列品种。充分挖掘莲文化资源，促进一二三产业融合发展，2023年广昌白莲综合产值达36亿元，品牌价值21.04亿元。

五是泰和乌鸡林下养殖系统：遵循生态循环，实现保护利用。泰和乌鸡是中国最具地方特色的鸡种，其林下养殖形成了独特的复合生态农业系统，在长期实践过程中形成了“马尾松—泰和乌鸡”“果园—泰和乌鸡”“油茶—泰和乌鸡”三种典型的生态养殖模式，实现了林（果、茶）—禽系统良性循环。该县通过成立泰和乌鸡产业发展中心、挂牌成立浙江大学泰和乌鸡产业技术联合研究中心、绿色饲料与健康养殖国家工程研究中心、发布泰和乌鸡卡通形象及品牌商标、冠名高铁动车组列车等一系列举措,有效推动产业发展,2023 年泰和乌鸡产业产值达 56 亿元。

六是横峰葛栽培系统:走“种植与加工并重、产学研一体、一二三产融合”保护利用之路。横峰葛以“森林—油茶园—梯田(葛园、果园)—农田—村落—河流”的立体景观特征,形成了独特的葛根种植技术和食养文化。横峰县通过加强与中国中医科学院、南昌大学、江西中医药大学等科研院校合作,强化葛根深加工,与秀美乡村建设、乡村旅游相结合,推动一二三产业融合发展,2023 年横峰葛产业总产值 1.5 亿余元。

七是浮梁茶文化系统:在资源整合中保护利用。浮梁茶文化系统包括农业物种、生产方式、农村社会习俗三大部分,形成立体生态农业模式、“茶—菌”复合农业模式、“茶—禽”复合农业模式、“茶—果”套种模式、“茶—农作物”套种模式等五种。为了更好地保护利用浮梁茶文化系统,浮梁制定了《浮梁茶文化系统保护利用规划》,成立浮茶集团整体运作“浮梁茶”公共品牌和核心资源。在 2021 年中国茶叶区域公用品牌价值评估中,浮梁茶与武夷山大红袍、福州茉莉花茶一同被评为最具品牌资源力的三大品牌。2023 年,“浮梁茶”品牌评估价值达 33.07 亿元。

八是湖口大豆栽培系统:在申报认定中保护利用。湖口大豆栽培具有 1600 年的悠久历史,豆农利用旱地种植的土地利用方式和利用温差效应选择大豆种植地提高大豆品质、大豆与中药材间作套种防治病虫害等生态农业种植模式,同时形成了如“湖口豆豉”“湖口豆豉糟鱼”等大豆加工和产品生产的制作技艺。湖口县流芳乡作为国内唯一一个以豆元素为主题的特色小镇,实施“生态化种植、标准化加工、品牌化营销、豆文化传播”模式,先后荣获全国一村一品示范村镇、第三批国家级星创天地等荣誉称号。

(四)保护利用成效明显

一是“绿水青山”带来“金山银山”。崇义客家梯田系统是“竹林 + 村落 +

梯田+河流”可循环的生态系统。崇义县利用梯田生态系统中的生物多样性，培育崇义高山茶、上堡梯田米、阳明湖生态鱼等有机产品，截至2022年底综合产值突破5000万元。

二是种质资源得到保护传承。万年县通过与湖南水稻所合作，选育优质香稻“万年香”“万年贡1号”“万年香1号”；与江西省农业科学院水稻研究所合作，开展传统贡米品种“坞源早”提纯复壮研究。泰和县深化与浙江大学、中国农科院、中国中医科学院等科研院所合作，开发八大系列130个品种。广昌白莲通过航天搭载自主选育的“太空莲”系列良种，种植面积达全国子莲产区的80%，成为我国子莲主栽品种。

三是带动农民增收致富。万年县实行遗产地核心区大米国家三倍保护价收购制度，带动农民增收的实际贡献达65%。浮梁县制定《浮梁县振兴茶产业十条激励措施行动方案》，2023年浮梁茶综合产值22亿元，人均涉茶收入1.5万元。南丰县大力实施蜜橘品质提升工程，每年安排3000万元专项资金，用于苗木补助、土壤改良、基础设施建设、品牌营销，全力推动蜜橘高品质无公害、绿色生产，因地制宜稳步推进“精品园、生态园、小康园”三园建设，2023年南丰蜜橘产值为20亿元左右，农民收入约有80%来自蜜橘及相关产业。

二、面临主要困境

虽然江西重要农业遗产保护利用取得了一定成效，但仍面临诸多困境。

（一）调查挖掘整理不够

一是农业文化遗产调查不够。江西农耕文明悠久，文化底蕴深厚，大量的农田景观类、林果栽培类、古村民俗类等农业文化遗产资源分散在全省各地。而且，全省尚未建立农业文化遗产资源保护机制，导致一些重要农业文化遗产资源被破坏甚至即将彻底消逝。

二是规划保护标准和方式方法还不够科学。当前，江西省对现有万年稻作文化系统、浮梁茶文化系统、广昌莲作文化系统等还未形成统一的内涵界定和标准规范，对“坞源早”、南丰蜜橘、浮梁“槠叶种”等种质资源保护手段单一、利用不足，大多是在重要农业文化遗产申请时邀请团队做了一个规划，缺乏多学科的综合性研究。

（二）保护管理机制不健全

一是保护管理制度有待建立。虽然我国已经出台《重要农业文化遗产管理办法》，但江西除崇义县等少数遗产地出台相关管理办法外，省级层面和大部分遗产地并未出台具体的管理办法或条例。而反观外省，省、市、县均有相关意见、条例、办法出台，2020 年江苏省农业农村厅印发《关于加强农耕文化保护与传承工作的意见》，《泰州市垛田保护条例》《广东省茂名市荔枝农业文化遗产保护与管理办法》《云南省红河哈尼族彝族自治州哈尼梯田保护管理条例实施办法》《青田稻鱼共生系统管理办法》等市、县级相关条例、办法相继实施。

二是尚未凝聚工作合力。全省重要农业文化遗产保护利用涉及范围广，大多由农业农村局牵头，与文化、生态、旅游、住建等部门协同明显不足，尚未形成合力。而 2019 年云南成立了正处级事业单位“红河哈尼梯田世界文化遗产管理局”，明确了红河州人民政府的领导责任、所涉县级人民政府的主体责任、乡（镇）政府的属地管理责任和农业农村、水利、文化和旅游等 17 个职能部门的职责任务。

三是要素支撑不足。从目前情况来看，江西省、市两级均未出台重要农业文化遗产保护利用的相关政策，仅有万年县、崇义县等少数遗产地设立了相关专项资金，如万年县设立稻作品牌提升专项资金（2023 年为 400 万元）。参与重要农业文化遗产保护的专业人才匮乏，全省遗产地除了万年县农业农村局设立了 1 个稻作办，仅有 1 名兼职人员，其他遗产地均没有设置专门的机构，也没有专门的管理人员。

（三）开发利用程度不深

一是遗产地核心区处于“冷冻式保存”状态。调研发现，万年稻作文化遗产系统核心区建立了“坞源早”原种保护栽培区，采用传统耕作方式，生产的贡米量小、品种退化、品质不稳定；浮梁茶文化系统核心区也仅是小规模老树茶的采摘、售卖，基本上处于“冷冻式保存”的状态。

二是产业化开发利用以初级农产品为主。调研发现，万年稻作文化系统主要以万年贡米初加工为主，浮梁茶产业文化系统以茶叶生产销售为主，南丰蜜橘、广昌莲作、泰和乌鸡等产业发展情况基本类似，“接二连三”明显不足，综合产值均不高。

三是新业态新模式培育不足。全省重要农业文化遗产大多与经济、社会、文化、生态、科技等融合不够，农业文化遗产资源与民俗节庆、文化表演、旅游康养、农耕体验、科普研学等融合发展的新业态、新模式培育不足。

（四）品牌影响力不高

一是宣传推介力度不够。万年稻米、浮梁茶、广昌白莲、泰和乌鸡等产品，大多依托企业建设的小型展馆来展示文化遗产，缺少大中型的专门性展馆场所。宣传推介则主要以广播、电视、报纸、交通媒体等传统媒介为主，较少用互联网、抖音、哔哩哔哩等新媒体手段进行推广。

二是“走出去”步伐不快。2023 年 7 月 18 日，浙江青田县召开全球重要农业文化遗产大会一周年纪念大会，江西万年稻作文化系统参与其中，其他大多遗产地没有参与进去，甚至有的都不知道这个会。

三是品牌影响力不高。所谓“农遗必出精品”，但全省重要农业文化遗产品牌影响力还不高，浮梁茶号称为景德镇的第二张名片，但品牌知名度仅限于在省内，省外对崇义梯田与客家文化、万年大米与南丰蜜橘的“特贡”历史知之甚少。同时，全省重要农业文化遗产所涉及的区域公用品牌价值不高，2023 年江西浮梁茶品牌价值为33.07 亿元，而浙江西湖龙井为82.64 亿元、云南普洱茶为82.21 亿元；2022 年江西泰和乌鸡品牌价值为 28.95 亿元，而洪泽湖大闸蟹高达 154.28 亿元；2023 年江西广昌白莲品牌价值为 21.04 亿元，而浙江庆元香菇为 49.26 亿元。

三、对策建议

在新的起点上建设中华民族现代文明，江西既要“守正”留住农遗文化的魂，还要“创新”传承发展农遗产业，不断推进重要农业文化遗产保护利用迈上新台阶。

（一）制度化促进原态保护

一是完善政策体系。参照国家《重要农业文化遗产管理办法》及有关法律规定，加快建立省市县三级政策保护体系。省级层面，要尽快制定出台《关于加强江西省农耕文化保护与传承工作的意见》；市县层面，由重要农业文化遗产地所涉市县牵头，制定出台具体的重要农业文化遗产保护与管理办法。

二是科学编制保护利用规划。深入挖掘全省重要农业文化遗产的内涵特征和多元价值，尽快制定重要农业文化遗产保护利用规划，并按年度制定全省重要农业文化遗产保护利用项目实施方案，保障全省重要农业文化遗产保护利用的长效与常态发展。

三是健全多部门协同机制。省级层面设立农业文化遗产管理指导机构，推动全省重要农业文化遗产保护管理建设，遗产地所在县（市、区）成立农业文化遗产领导小组；明确农业农村部门牵头，遗产地所涉乡镇政府为农业文化遗产保护利用的主体，林业、文广新旅、生态、自然资源、水利、财政等部门协调发力。

（二）系统性守护文化根脉

一是全面摸清家底。开展实施江西省农业文化遗产专项普查，建设江西农业文化遗产数据库。查清农业物种资源种类、数量、面积、伴生物种、分布地点和濒危状况，健全农业物种资源信息数据库。

二是分层级健全保护名录清单。参照“非遗”方式，分层级设立江西重要农业文化遗产保护名录清单，既要将农业生产休戚与共的田地、水系、山林等自然环境以及构成农耕文化区有机整体的房屋、道路、交通、碑刻等人文设施与景观列为保护对象，也要将农业耕作技术、生产经验、劳动工具、精神信仰和特有农作物品种与生物资源纳入保护名录，还要将因农业生产而形成的风俗习惯、道德价值观念等活态文化纳入保护清单。

三是汇聚多方合力。发挥涉农科研院所的作用，围绕农业文化遗产，开展社会与生态可持续机制、多功能性与多重价值、动态保护与适应性管理等方面的研究；引进具有文化理念、公益情怀和市场能力的机构，与遗产地龙头企业联合设立院士工作站、实验基地等，为农业文化遗产保护利用、开发传承等提供智力支持。

（三）品牌化推动活态利用

一是实现从“身份”到“身价”的转换。加强全省重要农业文化遗产所涉农业区域公共品牌、企业品牌、产品品牌的培育与发展。参照“福建安溪”“浙江龙井”等做法，促进万年大米、横峰葛根、南丰蜜橘、泰和乌鸡等农遗产品的生态认证、质量监管，大力发展深加工，打造赣鄱“农业文化遗产良品”品牌。

二是实现“铭牌”与“名片”的联动。充分发挥重要农业文化遗产与江西历史、地域品牌、红色资源叠加优势，大力发展“农业文化遗产＋”旅游、互联网，推进重要农业文化遗产景观利用，发展农事体验、乡村研学、实景演艺等业态，打造云农场、实景直播、网红田园等遗产数字化场景。

三是实现从“联络”与“联盟”的合作。推进与全球、全国不同地区农业文化遗产地的交流合作，参照全球重要农业文化遗产保护与发展联盟、全球梯田保护与发展联盟、亚洲文化遗产保护联盟、浙江省大运河世界文化遗产保护联盟等做法，支持全省重要农业文化遗产加入或发起遗产地联盟，促进同类遗产地建立横向协作机制，加快江西重要农业文化遗产“走出去”步伐。

（四）组合式强化要素保障

一是实现“输血”与“造血”资金支持。健全多元化生态补偿机制，持续提高全省重要农业文化遗产的生态服务功能；整合使用村落保护、文物保护、人居环境、乡村建设等目标相近、方向类同的资金，设立农业文化遗产保护利用专项资金，主要用于江西重要农业文化遗产保护利用项目补助、活动开展或文创产品开发；完善农业文化遗产多方参与机制和利益共享机制，根据“谁受益、谁付费”的原则，推广政府与社会资本合作、政府购买服务等模式，让企业和农民成为江西重要农业文化遗产保护利用主要的参与者、受益者。

二是加强人才支撑与培养。组建由长期从事农业文化遗产理论研究的教授与科研院所专家、基层一线的实践人才等组成的江西省重要农业文化遗产专家委员会，开展全省重要农业文化遗产的发掘、整理、认定、研究工作；引进、培养一批具有农学、历史学和考古学专业背景的管理人才和专业人才；参照非物质文化遗产代表性传承人绩效考核管理办法，对全省重要农业文化遗产传承项目实施科学的资金扶持、考评和奖励机制，加大对重要农业文化遗产习俗传承人培养。

三是讲好重要农业文化遗产赣鄱故事。推进全省重要农业文化遗产展馆新建与扩建，组织江西重要农业文化遗产巡回展览，推动社会对江西农业文化遗产价值的认识；借助大型国际会议，向世界展示江西邻里守望、诚信重礼的农耕文化；以农业农村部、联合国粮农组织的国际交流项目为契机，参与或承办全球重要农业文化遗产大会或培训，展示江西丰富的农业生产实践、多样的农业文化遗产、悠久的中国农业文明。

Ⅳ

区域报告

南昌城市文化品牌建设的实践与思考

中共南昌市委宣传部课题组

摘要： 城市文化品牌是提升城市文化软实力、增强城市文化影响力的重要支撑和载体。党的十八大以来，南昌以深厚的地域文化资源和系统的文化发展战略，以“物华天宝，人杰地灵——天下英雄城”为城市文化品牌，在做好“三色”文章、发展文化产业、推进文化事业以及做好宣传推介等方面取得显著成效，但同时也存在城市文化品牌竞争力、转化力、辐射力以及整合力不足的问题。聚焦文化标识提升城市文化品牌竞争力，发展文化产业增强城市文化品牌转化力，做强宣传矩阵拓展城市文化品牌辐射力，强化政策支撑提升城市文化品牌整合力，助力南昌城市文化品牌发展。

关键词： 城市文化　文化品牌　文化产业

提高国家文化软实力，增强中华文明传播力影响力，必须切实把我们自身的文化建设好，做到“形于中”而“发于外”。城市文化品牌是国家文化软实力的重要组成，对提升城市文化影响力和城市高品质发展具有重要意义。作为国家历史文化名城，南昌以其丰富的文化资源和科学的发展策略，在推动城市文化品牌建

课题组成员：李松殿，中共南昌市委常委、宣传部部长；陈焜，中共南昌市委宣传部副部长；王盈心，中共南昌市委宣传部文化产业科科长；姜文清，中共南昌市委宣传部文化产业科科员；戴庆锋，南昌社会科学院院长；杨美蓉，南昌社会科学院副院长；何丽君，南昌社会科学院副院长；张晓波，南昌社会科学院干部；罗思越，南昌社会科学院干部。

设上取得积极成效，全面唱响“物华天宝，人杰地灵——天下英雄城”的城市文化品牌，为以文化软实力推进“省会引领”战略提供有力支撑。

一、南昌城市文化品牌建设的定位及成效

党的十八大以来，南昌市依托丰富的红色、古色、绿色文化资源，不断明晰城市文化品牌脉络、完善城市文化品牌建设机制、丰富城市文化品牌内涵，在城市文化品牌定位、建设等方面取得显著成效。

（一）南昌城市文化品牌建设的定位与内涵

城市文化品牌是由城市形态、人文特色和社会文明等要素集合而成并综合反映城市政治、经济、社会、历史、人文等多方面特征的综合标识体，对提升城市综合影响力、汇聚城市发展要素具有重要作用。

1. 南昌城市文化品牌的建设阶段

进入21世纪以来，南昌城市文化品牌建设主要经历四个阶段，各阶段主题根据特定时期发展战略有所侧重。第一阶段：2001年，南昌市依托“一江两岸”发展思路，致力于把南昌建成经济中心和文明花园英雄城市，提出打造“现代文明花园英雄城市”。第二阶段：2009年，为彰显“山水绿色都城”独特魅力，南昌市把城市建设与自然生态相结合，提出“森林城乡·花园南昌”的城市文化品牌。第三阶段：2011年前后，结合丰富的生态水域资源及“赣鄱千年黄金水道”的人文历史资源，南昌市提出打造“鄱湖明珠·中国水都”城市文化品牌，致力于“中国水都”建设。第四阶段：2022年之前，南昌市立足城市古色与红色文化资源，着力打造“千年豫章郡　天下英雄城”的城市文化品牌。上述四阶段城市文化品牌建设的探索与实践，为新时代定位和建设南昌城市文化品牌提供重要支撑。

2. 南昌城市文化品牌的最新定位

城市文化品牌建设是一个长期的积淀过程。进入新时代，南昌市委、市政府以习近平新时代中国特色社会主义思想为指导，坚持“人民城市人民建、人民城市为人民”理念，在统筹南昌深厚的红色文化、古色文化以及绿色生态文化特

质基础上系统推进“五个一”工程建设，并于2022年1月正式提出打造“物华天宝，人杰地灵——天下英雄城”的城市文化品牌。至此，新时代南昌城市文化品牌得以最新定位。南昌城市文化品牌的最新定位和持续建设，为把南昌打造成为“可阅读、能感知、有韧性、更宜居”的天下英雄城奠定坚实基础，南昌城市影响力和美誉度得到持续、显著的提升。

3. 南昌城市文化品牌的内涵特质

“物华天宝，人杰地灵——天下英雄城”的城市文化品牌建设，饱含着南昌的文化特质和精神品格。南昌域内高士文化、禅道文化、书院文化、书画戏曲文化等资源众多，滕王阁、万寿宫、绳金塔等历史古迹丰富，伶伦、许逊、徐稚、王勃、朱耷、利玛窦等名人使得南昌有着深厚的人文历史内涵。依托于得天独厚的山水绿色资源，特别是“一江十河串百湖”的水域资源，南昌获得“国家园林城市”“国家森林城市”“国际湿地城市”等殊荣，充分彰显着南昌特有的生态文化品质。承载“八一南昌起义”的光辉历史，“八一”文化元素建筑及标识遍及洪城，南昌更是被赋予“英雄城市”的特殊美誉。由此，以“物华天宝，人杰地灵——天下英雄城”来定位南昌城市文化品牌，既涵盖南昌“物华天宝”的自然资源优势，又凸显“人杰地灵”的人文历史传统，更传承了“天下英雄城”特有的“红色基因”，体现出“自信、发奋、齐心”的南昌精气神，使其成为展现和唱响南昌城市文化品牌的最佳阐释。

（二）南昌城市文化品牌建设的做法与成效

南昌市新一届市委、市政府立足南昌市情，从做好“三色”文章、增强文化产业、发展文化事业以及做好宣传推介等方面积极作为并取得显著成效，全方位打造“物华天宝，人杰地灵——天下英雄城”的城市文化品牌。

1. 做好“三色”文章，打造城市文化特色品牌

（1）做好“八一”文章。南昌因其承载“八一南昌起义”的特殊历史成为“军旗升起的地方”，故做好“八一”文章成为南昌打造城市文化品牌的重要路径。南昌市重点打造了八一南昌起义纪念馆、八一广场、建军雕塑广场等大批“八一”文化地标建筑，推出中国军事美术展、中国军事摄影作品展、电影《建军大业》等“八

一”文化文艺作品，开展南昌国际军乐节、八一广场升旗仪式、“我们的八一”等系列“八一”主题活动，充分彰显出南昌英雄城市特质的红色文化品牌(见表1)。

表1 南昌市“八一”品牌项目分类统计分析表

项目类别	项目名称
“八一”场馆建筑	八一南昌起义纪念馆、江西省革命烈士纪念堂等；八一起义旧址、朱德教育团、贺龙指挥部等；建军雕塑广场、南昌军事主题公园；八一广场、八一大道、八一大桥、八一学校、八一干部学院等
“八一”文艺作品	中国军事美术展、中国军事摄影作品展、民族歌剧《八一起义》、电影《建军大业》、纪录片《永远的军魂》、广播剧《国家意志》《星火八一》、歌曲《有多少爱就有多少牵挂》、长篇小说《牛行车站》、南昌清音红色曲目《巧渡》《红领巾》等
“八一”主题活动	南昌国际军乐节、八一广场升旗仪式、“南昌，登场皆为英雄”主题系列活动、“我们的八一”系列活动、“八一”宣讲团、红色教育基地“南昌红色记忆展示馆”、“红色基因传承示范校”、“八一”军事文化研究等

资料来源：课题组根据调研资料整理而成。

(2)做好古色文章。聚焦汉唐文化、江右文化、豫章文化等古文化核心元素，重点打造海昏侯国遗址、滕王阁、万寿宫、汪山土库等南昌古文化地标性项目；深挖历史名人资源，集中打造伶伦、刘贺、许逊、徐稚、王勃、王阳明、朱耷、利玛窦等历史名人载体和形象，持续擦亮南昌历史文化品牌(见表2)。南昌市还通过艺术创作以及文产创新等路径，推动历史遗迹和名人效应转化为新时代南昌城市文化品牌和标识，全面激发千年古城新活力，为进一步唱响“物华天宝，人杰地灵——天下英雄城”的城市古文化品牌发挥重要作用。

表2 南昌古文化项目分类统计分析表

项目类别	项目名称
古文化地标建筑	滕王阁、南昌汉代海昏侯国国家考古遗址公园、万寿宫八大山人纪念馆、八大山人梅湖景区、汪山土库、江西名人雕塑园、汪大渊纪念广场、万寿宫、阳明路、孺子路、渊明路、阳明公园等

续表：

项目类别	项目名称
古文化题材创作	大型演艺项目《滕王宴乐》、大型实景演出项目《寻梦滕王阁》、《八大山人书画精品展》、《八大山人拓片展》、伶伦音乐节等

资料来源：课题组根据调研资料整理而成。

(3)做好山水文章。南昌市坚定不移走生态优先、绿色发展道路，坚持人与自然和谐共生理念，全面做好“治山理水、显山露水”文章。南昌市天然水域及湿地率达17.5%，森林覆盖率达21.27%，城市绿化覆盖率达43%；物种多样性显著提升，其中域内鸟类种数420余种，约占全国和全省鸟类种数的29.1%和84.5%。南昌域内象山森林公园被誉为“鹭鸟王国”，鲤鱼洲（五星农场）被誉为“全世界离白鹤最近的地方”，天香园被誉为“城市候鸟之都”等。南昌市因其优质的绿色生态资源和项目（见表3），获得“国家森林城市”“国家园林城市”“国际湿地城市”“国家水生态文明城市”等多项殊荣，持续唱响绿色生态城市文化品牌。

表3　南昌市各级生态项目名录统计表

级别	数量	备注
国际重要湿地	2	江西鄱阳湖国家级自然保护区、江西鄱阳湖南矶湿地国家级自然保护区
国家森林公园	2	梅岭国家森林公园、圣水堂国家森林公园
省级重要湿地	4	瑶湖、青山湖、青岚湖、军山湖
省级森林公园	6	象山省级森林公园、梦山省级森林公园、香炉峰省级森林公园、兴农沙漠生态省级森林公园、龙泉省级森林公园、林湾省级森林公园
省级湿地公园	5	进贤磨盘洲、进贤青岚湖、南昌县澄碧湖、安义北潦河、高新区瑶湖

资料来源：课题组根据相关资料整理而成。

2. 大力发展文化产业，增强城市文化品牌实力

(1)发展文化产业。南昌市坚持规模化、数字化、集群化发展战略，持续推

进重大项目引领，重点打造出版印刷、数字化产业和文化制造业集群，文化产业综合实力显著增强。至2023年，南昌市已创建国家级文化产业示范基地2个，国家级文化和科技融合示范基地1个，省级文化产业园区2个，省级文化产业示范基地（园区）20个。南昌市规模以上文化企业由2015年的167家上升到2023年的443家，总量及增幅稳居全省首位（见图1）；2023年规模以上文化企业营业收入近500亿元，总量居全省首位。文化企业综合实力的显著增强，有力提升文化产业经济贡献度，为提升城市文化品牌提供重要支撑。

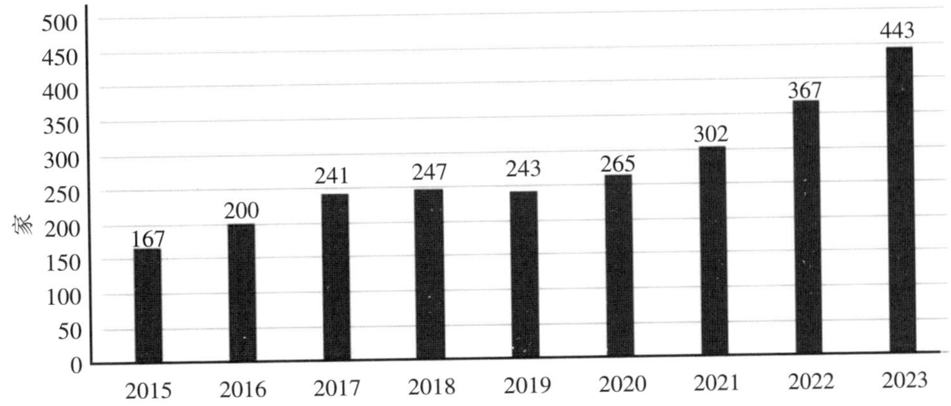

图1　2015—2023年南昌市规模以上文化企业数量

注：①数据来源于南昌市统计局；②由于统计口径变化，此图未作2013—2014年统计分析。

（2）推动文旅融合。党的十八大以来，南昌市立足丰富的文化和旅游资源，大力实施“文化强市”“旅游强市”战略，系统规划建设“文化+”“旅游+”等项目，南昌火爆“出圈”并被评为全国十大“新晋网红城市”、“中国十大旅游目的地必去城市”。其中，八一广场升国旗仪式、南昌烟花晚会、南昌国际龙舟赛、飞行大会、国际马拉松、横渡赣江等活动（见表4），极大丰富和提升了南昌文旅活动的内涵与品质，有效提升了南昌城市文化品牌的影响力和美誉度。2013—2023年的10年间，南昌年接待游客数量从0.33亿人次上升到1.90亿人次（见图2），旅游综合收入由272亿元上升到1978亿元，旅游人次、综合收入均实现大幅增长。

表4　2023 年南昌市举办的特色活动及社会反响统计表

特色活动	社会反响
八一广场升旗活动	8 月 1 日现场观礼市民游客超 8 万人;10 月 1 日超 16 万人;每场活动直播在线观看超 1500 万人次,相关话题总浏览超 1 亿次
南昌烟花晚会	迎春、国庆两场烟花晚会,共吸引 160 万人次观看,全网观看直播人数超 1.1 亿人次,全网发布正面信息 20000 余条,相关稿件 200 余篇,阅读量破 5000 万次
南昌国际龙舟赛	44 支国际国内龙舟队近 700 名参赛队员参赛,全网直播阅读量超 2400 万人次
千人横渡赣江	20 多个方队 2000 余人参与,全网直播阅读量超 2400 万人次
南昌马拉松	3 万名跑友来昌参赛,创历届南昌马拉松参赛人数之最

资料来源:课题组根据相关资料整理而成。

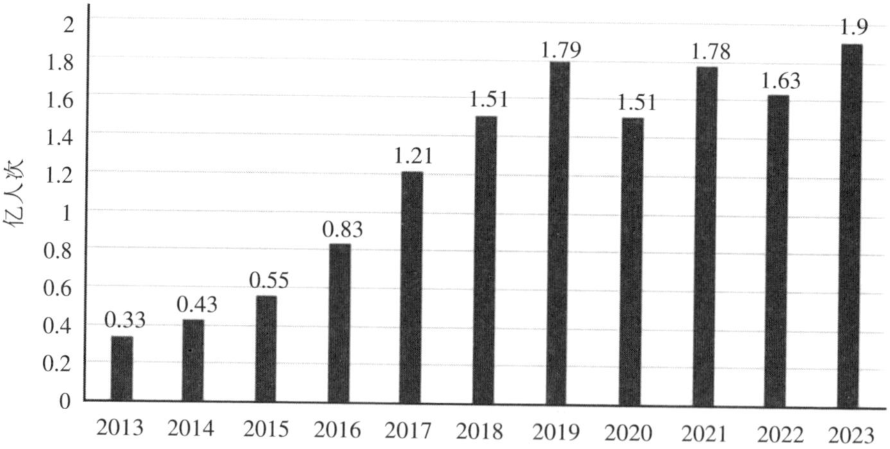

图2　2013—2023 年南昌市接待游客数量

数据来源:南昌市统计局。

3. 全面推进文化事业，提升城市文化品牌内涵

（1）完善城市公共文化服务。以城市公共文化服务城市社会生活，是不断提升城市民众幸福感和归属感，并从城市功能品质维度提升城市文化品牌认可度的重要内容和载体。党的十八大以来，南昌市以文化项目建设不断完善现代公共文化服务体系，建设博物馆、图书馆、文化馆、数字展厅以及“孺子书房”等大批重大文化设施项目（见表5），同时开展“百馆千万场　服务来共享”“图书大篷车”等系列群众性文化惠民活动。至2023年，南昌市基本形成“市县有三馆，区有两馆，乡镇（街道）有一站，社区有一室，村有一屋”的四级公共文化设施网络体系。南昌市还以书为媒唱响“书香洪城”品牌，创新推出孺子书房、莲花书屋、抱朴书屋等“十大精品图书馆”项目，其中“孺子书房”建设工作案例入围中宣部《宣传思想文化工作案例（2023）》和中国改革2023年度地方全面深化改革典型案例。

表5　南昌市文化场所项目建设情况统计表

类别	数量（家）	备注
博物馆	12	3家一级博物馆，5家二级博物馆
图书馆	10	7家一级图书馆，2家二级图书馆，1家三级图书馆
文化馆	12	6家一级文化馆，5家二级文化馆
美术馆	12	南昌美术馆、南昌县美术馆、高新区美术馆、中至美术馆、791美术馆、八零油画学社美术馆等
数字展厅	4	南昌文化云、南昌八一起义纪念馆VR展示、百年回望红心向党数字展馆、江西数字展馆等
孺子书房	110	已在南昌市各县区建设110家孺子书房

资料来源：课题组根据相关资料整理而成。

（2）塑造城市文化艺术空间。一方面，推进城市文化艺术空间硬件建设。南昌市在大型广场、公园、景区、交通枢纽等区域建设大量城市公共艺术建筑，全力打造与城市文化品牌相适应的空间景观。改造提升八一广场及周边环境，打造“纪念广场、城市客厅”，推进建设陆军博物馆、新的市图书馆等，使八一广

场成为红色文化与现代都市融合的文化地标品牌。另一方面,推动城市文化艺术创新创作。大力推动城市文艺创作和文化活动,创新推出《八一军旗红》情景式展演、《那年八一》旧址实景剧等城市文艺作品,创作拍摄《建军大业》,并获第十四届精神文明建设“五个一工程”特别奖、第三十四届大众电影百花奖优秀故事片奖、第十七届中国电影华表奖优秀故事片奖;《邓小平小道》获第七届中加国际电影节最佳传记电影奖、第十九届中国电影华表奖优秀故事片奖等。系列文化艺术空间项目建设,有效提升了南昌城市文化品牌的影响力和美誉度。

4. 全面做好宣传推介,提升城市文化品牌影响力

(1)强化城市品牌集中统一宣传。围绕“物华天宝,人杰地灵——天下英雄城”核心定位,南昌市集中力量多形式、多渠道宣传推介城市文化品牌(见表6),取得积极成效。近5年,南昌市组织世界VR产业大会、南昌飞行大会、南昌马拉松等活动会展,推介推广566场(次),举办各类主题新闻发布会483场,积极搭建海外社交平台传播矩阵,海外平台总粉丝数达47.9万人。2023年,央媒、省媒等主流媒体聚焦南昌进行密集报道,全年刊播南昌稿件超6400篇,极大提升了南昌城市文化品牌的影响力和美誉度。

表6　南昌宣传推介城市文化品牌的部分项目统计表

文化综合项目形式	具体内容
城市推介会	VR大会、飞行大会、“天下英雄城　欢乐南昌行”旅游推介会、“红土情深·嘉游赣”南昌文旅推介会等
城市文化论坛	中国·南昌八大山人文化论坛、南昌绳金塔论坛等
城市艺术展览	《画说老南昌七十二行》民俗国画艺术展、“观·想的表达——尚可作品展(江西展)”等
城市体育赛事	南昌国际龙舟赛、南昌国际马拉松、江西网球公开赛、梅岭越野挑战赛等
城市节庆活动	春节烟花晚会、升旗仪式表演、跨年一江两岸灯光秀等

资料来源:课题组根据相关资料整理而成。

(2)突出城市品牌多媒体矩阵宣传。通过组建融媒体中心,打造“洪观新闻”“小政视频”等新媒体矩阵,以及网络设置“总要来趟南昌吧”“南昌邀您来过年”等南昌特色议题等形式,多渠道、矩阵式宣传推介南昌,唱响南昌城市文化品牌的“网络声誉”。其中,“洪观新闻”全网粉丝量突破1100 万人,客户端下载量达240 万次,网络媒体影响力不断增强。此外,推动南昌本地网民“走出去”,以民众视角对南昌城市文化进行网络宣传,特别是以短视频、网络文学、动漫等新媒体传播方式,夯实南昌城市文化品牌的群众基础。

二、南昌城市文化品牌建设面临的挑战

近十年来,南昌城市文化品牌建设取得显著成效,但从品牌建设的实力和水平看,与国内发达城市相比还有一定不足,主要有以下几个方面。

(一)城市文化品牌竞争力不足

城市文化品牌竞争力是标志城市文化品牌能力的重要指标,主要涵盖城市文化发展水平、科教发展水平、文化产业实力、文化承载力等。横向比较而言,南昌城市文化竞争力主要指标偏低,城市文化竞争力整体排名靠后。《2023 年中国百强城市排行榜》显示:2023 年南昌市文化发展指标分值为 43. 91,远低于北京(99. 50)、上海(96. 67)等“第一梯队”城市,且与武汉(75. 24)、合肥(57. 84)、长沙(52. 74)等周边省会城市相比依然差距明显(见表 7);在科教发展指标及排名上,南昌(53. 05)也与周边省会城市存在明显差距,且文化、科教两项指标均处于“第三梯队”。此外,南昌市在全国百强城市综合得分排行中位列第 34 位,综合得分为 46. 74。相关发展指标表明,以文化发展、科教发展为主要维度的南昌城市文化品牌竞争力存在明显不足,制约着南昌城市文化品牌的建设和发展。

表 7　2023 年“中国百强城市”部分城市排行榜

城市	软经济指标		硬经济指标		综合分值排名
	文化分值	科教分值	GDP 分值	财政分值	
北京	99. 50	98. 26	90. 84	90. 11	1

续表：

城市	软经济指标		硬经济指标		综合分值排名
	文化分值	科教分值	GDP 分值	财政分值	
上海	96.67	89.75	90.68	96.24	2
杭州	79.36	77.62	69.92	75.34	5
武汉	75.24	83.41	67.38	59.46	8
重庆	73.52	73.14	64.27	54.64	11
长沙	52.74	72.14	61.15	57.68	16
合肥	57.84	73.72	56.42	50.96	17
西安	69.13	79.92	46.34	43.36	20
南昌	43.91	53.05	43.61	37.73	34

资料来源：课题组根据《2023 年中国百强城市排行榜》整理统计。

（二）城市文化品牌转化力不足

城市文化品牌转化力是指一个城市通过发展文化产业实现其文化资源与文化品牌市场价值的能力，其中文化产业是文化资源与品牌实现市场价值转化的重要桥梁。① 横向比较来看，南昌城市文化品牌转化力存在规模以上文化企业数量、文旅项目影响力以及文化消费能力等方面的不足。以规模以上文化企业数量为例，2020 年南昌规模以上文化企业总量为 265 家，至 2022 年为 367 家（2023 年为 443 家），与周边省会城市长沙、武汉差距巨大，甚至不及长沙、武汉的半数，也同样远低于合肥的 501 家（见表 8），城市文化品牌转化力存在不足。

表 8　2020—2022 年南昌市与部分城市规模以上文化企业数量分析表

（单位：个）

年份	南昌	长沙	合肥	武汉	西安
2020	265	1270	537	638	661
2021	302	1155	492	766	694

① 陈成文：《长沙城市文化竞争力发展研究》，载《湖南社会科学》2023 年第 3 期，第 113—124 页。

续表:

年份	南昌	长沙	合肥	武汉	西安
2022	367	983	501	926	737

资料来源:课题组根据相关资料整理而成。

(三)城市文化品牌辐射力不足

城市文化品牌辐射力以城市形象为载体,是城市在对外宣传推介其文化资源和文化品牌时所展现的空间拓展能力,是城市文化品牌建设的重要载体。进入新世纪以来,特别是随着网红经济的快速发展,全国各地都在加大全场景、多渠道的城市文化品牌宣传推介。近年来南昌市在城市文化品牌辐射力建设方面虽有所成效,但与发达城市以及周边省会城市相比较,南昌市在展览数量、城市宣传片播放量、媒体投放及阅读搜索指数等方面还存在一定差距(见表9)。此外,南昌在运用文化作品的宣传推广方面也存在不足,诸如《成都成都》《守护解放西》等"爆款"文化作品偏少,"物华天宝,人杰地灵——天下英雄城"的城市文化品牌形象辐射力整体不足。

表9　南昌市与其他城市形象宣传比较分析表

城市	展览数(次)	城市宣传片播放量(万次)	抖音搜索指数(万次)	百度搜索指数(万次)
南昌	40	12	70	5373
上海	550	252	399	20138
深圳	107	163	214	10308
武汉	88	40	176	7286
郑州	113	12	183	8278
长沙	202	50	136	5746
合肥	102	11	74	5338

数据来源:课题组根据《长沙城市文化竞争力发展研究》统计整理。①

① 陈成文:《长沙城市文化竞争力发展研究》,载《湖南社会科学》2023年第3期,第113—124页。

（四）城市文化品牌整合力不足

城市文化品牌整合力是指一个城市通过充分挖掘、有效整合各种文化资源并最大限度实现文化资源禀赋"乘数效应"的能力①。南昌市拥有丰富的文化资源，但从目前南昌城市文化资源整合力度和成效来看，"叫得响、拿得出"的文化精品项目整体偏少。对比周边省会城市来看，南昌市在国家级文保单位（10家）、国家级非遗数量（3处）、博物馆数量（18家）以及国家5A级风景名胜区（1个）等方面都整体偏低，特别是在文保单位和博物馆建设方面差距明显（见表10）。从资源禀赋角度看，南昌并不缺乏深厚的城市文化底蕴和积累，因此这在很大程度上反映出南昌在城市文化打造、城市文化品牌整合上还存在不足，制约着南昌城市文化品牌的建设发展。

表10　南昌市与周边省会城市重要文化单位比较分析表

城市	国家级重点文物保护单位数量（家）	国家级非物质文化遗产数量（处）	博物馆数量（家）	国家5A级风景名胜区数量（个）
南昌	10	3	18	1
武汉	33	19	84	3
长沙	29	9	19	2
郑州	83	6	40	1
合肥	10	5	36	1

资料来源：课题组根据相关资料整理而成。

三、提升南昌城市文化品牌建设的对策建议

打造城市文化品牌是一项系统、长期工程。针对南昌存在的主要问题，需要从聚焦文化标识、发展文化产业、做强宣传矩阵以及强化政策支撑等方面不

① 陈成文：《长沙城市文化竞争力发展研究》，载《湖南社会科学》2023年第3期，第113—124页。

断提升南昌城市文化品牌竞争力、转化力、辐射力和整合力，进而全面提升新时代南昌城市文化品牌的综合实力。

（一）聚焦文化标识，提升城市文化品牌竞争力

聚焦文化标识，要重点从城市文化标识的承载力、服务力等方面着手，实行差异化、个性化发展，不断提升城市文化品牌竞争力。一是持续阐释城市文化品牌。建议南昌以“物华天宝，人杰地灵——天下英雄城”为核心，以古色、红色、绿色文化为内容特质，重点突出和打造红色英雄城文化，持续固化并不断强化“飞阁流丹”城市 LOGO 品牌形象，系统、集中、持续强化南昌城市文化品牌定位，提升城市文化品牌竞争力。二是加强建设“软文化地标”。推进南昌陆军博物馆等红色文化地标建设，加强南昌文化展演、博物馆文化主题等形式的“软文化地标”建设。借鉴西安市定位“千年古都·常来长安”城市文化名片并系统打造“文博之夜”“国际博物馆日”经验做法，建议南昌体系化、规模化打造“三色”文化的“博物馆日”“文博游”，创新创造“博物馆 +”“文物 +”等多元融合项目，通过丰富市民文化生活、丰富城市文化旅游场景，让南昌“软文化地标”更好服务于城市文化品牌建设，更好展现和提升南昌城市文化品牌的独特性和竞争力。

（二）发展文化产业，提升城市文化品牌转化力

增强城市文化品牌转化力，需要从文化企业、文旅融合以及文化消费等方面综合推进、系统提升。一是发展重点文化企业。建议优化省市联动，加强与周边省市特别是长沙、杭州、广州等地知名文产企业合作共建，打造南昌文化产业创新园区，力争吸引到 1—2 家国际、国内头部文产企业入昌入赣。扶持和发展本土中小型文化企业特别是文创企业的发展，重点为引进和留用优秀文化人才创造资金项目、政策服务以及社会服务的政策支持。二是持续推进文旅融合。以潮流元素、青年元素持续开发新业态文旅项目和产品，特别是古色、红色、绿色文创产品，增强对青年群体的吸引力。建议重点扶持和发展网络文学、电竞产业等新兴业态，抢抓文化产业发展新赛道。三是持续提升文化消费。重

点提升城市夜经济消费水平和能力。参考成都市《关于发展全市夜间经济促进消费升级的实施意见》中“10 个夜间旅游景区、10 处夜间视听剧苑、10 处夜间学习时点、10 处夜间购物潮地、10 处夜间晚味去处、10 处夜间风情街区”做法，定量、定位打造若干沿江、沿湖夜间经济消费场景集中区，提升城市文化消费水平，进而全方位提升南昌城市文化品牌的转化力和影响力。

（三）做强宣传矩阵，提升城市文化品牌辐射力

构建系统化、立体化宣传矩阵，对提升南昌城市文化品牌辐射力具有重要意义。一是研究分析受众需求，精准推送优质传播内容。重点研究分析国内外受众差异化“文化期待”，实行智慧、精准营销。以海昏侯、天下英雄城、滕王阁、八大山人等特有 IP，借助南昌美食、南昌生活等大众化载体，以受众需求为导向，讲好、讲深、讲透“南昌故事”，不断增强“南昌印记”，强化传播内容的优质供给。二是构建全媒体宣传矩阵。其一，构建主流媒体宣传矩阵。以重点报道、媒体投放相结合，联合策划品牌栏目，加强与中央、省内外媒体与刊物合作，提升稿件刊发数量和品质，积极宣传推介南昌。其二，构建国内商业媒体宣传矩阵。探索创新与微信、微博、电商平台、电子地图、搜索引擎以及短视频媒介的合作模式，策划“看南昌、游南昌、拍南昌、讲南昌”等系列精品，提升南昌城市文化品牌辐射力。其三，构建自媒体宣传矩阵。发动网红达人、南昌居民和来昌游客，构建南昌融媒体宣传矩阵，不断扩大南昌城市文化品牌宣传“朋友圈”。其四，探索构建国际传播矩阵。积极发展对外交流，拓展 Facebook、Twitter、Instagram、Tiktok 等海外媒体平台，策划宣传推广南昌优质文化品牌，提高南昌城市文化品牌的辐射力和知名度。

（四）强化政策支撑，提升城市文化品牌整合力

一是重视城市文化品牌建设顶层设计。制定出台《南昌市城市文化品牌建设实施意见》，明确南昌城市文化品牌建设的总目标、时间表、路线图和任务书，尽快把南昌文化品牌建设纳入政策并付诸实施。二是提升城市文化品牌建设责任担当。强化职能部门的城市文化品牌建设理念和责任，综合实施“文化 +”

人才、产业、科技、旅游、体育等专项行动，提升职能部门的思想共识和自觉行动。三是加强城市文化品牌建设政策支持。借鉴淄博、哈尔滨等地“出圈”经验，积极营造南昌城市品牌建设法律诚信环境，完善文化市场综合行政执法机制；深化“放管服”改革，简化现有涉及文化产业的行政审批事项，降低文化产业新业态设立门槛。四是强化城市文化品牌建设资金保障。积极落实国家、省、市支持文化产业发展相关政策，完善财政投入机制，同时鼓励引导民间资本参与，重点扶持发展一批红色文化、古色文化、绿色文化项目，做大做强南昌城市文化品牌。

景德镇陶瓷文化传承创新发展报告

中共景德镇市委宣传部课题组

摘要: 党的十八大以来,景德镇认真学习贯彻习近平新时代中国特色社会主义思想和习近平总书记考察江西重要讲话精神,扎实推进景德镇国家陶瓷文化传承创新试验区建设,走出了一条中华优秀传统文化传承发展的新路子。但也面临创新发展与保护传承、文化影响力与现实生产力、国家使命与地方平台等矛盾问题,需要系统性推动陶瓷文化保护传承,全方位推动陶瓷文化创新发展,多渠道推动陶瓷文化对外传播,让千年遗存得到活态展示,千年技艺得到系统传承,千年匠心得到继承呵护,千年故事得到精心讲述。

关键词: 景德镇　陶瓷文化　传承创新

陶瓷是中华文明的重要名片,是中华优秀传统文化的杰出代表,景德镇以千年瓷都和海上丝绸之路主要起点城市闻名于世。党的十八大以来,景德镇切实担负起传承发展陶瓷文化新的历史使命,努力把“千年瓷都”这张亮丽的名片擦得更亮。

一、景德镇推动陶瓷文化传承创新发展的实践与成效

景德镇深入贯彻习近平总书记关于御窑厂遗址保护、景德镇国家陶瓷文化

课题组成员:张龙,中共景德镇市委常委、宣传部部长;董军发,中共景德镇市委宣传部常务副部长;李新江,中共景德镇市委宣传部副部长;缪羿平,中共景德镇市委宣传部办公室主任;熊希伦,中共景德镇市委宣传部干部。

传承创新试验区建设、做大做强陶瓷产业等的重要讲话、重要指示批示精神，坚持陶瓷文化与经济结合、传承与创新结合、民族与世界结合，千年窑火越烧越旺，千年瓷都焕发新生。

（一）以御窑厂遗址保护为核心，开创陶瓷文化遗址遗存保护新局面

御窑厂建于明洪武二年（1369），历经明清两朝 28 位皇帝，是我国唯一一处系统反映御窑陶瓷生产和文化信息的历史遗存。

1982 年，施工人员在修路过程中发现许多碎瓷片，经文物专家鉴定，这些碎瓷片全是明代宣德年间御窑生产的古瓷碎片，御窑厂的神秘面纱被揭开。2002 年底，景德镇市政府办公场所迁离御窑厂遗址区域，拉开了御窑厂遗址保护工程序幕。经过二十多年的保护发展，御窑厂遗址先后获评 2003 年度全国十大考古新发现、国家考古遗址公园、国家重点大遗址、全国 25 处大遗址重点保护展示工程和全国 10 处大遗址保护展示示范园区等。

2015 年，北京大学教授宿白、国家文物局原顾问谢辰生、故宫博物院研究员耿宝昌，联名写信给党中央、国务院，建议加强御窑厂遗址保护工作。习近平总书记两次对御窑厂遗址保护工作作出重要批示。

2015 年起，景德镇正式启动以御窑厂遗址为核心的申遗工作，遗址保护范围从 5.1 公顷扩展到 13.1 公顷，颁布实施《景德镇御窑厂遗址保护管理条例》，组建成立景德镇御窑博物院，全球首个古陶瓷基因库揭牌，建成了御窑博物馆。御窑厂遗址被列入国家《“十四五”文物保护和科技创新规划》，纳入国家“十四五”大遗址保护名单，获评中国“百年百大考古发现”。在此基础上，景德镇申遗工作进入冲刺阶段，申遗项目从御窑厂单一遗址到景德镇系列窑址，再到景德镇瓷业文化景观，申遗策略逐渐成熟完善。

2023 年 10 月，习近平总书记亲临景德镇调研，充分肯定陶阳里历史文化街区严格遵循保护第一、修旧如旧的要求，实现了陶瓷文化保护与文旅产业发展的良性互动。

多年来，为了历史空间和瓷业肌理不被破坏，景德镇专门制定城市规划，对御窑厂等遗址遗存进行全面修复，留住了原有风貌和传统格局。以御窑厂遗址

保护为核心，景德镇全面实施大遗址保护计划，重点推进陶瓷文化传承与老城保护利用深度融合，持续保护好、传承好、利用好老城区内的160处瓷业遗址、108条老里弄、12处全国重点文物保护单位（见表1）等文化资源和文化遗产，系统梳理落马桥窑址、湖田窑遗址、乐平南窑古瓷窑址（2013年度全国十大考古新发现）、高岭瓷土矿遗址、东埠码头等历史遗迹的鲜明历史特征和价值，大力推进彭家弄老街区修缮、御窑景巷改造等工程，陶瓷历史文化遗产保护体系初步形成。

表1　景德镇市全国重点文物保护单位（12处）

名称	类别	年代	地址	批次和公布日期
湖田古瓷窑址[含高岭瓷土矿遗址（第五批）]	古遗址	五代至明	珠山区竟成镇湖田村	第二批　1982年2月23日
祥集弄民宅	古建筑	明	珠山区祥集上弄3—11号	第三批　1988年1月13日
御窑厂遗址	古遗址	明至清	珠山区珠山中路187号	第六批　2006年5月25日
明园古建筑群	古建筑	明	昌江区景德镇陶瓷民俗博物馆内	第七批　2013年5月3日
浒崦戏台	古建筑	清	乐平市镇桥镇浒崦村	第七批　2013年5月3日
“瑶里改编”旧址	近现代重要史迹及代表性建筑	1938年	浮梁县瑶里镇	第七批　2013年5月3日
镇窑	古建筑	清	景德镇市古窑瓷厂	第七批　2013年5月3日
丽阳窑址	古窑址	元至明	昌江区丽阳乡瓷器山	第七批　2013年5月3日
红塔	古建筑	宋	浮梁县浮梁镇旧城村	第八批　2019年10月7日

续表：

名称	类别	年代	地址	批次和公布日期
浮梁旧县衙	古建筑	清	浮梁县浮梁镇旧城村	第八批　2019 年 10 月 7 日
南窑古瓷窑址	古遗址	唐	景德镇市乐平市	第八批　2019 年 10 月 7 日
双峰塔	古建筑	北宋	景德镇市浮梁县勒功乡	第八批　2019 年 10 月 7 日

资料来源:根据全国重点文物保护单位名录整理。

为了让传统技艺赓续不断、千年窑火永燃不熄,景德镇做好以传统手工制瓷为核心的非物质文化遗产抢救性、整体性、生产性、生活性保护传承,通过复烧清代镇窑、明代葫芦窑、元代馒头窑、宋代龙窑等历代典型瓷窑,建成古窑民俗博览区(国家5A级旅游景区)、名坊园、三宝瓷谷等一批独具特色又充满活力的文化传承基地,让非遗技艺得到系统传承。大力实施非物质文化遗产传承人研修研习培训计划,恢复艺徒制度,实施代表性传承人制度,打造一支老中青结合、覆盖72道制瓷工序的工匠队伍,现有市级以上非遗代表性传承人1899名。及时收集整理编纂陶瓷文化典籍文献,编撰出版《景德镇陶瓷简史》《景德镇陶瓷史话》等,填补了半个多世纪以来景德镇官修陶瓷历史的空白。

(二)以景德镇中国陶瓷博物馆改扩建为抓手,迈上全方位多举措打造“千馆之城”新台阶

景德镇陶瓷馆于1953年由郭沫若先生提议并由原国家文化部出资创建,1954年正式对外开放。2001年8月4日,经国务院批准,景德镇陶瓷馆更名为景德镇中国陶瓷博物馆。

2014年,景德镇市启动中国陶瓷博物馆改扩建工作。2015年10月,景德镇中国陶瓷博物馆新馆正式对外开放,展厅面积从800多平方米增加到1万多平方米,文物藏品5万余件。

近年来,景德镇中国陶瓷博物馆积极运用大数据、云计算、人工智能等先进

技术让藏品“智”起来，成功创建国家一级馆，《瓷业高峰是此都——景德镇瓷器、瓷业与城市发展史陈列》获“第十七届全国博物馆十大陈列展览精品推介精品奖”，游客接待人数屡创新高（见图1）。

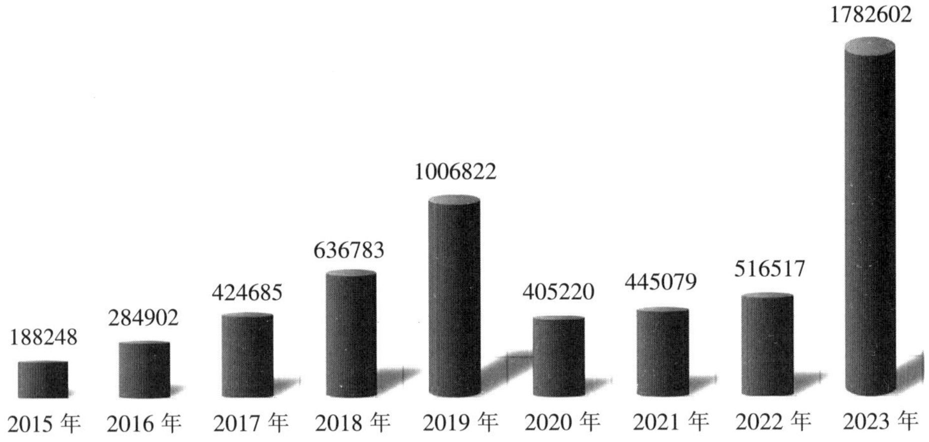

图1　景德镇中国陶瓷博物馆游客接待人次（2015—2023年）（单位：人次）

数据来源：景德镇中国陶瓷博物馆。

近十年来，为了让景德镇陶瓷文化串珠成链、立体呈现，景德镇市不断完善陶瓷文化公共服务体系建设，现有经文化文物部门批准设立的博物馆25家，其中国有博物馆6家、行业博物馆2家、非国有博物馆17家；此外还有300余家艺术家工作室，30多家艺术馆、美术馆。依托丰富的博物馆资源，景德镇通过建立博物馆联盟、数字化升级展馆、拓宽产业链条、发展夜间旅游等举措，构建有特色、有品牌、有市场黏性的博物馆旅游产品，打造全国性的陶瓷文化交流中心和文博高地。2023年，景德镇市各类博物馆接待游客566万人次，同比增长162%。

为打造对外文化交流新平台，提升公共文化服务水平，景德镇市以“一座城、千座馆”为目标，引导和支持各类图书馆、艺术馆、美术馆、纪念馆、档案馆、非遗基地、研学基地等系统梳理、数字赋能、优化提升、整体展示，打造以陶瓷文化为主脉，以茶文化、古戏台文化和红色文化、乡村文化为补充的“千馆之城”，切实解决“外地游客找不到，本地场馆推不出”的文旅产品供需矛盾，全力打响

“满城瓷器千座馆”这一新的文化标识。2023 年,景德镇市发布第一批 330 家“千馆之城”名单(见图 2),统一标识、统一授牌、统一发布,并上线“千馆之城”大数据平台、小程序、网站、电子地图。各个场馆根据自身定位和特色,经常性举办艺术周、汉服秀、非遗游、Cosplay、剧本杀、拍卖会、读书会等各具特色的文化活动,“探馆”“打卡”各大展馆逐渐成为游客来景旅游的新风尚。

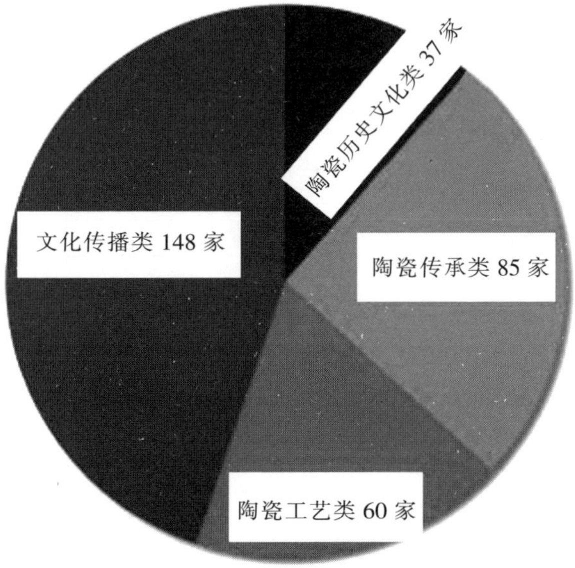

图 2 “千馆之城”第一批场馆分布情况

数据来源:景德镇市文旅局。

(三)以陶溪川建设为样板,开辟陶瓷工业遗产保护利用新路径

原国营宇宙瓷厂曾与宿舍区、居民区交错混杂,基础设施缺乏。2012 年 2 月,景德镇大力整合陶瓷文化资源,保护利用陶瓷工业遗存,启动陶溪川文创街区项目。

陶溪川于 2016 年 10 月全面开放,通过原汁原味保护修缮原有的老厂房、隧道窑、工业设施等,完整保留原有建筑肌理和风貌,同时新“嫁接”博物馆、瓷器店、音乐室、咖啡吧等新元素,成功创办创意集市、春秋大集、陶然集等人气旺盛的线下活动,用新业态复活老工业遗迹,老旧瓷厂精彩蜕变为时尚创意街区,先后获得多项含金量高的重要奖项或荣誉(见表 2)。

表 2　2017—2023 年陶溪川所获部分重要奖项或荣誉

年份	奖项或荣誉名称
2017	联合国教科文组织亚太遗产保护创新奖等
2018	中国工业保护遗产名录(第一批)
2019	全国版权示范园区等
2020	国家级文化产业示范园区、国家双创示范基地、中国版权金奖等
2021	全国创业孵化示范基地、国家级夜间文化和旅游消费集聚区等
2022	国家旅游科技示范园区等
2023	国家文化和科技融合示范基地等

资料来源:景德镇陶文旅集团。

目前,陶溪川总体规划 1 平方公里,总建筑面积 160 万平方米。2019 年 12 月和 2022 年 4 月,陶溪川二期、三期项目分别启动。项目以保护利用原为民瓷厂和原万能达瓷厂旧址为主,延续老瓷厂特色风貌,涵盖大剧院、酒店、瓷片博物馆、电影院等板块。2023 年 5 月,望瓯·陶溪川文创街区在浙江龙泉亮相,利用原 540 艺术瓷厂、东风厂、青瓷研究所等工业遗存,成功复制了景德镇的做法与经验。

陶溪川通过创立邑空间创业孵化平台,打造“景漂”、大学生创意孵化器。截至 2023 年,累计服务全国各地“景漂”创客 2.1 万名,涵盖全国 32 个省级行政区,孵化创业实体 3683 个,扶持注册中小微企业 1800 余家,带动上下游就业超 11 万人。2020 年 7 月,陶溪川成立直播基地,拓展线上市场,通过“主播 + 电商 + 直播 + 集群”模式整合主播资源,全面服务景德镇陶瓷产业发展。直播基地线上总成交额(GMV)由 2021 年的 30.67 亿元增至 2023 年的 79.08 亿元。

十年来,以陶溪川为样板,景德镇市积极探索工业遗产“活化”利用新路径,保留历史感、融入现代感,让工业遗产焕发新生。通过对工业遗产景观空间进行活化保护,将原“十大瓷厂”等老厂房打造成了文化创意园区、电子商务产业园、快递物流园,并发展以工业遗产为特色的会展经济和文化活动,促进工艺美术产品、艺术衍生品的设计、生产和交易等。通过文化空间植入，景德镇串联起宇宙瓷厂、御窑厂遗址、为民瓷厂、建国瓷厂 4 处国家工业遗产，以及艺术瓷厂、雕塑瓷厂、原料总厂等陶瓷工业遗存，将创新创业、文化交流相结合，打造了乐天陶社、九集小镇、三宝瓷源境等一批富有文化内涵和人文气息的产业发展空间、艺术生活空间等文化新地标。

（四）以国家试验区建设为统领，开启陶瓷文化传承发展新篇章

2019 年 5 月，习近平总书记在江西考察时强调，“要建好景德镇国家陶瓷文化传承创新试验区，打造对外文化交流新平台”。同年 7 月，《景德镇国家陶瓷文化传承创新试验区实施方案》获国务院批复，以建设国家陶瓷文化保护传承创新基地、世界著名陶瓷文化旅游目的地、国际陶瓷文化交流合作交易中心为战略定位，力争到 2025 年试验区建设取得阶段性成果，到 2035 年试验区各项建设目标任务全面完成，成为全国具有重要示范意义的新型人文城市和具有重要影响力的世界陶瓷文化中心城市。

国家试验区获批以来，景德镇市聚焦“两地一中心”战略定位，按照“一年见成效、三年上台阶、五年树标杆”工作要求，建立了与国家部委、省直部门双向工作对接机制，推动形成部省恳谈会、省领导小组会、市领导小组会等三级联动工作协调机制，挂牌成立试验区管委会和“一办五中心”，制定了《景德镇国家陶瓷文化传承创新试验区发展规划（2019—2035）》《景德镇国家陶瓷文化传承创新试验区三年行动计划（2019—2021 年）》《景德镇国家陶瓷文化传承创新试验区四年行动计划（2022—2025 年）》。截至 2023 年，景德镇市充分发挥先行先试、创新创造优势，积极争取国家首批城市更新试点城市、中部地区首个全国版权示范城市、全省唯一国家产教融合试点城市等 70 多项国家级试点示范，落地“手工制瓷减按 3% 征收增值税”等一批支持政策，累计实施 238 个重点项目，完成投资 906. 8 亿元（见表 3）。

表 3　国家试验区重点工程建设项目统计表(截至 2023 年 12 月)

年份	项目总数(个)	陶瓷文化保护传承创新基地项目(个)	陶瓷文化旅游目的地项目(个)	陶瓷文化交流合作交易中心项目(个)	完成投资(万元)
2020	50	18	20	12	1746773
2021	60	25	23	12	2168432
2022	68	28	28	12	2906795
2023	60	30	22	8	2246138
合计	238	101	93	44	9068138

数据来源:国家试验区管理委员会办公室。

在国家试验区建设过程中,景德镇市大力推进文化保护传承,以景德镇申遗为“龙头”,全力构建“一镇四区”“一江三河”①的申遗格局;制定出台《景德镇市陶瓷文化传承创新条例》;创建陶瓷文化生态保护实验区,做好以传统手工制瓷为核心的非物质文化遗产保护;手工制瓷技艺获批联合国教科文组织非遗项目。大力推进产业转型升级,做大日用陶瓷、做精艺术陶瓷、做强先进陶瓷,陶瓷工业总产值从 2019 年的 423 亿元增至 2023 年的 860 亿元,增长 103%。大力推进文旅融合发展,打造了“十五景、三宴、三剧”②等旅游品牌,获批国家全域旅游示范区、国家文旅消费试点城市,景德镇陶文旅集团三次获“全国文化企业 30 强”提名企业。大力推进国际文化交流,深度融入“一带一路”倡议,积极参与感知中国、今日中国等外事交流活动(见表 4);《匠心冶陶》入选中宣部文化“走出去”重点项目,《景德镇用陶瓷名片讲述中国故事》入选全国对外传播十大优秀案例。大力推进陶瓷贸易发展,深度融入新发展格局和全国统一大

① “一镇四区”“一江三河”:瓷业生产集镇核心区和高岭瓷土矿片区、瑶里釉果矿片区、湖田窑片区、蛟潭片区;昌江和东河、南河、建溪河。

② “十五景、三宴、三剧”:古窑·印象、名坊园、陶阳里历史文化旅游区、航空小镇、智慧旅游体验馆、高岭·中国村、皇窑景区、三宝国际瓷谷、陶溪川文创街区、昌南里文化景区、景德镇国瓷馆、智造工坊、浮梁古城、高岭·瑶里风景区、洪岩镇等 15 个旅游景点;昌南瓷宴、浮梁茶宴、三宝村宴等本地特色餐;《china》、经海山、上镇等旅游演艺节目。

市场建设,成功争取国家文化出口基地、国家对外文化贸易基地等试点;2023 年 10 月开业的陶博城,已入驻企业 595 家,覆盖 13 个国家的 20 个产瓷区。

表 4 2019—2023 年景德镇市主要参与的国际文化交流情况

年份	交流情况
2019	赴德国赫赫尔 - 格伦茨豪森市、荷兰代尔夫特市、韩国利川市等地开展陶瓷文化展示活动,赴丹麦王国、克罗地亚、希腊举办“丝路瓷行——中国陶瓷文化展”等
2020	中国进出口商品交易会、首届中国国际消费品博览会、第四届中国国际进口博览会等
2021	“瓷的精神”——2021 景德镇国际陶瓷艺术双年展、意大利当代艺术展、中外艺术陶瓷艺术协会精品新年展、艺术陶瓷粤港澳大湾区巡礼展等
2022	第五届“阿拉伯艺术节”、2022 国际版权论坛、中阿文化产业论坛等
2023	2023 战略传播论坛、景德镇文化创新发展论坛、“瓷的旅程”——2023 景德镇国际陶瓷艺术双年展、中阿知名艺术家采风作品展等

资料来源:景德镇市委宣传部、景德镇市文旅局。

二、景德镇做好陶瓷文化传承创新发展的经验与启示

习近平总书记在考察景德镇时强调,“中华优秀传统文化自古至今从未断流,陶瓷是中华瑰宝,是中华文明的重要名片”。新时代景德镇市保护传承发展陶瓷文化的生动实践,为我国陶瓷及其他传统文化产业转型发展提供了一些可推广、可复制的经验与启示。

启示之一:传承创新发展陶瓷文化,展现传统文化的时代风采,基础是要深入挖掘其丰富内涵。

习近平总书记指出:“要保护好、传承好、利用好中华优秀传统文化,挖掘其丰富内涵,以利于更好坚定文化自信、凝聚民族精神。”

景德镇有着 2000 年的冶陶史、1000 年的官窑史、600 年的御窑史,厚重的历史积淀和博大精深的陶瓷文化是景德镇的最大优势、最大资源、最大财富。

一直以来，景德镇较好地保护各类老窑址、老街区、老厂区等陶瓷文化遗址、遗迹、遗存、遗产，系统传承非物质文化遗产，建立非遗名录体系，壮大非遗传承队伍，让景德镇始终是一部活的陶瓷历史文化教科书。实践证明，通过深入挖掘阐释传统文化的历史脉络、技艺体系和文化内涵、精神标识，探索传统文化在保护中传承、在传承中创新的经验模式，有利于“唤醒”埋在地底下的文物，彰显传统文化的历史、艺术和科学价值，为传承创新发展陶瓷文化奠定了坚实基础。

启示之二：传承创新发展陶瓷文化，永葆传统文化的勃勃生机，核心是要在创新中产生新的价值。

习近平总书记强调：“着力赓续中华文脉、推动中华优秀传统文化创造性转化和创新性发展。”

从“一元配方”到“二元配方”，从青白瓷到四大名瓷，景德镇自古就有创新的基因，能工巧匠辈出，产品创新层出不穷。步入新时代，景德镇面对传统陶瓷产业一度陷入困境的局面，选择了一条创新发展之路，对原有厂房资源进行租赁拍卖、改造升级，将其打造成为各类孵化基地、创业平台，很好地吸引各类资金流、信息流、技术流不断向景德镇聚集，既有独立法人模式，也有“公司＋工作室”模式；既有陶溪川、乐天陶社等文化街区、集市，也有星罗棋布的手工作坊；既有充满创意设计的艺术陶瓷，也有科技含量高的先进陶瓷。实践证明，创新创造可以不断推动中华优秀传统文化产业集聚化、多元化发展，助力文化与创意、旅游、设计、电子商务深度融合，很好地实现社会效益与经济效益相统一，为传承创新发展陶瓷文化提供“通关秘籍”。

启示之三：传承创新发展陶瓷文化，促进传统文化走向世界，关键是要推动文化兼容并蓄、相融相通。

习近平总书记指出：“文明因交流而多彩，文明因互鉴而丰富。文明交流互鉴，是推动人类文明进步和世界和平发展的重要动力。”

“匠从八方来，器成天下走”，景德镇陶瓷是最早风靡全球的文化产品，在中国对外文化交流史上扮演着重要角色，是推动中华文化“走出去”的一张重要名片。近年来，景德镇市抢抓“一带一路”倡议这一历史机遇，不断加强陶瓷文化交流互鉴,用陶瓷语言讲述新时代中国故事。无论是参加中阿、中法、中德、中荷、中埃等国家外事交流活动主动“走出去”,还是连续承办瓷博会、战略传播论坛等一系列国际大会大展积极“请进来”,景德镇陶瓷文化的影响力和感召力不断增强。实践证明,以更加宽广的视野交汇融合,以更加开放的胸怀兼容并蓄,可以为更好助力中华优秀陶瓷文化“走出去”,为传承创新发展陶瓷文化增添源源不竭的动力。

三、景德镇进一步擦亮“千年瓷都”亮丽名片的思路与对策

习近平总书记考察景德镇时强调,“把‘千年瓷都’这张亮丽的名片擦得更亮”,为景德镇标定了新的历史方位、擘画了新的美好蓝图。

景德镇陶瓷文化历史底蕴深厚、发展前景广阔、国际影响广泛,但也必须清醒看到,要推动陶瓷文化传承发展,景德镇依然有许多亟待解决的矛盾和问题:创新发展与保护传承的矛盾,即遗址遗存的保护进度赶不上城市建设扩张、“活化”利用的速度;文化影响力与现实生产力的矛盾,即陶瓷文化带动产业发展的转化率不高,融合水平不够,难以形成大的文化产业格局;国家使命与地方平台的矛盾,对外传播优秀传统文化是一项事关提升国家软实力的重大使命,既需要地方上勇于担当、主动作为,更需要在更高层面从战略高度、全局视野来谋划,搭建更大、更广的平台。要破解这些难题,景德镇市必须始终坚持以习近平文化思想为指导,牢记殷殷嘱托、勇担历史使命,保护好千年窑址、传承好千年技艺、呵护好千年匠心、讲述好千年故事、发展好千年产业。

(一)系统性推动景德镇陶瓷文化保护传承

继续以申遗为龙头,统筹协调申遗和老城保护、整治、修复的相关工作,充分彰显瓷业文化真实性和独特性。以国家文物保护利用示范区建设为重要抓手,组织开展好第四次全国文物普查,加大考古研究和田野调查力度,摸清文物遗存家底。实施好《景德镇陶瓷文化生态保护区总体规划》,重点推动非物质文化遗产区域性整体保护,积极探索“非遗 +”模式,使保护传承见人、见物、见生活。加强陶瓷文化场馆数字化建设,用好古陶瓷基因库绘制陶瓷“基因图谱”,

真正让文物活起来。建议：切实发挥景德镇陶瓷文化资源优势，深化与中央党校等合作，探索打造习近平文化思想研究传播基地。

（二）全方位推动景德镇陶瓷文化创新发展

争取在技术上实现创新，继续把氧化铝、氧化锆、碳化硅等先进陶瓷作为产业发展的主攻方向，发展培育通信电子、新能源、航空航天、生物医疗等应用领域；加快陶瓷文化产业数字化布局，推动陶瓷文化与大数据、人工智能、物联网、区块链深度融合、集成应用，大力创作陶瓷文化 ACGMN（动画、漫画、游戏、音视频、小说等）艺术精品。争取在工艺上实现创新，把创意设计融入陶瓷文化产业发展全过程、各方面，重点培育一批陶瓷设计企业、打造一批陶瓷设计平台、设立一批陶瓷设计奖项，让创意设计成为产业发展的强大引擎。争取在业态上实现创新，助推陶瓷文化与旅游深度融合，抢抓"昌景黄"通车、景德镇市融入全国三小时高铁经济圈机遇，错位化发展陶阳里、陶溪川、陶源谷、陶科园、陶博城"五陶"业态，推动"千馆之城"场馆创建 A 级旅游景区、等级博物馆，持续推进"夜珠山"高品质、全域化发展，推动陶阳里历史文化旅游区创 5A 工作，优化"吃住行游购娱"等旅游要素供给，推动景德镇从"网红城市"变成"长红城市"。建议：加快培育陶瓷文化新质生产力，围绕景德镇陶瓷、航空、文旅等产业优势，把握低空经济发展新机遇，抢占 VR、元宇宙等未来文化产业新赛道，以陶瓷文化引领产业发展。

（三）多渠道推动景德镇陶瓷文化对外传播

积极搭建文化交流平台，继续在"一带一路"沿线城市建立陶瓷文化交流传播窗口和基地，广泛开展国际性的研学、游学、访学、培训以及产品合作、技术交流等活动，积极发挥丝绸之路旅游城市联盟、国际瓷器研究联盟等作用，进一步发掘、提炼、展示景德镇陶瓷文化。积极搭建活动交流平台，主动参与感知中国、"丝路瓷行"等中华文化走出去重点项目、重大文化交流品牌活动，广泛参与上海进博会、深圳文博会等国内外重要展会，组织筹备"青年陶瓷 100"等项目。积极搭建贸易交流平台，着力建设好国家对外文化贸易出口基地，争取设立景德镇文化保税区，补齐陶瓷对外贸易在监管作业场所、口岸通道等方面的基础设施短板，提升陶瓷国际贸易物流、仓储、通关的一体化水平，加快布局海外景德镇陶瓷官方旗舰店，持续扩大景德镇陶瓷文化的国际传播力和影响力。建议：加快推进“走读中国”陶瓷文化全球推广活动，高质量举办景德镇论坛，着力提升“候鸟计划”质量和水平，持续放大陶瓷文化魅力，吸引更多“洋景漂”聚集景德镇创意创作、创新创业。

文化产业赋能乡村振兴的萍乡实践与探索

中共萍乡市委宣传部课题组

摘要: 党的十八大以来,萍乡市深入贯彻落实习近平新时代中国特色社会主义思想和习近平总书记考察江西重要讲话精神,探索优化“包装产业赋能乡村振兴、文化创意产业赋能乡村振兴、红色文化赋能乡村振兴、文化休闲产业赋能乡村振兴”等模式,为高质量推进乡村振兴提供了一套萍乡“解法”。文化产业在推动乡村产业发展、助力和美乡村建设和促进乡村共同富裕等方面发挥了重要作用。萍乡市文化产业赋能乡村振兴取得了明显成效,但也存在文化产业实力偏弱、文化资源保护利用不足、协同机制乏力等瓶颈。需进一步发展新质生产力,增强文化产业赋能乡村振兴力度;挖掘资源潜力,拓展文化产业赋能乡村振兴深度;整合多方资源,延伸文化产业赋能乡村振兴广度。

关键词: 文化产业　文化赋能　乡村振兴

习近平总书记在江西考察时强调:“要推动农村一二三产业融合发展,全面推进乡村振兴。”①文化产业以其多重功能和综合带动作用,与乡村振兴基本内涵具有多维度的契合性。党的十八大以来,萍乡市文化产业赋能乡村振兴取得

课题组成员:叶舟,中共萍乡市委常委、宣传部部长;田常红,中共萍乡市委宣传部副部长(正处级);雷朝阳,萍乡学院商学院教研科科长、副教授;刘中文,中共萍乡市委宣传部文化旅游产业科科长;陈文蔚,中共萍乡市委宣传部文化旅游产业科干部。

① 2023 年 10 月 13 日上午,习近平总书记在听取江西省委、省政府工作汇报会上的重要讲话。

了明显成效。萍乡市湘东区入选全国首批63个文化产业赋能乡村振兴试点单位,上栗县“花炮故里·绽放千年”非遗主题活动登上文旅部内参,《人民日报》以《艺术乡村铺染“五彩梦”》为题报道湘东区江口村的文化艺术赋能乡村振兴典型案例。

一、萍乡市文化产业赋能乡村振兴的实践探索

(一)包装产业赋能乡村振兴实践探索

注重产业政策供给,形成多个包装产业特色村。包装产业是湘东区重要的富民产业。党的十八大以来,湘东区先后出台《关于加快包装产业发展的若干意见》《湘东区创意包装产业链强链延链补链实施意见》等政策文件,支持包装行业发展,给予华雅印务、优选时代等重点企业扶持。截至2023年,湘东区已经聚集了300多家包装企业,整体营业收入达到26亿元。依托包装产业,形成了前进村、檀梓村、萍州村等多个包装产业特色村落。

推动包装设计助农,塑造乡村特色农产品新形象。鼓励包装企业深挖本地特色农产品背后的故事,结合农产品自身形象,做原生态包装,通过包装物实现“以一带多”,带动乡村产业和文化旅游的宣传。华雅印务、优选时代等龙头企业为湘东特色桃、白竺蜂蜜、三十六湾稻鸭米、赣西两头乌、锦旺福茶油等农特产品设计了专门的包装产品。

推动“包装+文旅”融合发展,打造工业旅游新范式。建成“盒博士”工作站,推进“包装+文旅”融合发展步伐,推动“中国·江西包装工业设计研发中心”与旅游相结合,打造了包装产业特色陈列展厅、定制案例区、创意产品购物体验区、生态产品展厅、未来设计展厅等展厅,并推动“包装+物联”“包装+研学”“包装+创意”融合发展,形成“包装+旅游”的特色发展路径。

(二)文化创意产业赋能乡村振兴实践探索

党的十八大以来,湘东区江口村通过文化创意产业的赋能,成为远近闻名的富裕村、网红村,引起了新华社、中央电视台、人民日报等主流媒体的关注。

搭建平台,引进国内首家乡村美术馆。零799艺术区的成功落户掀开了江

口村华丽嬗变的序幕。零799艺术区成立于2016年，最初位于萍乡市区某废弃的厂房之内，2020年零799艺术区搬迁至江口村，成为国内首家乡村美术馆。经过几年发展，聚集了中央美术学院、南昌大学、江西省美术家协会等单位30多位艺术家长期入驻创作，成为在全国有一定影响的乡村文化艺术平台。

以文化人，培育文化艺术气质新村民。成立文艺志愿者队伍，零799艺术区的艺术家纷纷加入其中。打造书画公益大讲堂，为村民及乡镇文化工作者授课。把莲花落、少儿美术培训等公益艺术课堂搬进江口小学。2021年江西省第七届红色绘画作品创作大赛中，经过零799艺术区公益艺术课堂培训的江口小学12岁学生陈佳慧获得特等奖。2022年由零799艺术区张佰桥老师指导的江口村农民陈云发的绘画作品和国内知名画家作品同台展出，并登上了央视新闻频道。

产业运作，迈上乡村文化治理新台阶。零799艺术家和江口村民共同成立了"江口·艺术乡创工作坊"，引进深圳聚橙剧院，打造"专家+艺术家+设计师+村民"的乡村文化治理新模式，从乡村美育、艺术研学等多个维度开展产业运作。成立了江口强村富民公司，大力发展文化创意产业。依托零799艺术区、三石竹艺中心、鸬鹚烟雨艺术景区等产业项目，构建多元消费场景，打造江口露营基地、研学基地等多元产业，"中国乡村艺术研学第一村"呼之欲出。

（三）红色文化赋能乡村振兴实践探索

整合资源，打造红色名村。党的十八大以来，萍乡市建立了组织、宣传、史志、农业农村等13个职能部门的联席会议制度，把红色名村建设纳入全市经济社会发展大局，统筹整合"毛泽东引兵井冈成功决策之路""安源工运之路""秋收起义之路""甘祖昌龚全珍解甲归田不忘初心之路"等主题突出、特色鲜明的红色路线，并成功打造了29个红色名村。

立足特色，擦亮红色名片。萍乡市制定了红色名村建设方案，对红色名村统一规范标识，打造理论宣讲、教育服务、文化服务、科技与科普服务、健身体育服务"五合一"平台。坚持"一村一主题"，提炼独特精神内涵，如莲花县浯二村的主题是"铁一般信仰"、安源区张家湾村的主题是"把一切献给党"。因地制宜,因村而异,形成了“点上有故事、面上有联通、整体有内涵”的红色名片。

发展产业,激发内生动力。进入新时代以来,萍乡以“传承红色基因,引领乡村振兴”为主题,制定发展壮大村级集体经济实施方案,做实“红色培训 + 发展壮大村级集体经济”。出台了《萍乡市红色旅游发展规划》,重点建设 5 家红色国家 A 级旅游景区及凯丰故里、红色斑竹山等一批红色阵地,促进村集体和村民增收。如莲花县沿背村依托甘祖昌干部学院,大力发展红色文化产业,成为江西省脱贫攻坚和萍乡市文化产业赋能乡村振兴的“样板村”。

(四)文化休闲产业赋能乡村振兴实践探索

萍乡市在文化休闲产业赋能乡村振兴方面塑造了一批典型。如湘东区幸福村通过文化休闲产业带动经济发展,取得了良好成效。

注重品牌打造,农园里长出大景区。幸福村以“农”为根基,以“旅”为表达,重视文化旅游品牌的打造,在田园基础上发展采摘体验、休闲娱乐、亲子研学等特色农旅项目。2012 年以来,先后荣获国家 4A 级旅游景区、全国乡村旅游重点村、全国生态文化村、全国文明村、全国农业旅游示范点等称号。

丰富文旅业态,文化旅游发展成示范。近年来,幸福村不断丰富文化旅游业态,成为文化旅游发展的示范村,形成了三大类旅游产品,主要是猕猴桃、火龙果等水果种植基地观光采摘游,双月湾湿地公园、飞行影院等休闲娱乐游,傩园、天涯种业科研基地、稻田公园等亲子研学游。

挖掘非遗潜力,文化休闲产业有特色。湘东区傩文化源远流长,在全国享有盛誉,被誉为“傩文化之乡”。幸福村将傩文化融入乡村振兴,建设了傩文化展示馆,开发了以傩文化为主题的特色研学项目。以“文化 + 非遗 + 创意”为核心,打造了卡通人偶、充电宝、手机壳、油纸伞等傩面具文创系列产品,把傩文创产品培育成有设计感、有情怀的品牌文创,提升游客的“沉浸感”和“获得感”。

二、萍乡市文化产业赋能乡村振兴的主要成效

(一)立足资源特色,乡村文化产业百花齐放

党的十八大以来,萍乡市立足乡村资源特色发展乡村文化产业。如湘东区前进村等发展包装产业,上栗县白鹤村等发展节庆用品产业,莲花县沿背村等发展红色文化旅游,上栗县佛岭村等发展文化制造业,湘东区江口村等发展文化创意产业,湘东区幸福村等发展文化休闲产业等(见表1),乡村文化产业呈现百花齐放态势。乡村文化产业的发展,有效促进了一二三产业融合,推动了乡村种植业、食品加工、农产品物流和服务业的发展。

表1 近十年以来萍乡市乡村文化产业发展情况

乡村产业	代表村庄	发展概况
包装产业	湘东区前进村、檀梓村、萍州村、老关村、五里村等	2015—2022年,湘东区包装产业产值年均增长4.9%,茶叶包装占据全国60%的市场份额,吸纳村民就业3万余人,形成了多个包装产业特色村落
节庆用品产业	上栗县白鹤村、凤亭村、万石村、踏塘村、泉塘村、莲台村、雅溪村、楚山村、羊子村等	2023年,上栗烟花鞭炮产值突破150亿元,增长27.43%,持续保持快速增长态势。全年上缴税收4.98亿元,增长83.3%。产品远销海内外。形成了白鹤村等多个节庆产品专业村
红色文化旅游	莲花县沿背村、棋盘山村、太源村、花塘村、浯二村等;安源区张家湾村、安源村等;湘东区三角池村、上珠村等;芦溪县山口岩村、东阳村、报恩台村等;上栗县斑竹村、清溪村等;武功山茅店村、大江边村等	萍乡的红色培训、红色旅游、红色研学非常活跃。莲花县沿背村2016年开展红色培训以来,累计培训学员8万余人,打造了55家民宿,建立农业专业合作社、土特产公司、服务车队、文化创作队等。2023年,村集体收入突破150万元,实现了从经济弱村到经济强村的蜕变。三角池村、山口岩村、张家湾村、斑竹村等红色旅游非常火热

续表：

乡村产业	代表村庄	发展概况
文化制造业	上栗县佛岭村、天埠村、中合村、院背村、田心村、周江村等；安源区丰园村、云泉村、长溪村等；湘东区长春村、渡口村等	2018—2022年，以文化消费终端生产企业为主体的萍乡电子信息产业年均增速9.8%。在可穿戴智能文化设备领域，涌现出佳禾电声、广志科技、通诺威、银鑫汇等龙头企业
文化创意产业	湘东区江口村、横岗村等；莲花县棠市村、湖塘村等；芦溪县茶园村、窑下村等；上栗县韶陂村、湾里村等	江口村引导艺术家下乡和村民入圈，2023年，游客破15万人，增长50%，村集体收入107万元，同比增长114%，是2020年的20倍。横岗村、韶陂村、棠市村等挖掘傩文化、剪纸艺术、楹联文化等资源，乡村研学和旅游持续火热
文化休闲产业	湘东区幸福村、东桥村、源头村、善洲村等；武功山槽下村、龙王潭村、东江村等；安源区楠木村、大田村等；芦溪县紫溪村、竹垣村等；上栗县幕冲村、豆田村等；莲花县高滩村、海潭村等	幸福村大观园、和平农场、山猫王国、凯光新天地、仙凤三宝园、紫溪田园综合体、吉内得稻田公园等一大批乡村文旅项目精彩纷呈。如仙凤三宝园2022年为四个村带来收入96万元，人均增收2000元；紫溪村2016年以前是省级贫困村，通过发展文化休闲产业，成为富裕村

资料来源：萍乡市文旅局、工信局、乡村振兴局及相关村委会数据资料。

（二）坚持生态优先，和美乡村建设成绩斐然

党的十八大以来，萍乡市坚持生态优先发展理念，成功创建了国家级生态村2个、省级生态村62个，和美乡村建设取得重要成果。文化产业能够实现经济效益、生态效益和社会效益的有机统一，增进农民对乡村的认同感、责任感和归属感①。近年来，华雅印务等龙头包装企业加大技术改造，在包装材料上实现了可回收、可堆肥降解、可重复利用以及减重量、减空间、减排放等低碳生态目标。萍乡市创新生态文化产品和服务供给，实现产业和生态的互促共进。如湘

① 王晓真、徐艳芳：《生态文明建设背景下文化产业转型发展论析》，载《理论视野》2016年第3期，第81—83页。

东区依托高达69.8%的森林覆盖率和优质的森林资源，打造了杨梅、葡萄柚、油茶等数十个高山特色种植基地，推出了青草湖、月形湾、四八门等多条徒步线路，举办了广寒杜鹃花节、白竺桐花节等系列节庆活动，年均接待游客数超200万人次。依托山地旅游资源和高纯度的负氧离子优势，聚焦"户外运动目的地"定位，打造了大沙江体育公园、萍水河20公里生态绿道、广寒寨轻越野赛等，年接待游客50万人次，获得了良好的生态效益、社会效益和经济效益。

（三）"口袋""脑袋"共富，村民幸福指数水涨船高

共同富裕是社会主义的本质要求，是乡村振兴的出发点和落脚点。共同富裕既要"富口袋"，也要"富脑袋"。萍乡市通过文化产业赋能，使得村民物质和精神双丰收，村民幸福指数不断提升。

萍乡市文化产业的发展，为乡村带来大量的就业机会和收入增长。湘东区包装产业培养了5万名包装产业工人，带动村民就业3万余人。扎根乡村大地的节庆用品产业，全产业链解决6.5万人就业，惠及6万个家庭。其中50岁以上的困难就业群体占25.5%。2023年上栗县节庆用品产业发放职工工资25亿元，普通职工年收入3.5万元至5万元，特殊岗位年收入12万元以上。文化产业一定程度上带动了萍乡市农村居民收入的增长，并逐步缩小了与城市居民收入的差距（见表2）。萍乡市城乡居民人均可支配收入比由2013年的2.15缩小到2022年的1.86，低于2022年江西省2.19和南昌市2.17的水平，在共同富裕的道路上，萍乡走在了省内前列。

表2　萍乡市农村居民人均可支配收入及城乡居民收入差距比

指标	2013年	2014年	2015年	2016年	2017年
人均可支配收入（元）	11483	12769	14046	15274	16958
城乡居民收入比（农村为1）	2.15	2.04	2.02	2.01	1.95
指标	2018年	2019年	2020年	2021年	2022年
人均可支配收入（元）	18012	19536	20831	22862	24279
城乡居民收入比（农村为1）	1.97	1.97	1.94	1.89	1.86

注：数据来源于《萍乡市统计年鉴》（2014—2023）。

此外,在文化产业潜移默化的影响下,村民的“脑袋”也富起来了。湘东区江口村引进文旅项目以来,乡风文明大为改善。曾经的江口村民闲暇之余多以打麻将、看电视打发时间,如今村民对书法、绘画、传统手工技艺等有了更多追求。曾经的江口村民参与环境整治的积极性普遍不高,如今村民都自觉爱护环境,积极参与村庄建设。随着村民文化素质的提高,村里的攀比之风没有了,互帮互助、敬老爱幼的新风尚形成了,村民的幸福指数提高了。在萍乡,类似江口村这样以文化产业推动形成“文明乡风、良好家风、淳朴民风”的例子还有很多。

三、萍乡市文化产业赋能乡村振兴的主要瓶颈

(一)文化产业实力不够强大影响赋能力度

萍乡市文化产业以中小型企业为主,总量不大,规模较小,经营分散,科技含量不高,缺少有实力、有竞争力的龙头文化企业。2023 年,萍乡市规模以上文化产业营业收入为 110 亿元,同比增长 1.3%,绝对值列四小地市第一,但产业规模在江西省内处于较后位置,占全省的比重仅为 4.2%。与南昌、上饶、吉安的 493.46 亿元、467.15 亿元、434.71 亿元相比有较大的差距。① 此外,萍乡市文化产业核心竞争力较弱,存在结构性矛盾。2023 年,烟花、鞭炮产品制造业实现营业收入 39.97 亿元,占比 36.3%,同比 2022 年 42.66 亿元下降 6.3%。智能文化消费设备制造 6.54 亿元,占比仅 6.0%,同比 2022 年 8.93 亿元下降 26.7%。② 整体实力偏弱、传统文化产业增长乏力和新型文化产业发展不足,制约了文化产业对乡村振兴的赋能力度和作用。

(二)文化资源保护利用不足影响赋能深度

文化资源是乡村振兴的源头活水,萍乡有着丰富的历史文化、红色文化、工矿文化、宗教文化和名人文化资源,但本土特色文化资源保护利用不足。如占据萍乡市 6 项国家级非物质文化遗产其中 2 项的傩,从曾经的“五里一将军,十

---

① 数据来源于江西省 2023 年度文化产业统计概况。

② 数据来源于萍乡市 2023 年度文化产业统计概况。

里一傩神”，到如今仅存古傩庙100余座，承袭古典傩舞仅80余折、古傩面具663枚，从事傩面具雕刻的艺人20余名。萍乡采茶戏从省内“一枝独秀”，到2020年被列为全国濒危剧种。萍乡花果手工艺逐步凋零，“江西莲花落”后继乏人。农耕文明传承发展不够，优秀传统乡土文化活力未得到有效激发。一些非遗的传播主要依赖当地村民的口传心授，一些生动的乡村文化资源未能形成文化产业。文旅融合发展主要依赖于浅层次的项目堆积，缺乏对农村优秀文化的挖掘利用，产品和服务的文化内涵不够、深度欠缺，乡村文化资源的产业化开发和创意化发展还比较薄弱。

（三）各方力量协同机制乏力影响赋能广度

当前，萍乡市在市级层面未成立文化产业赋能乡村振兴协调机构，不同部门之间在方针政策制定与实施方面协同性不足，缺乏政策展示、效果评估等统一的资源共享平台。高校智库、行业协会、媒体机构等社会力量未能有效深度参与到文化产业赋能乡村振兴之中。政府、企业、中介、乡村之间的协同发力机制还处于起步阶段，难以展现合力效果。

四、萍乡市文化产业赋能乡村振兴的对策建议

（一）发展新质生产力，增强文化产业赋能乡村振兴力度

推进优势文化产业新质生产力发展。以科技创新赋能做活做强花炮产业，推动花炮产业与科技创新、创意设计、数字技术、媒体艺术深度融合，以文化创意赋能厚植人文魅力，以科技赋能确保安全环保，以数字赋能增强市场营销力、品牌影响力。提高包装印刷产业数字化、智能化水平，采用先进的自动化技术、人工智能、物联网等技术提升包装印刷行业的生产效率和产品质量，引导包装企业实现低碳环保降耗，寻求可降解、可循环、可回收和可替代的新材料。重点打造赣湘文化产业园区，集中优势资源，发展特色产业。结合萍乡本土特色文化资源，以科技创新提高包装印刷产品的文化附加值。

推进新兴文化产业新质生产力发展。积极培育发展创意设计、文化智造、数字动漫、内容创作生产等新兴文化产业。围绕可穿戴设备等重点文化制造

业，组织企业依托科技创新平台开展科技攻关、成果转化、高新技术产业化，重点支持佳禾电声、贵得科技、广志科技、通诺威、航巍光学等一批龙头企业，促进资产、资源、人才等要素向龙头企业集聚，着力造就一批文化制造业领域的"专精特新"、专业化"小巨人"和"瞪羚"企业。

推进公共文化服务新质生产力发展。推动萍乡市3A级以上旅游景区和自然村实现5G网络全覆盖，4A级旅游景区建成智慧景区。加强数字图书馆、数字文化馆、数字美术馆等数字文化服务中心建设，构建公共文化数字化网络化服务平台。加强对文化资源要素的数字化转化，推广社交电商、直播卖货等销售模式，增强农业采摘体验，促进特色农产品销售。打造沉浸式文艺演出。塑造一批乡村美食、精品民宿、网红打卡地，增加乡村文化产品附加值。

（二）挖掘资源潜力，拓展文化产业赋能乡村振兴深度

萍乡的历史文化源远流长，红色文化闻名遐迩，工矿文化影响深远，宗教文化独具特色，民俗文化异彩纷呈，名人文化丰富厚重。要加强文化资源的保护利用，挖掘文化资源潜力，不断拓展文化产业赋能乡村振兴的深度。

聚焦"记忆中的萍乡"，加强红色文化资源的提炼、重塑和再造，创造出集实用性、互动性、传播性为一体的优秀红色文创作品。加强对年轻消费群体的吸引力，借助数字化技术释放和提升红色文化资源潜能，打造经典的萍乡红色文创市集，让游客"带得走，记得住"。以"非遗+文创产品""非遗+数字藏品"等新形式，将文化元素和创意设计融入傩面具雕刻等非遗产品制作中，推动傩面具雕刻、莲花打锡等非物质文化遗产转化为文创产品，设计符合现代人生活审美和市场需要的新用品，把乡村手艺人的"指尖技艺"转化为"指尖经济"。

聚焦"舌尖上的萍乡"，深度挖掘萍乡美食资源，持续做响"中国吃辣看江西，江西吃辣在萍乡"饮食品牌，推广莲花血鸭、萍乡小炒肉、萍乡腊肉等名菜，扩大甘源食品、花蝴蝶、楚山田螺、土嘛哩等系列特色旅游休闲食品知名度，以"吃血鸭，来莲花"等IP打造影响力强的萍乡地标美食，让游客来了"吃得好、忘不了"。

聚焦"灯火里的萍乡"，探索各具特色、富有吸引力的乡村景区"夜经济"模式,以餐饮、购物、休闲、娱乐、演艺、住宿、网红直播等为主要业态,推出夜饮、夜宴、夜景、夜娱、夜购、夜游等新场景,形成独具一格的“夜经济”IP,带动乡村景区文旅消费。持续擦亮“花炮故里 · 绽放千年”文旅形象,进一步提高萍乡烟花秀的科技含量和品牌知名度。对接长沙马栏山文创园优质资源,打造有萍乡特色的“演 + 宴 + 秀”相融合的青春剧场。

(三)整合多方资源,延伸文化产业赋能乡村振兴的广度

加强区域联动,携手共谋发展。抢抓湘赣边区域合作示范区建设机遇,打造红色文化传承创新区“萍乡样本”。积极融入长株潭旅游合作联盟,落实“美景互推、客源互送、干部互培、文旅互融”的长株潭萍四方合作框架协议,构建“湘赣红色培训联合体”和“两小时红色旅游圈”。持续深化萍乡市与湘赣边区域的人才、产业、文化、旅游等各领域交流协作。

创新工作机制,强化政策保障。成立市级的文化产业赋能乡村振兴领导小组,形成市级统筹、县区主体、部门协同、社会参与的工作机制。充分发挥江西省文投基金对文化企业的扶持支撑作用,加强政府性融资担保机构对文旅企业的融资支持;深化普惠金融服务,对文旅企业给予贴息补助;引导金融机构因地制宜创新文旅金融产品,建立萍乡市重点文旅企业项目融资需求库,引导银行机构对库内企业加大信贷投入。推动建立完善农民入股、按股分红、风险共担等多种利益联结机制,让农民更多分享产业增值收益。

凝聚社会力量,合力赋能乡村。调动文化旅游领域智库、高校、协会、媒体等积极参与乡村文化和旅游领域的对接帮扶、咨询工作。发挥智库专家的政策解读、理论阐释和课题研究作用,总结交流萍乡文化产业赋能乡村振兴的理念、方法和路径。对接抖音、携程、微信、淘宝直播等互联网资源,助力农产品销售。利用萍乡市与京东集团战略协作平台,鼓励和支持民间资本参与文化产业赋能乡村振兴建设。

高质量推进长江国家文化公园（九江段）建设的对策与建议

中共九江市委宣传部、江西省社会科学院课题组

摘要： 九江是江西建设长江国家文化公园的核心区域，也是江西建设好长江国家文化公园的主力军。全面贯彻习近平新时代中国特色社会主义思想和习近平总书记考察江西重要讲话精神，九江主动作为，创新探索，大力推进长江国家文化公园（九江段）建设，取得了显著成效。同时，在推进长江国家文化公园（九江段）建设过程中也面临着研究基础薄弱、项目资金不足等诸多挑战。在充分调研的基础之上，课题组提出了优化体制机制、加强理论研究阐释等应对挑战的对策，以期在新征程上能够高质量推进长江国家文化公园（九江段）建设。

关键词： 长江国家文化公园　九江　长江文化

建设国家文化公园，是以习近平同志为核心的党中央作出的重大决策部署，是推动新时代文化繁荣发展的重大文化工程。2021 年 12 月，国家文化公园建设工作领导小组部署启动长江国家文化公园建设工程。2023 年 10 月，习近平总书记来江西考察，首站调研长江国家文化公园九江城区段建设情况，并在南昌市主持召开的进一步推动长江经济带高质量发展座谈会上，对保护好、传承好、弘扬好长江文化提出明确要求。为全面贯彻落实这一重大战略部

课题组成员：孙金淼，中共九江市委常委、宣传部部长；易凤林，江西省社会科学院历史研究所副所长、研究员；张晓倩，中共九江市委宣传部副部长；朱国兵，江西省社会科学院历史研究所助理研究员；刘佳佳，江西省社会科学院历史研究所助理研究员。

署，本文以长江国家文化公园（九江段）为研究对象，围绕长江国家文化公园（九江段）建设的现状、存在的挑战展开调研与深入分析，就高质量推进长江国家文化公园（九江段）建设提出对策。

一、长江国家文化公园（九江段）建设的现状与成效

江西是长江文化的主要发祥地之一，是长江国家文化公园的7个重点建设区之一。江西全省152公里长江岸线全部在九江境内，九江是江西建设长江国家文化公园的核心区域。九江立足区域生态和历史文化资源特色，创新文化遗产保护传承模式，唱响"长江之歌"。

（一）长江国家文化公园（九江段）建设的基本历程

九江是国家历史文化名城，具有深厚的历史文化底蕴，各种文化资源十分丰富。党的十八大以来，九江积极推进长江沿线的文化遗产保护工作。著名的石钟山古建筑及石刻、锁江楼塔、同文书院、瑞昌铜岭铜矿遗址等文化遗产相继成功入选国保单位名录，宁红茶制作技艺列入联合国教科文组织人类非物质文化遗产代表作名录。

2017年1月，中共中央办公厅、国务院办公厅印发《关于实施中华优秀传统文化传承发展工程的意见》，提出规划建设一批国家文化公园。基于此，九江加速了对所属地域文化遗产的全面系统保护，加快以铜岭铜矿、山背文化、荞麦岭等为代表的重大考古遗址的保护规划编制，开展历史建筑保护利用和老城区改造，推进以大中路、庾亮南路为代表的九江历史文化街区的改造升级工作，保护弘扬九江地域特色优秀传统文化。2021年12月21日，国家文化公园建设工作领导小组印发《长江国家文化公园工作安排》，正式启动长江国家文化公园建设工程，长江（江西段）被列入长江国家文化公园7个重点建设区之一。

在国家政策的指导之下，2022年九江全面启动长江国家文化公园建设工程，大力推进一批重点项目、一般项目建设，同时围绕秋收起义、百万雄师过大江等红色文化遗存，全力打造红色文化保护传承项目，将抗洪精神传承工程纳入长江国家文化公园（九江段）建设范围。2023年10月，习近平总书记考察九江后，九江多次召开会议贯彻落实习近平总书记指示精神，研究调度并继续推进长江国家文化

公园建设。着眼未来,九江还将全力以赴建设好这一重大文化工程。

(二)长江国家文化公园(九江段)建设的重要举措

在推进长江国家文化公园建设过程中,九江勇担当、善作为。九江积极研究长江文化,强调传承与创新的统一,科学规划布局长江国家文化公园(九江段)建设,策划实施一系列重点项目,与长江沿线其他城市开展跨省合作,为长江文化公园建设注入源源不断的新动力。

1. 积极推进长江国家文化公园(九江段)的文化遗产保护工作

文化保护传承工程是建设长江国家文化公园的基础工程。九江高度重视文化保护传承工作,制定发布《九江市文物保护管理办法》《九江市非物质文化遗产保护管理办法》等制度政策,积极推进文保单位、非物质文化遗产项目的申报,开展非遗“进景区、进校园、进万家”活动,举办以非遗为主题的惠民文化活动。积极推动历史文化名城、名镇、名村建设,以创建国家历史文化名城为契机,制定发布《九江市历史建筑保护条例》《九江市历史文化名城保护办法》等相关法规,编制《九江市历史文化名城保护规划》以及建成区内4片历史文化街区的保护规划,在城乡建设中推动历史文化保护传承,助力长江国家文化公园(九江段)建设。

2. 深度挖掘长江国家文化公园(九江段)的文化内涵与时代价值

长江国家文化公园建设旨在保护和传承长江文化。深厚的长江历史文化资源,是九江推进长江国家文化公园建设的坚固基石。九江的山水文化、诗词文化、书院文化、宗教文化、红色文化底蕴深厚,中外文化自然交融,形成了多元文化交融共生的特殊形态。保护好、传承好、弘扬好九江段的长江文化,必须深入研究发掘其所蕴含的文化内涵和时代价值。紧紧抓住这一关键问题,九江调动省内外的研究力量,推进相关的研究工作,以九江丰富的历史文化资源为载体,在赣鄱文化中把握长江文化的精神内涵,在长江文化中彰显江西文化特色,持续擦亮赣鄱历史文化“金名片”。九江市委邀请中国传媒大学文化发展研究院、梅岭创意经济研究院开展“长江国家文化公园(九江段)建设思路研究”的项目合作,研究成果为九江段建设提供了宝贵的智力支持。同时,也充分利用市政协、党史办、九江高校等部门的力量,进行广泛的调查研究,为长江国家文化公园(九江段)建设规划的起草贡献智慧。

3. 科学统筹规划长江国家文化公园(九江段)的空间边界

2022 年,九江市协助省文旅厅编制了《长江国家文化公园江西段建设保护规划建议》。经过反复论证和广泛征求意见,明确长江国家文化公园(江西段)建设以九江市为核心,九江市长江国家文化公园建设以九江城区为核心。九江在推进长江国家文化公园建设过程中,以一山(庐山)、一江(长江)、一湖(鄱阳湖)、一城(浔阳古城)为重点,将九江市全域范围纳入长江国家文化公园建设范围。布局“一馆”(“山 · 江 · 湖”生态文明展示馆)、“一线”(百里长江最美岸线体系)两大场馆体系,长江干流“百里长江最美岸线”文化廊道、环庐山文化景观廊道两条文化廊道,系统推进长江文化公园建设。

4. 重大项目引领推动长江国家文化公园(九江段)建设

2022 年,九江市策划并报送了长江国家文化公园国家层面项目储备名单 15 个,其中庐山优秀传统文化展示传承项目、浔阳江最美长江岸线文化提升改造项目、瑞昌铜岭铜矿遗址环境整治及保护展示项目、湖口县“山 · 江 · 湖”生态文明展示园项目、彭泽县“海门第一关”长江文旅融合核心展示区等 5 个项目被初步列为长江国家文化公园建设重点项目。截至 2023 年 12 月底,九江长江国家文化公园建设重点项目 5 个,一般项目 10 个,均已启动前期筹备工作;已经开工建设的项目 9 个,其中九江市浔阳江最美长江岸线文化提升改造项目一期、二期建设已经完成,成为九江高质量发展的标杆。

表 1　长江国家文化公园(九江段)重点项目推进情况(截至 2023 年 12 月底)

序号	等级	项目名称	项目情况
1	重点项目 5 项	庐山优秀传统文化展示传承项目	保护挖掘提升白鹿洞书院文化项目,2022 年已经完成部分修缮项目,2023 年继续推进
2		浔阳江最美长江岸线提升改造项目	对九江城区浔阳江段 12 公里进行生态环境整治和文化展示提升改造,2022 年 8 月开工,2022 年 12 月、2023 年 4 月完成一、二期建设,目前正在推进三期建设

续表：

序号	等级	项目名称	项目情况
3	重点项目5项	瑞昌铜岭铜矿遗址环境整治及保护展示项目	2023年11月已完成保护规划、遗址公园总体规划、博物馆展陈规划初稿。2023年10月，遗址博物馆本体修缮项目开工，12月展陈项目开工，预计2024年6月对外开放
4		湖口县“山·江·湖”生态文明展示园项目	核心区3200亩。2022年12月，长江鄱阳湖水生生物保护基地开馆。2023年长江江豚科普研学基地、长江鱼类展示馆、江湖楼、石钟山广场建设完成。候鸟观赏亭、游客特色餐厅等项目继续推进
5		彭泽县“海门第一关”长江文旅融合核心展示区	线路长度20公里。第一期马当要塞风景区于2023年10月开工。第二期“海门第一关”、长江生态文化创意空间项目、沿江历史文化街区项目和文化旅游消费集聚区完成。第三期“江西解放第一渡”遗址文化景区项目正在谋划中

资料来源：中共九江市委宣传部。

5. 省、市、县一体推进长江国家文化公园（九江段）建设

在省级层面，提供政策支持和组织协调。出台《关于支持九江高标准建设长江经济带重要节点城市若干政策措施》，为九江量身定制了扶持政策。江西省文旅厅协同相关部门，结合高标准建设长江经济带重要节点城市工作部署，帮助九江方面解决了许多需要从省级层面协调的难题。在市级层面，成立市委主要领导为组长，市政府主要领导为第一副组长，市委、市人大、市政府、市政协分管领导为副组长，市文广新旅局、市发改委、市财政局、市自然资源局等有关部门和单位主要负责同志为成员的工作领导小组，部门之间协同配合，全力推进项目建设。在县级层面，县委、县政府全面贯彻落实省、市决策，抓住机遇，挖掘本县域长江文化资源，积极申报各类项目，推进项目建设。省、市、县的一体推进为长江国家文化公园（九江段）建设的持续性、高效性提供了坚实的组织

保障。

6. 跨省合作、协调一致共同推进长江国家文化公园建设

近两年，九江积极联合长江沿线重点城市，组建了长江经济带城市文化和旅游发展联盟，牵头倡导沿江各地协同推进长江经济带文化和旅游产业发展，推进长江国际黄金旅游带文旅区协作，组织开展了2023（江西·九江）高质量建设长江国际黄金旅游带交流研讨会、“长江之声”第二届长江沿岸城市学子新春音乐会等活动，相互配合，协同推进长江国家文化公园建设。

（三）长江国家文化公园（九江段）建设的成效

自2022年以来，九江启动长江国家文化公园建设，推进了一系列重点项目，将文化资源转化为发展优势，取得了显著的成效，初步展示出长江国家文化公园建设的重大价值与意义。

1. “传承千年文脉”，有效保护了长江文化资源

作为长江重要的沿线城市，九江市委、市政府积极响应国家号召，深入挖掘和保护长江文化资源。党的十八大以来，九江国家级物质与非物质文化遗产项目有了比较明显的增加。截至2023年底，全市拥有不可移动文物3169处，各级文保单位522处，其中全国重点文物保护单位20处；全市非遗列入各级非遗项目名录的共635项，其中列入国家级代表性名录的共16项。

表2　九江国家级物质与非物质文化遗产项目

遗产类型（数量）	批次（数量）	具体项目
国家级文物保护单位（20处）	2013年前（8处）	观音桥、白鹿洞书院、庐山会议旧址及别墅群、铜岭铜矿遗址、真如寺塔林、中国工农革命军第一军第一师师部旧址、美孚洋行旧址、秀峰摩崖
	2013年（9处）	鄡阳城遗址、紫阳堤、庐山赐经亭、庐山御碑亭、石钟山古建筑及石刻、锁江楼塔、大胜塔、同文书院、陈宝箴陈三立故居
	2019年（3处）	九江姑塘海关分关旧址、工农革命军第一军第一师第一团团部旧址、山背遗址

续表：

遗产类型(数量)	批次(数量)	具体项目
国家级非物质文化遗产代表性项目(16项)	2013年前(10项)	湖口青阳腔、庐山市金星砚制作工艺、修水全丰花灯、瑞昌剪纸、瑞昌竹编、湖口草龙、九江山歌、德安潘公戏、西河戏、武宁打鼓歌
	2014年(1项)	永修丫丫戏
	2021年(5项)	宁红茶制作工艺、宁河戏、德安义门陈家训传统、都昌鼓书、修水贡砚制作技艺

资料来源：九江市文广新旅局。

随着长江文化公园建设的推进，九江一些颇具特色的文化遗产得到有效的保护。2019年以前，浔阳江景区琵琶亭、锁江楼、浔阳楼等景点建筑年久失修，旅游基础配套落后，年接待游客人次不足30万人次。2022年长江国家文化公园建设启动之后，九江对浔阳文化进行了深入挖掘，建立了江州司马白居易展馆、锁江楼数字陈列馆、浔阳楼水浒展馆等场馆。这一系列举措有力地保护了长江文化，为中华文明传承提供了重要支撑。

2."守护一江碧水"，探索出长江生态价值转化机制

长江作为中国最重要的河流之一，承载着丰富的历史文化和生态资源。然而，长久以来长江的生态环境却遭到了严重的破坏，水生物资源锐减，许多珍稀物种濒临灭绝。2020年1月，长江十年禁渔计划启动，九江市严格落实党中央"十年禁渔"的重要决策，"微笑天使"长江江豚在鄱阳湖及长江九江段水域数量占长江流域种群总数近一半，观测数量已从2017年的457头增加至目前的700余头。全球98%的白鹤、80%以上的东方白鹳、70%以上的白枕鹤在鄱阳湖越冬。永修吴城镇位于鄱阳湖国家自然保护区核心区，已连续多年举办鄱阳湖国际观鸟周活动，是长江国家文化公园(九江段)的重要展示区，被誉为"世界湿地，候鸟王国"。长江、鄱阳湖岸线已经形成了一条集"生态优美、人文璀璨"于一体的沿江沿湖生态文化廊道。

3."幸福千万家"，发挥了长江文化公园的社会功能

长江国家文化公园九江城区段项目建成后面向社会，服务于广大老百姓，

使老百姓过上更加幸福的生活。按照“千年文化,串珠成链,创意重现”的方式,长江国家文化公园(九江段)建设充分展示了九江文脉。如浔梦琵琶亭、九八抗洪展陈馆等展陈项目建成后,非常精彩地呈现了九江文化的深厚底蕴,让很多老百姓免费欣赏到优秀的传统文化和激扬奋进的革命文化。同时在相对开阔的地段为群众打造景观游园60个。① 这在全国长江国家文化公园建设中名列前茅,“百里长江最美岸线”在全国的影响力逐渐变大。

相较于国外的国家公园,长江国家文化公园更多聚焦于文化属性,即在保护的基础上,推进文化传承,将提升中华优秀传统文化的认同感和影响力作为重要任务。2024年2月,通过对九江地区的农民、公务员、教师、科研人员、工人、学生、退休人员等群体的2400份问卷调查发现,约有70.4%的人认为长江国家文化公园(九江段)的建设增强了对中华文化和国家的认同感(见图1)。

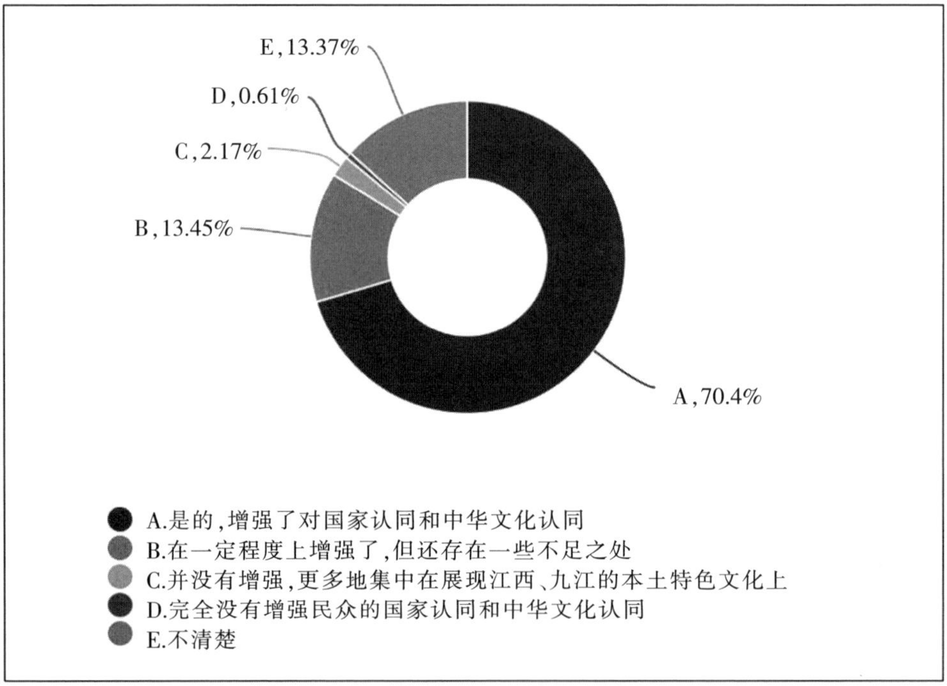

图1　长江国家文化公园(九江段)的建设对中华文化与国家认同的影响调查结果

① 资料来源于2023年江西省委党校第62期中青班第一调研组调研材料。

4."向江图强",显现出长江国家文化公园的经济效益

党的十八大以来,九江的文旅深度融合发展,尤其是长江国家文化公园(九江段)的一些项目投入运营后,产生了较好的经济价值。2015—2019 年①,九江市文化旅游收入呈现持续增长的趋势(见图 2)。具体来看,2016—2019 年的增长率分别为约 39.65%、12.07%、23.44%、13.92%。因疫情影响,2020—2022 年文旅收入水平较低。2023 年,九江的长江国家文化公园琵琶亭等项目投入运营,加上疫情过后经济复苏,一定程度上促进了文旅收入的增长,达到 1191.73 亿元,相比前几年有了显著提升,增长率约为 76.31%。

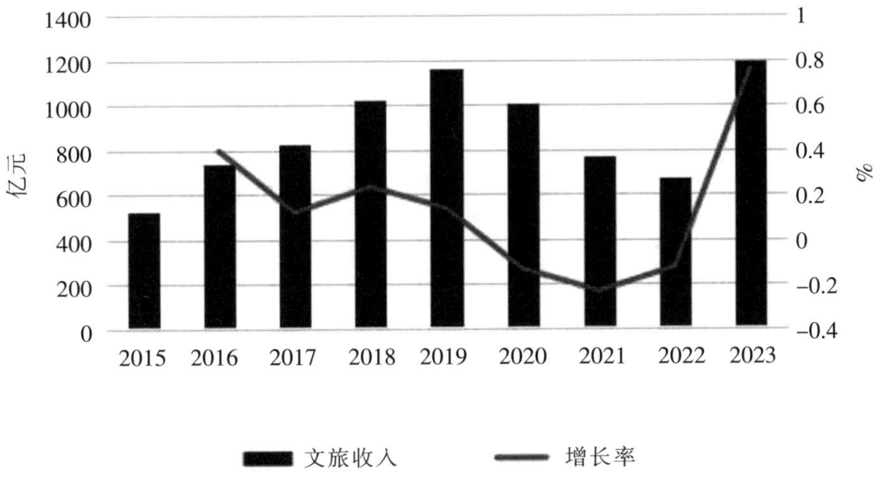

图 2　2015—2023 年九江文旅收入情况

注:2013—2014 年统计数据缺失。

资料来源:九江市文广新旅局。

自 2022 年启动长江国家文化公园建设以来,庐山市的旅游业更添活力,文旅收入和游客数量出现了显著增长。在疫情前的 2019 年,庐山市的文旅收入为 91.9 亿元,游客数量为 1093.03 万人次。尚处疫情期间的 2022 年,庐山市旅游已经有所恢复,文旅收入为 95.63 亿元,游客数量 1166.42 万人次。截至

① 2015 年前数据暂缺。

2023 年,庐山市文旅收入稳定增长,为 126.47 亿元;游客数量也大幅增长,为 1499.17 万人次。

湖口县文旅收入 2012 年至 2019 年呈现持续增长的趋势。2020 年至 2022 年,湖口县文旅收入出现了下降。(见图 3)2022 年初,湖口县开始启动长江国家文化公园建设工程,特别是湖口江豚湾水族馆等项目投入运营后,2023 年湖口县文旅收入大幅度增长,增长率达到 116.23%。这显示出长江国家文化公园建设的启动对文旅收入的促进作用。

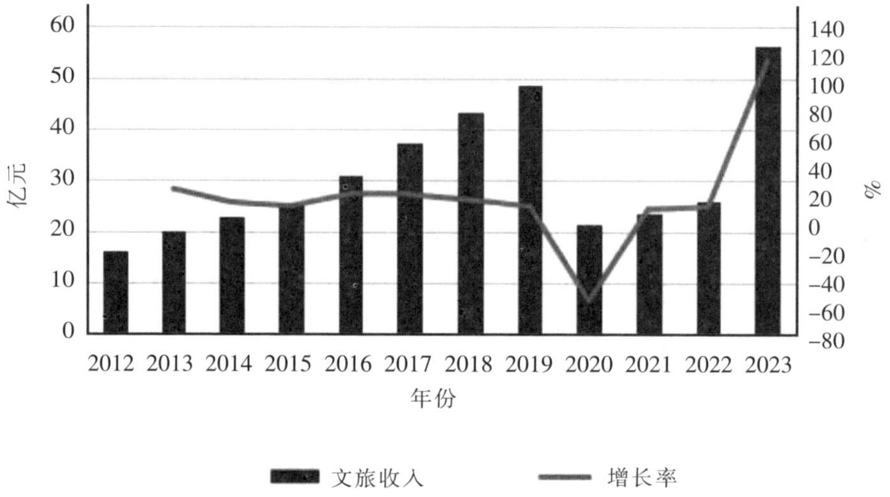

图 3 2012—2023 年湖口县文旅收入情况

资料来源:中共九江市委宣传部。

总的来看,在长江国家文化公园(九江段)建设的影响下,九江文化旅游更具活力。仅 2023 年中秋、国庆期间,九江市接待游客 1151.61 万人次,同 2022 年、2019 年相比分别增长 99.57%、20.70%;入园闸机客流单项位居全省第一。[①] 作为长江国家文化公园展示区之一的浔阳江景区,从原来的年接待游客

① 数据来源:九江市文化广电新闻出版旅游局。

量不足30万人次,到2023年底月接待量超13万人次。①

二、推进长江国家文化公园（九江段）建设的挑战

随着长江国家文化公园(九江段)规划和建设的不断推进,成效显现出来,但一些值得关注的问题也开始出现。

(一)体制机制衔接有待加强

省级的长江国家文化公园的规划编制还在推进中,尚未建立省负总责、分级管理、分段负责的工作机制。这种相对缓慢的进展导致了统筹谋划推动不足的情况。市县层面的规划主要聚焦于对当地的文旅项目的升级与改造,统筹尚待加强。因此,在建设过程中,出现了项目审批程序繁杂、规划不强等问题。

(二)功能区定位不太清晰

在九江段的建设中,出现了一些功能区划分不清的问题。在目前的建设中,几大重点项目都定位为“主题展示区”,旨在开展科研教育、研学旅游、亲子游乐、康养休闲等活动。然而,长江国家文化公园的主体功能区分为四类:重点建设管控保护、主题展示、文旅融合、传统利用。模糊的功能定位有可能会导致资源的重复利用或浪费,并增加后期管理和运营的难度。

(三)研究基础相对薄弱

在长江国家文化公园建设的大背景下,九江对长江文化内涵、时代价值、文旅融合路径等的研究尚不够深入,在蕴含长江特色的人文精神、价值理念等方面也存在不少研究空白。相比之下,邻近省份湖北不仅每年举办长江国家文化公园建设湖北段研讨会,而且每年都会开展湖北省长江国家文化公园建设研究课题的申报工作,表现了对长江文化的深入挖掘和研究的重视。

(四)项目用地、资金支撑不足

在项目用地方面,部分沿江临岸项目临近长江、鄱阳湖岸线,位于生态保护

① 数据来源:九江浔阳江景区。

红线范围内。这些项目需要与长江委、自然资源、水利等多个部门进行沟通,并等待长江委审批项目规划后才能开展,因此审批程序相对较为复杂。在资金方面,九江虽有 4 个重点项目进入国家发改委文化传承保护“专精特新”项目库,但主要依靠市县财政投入,或通过发债、争取上级资金等渠道来筹集建设资金,负担较重。

三、推进长江国家文化公园(九江段)建设的优化路径

在长江国家文化公园(九江段)建设的优化路径上,必须贯彻习近平总书记的重要指示精神:“深入发掘长江文化的时代价值,推出更多体现新时代长江文化的文艺精品。积极推进文化和旅游深度融合发展,建设一批具有自然山水特色和历史人文内涵的滨江城市、小城镇和美丽乡村,打造长江国际黄金旅游带。”结合习近平总书记考察江西的讲话精神,在调研基础之上,提出以下几点建议。

(一)优化长江国家文化公园(九江段)建设的体制机制

加快出台长江国家文化公园(江西段)建设保护规划,由省文旅厅牵头,构建省、市、县三级联动机制,避免出现重复建设、统筹谋划不强等问题。此外,借鉴江苏、湖北等省市经验,成立省委或省政府主要领导为组长的长江国家文化公园(江西段)建设工作领导小组,统筹推进长江国家文化公园建设。省人大加快制定相关法律法规,对长江国家文化公园建设的基本原则、目标、责权利分配等核心问题作出更明确的界定,形成长江国家文化公园建设、保护、利用的法律保障体系。

(二)理顺长江国家文化公园保护与发展之间的关系

坚持保护优先原则,组织开展专项调查,建立长江国家文化公园(九江段)文物和文化资源清单。明确相应的长江国家文化公园分区管控保护范围,推进文物资源整合和集中连片保护利用,改变国家文物保护单位制度存在的重物质文化遗产轻非物质文化遗产、重遗产本体轻周边环境的选择性保护的倾向。在保护基础上,做好“活化”利用,借鉴生态博物馆与文化生态保护区模式,以活态

传承文化遗产为核心，保护非物质文化遗产传承人和受众。①

（三）持续深化长江国家文化公园（九江段）的研究

建立专门的研究机构或团队，负责收集、整理九江段的历史文化资源。进一步加强对长江九江段文化的内涵、时代价值和文旅融合路径的理论阐释和研究。同时，与省内外重点高校、科研机构等合作，共同开展研究项目，以提高研究质量和深度。鼓励并支持长江国家文化公园（九江段）建设研究课题的申报工作，每年举办相关研讨会和年会，吸引更多专家、学者深度参与。利用省内重点媒体推出专家专栏，深度解读长江九江段的文化内涵，提高社会对九江段文化的认知和理解。

（四）策略性增强项目基础支撑

建立跨部门联合工作机制，加强与长江委、自然资源、水利等相关部门的沟通协调，优化项目审批流程，以缩短审批周期和简化手续。除了财政支持外，探索发挥地方政府政策性融资和基金支持的作用。加强城镇与乡村经济发展支持，制定扶持政策，引导投资，推动产业升级，改善经济发展状况。加强区域间文化保护传承的联动，推动流域统筹格局的构建，实现文化遗产保护与经济发展的良性互动。

（五）进一步加强与长江沿线省市交流合作

建立共建共享机制，促进文化资源和生态环境的协同保护，推动长江国家文化公园的可持续发展。积极主动地促进长江沿线省市之间的合作交流，建立定期的联席会议机制，邀请各省市政府相关负责人和专家学者参与，共同研究讨论长江国家文化公园建设中面临的问题和挑战，形成共识并制订合作计划。建立跨区域旅游推广合作机制，与沿线省市共同开展旅游宣传推广活动，打造长江国家文化公园的品牌形象，共同吸引更多游客前来参观体验。

---

① 苗长虹：《文化遗产保护能够从自然保护中学到什么——以黄河国家文化公园建设为例》，载《探索与争鸣》2022 年第 6 期，第 21—23 页。

新余市打造国家公共文化服务体系示范区的实践经验与提升路径研究

中共新余市委宣传部课题组

摘要： 发展公共文化服务，是保障人民群众文化权益，满足人民群众多样化、多层次、多方面精神文化需求的重要途径。新余市以创建国家公共文化服务体系示范区为契机，不断优化完善公共文化设施网络，丰富升级公共文化产品供给，创新公共文化服务体制机制，建成覆盖城乡的公共文化服务体系，设施覆盖范围更加广泛，文化活动更加丰富，服务模式更加现代，人民群众的文化获得感不断增强，为全省乃至全国相关工作积累了宝贵经验，提供了有益参考。但是，对照人民群众对高质量公共文化服务的新向往、新期盼，在设施利用、数字化建设、高素质文化人才队伍建设等方面还存在差距，需要进一步完善。

关键词： 公共文化服务　国家公共文化服务体系示范区　城乡公共文化

公共文化服务体系的完善程度，是衡量一个地区社会文明程度的重要标志，也是人民群众幸福指数的重要衡量指标。国家公共文化服务体系示范区是以探索网络健全、结构合理、发展均衡、运行有效、惠及全民的公共文化服务体系为目标，进一步推动公共文化服务广覆盖、高效能，为构建基本完善的公共文化服务体系提供实践示范和制度建设经验的示范区。自 2013 年底被文化部、财政部列为第二批国家公共文化服务体系示范区创建城市以来，新余市不断健全公共文化服务设施网络，丰富公共文化服务内容，完善公共文化服务保障措施，在公共文化服

课题组成员：刘文冰，中共新余市委宣传部常务副部长；肖洁，中共新余市委宣传部四级调研员；秦瑶，江西省社会科学院社会学研究所助理研究员；陈蕴茜，江西省社会科学院机关党委副书记、助理研究员；周韵，中共新余市委宣传部文化科负责人。

务方面呈现出“网络密、活动多、投入稳、保障全、机制新、活力足”的局面，群众的文化获得感、幸福感显著提升，探索出了具有示范效应的新路径、新方法。

一、新余市打造国家公共文化服务体系示范区的做法及成效

国家公共文化服务体系示范区重点创建内容包括：一是建立覆盖城乡、结构合理、功能健全、实用高效的公共文化设施网络；二是建立比较完善的公共文化服务人才、资金和技术保障体系；三是建立比较完善的公共文化产品服务供给体系；四是建立比较完善的公共文化服务组织支撑体系；五是建立公共文化服务绩效评估制度；六是建立制度设计成果资源共享机制。新余市严格对照创建标准和创新发展工作要求，持续优化资源配置、创新服务方式、健全体制机制，经过十年建设，公共文化服务体系日益成熟完善，逐步惠及民心、融入生活，钢城大地处处谱写着人民群众共享文化发展成果的精彩华章。

（一）新余市打造国家公共文化服务体系示范区的历程

新余市打造国家公共文化服务体系示范区的过程主要分为两个阶段：一是自2013年底被文化部、财政部列为第二批国家公共文化服务体系示范区创建城市，至2016年顺利通过验收的探索推进阶段；二是通过验收正式成为第二批国家公共文化服务体系示范区以后的全域巩固阶段。

在探索推进阶段，新余市着力夯实基础、补齐短板、建立机制，构建起文化设施、产品供给、人才队伍、绩效考核四大体系，创新推出了“一市六馆二宫二中心一剧院”“一县三馆一剧场”“一乡一站一戏台”“一村一室一广场”的四级文化阵地格局，投资建设了市文化中心、文化馆新馆等一批标志性文化设施，在文化服务、管理和品牌创建等方面，打造了“三一六五”工程①，在体制机制、设施

---

① “三一六五”工程，是指“三大亮点工程”（建设数字文化网、农家书屋“1+X+电商”和新余文化艺术大学三大工程）、一项制度设计（开展文化类社会组织培育和参与公共文化服务机制）、六项改革创新（推行协调机制、法人结构治理、基层综合文化服务中心、标准化、网格化和吸引社会力量参与公共文化服务，以及建立信息反馈机制六项改革创新工作）、五项重点工作（宣传造势、过程管理、区域联动、书香新余、志愿服务五项工作）。

空间、服务供给、组织保障等方面取得了突破。2016 年,新余市被文化部、财政部命名为国家公共文化服务体系示范区。

在全域巩固阶段,新余市着力提档升级、提质增效、彰显特色,聚焦公共文化服务设施覆盖身边化、服务内容品质化、供给主体多元化、服务方式精细化,改造提升一批传统公共文化设施,新建一批新型公共文化空间,打造一批具有时代特征、新余特色的文艺精品;不断深化体制机制创新改革,积极推进制度设计研究成果落地,优化"三馆"服务方式,进一步完善总分馆制和文化事业单位法人治理;积极试点区域文化分中心建设,探索基层综合性文化服务中心与新时代文明实践中心深度融合、公共文化服务与旅游产业融合发展,推动公共文化服务向更深层次、更宽领域的高质量发展阶段迈进。

(二)新余市打造国家公共文化服务体系示范区的主要成效

1. 公共文化设施网络惠及全民、融入生活,15 分钟城乡公共文化生活圈基本建成

一是覆盖市县乡村四级的公共文化设施网络进一步织密。新余市通过新建改建、维修改造、设施提升,大力推进市、县(区)、乡(镇、街道)、村(社区)四级文化工程建设,实现了市有公共图书馆、文化馆、博物馆、美术馆、剧院、非遗展示馆等公共文化设施,县有公共图书馆、文化馆,乡镇(街道)有综合文化站,行政村(社区)有基层综合文化服务中心。截至 2023 年底,全市 39 个乡镇(街道)文化站、496 个村(社区)综合文化服务中心全部完成标准化建设。二是公共文化设施面积总量和人均水平大幅提升。新余市公共文化设施总面积由 2013 年的45 万平方米提高到 2023 年的 85.2 万平方米,增幅高达 89%。人均公共文化设施面积由 2013 年的 0.38 平方米提高到 2023 年的 0.71 平方米,增幅达 86.8%。2022 年末,新余市平均每万人公共图书馆建筑面积为 183 平方米,比全国平均水平高 23.14%(见图 1);新余市平均每万人群众文化设施建筑面积为 780 平方米,比全国平均水平高 107.86%。三是建成了一批高标准的标志性公共文化设施。新余市、分宜县的图书馆、文化馆均获评"国家一级馆",渝水区图书馆获评"国家二级馆"。四是颜值高、配置高、品质高的新型公共文化空间不断涌现。新余市建成城

市书房 51 个,新型公共文化空间遍布街头巷尾,成为广大群众竞相打卡的“网红”地。2023 年,珠珊镇花田村农家书屋获评全国最美农家书屋,陈瑜玲书店入选全省最美书店。

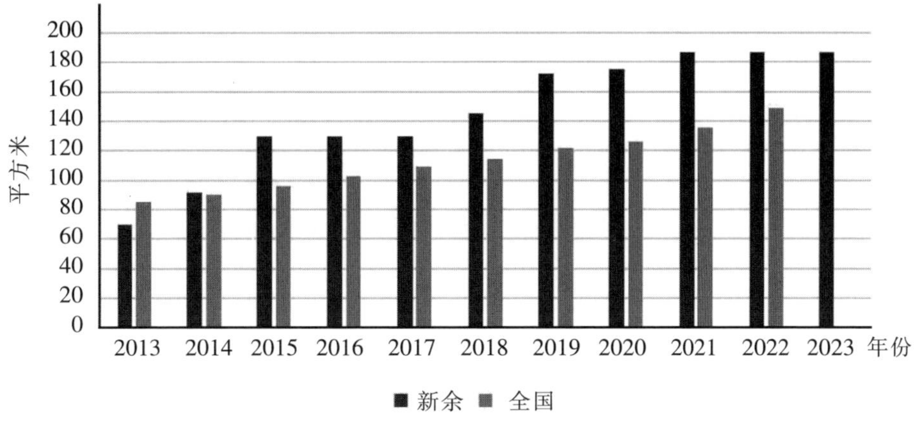

图 1　2013—2023 年新余市平均每万人公共图书馆建筑面积和全国的对比情况

注:2023 年度“全国平均每万人公共图书馆建筑面积”数据暂未发布。

数据来源:新余市文化广电新闻出版旅游局、《中华人民共和国文化和旅游部 2022 年文化和旅游发展统计公报》。

2. 公共文化服务供给丰富多样、亮点纷呈,人民群众不断从“有什么看什么”向“想看什么有什么”迈进

一是公共文化服务供给总量稳中有升。自 2013 年至 2023 年,各类群众文化活动总计开展 1.5 万余场次(见图 2)。二是擦亮了一批具有新余特色、先进文化视野的群众文化活动品牌。新余市持续挖掘推广特色文化、传统文化、农耕文化,初步形成“一乡一特、一村一品”基层文化品牌格局。“新余有爱 · 文化惠民”、百姓大舞台、百姓春晚、“百馆千万场 · 服务来分享”等文化活动深受广大群众喜爱。广场舞《唱脸谱》和《串烧》获第八届全国职工全健排舞大赛一等奖和三等奖。“少儿舞蹈”和“新余版画”特色文化品牌在全省乃至全国打响了名气。三是实现了基本公共服务标准化。新余市制定《新余市公共文化服务体系建设服务标准暨路线图》等一揽子制度,明确了各级文化设施的硬件建设、运行管理、服务内容的标准。四是农村公共文化服务供给更加充足,新余市持续

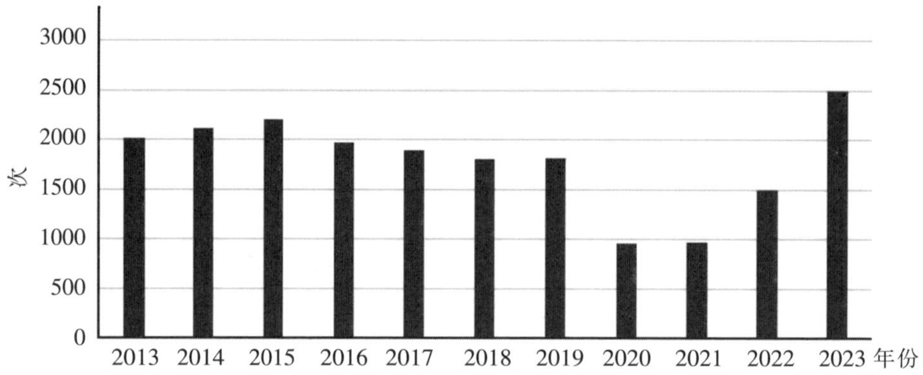

图 2　2013—2023 年新余市各类群众活动场次

数据来源:新余市文化广电新闻出版旅游局。

开展送戏下乡、送电影下乡活动,平均每年放映农村公益电影约 5327 场(见图 3),市县两级平均每年送戏下乡下基层 185 余场次。五是市、县(区)、乡(镇、街道)、村(社区)四级文化场馆全部免费开放。六是公共文化服务效能有效提升。建立了以县(区)文化馆、图书馆总馆为中心、乡镇(街道)文化站为主干、村(社区)为基础的总分馆服务体系,县(区)三级网络的图书实现通借通还。实施社保卡图书借阅一卡通服务,在全国率先实现文化体验方面社保卡"跨省通用"和"同城待遇"。

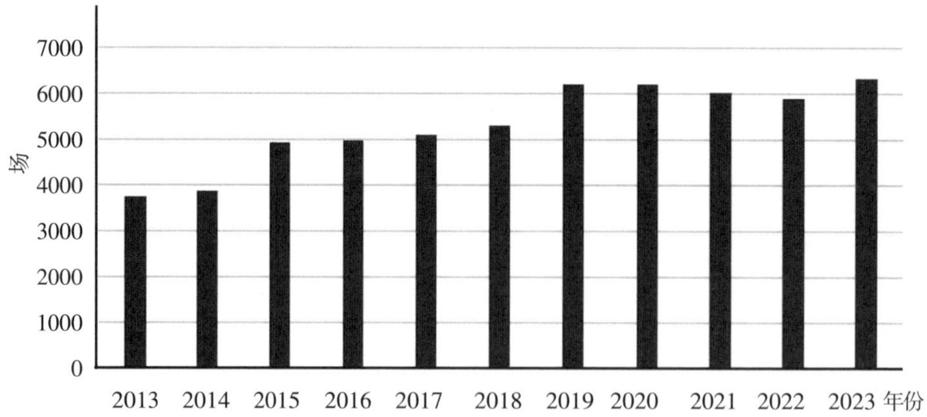

图 3　2013—2023 年新余市公益电影放映场次

数据来源:新余市文化广电新闻出版旅游局。

3. 社会力量参与通道顺畅、活力充足，公共文化服务社会化建设蹚出了一条行之有效的路子

一是向社会力量购买公共文化服务的机制不断健全。新余市不断扩大政府购买服务范围，改“拨款制”为“采购制”向社会文艺团体采购地方戏，鼓励社会力量通过兴办实体、赞助活动、捐资捐物等方式提供公共文化服务，夏布绣博物馆、罗保根版画陈列馆、匾额博物馆、赣西抗战博物馆等一批社会力量投资建设的公共文化设施相继建成开放。二是探索形成了文化类社会组织培育和参与公共文化服务的机制。新余市通过对文化类社会组织登记备案、社会文艺表演团队“星级评定”，以政府补贴、购买服务等措施扶持文化类社会组织发育壮大；通过地方戏大赛、采茶戏展演和排舞大赛等形式提升农村、社区文艺团队业务水平。截至 2022 年，新余市共组建文化志愿服务队 27 支，招募文化志愿者 1400 余人，有群众文艺团队 368 个，成为一支群众身边“不走的文化队伍”。三是公共文化服务与旅游融合发展的新业态逐步形成。新余市不断完善图书馆、文化馆、博物馆等旅游服务配套功能建设，开发系列文创产品，丰富了旅游产品文化内涵，推动文化和旅游在更深层次、更高水平上的融合发展。2020 年，新余市被列为第一批国家文化和旅游消费试点城市。

4. 服务保障措施得力，公共文化服务提质增效实现了较快发展

一是资金保障力度持续加大。新余市持续强化资金投入，用于公共文化的财政投入呈现持续增长的态势（见图 4），投入资金金额由 2013 年的 14985 万元增长到 2023 年的 31493 万元，增幅达 110%。二是公共文化人才队伍不断壮大。新余市通过配齐配强基层文化专干、招募文化志愿者队伍、“结对子种文化”、“百名文化人才下基层”、实施公共文化服务网格化管理等举措，基本建成了整体水平较高的公共文化人才队伍。目前，全市乡镇（街道）综合文化站的人员编制有 3 名以上，村（社区）配备了 1 名财政补贴的文化管理员。三是建立了公共文化人才队伍培养机制。新余市成立新余文化艺术大学，搭建免费公共文化服务联合培训平台，对文艺骨干、文化志愿者开展专业培训，有效增强了基层

文化自身“造血”功能。

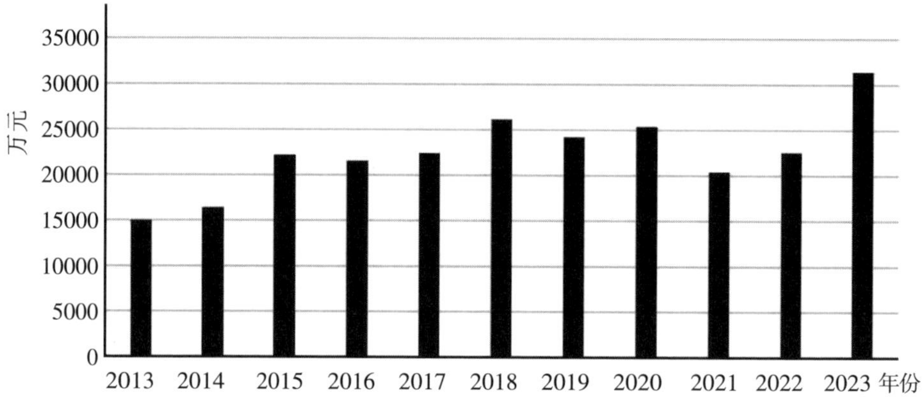

图4　2013—2023 年新余市公共文化服务投入资金情况

数据来源:新余市文化广电新闻出版旅游局。

5. 体制机制实现重大创新,规范有效的工作机制日益健全

一是形成了政府负总责、部门牵头、县区实施、社会各界和群众参与的“四位一体”工作体系。二是公共文化设施运行管理机制日趋完善。新余市加快文化事业单位法人治理,推动公共图书馆、博物馆、文化馆、美术馆等组建理事会,吸纳有关方面代表、专业人士、各界群众参与咨询、监督、考核,促进文化事业单位服务效能的提升。三是公共文化服务考核体系更加完善。新余市完善公共文化服务考核指标,建立了公共文化机构绩效考评制度和群众评价、反馈机制,将文旅融合发展、公共文化阵地免费开放、示范区创新发展等项目列入幸福江西、美丽江西考核内容,以及县区和乡镇年终目标考核内容,以精细化的绩效考评机制,推动公共文化服务的制度化、规范化。

二、新余市创建国家公共文化服务体系示范区的经验做法

示范区承担着为我国公共文化服务体系建设探索路径、积累经验、提供示范的使命任务。新余市持续深化改革,破解了一批制约公共文化发展的堵点难

题，给其他城市带来了可复制、可推广的经验启示。

（一）优化公共文化服务，必须秉持“以人民为中心”理念

“供需错位”一直是公共文化服务面临的难点痛点，一些文化设施因为供需错位而“门前冷落鞍马稀”，一些活动因“需要的是酱油端上来的却是醋”，不合群众胃口而遭遇冷场。新余市始终坚持需求导向，通过打造有特色、有品位的公共文化空间，深入实施文化惠民工程，创新供需反馈机制，开展公共文化服务需求与满意度问卷调查，建立“订单式”“菜单式”服务模式，为人民群众提供更丰富、更便捷、更对味的公共文化服务。新余市的实践为我们破解供需错配难题、发展“适销对路”的公共文化服务提供了宝贵的经验启示：一是必须坚持问需于民、问计于民，不断深化调查研究，在人民群众需要什么、喜欢什么上下功夫，了解群众对公共文化产品“喜欢不？满意不？开心不？”，积极主动听取群众的意见和需求反馈；二是坚持创新赋能，突出精准施策，不断创新公共文化服务供给内容、供给方式，探索建立“订单式”“定制式”服务模式，推动服务供给从“大水漫灌”向“精准滴灌”转变。

（二）增强公共文化内生动力，必须发挥群众主体作用

在以往的公共文化服务中，政府文化部门“独唱”“独奏”多，导致文化发展活力不足、力量薄弱、形式单一。如何提升人民群众的积极性主动性，让群众在文化活动中当主角、唱大戏？新余市扶持业余文艺团体发展壮大，培育一批基层文艺骨干，搭建免费培训平台，开展丰富多彩的群众文化活动和展演比赛，形成了一套“政府搭台，群众唱戏”的机制，有力带动了群众参与文化活动的热情。这启示我们要始终坚持共建共享，将“送文化”“种文化”有机结合起来，让文化“接地气，传得开，留得下，长得壮”。一是要扶持培育一批活跃在基层的群众文艺团队和文艺骨干，发挥文化能人和文化热心人的“种子”作用；二是建立系统性、长期性的激励扶持制度，优化制度供给，发挥好政策的撬动效应，更好激发群众参与的积极性。

(三)提升公共文化服务质效，必须统筹用好政府和市场两股力量

引导市场力量参与公共文化服务体系建设，能够发挥不同供给主体专长优势，有效提升公共文化服务质效。新余市不断健全完善政府向社会力量购买公共文化服务机制，优化市场参与公共文化服务的形式与路径，扩大政府购买服务范围，为我们坚持改革创新、提升公共文化服务质效提供了宝贵启示：统筹用好政府和市场两股力量，重点在于政府这只“看得见的手”，既不缺位，也不越位，既不能大包大揽、包办垄断，又不能“一买了之”。一是牢固树立市场思维，市场能够有效提供的就交给市场主体，积极推行购买服务、公建民营、设立基金等有效的合作模式；二是持续健全企业参与公共文化服务的管理服务机制，进一步强化机构准入、考评监管、激励奖励等全环节的监管和服务，以政府有为、市场有效的有机结合托举文化“有味”。

(四)推动公共文化服务均衡发展，必须正确处理好标线和高线的关系

传统的公共文化服务供给的重点多在培育典型、打造特色上，往往忽略了基本要求、基本规范、基本动作，容易造成“冷热不均”。新余市通过建立科学、规范、适用、易行的标准体系，推动公共文化服务设施和活动全面达标过硬；又注重典型品牌的示范驱动，以点带面，不断提升公共文化服务质效，形成了从“花开几枝”到“满园芬芳”的效果。新余市的实践启示我们：要坚持整体推进和重点突破的统一，既要加强基本公共服务标准化体系建设，突出基本公共服务资源配置均等化、服务标准规范化、服务提供程序化，也要打造一批可复制的、有温度、有特色、有品位的公共文化服务品牌，发挥品牌的辐射带动作用，产生“1+N”的裂变效应。

三、新余市创建国家公共文化服务体系示范区存在的不足与差距

尽管新余市公共文化服务体系建设取得了显著成效，但也要看到，对标加快构建新的公共文化服务体系的要求，对标群众对高质量公共文化服务的新向

往新期盼，还存在不少短板和差距。

（一）公共文化服务设施利用率不高，服务功能不够齐全

受城乡经济建设差距和文化观念差异的限制，虽然新余乡镇（办）实现综合文化站全覆盖，但基础设施利用率不高、服务功能不齐全等问题还是存在。现有的罗坊会议纪念馆、新余傅抱石纪念馆、民间珍宝馆均为专题馆，规模偏小，每个馆展览面积均不足 1000 平方米，专业的综合性展馆仍未建成，新余市博物馆新馆从 2007 年开始筹建，但一波三折，至今还未开工；市美术馆没有专业配置标准，不具备大型展览、高质量展览的条件；城市书房的质量和数量离满足群众精神文化需求还有较大差距。

（二）公共文化服务建设创新不足，数字化建设存在短板

相较于全国其他示范区，新余公共文化服务建设还存在创新驱动不够的问题，特别是创意策划能力较低，高端和有效供给不足，公共服务项目和特色服务项目普遍较少，品牌培育意识不强。现有的文艺活动形式及内容创新不够，导致影响范围小，在吸引群众参与上有差距。特别是在为群众提供智能化、个性化一站式的现代文化服务方面还不够，公共文化服务数字化建设存在短板，如何让基层公共服务插上“智慧”的翅膀，打造智慧终端、远程互动平台等，让群众像逛淘宝、美团那样轻松“一触即达”，“送文化上门”，还需进一步探索。

（三）公共文化服务管理责任有待细化，专项保障资金有难度

新余市公共文化服务示范区虽引入了社会力量投资建设，但是相关管理部门对社会投资的参与缺少明确规定，对社会参与的途径、数量和种类缺乏指标引导，同时对社会力量参与资格审查、建设质量和后期验收等相应的专业规范仍需完善。此外，新余市还存在公共文化管理职责不清、专项保障资金不足等问题。如市博物馆除了管理市本级博物馆，负责指导全市文物保护职能外，还要管理高新区、渝水区和仙女湖区的文物保护工作。市美术馆的馆藏经费没有纳入财政预算，导致馆藏作品数量不多、质量不高。

（四）公共文化的人才队伍基础偏弱，专业能力有待提升

随着群众公共文化需求的急速增长，新余市基层文化人才队伍面临较大挑战。一方面本土文化人才队伍不稳定，各类艺术人才队伍老龄化严重，青黄不接的现象尤为突出。如新余市中国美协会员三分之二为原市美术馆人员，现均陆续退休。另一方面基层文化职工专业性有待加强。新余市村（社区）文化服务中心管理主要由两委成员兼任，人员身兼数职，对文化管理服务投入的精力较少；有部分乡镇（办）综合文化站人员力量薄弱，公共文化服务能力不强，且乡镇基层本土文艺人才与民间文艺团队少，缺乏文艺精品创作。

四、进一步加强和完善新余市公共文化服务体系建设的思考与建议

加强和完善公共文化服务体系建设，需在完善基础设施、强化服务供给、健全保障机制、建好文化队伍等方面持续发力，提升公共文化服务质量和设施服务效能，提高公共服务的普惠性和便利性，才能将公共文化资源盘活，走进人民群众的心田。

（一）聚焦提升功能，进一步完善设施布局

一是加强公共文化设施统筹规划。对照群众差异化、精细化的文化需求，对公共文化服务设施作出系统性谋划和前瞻性布局，统筹一批让群众受惠的重点公共文化服务设施。二是提高公共文化服务设施利用率。实施基层公共文化服务设施的更新与提升计划，将市博物馆新馆建设项目纳入日程，积极推动新建、改建、升级一批县（区）公共图书馆、文化馆、文化中心等项目。因地制宜优化乡镇、街道综合文化中心和村、社区综合文化室空间布局和服务功能。三是提升公共文化服务设施管理水平。细化公共文化服务设施的管理和使用办法，健全公共文化设施运行管理和服务标准体系，规范各级各类公共文化机构服务项目和服务流程，完善内部管理制度。

(二)持续聚合资源,进一步强化高品质供给

一是强化公共文化服务供需精准对接。根据人民群众精神文化需求呈现出多样性、多层次的特点,在公共文化服务的内容供给上体现"人民性",让群众主动参与、融入公共文化建设中。二是要激发本土公共文化的内生动力,深入挖掘本土文化资源,支持开展特色乡村文化活动、节日民俗活动,依托七夕文化节、抱石文化艺术节等品牌,充分展现本土文化的原动力、原创力和生命力。三是要创新公共文化供给方式。以数字赋能公共文化服务,持续开发公共文化云平台、智慧图书馆、"云端博物馆"和"云上村晚"等各类数字化服务,让城乡群众能同步分享公共数字文化产品。

(三)加强统筹谋划,进一步健全保障机制

一是建立多元公共文化服务财政保障机制。发挥公共文化建设专项资金的引导作用,推动市、县(区)各级财政把高品质的基本公共文化产品和服务项目纳入各级政府部门预算;加快推动各县(区)积极探索制定本级公共文化设施收费管理实施目录和标准,加大文创开发试点激励。二是建立完善的公共文化服务法规保障体系。注重从完善和细化保障制度入手,如借鉴深圳市在公共图书馆立法修订中,将"推进'图书馆之城'建设"写入法规条文的经验,在实践中吸纳经验,以法规制度促进保障公共文化服务活动的深入开展。三是加强对群众文化需求反馈的技术保障。建立群众文化需求反馈的信息采集、数据汇总分析、组织策划等职能的技术保障小组,持续加强技术的改进与完善。

(四)坚持多措并举,进一步加强人才队伍建设

一是优化公共文化服务人才岗位设置。探索文化服务人才自主招录,招募一批有专业能力的本土"文化专干"。鼓励市县文化事业单位与文化艺术类院校或院系建立多元合作,定向联合培养专业化、复合型文化人才。二是健全公共文化人才的培养、使用和激励机制。探索建立市县文化服务人员职称绿色评价通道,建立荣誉激励机制,向作出突出贡献人员适当倾斜。三是健全对文化

岗位干部的业务培训机制。加强对县（区）文化团队骨干培训及镇街、村居文化专兼职人员的定期集中轮训，注重设置强化设施运营管理、活动展览策划、数字文化服务、传播推广营销等培训内容。四是广泛吸纳文化人才，大力鼓励省级、市级名家大师、领军人才、文艺骨干来本市建立工作室、创作基地等，推动他们定期开展文化辅导交流。

鹰潭市唱响“龙虎天下绝”品牌的实践与探索

中共鹰潭市委宣传部课题组

摘要： 龙虎山自古以“神仙都所”“人间福地”闻名天下，是世界自然遗产地、世界地质公园、国家5A级旅游景区，以道宗绝圣、丹霞绝美、古越绝唱、阴阳绝妙而著称，有“龙虎天下绝”之美誉。党的十八大以来，鹰潭市在推进文化和旅游深度融合、完善产品体系、提升品牌形象等方面取得一定成效，在推进过程中也存在“四个不足”的现实制约。课题组通过开展专题调研，从深入挖掘文化资源、持续丰富产品业态、整体打造精品线路、全面强化宣传推广等方面提出对策建议，持续唱响“龙虎天下绝”品牌，助力提升“江西风景独好”的整体影响力和美誉度。

关键词： “龙虎天下绝”　文化旅游　文化品牌

党的十八大以来，鹰潭市将文化旅游业定位为战略性支柱产业。鹰潭市按照“规划统领、项目带动、改革突破、跨越发展”的思路，通过不断挖掘“龙虎天下绝”的文化内涵，举办“龙虎天下绝”文化旅游节，开展道文化非遗文创展、大上清宫遗址开园、海峡两岸道文化论坛等系列活动，“龙虎天下绝”文化旅游品牌的美誉度、知名度不断提升。本文通过总结党的十八大以来鹰潭市唱响“龙虎

课题组成员：李文，中共鹰潭市委宣传部常务副部长；纪东，中共鹰潭市道文化传承发展中心主任；盛方富，江西省社会科学院江西发展战略研究所副所长、副研究员；马回，江西省社会科学院江西发展战略研究所副研究员；朱羚，江西省社会科学院江西发展战略研究所助理研究员。

天下绝”品牌的做法与成效，深入研究品牌打造中存在的问题，提出进一步唱响“龙虎天下绝”文化旅游品牌的对策建议。

一、唱响“龙虎天下绝”品牌的做法与成效

党的十八大以来，鹰潭市委、市政府深入贯彻习近平新时代中国特色社会主义思想和习近平总书记考察江西重要讲话精神，高度重视龙虎山景区的保护与发展，坚持改革创新，全域一体推进文化旅游发展体制机制落实落地，为唱响“龙虎天下绝”品牌提供保障。

（一）筑牢品牌基础，体制机制不断健全

1. 持续加大组织体系保障

鹰潭市把做实唱响“龙虎天下绝”品牌工作当作一项政治任务、一次发展机遇、一个民生工程来谋划推动，制定印发《“中华道都”建设重点工作方案》《鹰潭市进一步做实唱响“龙虎天下绝”品牌三年行动方案（2023—2025 年）》等一系列文件，成立工作领导小组及专班，对重点工作进行项目化推进、责任化落实。编制出台《鹰潭市旅游产业发展总体规划》《鹰潭市“十四五”文化和旅游发展规划》，为唱响“龙虎天下绝”品牌提供坚强的组织保障。

2. 持续强化政策资金支持

强化政策保障，鹰潭市每年安排专项引导资金支持旅游基础设施建设和产业发展。出台“引客入鹰”工作实施方案、奖励办法，市本级每年安排专项资金用于奖励。争取资金支持，2016 年国家发改委批复龙虎山旅游文化发展（集团）有限公司发行 11.5 亿元债券。从 2013 年到 2023 年，龙虎山景区共完成项目建设、景区开发、设施升级等项目 200 余个，总投资金额突破 1000 亿元。

3. 持续深化管理体制改革

在龙虎山旅游集团基础上成立鹰潭市文化旅游投资集团，进一步明确和龙虎山景区管委会的关系，稳妥推进旅游企业经营体制改革，建立公司制现代企业管理制度，不断完善法人治理体系。按照国企改革要求，全面梳理、建立健全集团各项管理制度，基本形成了完善的内部管理体系。组建了美丽目的地公司、江西智旅公司等子公司，国资布局不断优化，对外输出旅游管理服务，提升

企业自身市场竞争力，做大做强文旅主业。鹰潭市文化旅游投资集团入选迈点研究院《全国文旅企业百强榜单》，龙虎山景区获评“美丽中国”十佳旅游景区、首批“江西风景独好”旅游名景区、省优秀旅游景区。

（二）丰富品牌内容，资源保护利用成效明显

1. 切实保护龙虎山的绝美山水，打造江西生态文明先行示范区“鹰潭样板”

龙虎山秀美的山水、良好的生态是鹰潭最大的优势。2013 年以来，鹰潭牢固树立“绿水青山就是金山银山”理念，深入开展“净空、净水、净土”三大行动，持续改善优化生态环境；“十里画廊”泸溪河水质达到国家饮用水标准，核心景区森林覆盖率达 91%；成立中华秋沙鸭保护基地和江西省龙虎山朱鹮保护研究中心、江西省朱鹮种群重建基地，“鸟类大熊猫”中华秋沙鸭连续 18 年在龙虎山越冬。国家森林公园、世界地质公园、世界自然遗产地、国家生态文明教育基地、“中国森林氧吧”、“中国森林慢生活休闲区”等一系列称号落户龙虎山；全市空气质量优良率保持在 96.7% 以上，主要河流断面水质、城市集中饮用水水源地水质达标率均为 100%，全市森林覆盖率达 56.69%，荣获国家园林城市、国家森林城市称号。

2. 充分利用龙虎山的绝好资源，全力打造全国著名休闲旅游目的地城市

鹰潭高度重视统筹整合旅游资源要素，坚持高起点规划、大项目带动，旅游产业集群发展有了新突破。以全域旅游理念为引领，完成了“一山（龙虎山）一园（方特乐园）一湖（白鹤湖）”的景区布局，在此基础上，全面推进道教文化提升、基础设施建设、旅游配套建设、环境保护、游览区开发等五大工程。通过龙虎山花语世界、圣井山景区、古越水街、仙人城、华泉小村、蓝绿城度假小镇、道心溪谷宿集等重点项目的强势拉动，旅游产业集群发展格局已基本形成（见表 1）。

表 1　2013—2023 年“龙虎天下绝”品牌建设重点项目

年份	项目名称
2013	圣井山景区开发建设、龙虎山水寨宋庄（古越水街）
2014	《寻梦龙虎山》大型实景演出、龙虎山花卉公园（花语世界）

续表：

年份	项目名称
2015	上清古镇改造提升、新游线景观提升、龙虎山道学院
2016	智慧龙虎山体验中心、道文化提升建设、华泉小村
2017	龙虎山景区泸溪河综合治理、龙虎山天师林文化旅游景点开发建设、龙虎山天门山景区改造提升建设
2018	龙虎山景区龙虎山镇旅游接待区基础设施建设、龙虎山景区龚资线改造提升、龙虎山铭辉射击综合园区建设、龙虎山景区七修书院酒店
2019	龙虎山仙人城景区综合开发建设、龚资线风情廊道建设、龙虎山景区泸溪河生态综合提升工程
2020	龙虎山古建筑群保护利用设施工程、龙虎山镇乡村旅游服务中心建设、龙虎山栖山居民宿、茯苓弄历史文化街区
2021	龙虎山上林苑、上清镇道法养生房车营地、龙虎山悦曦田园综合体建设、龙虎山蓝绿城度假小镇、白鹤湖旅游综合开发、铜文化创意产业园
2022	龙虎山景区上清镇红色名村、龙虎山景区旅游配套基础设施一期工程、龙虎山景区上清镇综合产业园、龙虎山“道心溪谷”宿集综合体、龙虎山景区智慧龙虎山建设、隐泸度假民宿、大上清宫遗址展示馆
2023	悦道园民宿、龙虎山景区研学基地、龙虎山现代农业产业园建设、泽方正园建设、龙虎山（鸿蒙仙境）华夏古文化传承基地、象山书院重建、道德经文化长廊、华强方特东方神画乐园

资料来源：龙虎山景区管委会。

3. 大力传承龙虎山的绝佳文化，促进鹰潭文化产业和旅游产业深度融合

鹰潭依托厚重的文化底蕴，坚持以文塑旅、以旅彰文，努力作好文化与旅游相结合的文章。成功举办了第三届国际道教论坛，连续 12 年举办海峡两岸道文化论坛，道教音乐吟诵剧《道之韵》代表国家赴埃及演出获得好评，对台千人专场授箓活动影响广泛，天师音乐、天师道斋醮文化等旅游产品深受欢迎，进一步彰显了龙虎山的道文化特色。鸬鹚捕鱼、古越婚俗表演等民俗文化节目，颇受游客青睐。大上清宫遗址展览馆、正一观、道学院、道德经文化长廊、天师府

开门仪式等文旅项目和业态，显现出极强的文化旅游集聚功能（见表2）。

表2 “龙虎天下绝”文化旅游资源情况表

资源类型	主要景点
山水仙境	竹筏漂流、仙水岩、无蚊村、中华秋沙鸭、鸬鹚捕鱼、正一观、丹霞十景、象鼻山、排衙石、金枪峰、仙女岩、龙虎石、圣井山、天门山、应天山、象山精舍
人文胜境	上清古街、长庆坊、留侯家庙、吴家大宅、吊脚楼、红军会师滩、三省堂、官保第、天师殿、广缘斋、元代大铜钟、仁靖真人碑、福地门、龙街、棂星门、东隐院、伏魔殿、镇妖井、大上清宫遗址
景观意境	崖墓群、悬棺表演、飞云阁、崖墓博物馆、十三弦古琴、仙岩、仙姑庵、仙凤桥、玻璃栈道、龙虎天梯、兜率宫、《寻梦龙虎山》大型实景演出

资料来源：龙虎山景区管委会。

（三）扩充品牌外延，消费活力充分激发

1. 旅游业态推陈出新

精心打造“春赏花、夏避暑、秋风情、冬康养”四季主题，推动“旅游＋文化”“旅游＋体育”“旅游＋康养”“旅游＋农业”等融合发展，促进旅游与文化创意、乡村振兴、体育赛事相结合，打造“全时、全域、全龄”旅游业态，已实现从核心景区的“一花独放”，到景区游、文化游、康养游、乡村游、户外游等“百花争艳”的转型。近年来，龙虎山景区接连推出了冬泳、体育舞蹈、荧光夜跑、攀岩、马拉松、环鄱阳湖自行车赛等赛事活动，持续开展新春群英会、花朝节、露营节、啤酒音乐节、动漫嘉年华等活动，解锁千架无人机表演、直升机空中游龙虎山等新玩法、新体验，让景区保持吸引力，推动旅游消费持续上升。

2. 旅游产品不断优化

2013年以来，《寻梦龙虎山》实景演出、古越水街文旅综合体、龙虎山花语世界、栖山居民宿、隐泸民宿、智慧龙虎山等新产品不断涌现。华强方特东方神画乐园、茨荸弄历史文化街区、周塘烘焙小镇、白鹤湖嘻嘻哩生态水世界等市域内的文旅项目建成营业；龙虎山道文化康养度假小镇正在建设；象山书院、韬奋

小镇等项目加速推进。景区与城区良性互动，全力打造集文化体验、旅游休闲、寻道悟道为一体的道文化旅游胜地。

3. 文化标识全面提升

通过挖掘、提炼、恢复、展示道文化历史印记，推动道文化显性化、大众化、体验化。将优秀道文化元素的标志标识、吉祥物、雕塑等，广泛应用于道路、交通节点、城市公园、公交站台、交通护栏、公共厕所等场所，利用公交车、出租车等交通工具车载 LED 屏进行优秀道文化滚动宣传。大上清宫遗址保护性设施工程和陈列展示工程正式对外开放，成为景区又一文化新地标。龙虎山道学院、道德经文化长廊、道医馆等一大批项目相继落成。建成研学古道，打造龙虎山研学、修道、悟道等道文化旅游精品线路，开展海内外青少年道文化主题"寻根之旅"系列研学活动，推出天师府开门仪式演绎，赴印度尼西亚、柬埔寨、马来西亚等地开展旅游推介活动，为促进中华优秀传统文化交流搭建了桥梁。公开征集"龙虎天下绝"形象标识，开展国家级非遗正一天师道音乐展演，举办太极拳特种邮票首发式，培育"龙虎天下绝十大名菜"等道膳产品，深度开发天师八卦宴、铁皮石斛养生宴等菜系，推出热敏灸、道医疗养、运动医养等道医产品，成功打造红豆杉、秋沙鸭、"天师灵泉"等一批文创产品，"龙虎天下绝"品牌标识热度持续升温。

（四）提升品牌名气，宣传推介持续创新

1. 突出媒体宣传，品牌知名度不断提升

依托全省"江西风景独好"大品牌宣传，先后在央视《春天的中国》、《朝闻天下》新闻栏目、《人民日报》、香港《文汇报》、央视二套《魅力中国城》大型城市竞演节目进行"龙虎天下绝"品牌形象强势宣传。与中央广播电视总台合作拍摄大型纪录片《问道龙虎山》，与新华社总社合作拍摄纪录片《龙虎天下绝》，先后有《龙虎山悬棺》《龙虎山张天师》等 20 余部电影在龙虎山拍摄。与动漫《一人之下》、网剧《异人之下》和动漫《师兄啊师兄 2》超强联动，网络曝光量超 14 亿，成功打造"动漫第一山"年轻化动漫 IP，被迈点研究院评为 2023 年度全国文旅融合示范项目，龙虎山动漫系列活动被省文旅厅列为江西十大文旅热点。加

强与百度、微信、微博、抖音等头部新媒体平台合作，策划了一系列主题营销活动，话题总曝光量超5亿。持续加大在中央、省级媒体上的宣传力度，2013年至2023年在中央级媒体上发稿200余篇，网络媒体宣传热度持续走高，总曝光量超50亿，“龙虎天下绝”品牌知名度进一步提升。

2. 突出旅游推介，品牌吸引力不断增强

实施“中华道文化走出去”工程，组织参加外交部“美丽江西秀天下”全球推介活动，整个活动海内外点击量4亿多次。持续在国内大中型城市重要节点、重点商圈、重点交通枢纽强势推出“龙虎天下绝”品牌形象宣传，先后在北京、上海、沈阳、大连、福州、阿克苏、武汉、长沙、杭州、香港、澳门等30余个重点客源市场开展200余场旅游推介会，组织富有鹰潭文化特色的项目和产品进行现场展示，多维度呈现“龙虎天下绝”的厚重底蕴和丰富内涵。借助“江西风景独好”大品牌，实施“5个1000万”营销计划，着力突破高铁营销，成功开行并冠名“魅力鹰潭·龙虎山”号G483次、G1390次高铁列车，主打“道教祖庭”“龙虎天下绝”品牌形象，聚焦重点市场，集中资金进行品牌投放。龙虎山景区2013年共接待游客650万人次，2023年共接待游客2760.36万人次，2023年旅游人次较2013年大幅增长，有力促进了文旅消费（见图1）。加强与各地旅行社、游客集散中心等紧密合作，2013年至2023年开行散客直通车500余趟，开通旅游

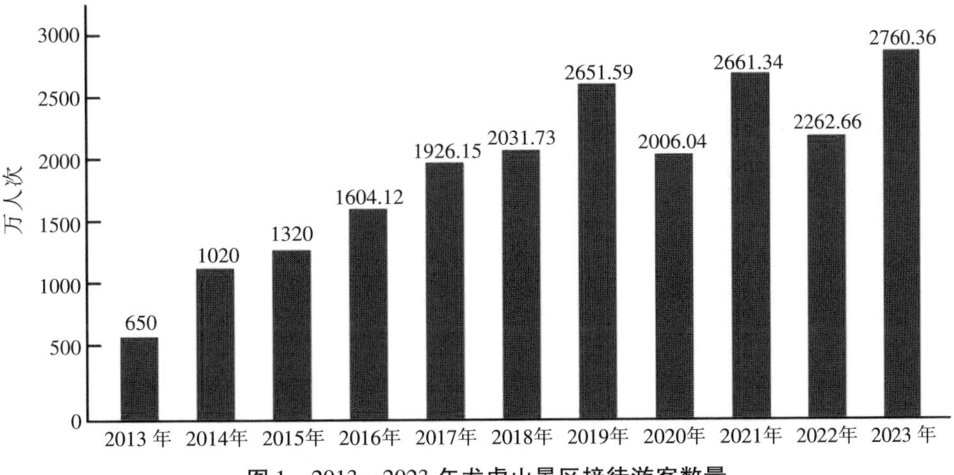

图1　2013—2023年龙虎山景区接待游客数量

数据来源：龙虎山景区管委会。

专列300余趟，针对老年团、学生团、自驾游等团队游出台优惠政策，形成阶段性、季节性市场热点。龙虎山景区旅游业务构成中，省外游客占比从2013年的20.89%上升至2023年的55.24%，散客占比从2013年的40%提升至2023年的80%，青少年占比从2013年的43.48%增加至2023年的79%，人均消费均稳步提升。

3. 突出文化活动，品牌影响力不断扩大

积极开展"龙虎天下绝·中华道都情"文化旅游系列活动，成功举办"龙虎天下绝"旅游商品创意设计大赛、龙虎山道文化国际旅游节、"乡约江西·周末鹰潭"文化季龙虎山逍遥城美食节、龙虎山网络红人文化节、道都古风动漫文化节、"龙虎天下绝"文化旅游节等大型文化活动，连续举办射击大赛、音乐帐篷节、广场舞展演、摄影大赛、天师庙会、非遗展演、太极拳、青萍剑、豆腐宴等富有地方特色的民俗文化活动。龙虎山景区先后荣获"中国旅游产业影响力旅游景区"称号、"江西Ⅲ级智慧景区"称号、2023年度"中国5A级景区品牌影响力"奖，入选"中国国家地理100个兴趣必游之地"等。

二、唱响"龙虎天下绝"品牌的主要问题

党的十八大以来，"龙虎天下绝"的品牌效应虽已初步形成，但离唱响仍然有很大差距，原因集中体现为"四个不足"。

（一）品牌打造不足

"龙虎天下绝"品牌的知名度和影响力不够，没有凸显龙虎山作为道教发源地、祖庭的地位，特别是在北方和境外市场的知名度较低。如2022年有78%的游客来自省内，16%来自长三角地区。"龙虎天下绝"品牌宣传存在资源分散、宣介分力等情况，在高铁站、高速口、城市主干道上的宣传风格并不醒目，全市也没有形成较为浓厚的品牌宣传氛围。与葛仙山、望仙谷、武功山等省内景区景点在线上的热度相比，龙虎山景区与抖音、小红书、哔哩哔哩等年轻化媒体平台的合作不足，在"两微一抖"的曝光率偏低。虽然会举办摄影大赛、自行车赛、帐篷节、马拉松大赛等活动，但缺乏"叫得响、传得开、立得住"具有全国性影响

力的品牌活动。

（二）景区联动不足

龙虎山景区分散，旅游线路设计还不顺畅。龙虎山景区各景点依靠观光车快速串联接驳，漂流的竹筏改电动后也基本成了交通工具，像“走马灯”似的。高空栈道、象鼻山、竹筏漂流、崖墓悬棺表演、无蚊村、上清古镇等景点之间缺少主题关联，还停留在“旅游 1.0 自然观光时代”。鹰潭市域内集聚有道文化、红色文化、心学文化、古越文化、角山文化等，还有铜、黄蜡石、眼镜、雕刻、烘焙等特色资源，但未与龙虎山景区形成整体开发打造、优势互补格局，更未融合串联起多条精品旅游线路，从而未能形成有效的获客、待客、留客合力，进而导致旅游的综合经济社会效益显现不够。

（三）内涵挖掘不足

鹰潭道文化在学术界、在宗教理论研究上没有站到 C 位，在道文化体验以及时代性解读上，让游客到了鹰潭就知“道”的大众化、显性化、体验化的“网红”招数依然不多，在整合天师府、大上清宫等道教宫观资源，发挥祖庭地位优势上不够有力。专职开展道文化研究的人才匮乏，专家学者少。彰显道文化的标志性文物少、等级低，如武当山有 60 多处国保单位，龙虎山仅有 2 处。

（四）“二消”产品不足

在促进游客“二次消费”、提升旅游质量上，办法还不多，少了“钱景”，产品以游览观赏为主，休闲体验产品不多。从 2023 年“五一”假期现场调研来看，虽然鹰潭接待游客达 38.88 万人次，上清古镇、古越水街等一些景点人山人海，但基本上都是一穿而过，极少有游客驻足停留、进店购物，尚未开发值得游客掏腰包的产品和参与性活动。近三年，龙虎山景区游客过夜率仅为 12%，过夜天数平均只有 1.3 天，人均消费 920 元，其中绝大部分消费在门票和住宿费用上。游客逗留时间短、消费水平不高限制了住宿、餐饮、交通、购物等发展，而相关产业的滞后又进一步束缚了旅游业发展，形成不良循环。

三、唱响“龙虎天下绝”品牌的对策建议

为唱响“龙虎天下绝”品牌进而助力提升“江西风景独好”的整体影响力和美誉度,提出如下建议。

(一)深入挖掘“龙虎天下绝”文化资源

一是深入挖掘鹰潭优秀道文化内涵。加大优秀道文化研究力度,与顶尖权威机构合作,阐释挖掘、提炼总结鹰潭优秀道文化内涵。围绕道文化与社会主义核心价值观等开展课题研究,举办“龙虎天下绝”专项课题研讨会,尽快形成权威研究成果,并强化研究成果运用。创作一批戏剧、影视、歌曲、音乐、宣传片等道文化作品。二是加强优秀道文化元素的提炼和设计。围绕“龙虎天下绝”等标志性元素,聘请顶尖专业团队设计出既能够彰显优秀道文化,又体现龙虎山特点且具有当代现实意义的文化创意形象作品。三是大力推进优秀道文化显性化展示。重点推进鹰潭城区、龙虎山景区优秀道文化元素全域展示宣传。将优秀道文化元素融入集镇、景区景点改造提升,扎实做好优秀道文化传承普及。四是做好优秀道文化文物的保护和利用工作。加大对龙虎山道文化相关文物的展示、保护、征集力度,开展古籍善本、遗址遗迹等文物的发掘、整理,推动地方道文化特色博物馆筹建工作。

(二)持续丰富“龙虎天下绝”产品业态

一是打造仙侠、国漫类影视拍摄基地。鉴于龙虎山具有的仙侠气质、风水传统、丹霞风貌、传奇故事齐聚的禀赋优势,凭借《异人之下》《水浒传》《雪中悍刀行》等广受年轻人喜爱的影视剧、动漫等作品,仿照横店模式,在做大做强拾方光影(余江)影视基地的基础上,探索打造全国仙侠、国漫类影视拍摄第一基地,从打造网红打卡点、沉浸式体验道教文化元素等方面,吸引游客特别是年轻游客。通过游客自发宣传,提高龙虎山景区在游客社交平台的曝光度。二是打造全国高品质康养修身福地。依托独特的道家养生文化,融合传统中医养生内涵,面向大众开设道家禅修、青少年太极拳等特色课程,以林养、茶养、水养、药

养、神养、食养等为主，开发集康体健身、休闲度假、养生养老等功能于一体的养生旅游产品体系，高品质打造集康养、运动、娱乐、休闲、商务等为一体的康养修身福地。三是打造奥妙探索与科普教育高地。充分发挥龙虎山景区丹霞地理、崖墓、秋沙鸭、无蚊村、畲族等自然地理和民俗风情的科普教育功能和作用，以学生的视角征集和挖掘学生群体热衷和喜爱的精品科普素材和展示产品谱系，并使用全息和裸眼3D结合、8K超高清数字互动技术、4D动感影像等技术，让游客特别是学生群体能够深度体验和切身感触自然的奥妙和发展的变迁，接受绝美生态、绝妙地理、绝佳文化等的科普与教育。

（三）整体打造“龙虎天下绝”精品线路

一是整体打造多条精品旅游线路。依托龙虎山主景区，联动周边的花语世界、华泉小村、圣井山、白鹤湖、鹰潭方特东方神画等，串起角山古陶遗址、象山书院、樟坪畲族民俗风情度假区、鬼谷子洞、雕刻特色产业园、马岗岭森林公园、红军上清会师旧址、贵溪市革命烈士纪念馆等丰富多样的业态类型，探索打造休闲体验式旅游线路、民俗文化特色旅游线路、红色文化润心旅游线路、优秀传统文化探寻旅游线路、亲子家庭欢乐旅游线路等。二是与其他景区联动打造精品线路。依托立体便捷的铁路、公路等交通网络，推动鹰潭市与省内南昌市、上饶市、景德镇市、抚州市等市景区之间的旅游线路打造，促进鹰潭市与全国其他丹霞地貌景区的捆绑式宣传和线路设计，打造丹霞旅游线路联盟。三是积极打造“徐霞客游线标志地”。《徐霞客游记》里记载了贵溪的仙桥、挂榜山、象山书院等情况，还写到龙虎山仙岩“最秀”、排衙峰“最高”、金枪峰“最峭”等，且评价最高的是贵溪仙桥。因此应积极申报“徐霞客游线标志地”世界遗产，力争跻身全国徐霞客游线之列，在全国唱响《徐霞客游记》鹰潭篇。

（四）全面强化“龙虎天下绝”宣传推广

一是集中力量打造在国内外有影响力的“龙虎天下绝+”品牌活动。统筹整合分散的资金、项目等资源，集中力量策划并持续举办1—2项在国内外具有较大影响力和较强标识度的“龙虎天下绝+”品牌活动，以提升“龙虎天下绝”

品牌影响力。二是运用网络资源、网红资源等提高景区的正向关注度、发酵度。加强与抖音、小红书等头部新型媒体的长期合作，组织利用好本地网红资源宣介龙虎山，争取成为年轻群体关注的娱乐节目的摄制取景现场，积极邀请“与辉同行”等时兴节目组进龙虎山景区，不断提升龙虎山在网络媒体的曝光度和关注度。三是营造本地人宣介本地旅游品牌的浓厚氛围。人人都是本地宣传员，人人都是本地形象大使，在支持鼓励“本地人游本地”的同时，出台专项激励政策措施，大力鼓励本地人宣传“龙虎天下绝”等本地旅游品牌，以形成浓厚的宣传氛围。四是以文化创意营销打造旅游品牌。立足鹰潭丰富的文化资源禀赋，用文化创意赋能旅游景区，持续性打造“文创 IP + 旅游”新模式，积极培育文创旅游产品生产企业，深度挖掘文化内涵，不断探索研发具有鹰潭特色的文创产品，进一步提升文化旅游产业的品牌影响力、核心竞争力。

长征国家文化公园（赣州段）建设研究报告

中共赣州市委宣传部课题组

摘要： 建设长征国家文化公园，是推动新时代文化繁荣发展的重大文化工程。赣州是江西建设长征国家文化公园的核心区域。为深入贯彻落实习近平总书记考察江西重要讲话精神和中央、省关于长征国家文化公园建设的各项决策部署，赣州市积极主动作为，在规划引领、项目建设、文旅融合和文物保护等方面取得明显成效，同时在建设、运营和开发上也存在不足。本课题组围绕长征国家文化公园（赣州段）建设开展深入调研，并就依托丰富的革命文物和红色文化资源，全域高质量推进长征国家文化公园（赣州段）建设提出对策建议。

关键词： 长征国家文化公园（赣州段）　红色文化　长征精神　文旅融合

建设长征国家文化公园，是以习近平同志为核心的党中央作出的重大决策部署，是推动新时代文化繁荣发展的重大文化工程，是贯彻落实习近平文化思想的生动实践。以习近平同志为核心的党中央高度重视长征国家文化公园建设。2019 年 5 月 20 日，习近平总书记视察江西赣州，前往中央红军长征集结出发地于都，向中央红军长征出发纪念碑敬献花篮，参观了中央红军长征出发纪念馆，并强调指出："我们不能忘记党的初心和使命，不能忘记革命理想和革命

课题组成员：钟小武，中共赣州市委常委、宣传部部长；朱家柏，中共赣州市委宣传部分管日常工作的副部长；徐跃辉，赣州市融媒体推进中心主任；阳振乐，中共赣州市委党校二级调研员。

宗旨，要继续高举革命的旗帜，弘扬伟大的长征精神，朝着中华民族伟大复兴的目标奋勇前进。”2019 年 12 月，中办、国办印发《长城、大运河、长征国家文化公园建设方案》；2021 年 10 月，国家文化公园建设工作领导小组印发《长征国家文化公园建设保护规划》（以下简称国家《规划》），标志着长征国家文化公园正式启动。赣州市委、市政府高度重视长征国家文化公园（赣州段）建设，全域高质量推进长征国家文化公园（赣州段）建设。

一、长征国家文化公园（赣州段）建设的做法与成效

江西是长征国家文化公园的重点建设区，而赣州又是长征国家文化公园（江西段）重点建设区，可谓是重中之重。根据国家《规划》，江西段建设以长征决策与前期准备、中央红军长征线路及与长征紧密相关的重要事件发生区域为重点建设区，涉及赣州章贡、瑞金、于都、兴国、石城、宁都、会昌、寻乌、安远、信丰、赣县、南康、大余、崇义 14 个县（市、区）。同时，将红军北上抗日先遣队、南方红军三年游击战争在江西省的 39 个县（市、区）纳入拓展建设区，其中，赣州市上犹、龙南、全南、定南 4 个县（市）纳入拓展建设区。

长征国家文化公园（赣州段）启动建设以来，赣州市始终将长征国家文化公园建设作为一项重大的政治任务，坚持高标准设计、高效率推进、高质量落实，按照管控保护区、主题展示区、文旅融合区和传统利用区等四大主体功能区进行规划布局，统筹推进长征国家文化公园（赣州段）高质量建设。

（一）坚持规划引领，科学绘制长征国家文化公园（赣州段）建设蓝图

一是高度重视、高位推动。为推动长征国家文化公园建设，赣州市成立了由主要领导负责的市级领导小组，强力统筹推进，对应省级层面设置，与领导小组办公室并行设立了内容建设组、项目推进组和培训教育组，并从相关市直单位及县（市、区）抽调精干力量组成专班实行集中办公，制定完善了一系列工作机制，包括“每周调度”“挂图作战”“专家指导”“工作专报”等。各相关县（市、区）也参照市里成立了党政主要领导负责的县级领导小组，制定相应工作机制，整体部署、一体推进。为了更好地统筹协调指导全市红色资源的收集、整理、保

护、传承、开发、利用等工作，专门成立了市委直属单位——赣州市红色资源保护发展中心，对全市红色资源传承保护和开发利用进行总体规划和有序推进。

二是规划先行、建章立制。一方面，抓内容审核。在项目规划建设之初，赣州市组织宣传、文史、军史等方面专家组建内容审核组到各县（市、区）进行内容审核，对新、改扩建及存量红色文旅项目进行全面过筛，逐一把关审核；同时，组建红色文化专家库，组织36名权威专家参与项目建设、运营、布展和讲解等内容的研究审查，确保项目建设的内容质量。另一方面，抓规划机制。赣州市先后建成了“1+4”建设保护规划体系，“1”即《长征国家文化公园（赣州段）建设保护规划》；“4”即《赣州段长征步道概念性规划》《长征文物和文化资源保护传承规划》《“重走长征路”红色旅游交通运输规划》《长征文化与旅游融合发展规划》。先行先试编制了《长征步道于都段规划设计方案》，并率先提出系列长征步道标识。

（二）坚持项目带动，长征国家文化公园（赣州段）展示体系基本建成

一是坚持“项目为王”理念。以项目建设为国家文化公园建设的重要抓手，赣州市坚持边规划、边建设、边见效，严格按照时间进度，倒排工期、挂图作战，推动项目快开工、快建设、快达效，确保项目建设如期完成。二是强化资金保障。除了各级财政配套资金外，部分县（市、区）以专项债、银行贷款、地方文物保护资金、社会资本等方式筹措资金，为项目建设提供资金保障。三是多元化运营。各县（市、区）结合本地实际情况采取多元化运营方式，运营主体包含纪念馆、承建公司、乡政府、村委会等，最大程度确保运营有效。

截至2023年底，长征国家文化公园（赣州段）纳入省级调度共23个重点项目，其中国家级项目6个，省级项目17个（见表1）。已完成投资38.5亿元，完成投资率93.4%。已完工项目22个，完工率95.7%（见图1），个别项目待批复，尚未开工。一批重点展示园和以长征步道为串联的展示带等长征国家文化公园（赣州段）展示体系已基本建成。

表1　长征国家文化公园（赣州段）重点调度项目清单

序号	项目名称
国家级项目	
1	于都县中央红军长征出发纪念馆改扩建及景观环境提升项目
2	瑞金中央红军长征决策和出发重点展示园建设项目
3	中央红军长征出发历史步道瑞金段、于都段示范段建设项目
4	信丰县长征国家文化公园长征突破第一道封锁线战场遗址保护展示项目
5	兴国县长征国家文化公园中央红军长征出发准备重点展示园建设项目
6	寻乌红色文化保护传承项目
省级项目	
7	于都县长征国家文化公园长征出发地八大渡口和六处旧址遗址遗迹项目
8	信丰县赣南游击词主题园项目
9	瑞金市长征国家文化公园红井区域革命遗址遗迹项目
10	安远县长征国家文化公园朱德天心整军遗址遗迹项目
11	大余县长征国家文化公园池江整编遗址遗迹项目
12	石城阻击战重点展示园
13	会昌县长征国家文化公园会昌红九军团长征出发旧址群项目
14	崇义县长征国家文化公园上堡整训纪念园项目
15	大余县长征国家文化公园梅岭遗址遗迹项目
16	赣县区长征国家文化公园中央苏区贸易分局遗址遗迹项目
17	宁都县长征国家文化公园中央苏区反"围剿"战争纪念馆项目
18	于都县长征国家文化公园红军街历史文化街区建设项目
19	于都长征学院
20	瑞金干部学院
21	"长征路·兴国魂"文化园
22	中央红军长征历史步道赣州段贯通工程
23	红军村建设项目

数据来源：根据赣州市"长征办"《长征国家文化公园江西段建设情况月报表（2023年12月）》资料整理。进展情况统计截至2023年12月。

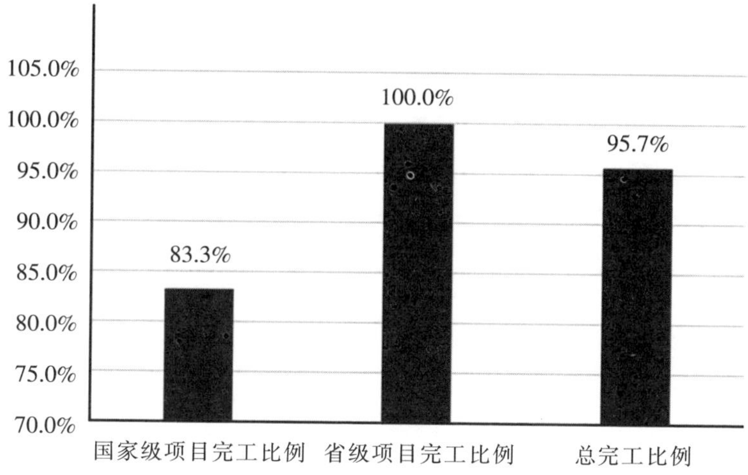

图 1　长征国家文化公园（赣州段）重点调度项目完工率

数据来源：根据赣州市“长征办”《长征国家文化公园江西段建设情况月报表（2023 年 12 月）》资料整理。

（三）坚持融合发展，长征国家文化公园（赣州段）综合效益持续扩大

赣州市在深入挖掘和开发长征文化资源的基础上，坚持以文塑旅、以旅彰文，将长征元素融入旅游业态中，推进长征文化和旅游深度融合发展，讲好新时代的长征故事。

一是深耕一批红色文艺精品。党的十八大以来，赣州市实施文艺精品创作工程，特别在深挖本土长征文化资源的基础上，精心创作了一大批形式多样、社会评价好、市场效益高的长征主题优秀文艺作品（详见表 2）。打造的赣南采茶戏《一个人的长征》获评中宣部第十六届精神文明建设“五个一工程”奖；大型长征红色文化 3D 动画片《长征先锋》2022 年两次夺得全国动漫收视率第一；创排的全国首部大型红色文旅史诗剧目《长征第一渡》入选 2023 年江西省文化和旅游数字化创新示范案例，截至 2023 年 12 月，已演出 209 场，观演人数达 13 万人次，受到社会各界广泛好评，新华社等中央媒体进行了专题报道。

表 2　2014 年以来赣州市长征主题优秀文艺代表作品

序号	作品名称	类别	时间	获奖情况
1	《红军渡　长征源》	歌曲	2014 年	江西省“五个一工程”优秀文艺作品奖
2	《八子》	电影	2017 年	国防军事电影盛典“文荣奖”、第 18 届奥泽洛夫国际军事电影节“最佳外语片奖”
3	《红游记》	动画片	2017 年	2017 年第二季度优秀国产电视动画片
4	《闪闪的红星》	音乐剧	2021 年	2022 年度江西省文化产业扶持项目
5	《长征先锋》	3D 动画片	2021 年	2022 年度江西广播电视奖一等奖
6	《一个人的长征》	赣南采茶戏	2021 年	中宣部第十六届精神文明建设“五个一工程”奖
7	《长征第一渡》	首部大型红色文旅史诗	2023 年	2023 年江西省文化和旅游数字化创新示范案例
8	《从瑞金出发》	理论文献片	2023 年	国家广播电视总局《庆祝建党 100 周年重点纪录片》
9	《从此》	歌曲	2023 年	入选中国当代歌曲创作精品工程

资料来源：中共赣州市委宣传部。

二是持续丰富红色旅游精品线路供给。在建好长征国家文化公园项目的基础上，赣州市坚持红色引领、绿色发展、古色添彩，积极开发打造一批红色旅游精品线路并逐步推向市场，丰富红色旅游产品体系供给。赣州市推出“红色摇篮　革命赣南”“薪火相传 · 赣州初心之旅”“新长征之旅”等红色旅游精品线路。赣州市积极对接湾区市场，发挥“后花园”作用，将中央红军长征集结出发地纪念园、长征历史步道、《长征第一渡》、《长征组歌》等长征国家文化公园项目、产品纳入“引客入赣”范围，予以重点推广和市场开发，掀起了港澳学子来赣州研学旅游的热潮。赣州红色旅游在出彩出新中实现了社会效益和经济效益的双丰收。2023 年，全市红色旅游总人次 4193.89 万人次，同比增长 27.15%，实现红色旅游总收入 443.73 亿元，同比增长 22.63%。

三是深化宣传阐释，促进长征精神走深走实。依托长征国家文化公园项目，开展形式多样的宣传教育活动，让长征精神绽放新时代光芒。如：中国（瑞金）长征节自2020年首次举办以来，至2023年已经连续举办4届；于都举办了“长征纪念月”、“起航红五月　走好新长征”、红色故事讲解大赛、“传承红色基因　落实助企纾困”等活动，营造学习弘扬长征精神的浓厚氛围；全市党校系统结合本地长征文化资源，开发了《读懂长征向未来》等大量精品红色课程（详见表3），并广泛开展红色教育培训，2023年赣州市接受红色教育培训学员达181万余人次，同比增长80%。

表3　赣州市党校系统开发长征精神相关红色课程统计表

序号	单位	红色课程名称
1	赣州市委党校	《向新型人民军队的转变——赣南三整》《关心群众生活，注意工作方法》《创业艰难百战多》《品读红色家书　汲取奋进力量》等
2	章贡区委党校	《解放广东策源地——中共华南分局扩大会议暨叶剑英住地旧址》《毛泽东农村包围城市战略思想的生动实践——中共红军共同前委楼梯岭扩大会议旧址》《浴血奋战赣州城——红军攻打赣州城遗址》等
3	赣县区委党校	《用生命守护苏区贸易》《为有牺牲多壮志》等
4	信丰县委党校	《人民支援下完成的伟业》《无名英雄永在心中》《信念的力量》等
5	大余县委党校	《靠人民，支援永不忘》《生是为中国，死是为中国》等
6	安远县委党校	《要革命的跟我走！——回忆朱德在天心整军的峥嵘岁月》《血战尊三围》等
7	兴国县委党校	《重走第三次反“围剿”胜利之路》《“终于在莲塘打着第一个好仗”》《腰缠万贯的讨米人》《红军是不可战胜的力量》等
8	于都县委党校	《于都与长征精神》《不忘初心再出发》《跟着总书记再出发》等
9	瑞金市委党校	《八子参军》《十七棵松》《战火中的邮路》《傅连暲的红色信仰》《共和国的根基是人民》等

续表：

序号	单位	红色课程名称
10	会昌县委党校	《骨肉情深》《〈清平乐·会昌〉解读》《建军大捷会昌战斗》《朱开铨临危受命》《初心的叩问》《红九军团的长征故事》《红军留下的儿子》等
11	寻乌县委党校	《毛泽东与寻乌调查》《甘做革命铺路石，红色基因代代传》《群众路线是党的生命线》《一根火柴点亮中国》《用好统战法宝，抓住历史机遇》等

资料来源：根据中共赣州市委党校2023年课程目录整理。

（四）坚持保护利用，发挥长征国家文化公园（赣州段）红色文化资源优势

以长征国家文化公园（赣州段）建设为契机，赣州市抢抓红色革命文物保护，有针对性地对红色革命文物进行提质修缮利用，不断加强红色资源的规范管理，让历史说话，让文物说话。

一是摸清家底。制定下发了《关于开展全市红色资源调研普查工作的实施方案》，在全市范围广泛开展红色文物的普查工作。截至2023年12月底，赣州共有革命类不可移动文物1300余处，革命类文物保护单位413处515个点，其中国保12处67个点、省保115处144个点、市保33处34个点、县保253处270个点；市级以上革命类爱国主义教育基地82处，其中国家级6处、省级11处、市级65处；红色旅游景区景点141处，其中5A级72处、4A级39处、3A级7处、2A级23处；红色标语漫画3339条（幅）。

二是加强保护。出台了《关于加强文物保护利用改革的实施意见》。从2023年开始，赣州市财政每年划拨1000万元专项资金用于革命文物保护修缮工作，一批濒临损毁的红色文化遗存得到了抢救性保护。中共赣州市委宣传部、市文广新旅局、市红保中心联合下发了《关于印发〈2023年度市级革命文物保护单位和爱国主义教育基地保护修缮项目资金申报指南〉的通知》，首次组织开展赣州市革命文物保护单位和爱国主义教育基地保护修缮项目的申报工作。截至2023年底，赣州市已经完成26个市级项目的资金申报、调研和评审等工作，并推动瑞金、于都成功入选江西省第一批革命文物保护利用示范县创建名单。

三是“活化”利用。立足本地具体实际，将革命文物的保护与利用开发相结合，促进文物“活”起来。如：于都县立足中央红军长征集结出发地定位，围绕长征步道沿线重要节点，打造了山峰坝渡口 5.2 公里示范段，建立了草鞋体验馆、非遗体验馆，祁禄山示范段增加了集结出发动员仪式、长征组歌、红色故事等内容，丰富了业态，已成为远近闻名的网红打卡点；崇义县充分利用本地的绿色资源优势，将长征革命文物资源融合周边自然山水、文化、历史等资源，形成结构清晰、要素融洽、特色鲜明的旅游综合体。

二、长征国家文化公园（赣州段）建设存在的问题

（一）统筹规划不够

部分纪念场所规划标识不统一，保护标准不一致，配套建设标准也不同。《江西省长征步道建设与服务导则》的文件制定时间滞后，有的县（市、区）长征步道在文件出台前已建设完成，出现标准不符合规范的现象；部分地区没有全面统筹交通等基础设施建设，没有建好连接沿线景区的旅游快速通道，有的长征沿线区域的通行能力受到影响。

（二）文物保护多部门联动不足

整个长征国家文化公园（赣州段）的建设大多数由各地红保中心、文广新旅局牵头完成，涉及文物鉴别保护等专业性强的工作缺乏专业的团队及紧急预案。因为地理位置偏僻、基础设施建设落后、资金匮乏、人力不足等因素，在长征国家文化公园（赣州段）建设过程中，有的地方的长征历史文物因权属等问题未纳入保护名录，未能得到妥善保护。部分遗址因保护名录认定工作未能及时跟进，仍未纳入保护名录，遗址保护利用亟待加强。

（三）项目后期运营有待加强

一是部分项目责任主体不清晰。长征国家文化公园的建设规划以及后期运营均缺乏相关法律法规保护。责任主体涵盖宣传部、红色资源保护中心、发改委、文广新旅局、归属地博物馆等多个责任单位，对于重要文物的后期维护缺

乏一套自上而下的管理机构及管理专人，多数建设点为代管，而对应的单位责任人均为一人负责多项工作，这种兼管的方式缺乏稳定性和可持续性。

二是部分项目运营能力不足。长征国家文化公园项目大多涉及边远地区和欠发达地区，地方财政拮据，基础设施建设总体水平不高，支撑长征国家文化公园建设及后续管理的能力不足，长期持续建设运营缺乏保障。有些项目负责人担心项目建成后难有稳定的客流，不能发挥应有的作用。如已基本完工的信丰县长征国家文化公园长征突破第一道封锁线战场遗址保护展示项目，因运营、维护经费不足，项目还未运营。有的项目讲解员队伍数量与质量均难以保证。如会昌县长征国家文化公园会昌红九军团长征出发旧址群项目地处偏僻的山村，目前暂由村委会代管，委托的管理人员兼讲解员只能由村民临时充当，运营效果不理想。

（四）综合开发协同不够

长征国家文化公园沿线长征文化资源禀赋分布不均衡。目前赣州各地长征文化公园建设保护中，有的项目欠缺联动开发，资源共享不够，未能充分发挥长征红色资源的效能。有些项目存在“各自为战”的问题，如崇义“赣南三整”历史陈列馆和安远县长征国家文化公园朱德天心圩整军遗址遗迹项目、大余南方红军三年游击战争纪念馆和信丰赣粤边三年游击战争纪念馆的部分陈列内容有所重复。此外，有的项目如赣县区长征国家文化公园中央苏区贸易分局遗址遗迹项目，周边配套基础设施缺乏，不能满足游客的多样化需求。

三、长征国家文化公园（赣州段）建设的对策建议

（一）进一步优化长征国家文化公园（赣州段）的顶层设计

坚持把统一规划作为建设长征国家文化公园的前提，确保长征国家文化公园建设目标、要求、重点工作和重大项目等内容符合规划要求，并将长征国家文化公园规划纳入国土空间规划“一张图”。同时，加强与乡村振兴规划、旅游发展规划等相关规划的协调，保证重要工作部署相互衔接。在省、市两级层面要严格把控建设标准，严格明确时间节点，相关纪念场所统一规划标识、保护标

准、配套建设；在各县（市、区）具体实施层面，要继续参照市“长征办”，配套设置县一级“长征办”，保持“长征办”工作队伍的稳定，确保长征国家文化公园（赣州段）各项工作的延续性。要落实长征国家文化公园建设联席会议制度，多方联动，共同攻克建设的难题，形成统一的产品体系和价值链条，提高效率，提升效益，真正实现效果共享，从而彻底改变以往红色遗产的保护利用“单打独斗”的传统模式，实行区域统筹发展、资源整合联动，对同一历史主题下的长征文化资源进行全面梳理整合，全面展现长征文化资源相关历史的整体面貌，有效实现集群效应，大幅提升影响力。

（二）进一步注重长征文化资源整体性保护

要依据总体规划，结合党史、军史研究的最新成果和权威表达，从区域整体性的视角认识各地长征文物的价值和定位，对其保护级别进行必要的调整，从而形成更加科学完整的长征文物清单。用好赣州市级革命文物保护修缮专项资金，组织开展市级革命文物保护单位和爱国主义教育基地保护修缮工作，重点做好长征重大历史事件、遗址遗迹、革命领导人（将帅）故居以及陵园、纪念碑、纪念馆等场所史料的挖掘整理，汇总调研普查成果。在此基础上，推进长征文物和文化资源的数字化保护和有效传承，建立赣州市红色资源数据库系统，推进长征文物和文化资源的保护、传承、利用。要加强民间走访与史实资料查找，提高长征文物普查的质量。对于未定级和新发现的长征文物，组织专家开展综合评价工作，对具有重大意义和重要影响的文物，积极推动长征文物保护单位申报与保护级别升格工作。同时，要启动一批县级文物保护单位（如赣县王母渡永固楼、少共国际师石城阻击战指挥部旧址、云石山中国共产党中央政治局旧址等）申报省级文物保护单位的推荐申报工作，组织精干力量编制省级文物保护单位申报书，邀请专家学者对申报书进行修改完善，提升申报的成功率。

（三）进一步强化项目建设的内生动力

统筹推进长征国家文化公园（赣州段）建设与文化旅游有机融合，丰富重点项目业态，完善吃、住、行、游、购、学等要素供给，增强市场吸引力。借鉴临沂、古田、韶山等地的做法，以游客需求为导向，将红色、绿色、古色景区纳入统一运营线路，推动长征文化公园与客家文化、宋城文化、阳明文化、农耕文化、周边乡村旅游、休闲体验等项目融合发展。加快推进瑞金中央红军长征出发和决策重点展示园、兴国中央红军长征出发准备重点展示园、安远天心圩整军遗址遗迹等项目的布展陈列工作，优化长征文化展示。以中国工农红军长征出发 90 周年为契机，以“用好长征国家文化公园（赣州段）”为核心，实施长征国家文化公园“ + 研究”“ + 旅游”“ + 科技”“ + 文艺”“ + 文创”等措施，推动长征国家文化公园建设运营工作在全省引领示范，增强沿线地区自我造血能力，带动沿线经济社会全面协调发展。整合项目资源，精心规划设计，打造出一批市场需求高、内容优质的红色旅游精品线路，并予以全国范围内推广和市场开发，掀起到赣州研学旅游的热潮。

（四）进一步创新长征国家文化公园（赣州段）发展模式

长征国家文化公园（赣州段）要建好、管好，更要运营好。在政府主导运营管理的基础上，一是借鉴国内外纪念设施、文化场馆运营管理的先进经验，充分发挥市场作用，鼓励和吸引更多社会力量、民间资本参与长征国家文化公园（赣州段）项目的合作运营，一方面减轻财政负担，另一方面有效激发社会力量参与公共文化服务的活力，增强项目市场竞争力。二是在技术手段上充分利用数字技术，通过数据技术管理，提高项目运营效率和应急管理能力，从而提升游客对长征国家文化公园的满意度，实现项目高效运营、精准营销和智慧化服务。三是常态化组织长征国家文化公园建设的相关宣传活动，搭建网络平台，开展长征文化“进校园”“进社区”“进企业”等活动，培养全民的社会责任感和文化自觉性。

新时代吉安红色文化传承创新研究

中共吉安市委宣传部课题组

摘要： 吉安是闻名全国的革命老区，这片红土地承载了波澜壮阔、可歌可泣的革命斗争史，是井冈山精神、苏区精神等中国共产党革命精神的主要发源地，为中国革命和建设作出了重大贡献和巨大牺牲。党的十八大以来，吉安以建设全国红色基因传承示范区为统领，发挥红色资源优势，弘扬革命优良传统，传承红色基因，赓续红色血脉。吉安实施推动红色文化传承创新发展的“八大行动”，在红色遗址遗迹保护、深化红色文化宣传阐释、支持红色文艺精品创作、强化红色文化教育培训、推动红色旅游融合发展、开展红色文化共建共享等方面取得了明显成效，让跨越时空的井冈山精神绽放新的时代光芒，推动井冈山红色文化传播工作持续走在前列。

关键词： 红色文化　井冈山精神　革命老区　革命文化

2016年2月2日，习近平总书记在瞻仰井冈山革命烈士陵园时指出，井冈山是革命的山、战斗的山，也是英雄的山、光荣的山，每次来缅怀革命先烈，思想都受到洗礼，心灵都产生触动。习近平总书记强调，井冈山时期留给我们最为宝贵的财富，就是跨越时空的井冈山精神。2019年，习近平总书记再次亲临江西考察，要求推进红色基因传承，从红色基因中汲取强大信仰力量，走好新时代

课题组成员：李瑞峰，中共吉安市委常委、宣传部部长；龚淑华，中共吉安市委宣传部副部长、二级调研员；张泽兵，江西省社会科学院文学与文化研究所副所长、副研究员；陈德明，江西省社会科学院哲学研究所副研究员。

长征路。吉安是中国革命的出发地，是红色基因的孕育地，见证了中国共产党早期奋斗的伟大历程，留下了众多宝贵的革命历史文化遗址遗迹。党的十八大以来，吉安始终坚持弘扬革命历史传统，发挥红色资源优势，大力推进红色基因传承，赓续红色血脉，让跨越时空的井冈山精神绽放新的时代光芒，推动红色文化传承创新走在前列。

一、新时代吉安红色文化传承创新的做法与成效

（一）坚持保护第一，红色资源保护利用出新出彩

党的十八大以来，吉安市坚持保护第一，不断创新保护利用机制，形成了一批红色革命遗址遗迹保护利用的优秀案例和典型模式，推进全国红色基因传承示范区建设走深走实。一是革命文物和红色文化遗产保护政策体系不断健全。认真贯彻落实《赣南等原中央苏区革命遗址保护规划》，2017 年下发《吉安市红色标语保护和利用工作实施方案》，2019 年制定下发《吉安市革命文物保护利用工程（2018—2022 年）实施方案》，2020 年颁布《吉安市红色文化遗存保护条例》，2021 年印发《吉安市红色文化遗存普查工作方案》，等等（见表 1）。这些政策文件的出台，极大地推动吉安红色遗址遗迹保护、利用的常态化长效化发展。二是革命文物、标语普查登记工作卓有成效。结合全国文物普查工作，建立红色资源普查机制，每年定期开展革命文物排查、线索征集工作。2016 年完成全市 42 家收藏单位 17475 件（套）藏品信息采集登录和审核工作；2019 年开始，全面铺开红色标语的普查、登记、认定等保护利用工作；2021 年在全市范围内对不可移动和可移动红色文化遗存开展全面普查；2022 年又新公布了革命类一般文物点和红色文化遗存共 406 处。截至 2023 年，吉安市拥有不可移动红色文化遗存 1000 余处，其中，革命类全国重点文物保护单位 10 处，省级文物保护单位 110 处，市县级文物保护单位 132 处，一般文物点 721 处，不可移动革命文物数量占全省的三分之一；普查登记红色标语 2419 条，其中一类红色标语 226 条，二类红色标语 387 条，三类红色标语 792 条，一般红色标语 1014 条。三是革命文物的展陈水平有效提升。2016—2017 年，投入资金对永新县三湾改编

纪念馆和遂川县工农政府旧址进行陈展提升，永新三湾改编旧址已成为国家国防教育基地，遂川工农兵政府旧址成为井冈山干部学院教学点。2020 年，泰和马家洲集中营革命历史纪念馆、浙江大学西迁陈列馆、永丰县博物馆新馆和吉水中国进士博物馆先后开馆；吉安县吉州窑博物馆和永新湘赣革命纪念馆（含三湾改编纪念馆）入选全省首批博物馆融合发展示范单位。2022 年，对泰和马家洲集中营、峡江会议旧址、万安康克清旧居等 40 余处革命遗址遗迹进行维修保护和陈列布展。四是革命文物保护利用模式持续创新。党的十八大以来，吉安创新革命文物保护利用方式，培育形成了革命文物保护利用与红色精品景区建设相结合的“井冈山模式”，革命文物保护利用与传统村落保护相结合的“青原模式”，革命文物保护利用与农村公共文化活动空间相结合的“安福模式”等多种典型示范模式，推动了革命文物保护利用体制机制的创新。深入推进长征文化公园（吉安段）建设，围绕“长征先遣”和“十送红军”两大红色品牌，根据“一带三园十二点”总体布局，精心谋划、精准打造了永新—泰和—井冈山—遂川十送红军长征历史步道、井冈山长征军需小镇等一批重点项目。创新革命文物展览、展示形式，2021 年编撰出版《吉安市革命文物图典》，收录 118 处省级以上不可移动革命文物和 218 件（套）国家二级以上馆藏珍贵可移动革命文物；同年组织开展“五个一百”红色主题宣传活动，推出大型融媒体报道节目《革命文物说党史》，组织摄制革命文物电视系列片 30 集等。

表 1　“十三五”以来吉安革命历史文物保护重大事件表

2016 年	获批中央苏区革命遗址保护维修项目补助资金项目 166 个，获取专项资金 1.32 亿元
2016 年	安福博物馆遴选可移动文物普查期间的成果照片与藏品照片，制作了“第一次全国可移动文物普查成果”图片流动展
2016 年	根据第一次全国可移动文物普查的标准和规范，完成全市 42 家收藏单位 17475 件（套）藏品信息采集登录和审核工作
2019 年	峡江会议会址、赣西南第一次党代会旧址、马家洲集中营 3 处革命文物遗址经国家文物局专家组评审通过列入第八批全国重点文物保护单位

续表：

2019年	制定下发《吉安市革命文物保护利用工程(2018—2022年)实施方案》
2020年	完成红色标语普查登记和分类认定工作,共普查登记红色标语2419条
2020年	颁布《吉安市红色文化遗存保护条例》,本《条例》是历史文化保护立法领域内的第一部地方性法规,也是江西省首部红色文化遗存保护的地方性法规
2021年	组织编辑出版《吉安市革命文物图典》,全部收录118处省级以上不可移动革命文物和218件(套)国家二级以上馆藏珍贵可移动革命文物
2023年	井冈山市入选首批江西省创建革命文物保护利用示范县单位

资料来源:吉安市文广新旅局。

(二)深化研究阐释,大力弘扬井冈山精神

坚持把弘扬井冈山精神作为推进红色基因传承的重要途径,深入挖掘井冈山精神的思想内涵,推出一批具有影响力的文化研究阐释精品力作。一是深化井冈山精神的宣传阐释。2016年,制定《中共吉安市委关于弘扬跨越时空的井冈山精神走在前列的行动方案》,通过用好一块阵地、建好一支队伍、创作一批作品、推出一批理论成果、保护一批革命文物的"五个一"形式,多角度、全方位宣传推广井冈山精神。2016年开展井冈山精神宣讲活动200余场次,直接听众5万余人次;2017年有关弘扬跨越时空的井冈山精神走在前列的宣传报道128篇;《用井冈山精神引领全国文明城市创建》入选2019年全国宣传思想工作案例选编。抓住井冈山革命根据地创建95周年、秋收起义95周年、井冈山会师95周年等重大时间节点,组织开展学术研讨会和纪念活动,召开吉安·湘潭弘扬井冈山精神学术研讨会、纪念毛泽东诞辰130周年理论研讨会等。二是推出一批红色文化研究成果。2015年以来,出版红色文化研究代表性专著15部,发表红色文化研究论文200余篇。吉安市委宣传部编撰《井冈山革命故事》,井冈山大学出版《井冈山红色揽萃》,吉安市社联编撰《赓续》,等等。支持市直主要媒体办好通俗理论专题专栏,2018年在"吉安宣传"微信公众号开辟井冈山革命故事和《红色家书》读后感等专栏,当年刊发井冈山革命故事60篇,《红色家书》读后感38篇。三是加大文物、文献和影音像等资料的搜集、整理力度。通

过对革命文物和革命文献档案史料、口述资料、代表性实物的调查征集和保护，深入挖掘、研究其蕴含的历史和文化价值。实施红色基因史料挖掘和编纂工作，持续做好红色档案、红色歌谣、红色标语的挖掘、整理和研究工作，收集了一大批井冈山革命根据地红色史料，红色基因库得到有效充实。

（三）推进活化转化，红色文艺精品不断涌现

党的十八大以来，吉安赓续红色文艺传统，强化革命历史题材主题创作导向，把红色题材文艺创作作为吉安文艺创作的主题，推出了一批红色精品力作（见表2）。一是坚持正确的红色文艺创作导向。把革命群众、革命先烈和吉安改革开放实践中的先进典型、普通群众作为文艺表现的主体。《热血山哈》荣获第五届全国少数民族文艺会演“剧目银奖”和“玉茗花特别荣誉奖”；电影《三湾改编》被国防部列为军队庆祝建党百年的献礼影片；《井冈星火》获评2023年度“国防军事电影盛典”优秀影片；赣西采茶戏《送郎歌》成为“庆祝中国共产党成立100周年舞台艺术精品创作工程”重点扶持作品。二是激发红色文艺创作活力。出台了《关于进一步深化文化体制改革建设文化强市的意见》《关于加快文化强市建设的实施意见》《关于深化国有文艺院团改革的实施意见》《关于加快构建现代公共文化服务体系的实施意见》等政策文件，支持红色文艺事业发展。2019—2023年，入选省级以上各类评奖、资助项目的红色文艺作品有50多个。三是大力支持红色文艺展演活动。围绕庆祝新中国成立70周年、建党100周年、党的二十大召开和井冈山革命根据地创建95周年等重大节庆活动，开展红色主题书法、美术、摄影等活动。每3年举办一届吉安文化艺术节，集中组织开展优秀文艺作品的出版推介、展演展播活动。加大政府购买文艺院团公益性演出的力度，将市级国有院团下乡演出标准由原来的每场4000元，提高到每场5000元，市本级购买文艺院团公益性演出资金由原来的80万元，提高到100万元，不断丰富基层群众的精神生活。

表2　2015年以来吉安优秀红色文艺代表性作品

序号	作品名称	类别	时间	获奖情况
1	《红色苍穹》	长篇小说	2015年	被列入中国作家出版集团、江西省作协“江西长篇小说重点扶持工程”
2	《热血山哈》	戏剧	2016年	江西省2016年度文艺创作与繁荣工程入选项目
3	《兄弟联袂智杀鬼子》	散文	2016年	获中组部“我身边的抗战英雄”征集活动一等奖
4	《三女跳崖》	戏剧	2023年	江西省文化艺术基金2023年度一般项目
5	《红盐》	舞剧	2023年	江西省文化艺术基金2023年度一般项目
6	《现代民族国家建构的符号表达——红色文艺研究》	文学评论	2023年	江西省文化艺术基金2023年度一般项目
7	《爷爷奶奶的红色故事》	歌曲	2023年	2023年度江西省文联文艺精品创作扶持项目
8	《井冈山儿女》	歌曲	2023年	2023年度江西省文联文艺精品创作扶持项目
9	《有盐同咸》	戏剧	2023年	江西省“五个一工程”文艺精品创作资助项目

资料来源：吉安市文联。

（四）坚持立根铸魂，红色革命教育成效凸显

充分发挥吉安深厚的红色文化资源，打造了集爱国主义教育、革命传统教育、党员干部红色教育于一体的红色培训“井冈模式”。一是持续创新红色教育培育模式。通过深挖红色资源、创新培训模式，红色培训从“六个一”模式发展到“十个一”模式（即“参观一次红色场馆，行走一段红军小路，观看一部红色戏剧，学唱一首红军歌谣，采访一位红军后代，同吃一次红军套餐，体验一回红军生活，瞻仰一次红色旧址，祭奠一次红军烈士，聆听一堂红色党课”）（见表3）。

2020 年,“井冈山推动红色教育培训高质量发展的生动实践”入选国家发改委和文旅部的全国红色旅游发展典型案例。二是丰富红色教育培训内容。开发了《井冈山精神代代传》《红色故事会》《红军的一天》《我当红军》等一系列精品课程,推出原创话剧《我的红军哥》、大型实景演出《井冈山》、情景剧《星火》、吉安采茶戏《有盐同咸》等;电影《井冈星火》首次走进中央党校,成为党性教育必修课教材。三是加强红色培训管理。成立红色培训管理办公室,严把培训机构准入关、教学资格审查关,强化培训机构日常监管,建立起日常巡查机制和诚信黑名单制度,实行动态管理,全市 6 家机构入选全省十大先进红色教育培训机构。建立健全学员管理、红军服着装管理等制度,出台《井冈山红色培训机构准入统一管理实施细则》《井冈山红色培训教师资格统一认定实施细则》《井冈山红色培训教学内容统一管理实施细则》等规定。

表 3　井冈山红色培训模式

“十个一”红培教学活动	六大红培教学模式	结构化红培师资队伍	多样化培训课程
参观一次红色场馆 行走一段红军小路 观看一部红色戏剧 学唱一首红军歌谣 采访一位红军后代 同吃一次红军套餐 体验一回红军生活 瞻仰一次红色旧址 祭奠一次红军烈士 聆听一堂红色党课	现场教学 体验教学 情景教学 访谈教学 红歌教学 专题教学	学者型、专家型名师队伍 革命先烈后代专、兼职授课团 讲解员、接待员、导游员	传统特色课程:专家讲授《井冈山斗争和井冈山精神》,先进典型人物讲述“井冈山精神代代传”,红军后代讲述“红色故事会”等 新型课程:《革命后代面对面》《读家书,谈家风》《杜鹃花开》《我的红军哥》《永恒的记忆》系列微党课、舞台情景剧《星火》和大型实景演出《井冈山》等

资料来源:井冈山管理局旅游管理处。

(五)强化数字赋能,红色文化旅游融合发展

以井冈山国家全域旅游示范区建设为抓手,打造大井冈红色旅游圈。目前全市共有红色 5A 级景区 1 个、4A 级景区 6 个、3A 级景区 2 个、2A 级景区 2 个

（见表4），9个红色旅游景区被纳入国家红色旅游经典景区名录。一是着力打造精品红色旅游景区。改造提升井冈山红色景区、浙大旧址、龙冈畲族乡张家车苏区中央局遗址群、五斗江国家湿地公园、东固革命根据地等红色旅游景区。精心打造吉安城革命历史陈列馆、永新县贺页朵誓词广场等理想信念教育基地，打造了一批具有影响力的红色文化旅游景区和品牌。二是提升红色文化的数字科技展示。井冈山革命博物馆将馆中的陈列品、出版物、文物建筑等进行了高精度数据采集、结构化存储，采用虚拟现实（VR）、增强现实（AR）以及互动屏展示等，促进数字资源的有效利用。打造"元宇宙·境界井冈山"体验馆，重现革命历史场景，学员可以通过"环绕式AR"场景体验"黄洋界保卫战"的真实战斗场景，与小英雄虚拟形象"冬子"亲密合影。三是深入推动红色文化旅游的跨界融合。推进"红色+演艺"，打造大型实景演出《井冈山》等红色旅游演艺项目，推出"重上井冈山·再走会师路"2023纪念井冈山胜利会师95周年红色文化推广季活动；推进"红色旅游+民宿"，激活废弃民宅、闲置荒地等"沉睡资产"，打造成集休闲度假、商务会议、森林康养、红色培训为一体的精品民宿，井冈山土岭半亩方塘获2023年全国甲级民宿授牌；推进"红色+创意"，井冈山革命博物馆联合百岁坊打造红色文创产品，在"得物"APP上开设井冈山红色文创产品专区。

表4　吉安市红色旅游景观体系一览表

国家A级旅游景区名录	
等级	名称
5A级景区	井冈山
4A级景区	渼陂古村、天祥景区、东固景区、永新三湾景区、马家洲革命历史纪念园景区、草林红圩特色小镇
3A级景区	遂川县红色街区、永新县南门老街
2A级景区	遂川县工农兵政府旧址、康克清纪念馆

续表：

江西省A级乡村旅游点名录	
等级	名称
5A级乡村旅游点	吉安市井冈山大陇村、吉安市敖上景区、井冈山市神山村
4A级乡村旅游点	井冈山市厦坪镇菖蒲古村、吉安市青原区陂下古村、井冈山市茅坪镇茅坪村、吉安市青原区富田古镇、井冈山市拿山镇沟边村、井冈山市黄坳乡黄坳村、井冈山市茅坪镇马源村、井冈山市龙市镇大仓村
3A级乡村旅游点	井冈山柏露乡长富桥村、井冈山下七乡坝上村、下七乡汉头村、新干麦斜脑上村、彭坊三线军工特色小镇、水南镇水南村荷山组、安福山庄乡荷溪村、永新县龙源口、永丰县上溪乡大坪村、吉水县白沙镇木口村
特色红色景观	
特色	名称
全国红色旅游经典景区	井冈山红色旅游系列景区、东固革命根据地、永新三湾改编旧址、泰和县马家洲集中营、遂川县工农兵政府旧址、遂川县红色街区、渼陂古村景区、永新县湘赣革命根据地中心旧址等
国家全域旅游示范区	井冈山市
全国乡村旅游重点村	井冈山市大陇镇大陇村、井冈山市厦坪镇菖蒲村、井冈山市黄坳乡黄坳村、井冈山市茅坪镇神山村、井冈山市茅坪镇
省级旅游风情小镇	井冈山市茨坪镇、井冈山市大陇镇、吉安市遂川县草林红圩特色小镇
省级乡村旅游重点村	井冈山市茅坪镇马源村、吉安市青原区富田镇陂下古村、井冈山市龙市镇大仓村、吉安市青原区东固畲族乡敖上村

资料来源：吉安市文广新旅局。

（六）注重红色引领，红色基因传承融入经济社会发展

吉安充分发挥红色文化资源优势，把“传承红色基因、赓续红色血脉”融入经济社会发展各领域、各层面。一是融入经济建设，红色文旅发展势头强劲。吉安高度重视红色旅游业发展，使之成为全市经济发展重要增长极。数据显示，2018—2021年，井冈山市红色旅游接待人次和综合收入均保持两位数的增

幅,红色教育带动旅游、酒店业快速发展(见表5)。2023年,吉安市红色旅游累计接待游客4490.98万人次,旅游总收入445.09亿元。二是融入社会建设,红色治理成效明显。作为全国市域社会治理工作的试点城市之一,吉安市发挥红色文化在助推市域社会治理中的独特作用,挖掘借鉴90多年前井冈山革命根据地军民共治的好做法,推行“红网格”工作模式,创新“红色物业”“红色商圈”等建设,激发全民“红色动能”,探索形成了独特的“红色治理法”,走出基层治理新路径。三是融入文化建设,以文育人成效越来越显著。通过进社区讲述红色故事、上党课,不断提高广大干部群众的道德素养,提升社会文明程度。四是融入政治建设,社会政治生态越来越清朗。吉安各级党委、政府充分利用吉安红色文化资源,通过学习井冈山革命斗争史、瞻仰革命先烈纪念场馆、聆听专题党史党课、重温入党誓词等方式,进一步坚定为党的事业奋斗终身的理想信念,补足精神之钙。

表5　2018—2021年井冈山红色培训带动旅游、酒店业发展情况

	2018年	2019年	2020年	2021年
培训学员人数(万人)	52.3	43.6	15.0	31.2
景区接待旅游人次(万人次)	1261.4	1325.3	835.0	1037.5
景区旅游总收入(万元)	1040911.2	1115972.4	677194.6	842506.3
人均消费(元)	825.2	842.0	811.1	812.0
酒店平均入住率(%)	41.3	43.0	26.7	32.9

数据来源:井冈山管理局旅游管理处。

二、吉安红色文化传承创新面临的短板与不足

(一)红色文化资源保护的整体性不够

尽管吉安市高度重视革命遗址、遗迹保护工作,也取得了明显成效,诸多工作走在前列,但由于吉安红色革命遗址遗迹点多面广,保护的整体性仍然不够。对红色遗址遗迹保护的认识不统一,在实际工作中,存在党委政府部门重视、居

民群众不配合的现象，部分群众对红色资源利用与乡村振兴之间的关系并不理解。红色文化资源保护不平衡，级别较低或偏远地区的遗址遗迹保护不足。红色遗址遗迹的保护利用需要政府部门、群众、社会力量多方的相互协调配合，但仍然存在协调配合不够的情况，如分散在乡镇村庄中的遗址、旧地、陵园等纪念场所管理不到位，相互间的联系不多。

（二）红色文化资源发掘利用形式单一

整体上看，吉安红色资源利用的方式有红色旅游、红色培训、红色展演等，尽管取得了明显成果，但真正有影响力、“叫好又叫座”的精品不多，获得国家级奖项的红色文学作品、红色影视剧、红色歌曲、红色戏剧很少，红色文化传播的网红爆款产品不多。每年有大量人员到井冈山旅游、培训，但以井冈山为核心，辐射山下、周边的红色旅游发展格局尚不健全，尚未形成一个具有影响力、能够延长游客停留时间和增加旅游消费的知名红色文化圈。

（三）红色文化传承人才短板较为突出

当前，人才短缺是吉安红色基因传承的一个主要短板，主要体现为：红色资源的讲解人才缺乏，有些讲解员对本地红色资源的讲解仅停留在一般性内容的介绍，相关历史研究不深。红色文化旅游人才短缺，红色旅游策划与规划、组织管理、营销与推广、旅游电子商务等方面的人才匮乏，尤其是高层次人才缺乏，红色旅游从业人员中具有硕士以上学位的相当少。红色文化演出人才老化，编导、作曲、舞美等主创人员大部分达到了退休年龄，年轻的创编人员不够成熟，演艺人员不足，水平参差不齐。

（四）红色文化传承机制协调创新不够

推动红色文化传承是一项系统工程，也是一项长期工程，涉及党委和政府诸多职能部门，如组织、宣传、党史、教育、文旅、退役军人事务等部门。尽管有专项工作组、联席工作会议等工作联系机制，但仍然存在协调不一、各管一块的问题。部分职能部门工作节奏较慢，如建设用地审批缓慢，财政资金拨付迟缓，规划性制度或工作条例出台滞后等，这就容易导致相关工作推进缓慢。

三、深入推进吉安红色文化传承创新的相关建议

（一）加强组织领导，强化红色文化政治引领力

红色文化的传承创新是一项系统工程，涉及红色资源保护、利用、传播和机制创新等方方面面。这要求不断强化组织领导，凝聚红色文化传承创新的强大合力。一是强化组织领导。以建设全国红色基因传承示范区为抓手，用好示范区建设的专项工作组、联席工作会议等机制，加强组织调度，明确年度工作目标、任务和具体要求，确保各县（市、区）工作有计划、任务有要求、责任有担当，形成工作合力。二是增强沟通协作。红色文化发展不仅关系市级职能部门，也涉及区县乡镇，在进一步优化各相关部门之间沟通协作的同时，还要加强上下级之间的联动合作。三是推动制度集成。统合现有革命文物、标语保护以及红色文化发展的各项政策、制度和规划，对各类红色遗址、旧迹、文物等资源的保护挖掘、开发设计、投入使用、宣传传播、融合发展等工作作出整体性安排，谋划推出一批创新性制度，推动红色文化传承发展制度的集成创新。

（二）加强上下联动，提升区域红色资源整合力

以打好“文旅景区高质量建设高水平运营攻坚战”为抓手，深入推进文化强市建设和“全景吉安、全域旅游”战略，着力解决“山上热、山下冷”问题。一是强化井冈山的龙头引领作用。深入挖掘开发红色文旅资源，进一步完善提升基础设施，提升《井冈山》实景演出、《星火》红色演艺质效，丰富多元化、多层次的餐饮、购物、休闲、住宿等业态，推动井冈山市打造全国红色旅游融合发展示范区、国际知名旅游休闲度假区。有计划地延聘“山下”的专家学者上井冈山授课，解决“山上”旺季接待能力不足特别是授课人员短缺的问题。二是积极“迎客下山”“引课下山”。整合特色资源，持续推进区域内旅游快速通道建设，推出3—5条“红、古、绿”精品旅游线路，加强与旅行社合作，加大“引客入吉”“迎客下山”的力度。整合“山上山下”红色资源，组织相关部门联合推动红色培训课程开发、现场教学点挂牌，推动红色培训向“山下”拓展。三是大力推动红色旅游区域合作。以建设国家长征文化公园（吉安段）为契机，推动“井永遂”红色

文化、红色旅游一体化发展，推动区域内红色旅游景点串联，打造红色旅游景观带。强化与周边红色旅游区域的合作联动，持续深化井冈山与韶山的“两山专列”（井冈山—韶山）运行，积极推动“三山两湖”（井冈山—韶山—宝塔山—南湖—松山湖）红色旅游合作，共同打造红色旅游精品线路和产品，实现资源共享、优势互补，提升整体竞争力。

（三）加强文旅融合，增强红色文化发展创新力

推动文化传承和产业发展相互促进、相互提升，加强红色文化主题的文学作品、影视作品、文旅产品的创作研发，推动红色基因代代相传。一是谋划重大活动、重大项目。围绕中国人民解放军建军100周年、井冈山革命根据地创建100周年、三湾改编100周年等重大时间节点，实施一批重点项目和活动。加快长征国家文化公园（吉安段）建设，推动“一带三园十二点”项目落地，重点围绕“红色旅游”“红色培训”两大主题，注重运营前置，走社会效益与经济效益相得益彰的道路。二是着力做大做强红色IP。推进红色文化传承创新，深度推动红色资源的发掘保护，让更多文物“活”起来；强化科技赋能，让文化陈展“动”起来；注重创意开发，让文化IP“潮”起来。加强红色文艺精品创作引导，打造一批红色文艺精品，培育一批红色IP。三是探索发展新业态。在重点景区培育发展特色餐饮小吃、茶吧、咖啡吧，以及精品文创、沉浸式体验、数字化场景等各类消费业态；拓展“红色+生态”“红色+乡村”“红色+研学”“红色+科技”“红色+培训”等业态，改造提升“云游吉安”，高水平打造全市文旅产业互联运营宣传平台。

（四）加强人才培养，增强红色文化发展内生力

全力打好招才引智、人才集聚攻坚战，坚持事业留人、感情留人、待遇留人，努力营造重才、爱才、惜才、扶才的浓厚氛围。一是加大宣传讲解研究人才宣传讲解队伍的培养力度，把有知识、有文化、有责任感的人吸引到红色历史文化研究、红色宣传讲解队伍中，通过专业培训，提升综合素质能力，为红色资源研究、宣传、阐释提供充足的人才保障。二是设立红色旅游人才培养专项计划，探索建立校企共建培养机制，引导院校专家驻点指导、结对帮扶，推动井冈山大学、吉安职业技术学院开设红色旅游相关专业或课程。支持井冈山大学增设旅游管理专业硕士学位授权点，培养红色旅游资源规划开发、红色景区管理、红色旅游电子商务等人才；支持吉安职业技术学院成立文化旅游研究院、红色文化育人中心等机构，培育旅游实用人才。三是引进和培养专业的新媒体运营人才，建立专业的新媒体运营团队，打造一支既有红色文化底蕴又掌握平台传播规律的红色主播队伍。

（五）加大经费投入，夯实红色文化政策支撑力

红色革命遗址遗迹保护和红色文化发展都需要持续稳定的经费保证。一是巩固红色文物保护的专项投入。在争取国家和省级专项保护经费支持的同时，强化市、县配套，按比例投入专项经费，力争每年的经费保护投入增速不低于国民经济增速。积极探索设立市级“文企贷”、文化产业发展基金（红色）等，培育一批具有影响力的红色文艺创作主体。二是强化文旅项目的要素保障。加大市、县财政支持力度，逐年增加旅游发展专项资金，落实旅游业高质量发展奖励政策，支持专项资金向重大优质文旅项目倾斜。三是推动全社会共建共享。鼓励社会力量参与红色资源保护利用，出台相关政策支持社会大众捐赠红色文物，引导社会力量参与红色文艺精品创作，鼓励红色文创主体开展市场化营销。

宜春推动月亮文化赋能文旅融合发展的实践与探索

中共宜春市委宣传部课题组

摘要：文化是一个城市的魅力、品位和灵魂。依托丰富的月亮文化资源，宜春在全国率先提出并实施月亮文化品牌战略，成功将月亮文化资源转化为月亮文化品牌、月亮文化资产。近年来，宜春市虽然以月亮文化为引领，加快文旅产业发展，但也面临品牌影响力下降、文化资源向文化产业转化不够、发展后劲不足等问题。对此，要优化文化产业战略布局，做优做实扶持引导机制、做靓做美月亮文化品牌、做大做强月亮文化产业、做新做活月亮文化活动，进一步推动月亮文化赋能文旅融合发展，为奋力谱写中国式现代化宜春篇章增光添彩。

关键词：月亮文化　文旅融合　文旅产业　节庆活动

党的十八大以来，习近平总书记高度重视文化和旅游工作，作出一系列重要论述，为我们的工作提供了根本遵循和行动指南。为深入贯彻习近平文化思想，宜春文化融合发展的重要课题是探索以月亮文化为核心，集聚宜春特色文化，引领推动文化产业高质量发展。

课题组成员：方艳茹，中共宜春市委常委、宣传部部长；舒炅，中共宜春市委宣传部副部长；罗星，中共宜春市委宣传部文化和旅游产业科科长；何昊瑄，中共宜春市委宣传部文化和旅游产业科副科长。

一、宜春推动月亮文化赋能文旅融合发展现状

（一）打造月亮文化品牌成效明显

1. 月亮文化的起源

在中国传统文化中，因月亮衍生出来的月亮文化是打开中国文化的一把钥匙，中秋佳节、蟾宫折桂、月下老人等月亮文化在现代生活中也被赋予了重要的涵义。古老的明月山，便是这份浓厚的月亮文化的发源地之一，也是一个积淀着月亮文化的承载地。明月山因月得名，也因月扬名，明吴云《古月山考》载："武功之东有明月山，西有古月山，皆有石能为月之光。"传说当年嫦娥为了避免仙丹落入坏人之手，一路狂奔，来到了明月山下的温汤，情急之中就着温汤温泉吞下这颗仙丹，然后就从这里奔月而去。中国科学院院士、中国探月工程首席科学家、被海内外称为"嫦娥之父"的欧阳自远在亲临宜春感受明月山后，撰写了《愿携嫦娥故里行》并刊登在《中国国家天文》杂志上，他感慨道："我宁可相信当年嫦娥就是从这里升天的。"

2. 持之以恒打造月亮文化 IP

为加快推动旅游产业发展，坚持以文塑旅、以旅彰文，扩大宜春对外知名度，依托丰富的月亮文化资源，宜春在全国率先提出并实施月亮文化品牌战略，将宜春城市名片定位为"月亮之都"，并对"月亮之都"品牌及涉及的 20 多个产业、产品进行了系列商标注册，用法律手段将其固化，使之成为宜春独享、宜春独有。经过十余年的推动发展，中央电视台中秋晚会"宜春月 · 中华情"、《艺术人生》、《走遍中国》、《远方的家》等诸多栏目先后走进宜春，欧阳自远、陈建功、星云大师、魏小安等一大批专家学者来宜春讲学，宜春成为世人向往的养生佳地和最美赏月地，由此宜春有了"月亮之都"的美誉。宜春市先后获得了世界著名文化旅游城市、中国旅游竞争力百强城市、中国最具民俗文化特色旅游目的地、中国最佳休闲养生城市、中国最美赏月地等多项荣誉。

3. 精心策划月亮文化节庆活动

从 2007 年开始，中共宜春市委、市政府决定，每年都举办一次月亮文化旅

游节，每一届都有一个鲜明的主题。从第一届开始，宜春就提出要把月亮文化节办成城市的名片、企业的盛会、招商的平台、市民的节日，让月亮文化引领宜春走向世界。宜春坚持系统规划，分步推进，前五届为第一个办节周期，模式为政府主办、县市合力，侧重于月亮文化资源的挖掘整理和月亮文化框架的构建。从2012年开始进入到政府主导、企业参与的第二个周期，侧重于丰富月亮文化内涵、发展月亮文化产业、打造月亮文化品牌。宜春月亮文化旅游节自2007年诞生，至2023年已连续举办17届。活动不仅在明月山和中心城区举办，还拓展到各县市区，已成为全市人民共同的节日。在2023年中国品牌联盟发布的中国品牌榜上，宜春月亮文化旅游节位列中国节庆百强品牌榜单。

4. 充分发挥月亮文化的引领效应

近年来，宜春市从顶层设计入手，统筹整合各类资源，编制“十四五”文化和旅游发展规划，将明月山温泉风景名胜区作为全市文化旅游业发展的核心和龙头，打造以月亮文化、温泉文化、客家文化和民俗文化为内容的“大月亮”文化品牌，推动宜春成为世界级文旅目的地，真正让月亮成为宜春的文化密码。同时，深挖“山、泉、禅、农”四大文化资源，通过山月相融、泉月相映、禅月相通、农月相趣等主题，形成“四星捧月”的文化格局，丰富拓展了月亮文化内涵，强化了月亮文化的引领效应。一是“月亮 + 山水”，山月相融为一体。宜春依托丰富的山林资源，深入挖掘月亮文化资源，连续多年举办以月亮山水为主题的月亮文化旅游节，推动明月山获评赣西首个5A级景区。靖安县、奉新县利用独特的气候条件，开发以乡村避暑民宿为代表的月亮式休闲度假产品。二是“月亮 + 温泉”，泉月相映养身心。宜春因泉得名，结合丰富温泉资源，打造出融合月亮文化、禅修文化、农耕文化等背景的主题化、差异化、新型化温泉产品。如依托富硒温泉打造的温汤旅游度假区，入选第二批“国家级旅游度假区”，成为江西首个获此殊荣的旅游目的地。铜鼓县重点打造的汤里温泉景区，被评为中国长寿之乡康养示范基地。三是“月亮 + 禅宗”，禅月相通枝叶茂。宜春是禅宗圣地，禅宗五宗七家，沩仰、临济、曹洞三宗均发源于宜春，因此被誉为“一花开五叶，三叶在宜春”。在2014年第八届月亮文化节上，宜春推出纪录电影《禅境宜春》并在禅都文化博览园投入运营，在全世界确立了宜春的禅都地位。四是“月亮 + 民俗”，古月相趣遍开花。宜春市现有国家级非遗代表性项目 9 项，省级 89 项；省级非遗生产性保护基地 10 个，传承研究传播基地 4 个；省级中医药文化生态保护实验区 1 个。宜春将月亮与民俗文化相结合，丰富月亮文化内涵，持续打造文化品牌。如万载将烟花燃放与万载古城景区融合，打造“全世界唯一的一座烟花古城”，被评为“国家级夜间文化和旅游消费集聚区”“全国非遗与旅游融合发展优选项目”，将当地丰富的非遗元素和群众文化融入古城当中，让游客在游玩中体验民俗文化的乐趣。

（二）月亮文化推动文旅产业快速发展

1. 产业规模不断壮大

宜春市将月亮文化和温泉文化、禅宗文化、农耕文化、红色文化等有机结合起来，形成了温泉度假、文化演艺、山地旅游、红色研学等业态构成的文旅产业集群，有力推动了文旅产业发展。旅游接待人数和旅游综合收入连续 5 年突破 1 亿人次和 1000 亿元（见图 1），规模以上文化及相关产业单位数达到 335 家，成功入选第二批国家文化和旅游消费试点城市。以明月山景区为例，自 2007 年以来，明月山景区按照“山上月亮湖，山下月亮湾，沿途月亮景，处处月亮情”的总体思路，创特色，上水平，突出月亮文化，营造月亮氛围，将景点与文化相结合、观光与休闲度假相结合，静与动相结合，山上与山下相结合，月亮文化与其他文化相结合，远与近相结合，生动展现了明月山景区的独特魅力，极大增强了明月山景区对游客的吸引力，景区旅游接待人数从 2013 年的 245. 53 万人次到 2023 年的 1479. 68 万人次，旅游综合收入从 2013 年的 15. 97 亿元到 2023 年的 95. 06 亿元，呈倍速增长。

图1　2013—2023 年宜春市旅游数据

数据来源:课题组根据相关资料整理。

2. 文旅品牌不断增加

宜春全面打响"月亮之都"的城市形象品牌,促进文旅融合不断深入。以月亮文化引领形成全市文化旅游品牌效应。2023 年,全市拥有国家 A 级以上景区 49 家(5A 级景区 1 家,4A 级景区 23 家),国家级文旅融合品牌 9 个,省级品牌 20 家。靖安县、铜鼓县获评江西省"风景独好"旅游名县。创建中小学研学实践基地 117 家,"宜学宜游"研学旅行品牌基本形成。如承载月亮文化主要发展地的明月山景区,在迈点研究院发布的 2021 年品牌指数整体均值为 321.24,在年度 5A 级景区品牌指数排行榜位列全国第 84 名、江西省第 3 名。2022 年在 5A 级景区品牌 100 强榜单上位列全国第 49 名,2023 年列全国第 41 名,成绩逐年上升。宜春市多年不间断地打造月亮文化品牌,不仅让月亮文化日渐丰满、温泉品牌叫响全国,而且带动全市各地的文旅、物流、商贸、餐饮、宾馆等行业繁荣发展。

3. 产业链条不断完善

围绕全市文旅产业链延伸,宜春推出了"十县百碗 · 宜春味道"旅游美食地图和宜春夜经济消费地图。以温汤镇、铜鼓汤里为代表的旅游度假区,打造出融消费街区、假日酒店、精品民宿、夜间演艺等为一体的综合性休闲度假产品。明月山、七星岭滑雪场等“旅游＋体育”的项目有效地丰富了产品业态，吸引了来自全国各地的游客。引进宋城演艺集团，投资12亿元打造了高端文化旅游演艺项目——明月千古情景区，凝聚了温泉文化、月亮文化和红色文化等多重文化元素。2019年获评国家4A级旅游景区，成为江西文化旅游打卡新地标。推动明月山与上海电影集团联合拍摄3D动漫电影《奔月》。电影中，嫦娥的出生地、嫦娥奔月台等标志性场景都在明月山取景。明月山作为上古时代中国山水的代表，呈现出人间仙境、青绿山水、温泉胜地的灵动画面。通过电影将月亮文化具象化、情景化，并以此开发全品类衍生文创产品，结合线上线下，进一步将月亮文化实物化、品牌化。保利集团投资的保利明月川生态康养小镇、宜春熊出没和熊出没水世界、丰城唯美养生谷、高安元青花小镇、靖安云水自然界国际度假区等一批项目的引进，也为全市文旅产业发展注入了新鲜血液。2023年，全市新签约文旅项目34个，签约总额150亿元，其中投资10亿元以上的文旅项目6个；重点推进文旅项目33个，文旅项目总投资达364.44亿元。

（三）月亮文化激发节庆活动消费初具潜力

宜春市以月亮文化旅游节为龙头，开展多场次、多种类节庆活动。2021—2023年，宜春市累计发放消费券1.36亿元，兑现奖补资金超5000万元。推出“宜常来·春常在”等四季旅游宣传活动，平均每年开展文旅活动近千场。2023年中秋国庆假期期间，全市共开展200多场大型特色活动，接待游客1177.12万人次，实现旅游综合收入74.92亿元，与2022年同期相比，分别增长40.2%和41.5%。2013年以来，各县市区围绕月亮文化旅游节开展形式多样的宣传文化活动，带动节庆经济迅速发展。如2023年第十七届月亮文化旅游节共开展20项活动，涵盖了万载客家民俗文化展演和烟花焰火表演、铜鼓月老文化旅游节、靖安生活年、奉新猕猴桃文化旅游节、宜丰嘉年华等，仅靖安、万载、宜丰等分会场就吸引游客超90万人，网络视频传播累计曝光量超1.5亿次。同时，组织来自全国各地的文坛名人、艺术名家走进明月山、袁州、万载、宜丰、铜鼓、樟树、高安等地开展采风创作活动，实地感受宜春优美的生态环境、独特的民俗风情、深厚的历史文化底蕴，创作了反映宜春地域特色的精品佳作近百件，进一步擦亮月亮之都文化品牌，提升了宜春的知名度、美誉度。

二、宜春市月亮文化发展存在问题及原因分析

近年来，宜春的旅游宣传口号有月亮之都、禅宗圣地、温泉之乡、生态绿城、森林氧吧等，基本涵盖了宜春各方面的文旅资源，但是越面面俱到，越难以凸显特色，无法给人留下独一无二、非去不可的印象。宜春虽然全力打造月亮文化品牌，大力引领月亮文化赋能文化产业发展，但仍面临一些问题。

（一）品牌效应不强，宜春月亮文化认可度、影响力还要提高

宜春市多年重点打造月亮文化，且各县市区节庆活动已纳入月亮文化旅游节，但部分县市对“月亮之都”品牌归属感还不强，对月亮文化 IP 认可度还不高，活动散、规模小，近几年活动的影响力有所下降，难以得到主流媒体的高度关注，更难以超越当年央视中秋晚会“宜春月 · 中华情”时的关注度。从分析日本熊本熊的经验来看，一个几乎完全虚构的吉祥物救活了日本一个县的旅游业，其成功虽未必能完全复制，但可以给旅游文创行业一些启发。而宜春目前还没有推出能代表地域文化和城市形象的吉祥物，与月亮文化 IP 相关的文创产品、旅游商品普遍存在研发乏力、IP 不强、产品不精等现象，市场难寻具有宜春月亮文化元素的特色纪念品、手办、美食等。

（二）收入增长不快，文化产业发展的途径不多

明月山作为宜春月亮文化的主要承载地，曾是赣西首个 5A 级景区，成功成为第二批国家旅游度假区。但近年来萍乡武功山发展更为迅速，其以高山草甸、星空帐篷等为宣传点，营销手段推陈出新，经常登上抖音、小红书、微博等各大新媒体热搜榜，在年轻人群体中引发不小的热潮。从图 2 中可看出明月山景区接待人数和综合收入自 2015 年获得 5A 级景区以来，增速下降明显（2023 年略有回升），发展呈现疲态，整体动能后劲不足。

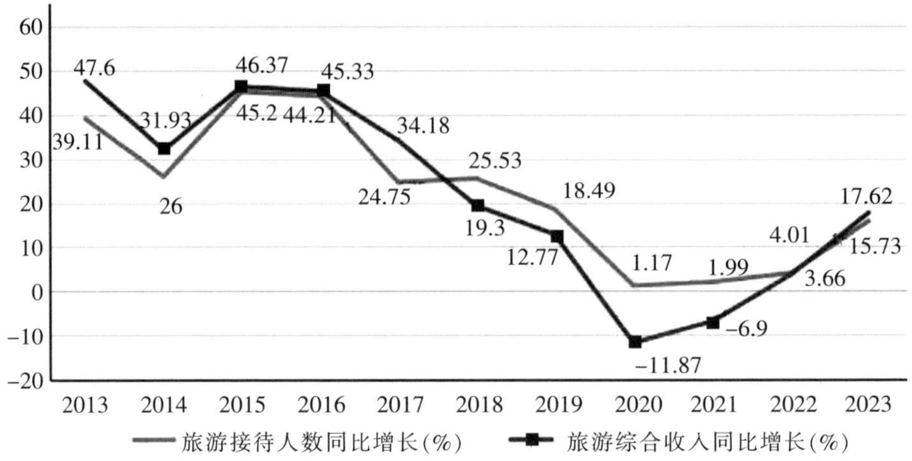

图 2　2013—2023 年明月山景区旅游数据

数据来源:宜春市明月山管委会。

温汤温泉是国内外罕见的高品质多用途富硒(硒 0.015 毫克/升)温泉,有“华夏第一硒泉”的美誉。目前,富硒温泉的体验仅仅停留在泡脚、泡澡等低端消费上,对富硒温泉的深层次开发利用有很大欠缺。温泉用品制造业、温泉护肤美容业、温泉医疗保健业等产业发展都处于低层次甚至是空白状态。温泉与明月山山地旅游、体育、影视、培训等产业的深度组合等,还处于初级探索的阶段。

(三)活动创新不多,以节庆活动融合其他特色文化的凝聚力还要增强

月亮文化旅游节主要由政府主办,尽管市场化运作的程度在逐渐加大,但政府仍是完成各项工作的主体,市场主体的积极性不够。每年活动的参与者多是本地市民,市外游客参与少,还是一项地域性节庆活动,知名度、影响力不够。选题策划、话题制造做得也不够,特别是利用新媒体开展宣传推广还有欠缺,在如何吸引关注、形成热点上举措办法不多,没有吸引年轻人的关注和传播。

三、推动宜春月亮文化发展的对策建议

（一）加大保障力度，做优做实扶持引导机制

一是优化文化产业战略布局。市委、市政府在宣传推广宜春文化时，要把“月亮之都”作为重要名片，广泛增强群众的文化认同感。引导各县市区形成以月亮文化为引领，温泉文化、禅宗文化、红色文化、中医药文化共同发展的文化产业布局。二是抓好政策措施落地见效。贯彻落实已出台的《关于加快文化强市建设的实施方案》《宜春市文化产业项目扶持管理办法》等系列具体措施，加强对重点项目的引导和特色产业的扶持，及时兑现政策奖补资金，充分发挥政府作用，更好调动市场主体积极性。三是营造产业发展良好环境。争取加大各类财政资金、基金对文化产业的支持力度，在国家土地政策许可范围内，创新文化产业用地供应和利用方式，建立科学的文化产业用地保障制度，有效保障文化产业设施、项目用地需求。

（二）凝练品牌内涵，做靓做美月亮文化品牌

一是整体营造月亮文化浓厚氛围。宜春市月亮文化的氛围感还有很大的提升空间，要在全市区域内整体打造月亮文化氛围。支持鼓励本地市场主体注册与月亮文化有关的品牌 LOGO、商标，让月亮文化在宜春随处可见，让群众增强对月亮文化的认同感、自豪感。二是创新月亮文化 IP 营销方式。做好电影《奔月》上映前的宣传推介等工作，打响宜春“嫦娥奔月地”IP，同时把《奔月》场景在明月山实景化，将月亮文化 IP 具象化、场景化，吸引外地游客来宜春看奔月，来明月山看嫦娥。以电影《奔月》的上映为契机，继续加强影视作品创作，通过影视作品与地域文化的深度绑定，形成“一部剧带火一座城”的联动效应。三是丰富月亮文化衍生产品。充分发挥科技创新赋能的作用，将月亮文化实物化、品牌化，打造系列衍生产品。如围绕月亮文化中的“山、泉、禅、农”元素，加大文创产品开发，通过游客把宜春月亮文化传播到全国各地。组织本地和周边高校的大学生来宜春明月山等景区创作写生，举办青年生活节，打造青年生活

区，增强景区的活力，推出一批宣传宜春的艺术作品。

（三）挖掘特色资源，做大做强月亮文化产业

1. 发展“美丽经济”，推动温泉文化资源向精品高端转化

宜春温泉文化是月亮文化的衍生和发展，是可以转化为产业发展的重要文化资源。一是布局发展医美产业。推广“把温泉带回家”的理念，围绕硒产业建设国际医美产业园，推动硒泉开发利用高端化。鼓励大海龟科技有限公司结合电影《奔月》宣发时机，推出富含硒泉元素的医美产品，推动硒泉在美容保健、医疗养生、医药生物、生命科学等领域取得进展。二是延伸拓展康养产业。可立足温泉、山地、森林和禅宗文化资源，建立以温泉养生为主题、融合其他养生产业的康养模式，深度开发硒温泉康养、禅文化康养产品，丰富产业集群业态。

2. 发展“特色经济”，推动传统文化资源向创意产业转化

一是深度挖掘中医药文化。继续依托丰富的中医药文化资源，大力发展以中医药产品体验和文化传播为主题的中医药康养旅游。比如，串联整合以中医药为内容的景点，着力打造一条“访药史（中医药博物馆、三皇宫）—探药源（阁皂山）—赏药景（仁和药都园）—购药材（中药材市场）”的中医药康养旅游精品路线，树立“中医药康养”旅游品牌，打造康养文旅新地标。二是大力推动烟花产业发展。利用万载“花炮之乡”这一特色优势，走好“月亮＋烟花”融合发展之路，引入烟花行业最先进的制造技术，提升花炮产业的创意水平。在重大节会和文化旅游活动中合理安排烟花表演，开展烟花文旅融合创新发展试点，支持把万载古城“焰火之恋”烟花演艺等文化创意活动打造为知名文旅品牌。三是充分发挥非遗的独特魅力。要通过打造“非遗＋”融合发展的新模式，在立体式、沉浸式的开放中创造性转化、创新性发展优秀传统文化。比如，发展省级非物质文化遗产靖安黑陶制作技艺，加强对黑陶等历史文化的挖掘弘扬，建立产、学、研、博基地，联动周边产业共同发展，讲好宜春文化故事。

3. 发展“解压经济”，推动禅宗文化资源向禅修生活转化

加快推进明月山禅茶院项目，借鉴杭州灵隐寺、北京龙泉寺、南京鸡鸣寺等在文化创意发展方面的思路和做法，借势社交媒体，使其在年轻人中迅速破圈

出圈。同时,挖掘禅宗文化的生活价值,从建筑设计到文创周边,从咖啡素食到禅修体验,吸引游客打卡消费。可结合乡村振兴和秀美乡村建设,将禅寺与周边古村落统筹联动起来,连点成线,由线到面,以大景区模式发挥禅宗文化魅力,吸引游客禅修,发展“解压经济”。

4. 发展“休闲经济”,推动乡村文化资源向休闲旅游转化

推广“月亮式”休闲方式,依托全市3个全国乡村旅游重点村和88个A级以上乡村旅游点,推出系列精品文化旅游线路,培育一批品质高、特色足、文化浓的精品民宿、田园综合体、特色农家乐等业态,打造一批“网红乡村”。鼓励山区县加快发展,壮大休闲乡宿产业,因地制宜打造一批美丽田园、景观农业、农耕体验、野外探险、户外运动、研学旅行等新业态,以农、文、旅的深度融合赋能乡村振兴,打造“升级版”新时代高品质乡村旅游。

5. 发展“夜间经济”,推动文旅消费向“新业态”发展

要围绕“食、游、购、娱、体、展、演”,完善街区、景区夜游业态,大力发展精品夜游、沉浸夜演、文创夜购、时尚夜娱等活动,打造江西省夜间经济先行示范区。围绕“月亮文化”IP引进新项目、新网红,丰富明月山奇幻夜的活动内容,加强宣传推介,吸引更多年轻人打卡消费。支持袁州古城在运营模式管理上引入形式多样、主题鲜明的多元业态,打造夜游看点和亮点,培育夜生活文化,让游客在宜春古城老街走一走,老茶馆里坐一坐,体验老街风情,购买特色文创产品。

(四)拓宽发展思路,做新做活月亮文化活动

一是转变举办方式,整合节庆活动资源。改变过去在中秋前后举办的传统,根据经济社会活动规律,确立“月月有活动、周周有看点”的举办目标,把全市各地的特色文旅活动纳入其中,利用月亮文化旅游节的优势,大力发展“月亮+”产业,在活动中推动月亮文化与烟花、温泉、康养、体育赛事、农业等产业相融合,打响“月亮之都”品牌。二是转变办节理念,引导企业全程参与。通过市场化手段,推动由“政府主导”向“政府引导”转变,邀请知名文旅企业、演艺团体参与举办月亮文化旅游节,把吸引人气、促进消费、刺激经济作为举办月亮文化旅游节的一个重要目的,围绕宜春特色产业举办招商推介会,吸引更多的企

业家来宜春投资兴业，产生类似青岛国际啤酒节、盱眙龙虾节等节庆活动的经济效果，推动节庆经济成为经济社会发展新的增长极。三是转变推广模式，拓宽节庆宣传渠道。在利用传统媒体宣传造势的基础上，利用抖音、快手、小红书、微信、微博等新媒体进行多平台、全方位推广。组织开展群众乐于参与的月亮文化节庆活动，在活动中引入年轻人喜爱的场景与业态，例如音乐节、Cosplay漫展、创意市集、野奢露营等活动。通过群众自身分享体验感受，引发趣味话题，提高民众对月亮文化旅游节的关注度。

民间文艺版权保护与促进的抚州实践

中共抚州市委宣传部课题组

摘要： 抚州民间文艺资源特色显著、种类繁多，拥有包含民间文学、传统戏剧、传统技艺等类型的民间文艺项目205项。近十年，抚州市始终按照创造性转化和创新性发展要求，以全国首批民间文艺版权保护与促进试点城市建设为抓手，通过实践调研发现了民间文艺版权保护与促进存在的若干现实问题，并通过深入实施"四项工程"完善了抚州民间文艺版权政策法规体系，从民间文艺版权基础制度改革、特色试点集群式发展和突出数字化运营等方面推动民间文艺版权登记、运营和保护。基于前述实证分析，提出应从完善版权保护制度、深化版权服务体系和构筑创新惠益分享机制三个维度实现版权赋能民间文艺高质量发展。

关键词： 民间文艺　版权保护　版权运营

自2013年以来，抚州市致力于推动民间文艺版权产业化发展工作，既挖掘传承了丰富的民间文艺资源，又为版权赋能文化产业奠定了基础。2022年，中共中央宣传部与江西抚州等8个市级试点地区（山西晋城、黑龙江佳木斯、江苏扬州、安徽黄山、江西抚州、山东潍坊、广东潮州、贵州毕节）共同启动了"民间文

课题组成员：陈勇，中共抚州市委宣传部常务副部长；李锋，中共抚州市委宣传部副部长；张祥志，华东交通大学知识产权学院教授、党委书记；杨珍，华东交通大学知识产权研究中心研究人员；王扬坤，中共抚州市委宣传部文教科科长；周文平，抚州市民间文艺家协会主席。

艺版权保护与促进试点工作”。试点以来,中共抚州市委宣传部课题组深入民间文艺领域与版权产业一线密集调研,发现并梳理总结了民间文艺发展在版权(作品)形态转化、版权制度保护、版权价值开发及版权产业发展等方面遭遇的若干真实困境。在此基础之上,抚州紧密围绕促进民间文艺资源版权转化与民间文艺版权产业高质量发展的中心任务,聚焦民间文艺资源在版权转化与版权价值开发中的痛点、难点问题,实施民间文艺版权引领、创造、保护与促进“四项工程”。该工程有力调动了民间文艺版权工作的全域参与热情,初步构筑了有利于抚州民间文艺版权创造与保护的制度政策环境。抚州市从民间文艺版权特色试点集群式发展和突出数字化运营等方面着力推动民间文艺版权转化登记与产业运营,取得了较好的实施成效,为探索版权赋能民间文艺高质量发展提供了具象化、可参考的地方实践经验。

一、版权助力民间文艺转化创新的“抚州实践”

抚州市从顶层设计出发,统筹规划鼓励民间文艺版权创造、完善民间文艺版权保护机制和促进民间文艺资源转变等多方面内容,创新实施版权“四项工程”。

(一)固本培元:民间文艺版权引领工程

抚州市立足于民间文艺作品的公益性特征,聚力于顶层设计创新和实践探索改革,主动作为、多措并举,积极发挥政府在推动民间文艺版权保护与促进工作中的引领作用。

在顶层设计上:一方面,将抚州市民间文艺版权保护与促进工作列为全市文化体制改革重点计划,作为市委一项重要工作来抓,在资金、政策等方面给予全力保障;另一方面,成立工作领导小组,建立联席会议制度,并定期组织联席会议,形成齐抓共管的民间文艺版权保护与促进工作格局。

在实践探索上:主要进行民间文艺版权全链条改革。一是深入挖掘民间文艺资源,普及版权知识,提升民间文艺与版权之间的结合度和融合度。抚州市深入挖掘民间文艺资源,为创作提供源泉;开展民间文艺版权“六进”活动,确立一批版权创造能力强、具有良好发展前景的民间文艺家工作室进行跟踪服务、孵化培育,发挥示范作用。举办多场民间文艺版权保护工作专题培训,邀请知名版权法专家学者培训授课,并在全市中青班安排《民间文艺版权保护与促进:案例、理论与实操》课程。二是搭建了多个民间文艺版权综合服务平台,完善民间文艺版权确权、授权和保护体系。通过构建多个“线上 + 线下”的民间文艺版权服务平台,完成民间文艺作品版权登记、维权、研究交流、拍卖交易等工作。三是完善民间文艺版权纠纷解决机制。抚州加强版权综合执法,成立市民间文艺版权保护中心,制定了《抚州市文艺维权工作联席会议制度》《抚州市民间文艺版权纠纷行政调解流程》等一批规章制度,并正在建设民间文艺版权巡回审判点,探索建立人民调解、行政调解与司法确认联动的版权纠纷多元解决机制。

(二)源头活水:民间文艺版权创造工程

民间文艺版权创造的关键之处是系统梳理民间文艺资源“家底”、建设好有利于民间文艺资源版权转化的区域文化环境,同时强化版权知识普及与基础性的登记指引服务。抚州重点做法包括:一是普查民间文艺资源人才,筑牢民间文艺传承弘扬根基。为了更好地整理、保护和展示抚州丰富的民间文艺资源,抚州市组织编纂出版《抚州民间文艺大全》,这是一部种类完整、内容全面、特色鲜明的抚州民间文艺百科全书。二是创新版权社会服务形式,推动民间文艺版权转化利用。2022 年,抚州市建成“抚州市民间文艺版权博览馆”,将其打造成集版权服务、创作展示、教育传承、研究交流等功能为一体的艺术阵地和工作平台。同时,依托临川白浒窑传习所等一批创新能力较强的民间文艺家工作室,挂牌成立首批 10 家“抚州市民间文艺版权保护服务站”,面向民间文艺工作者提供版权登记申请、维权咨询、版权交易等跟踪服务。

(三)保驾护航:民间文艺版权保护工程

抚州着力完善民间文艺版权保护的立法保障与机制协调,既为实现民间文艺的有序利用提供保障,平衡民间文艺版权的私益性和公益性,也为维护区域优秀传统文化的声誉形象作了示范。第一,在立法保障层面,抚州立足试点工作实际，组织专家起草了《抚州市民间文学艺术作品著作权保护办法（试行）》，为后续发布地方性法规和全国出台《民间文学艺术作品著作权保护条例》提供实践经验，从立法层面保障民间文艺作品的有序使用。第二，在机制协调层面，抚州结合本地实际，制定了一批办法、制度，成立抚州市民间文艺版权保护中心，设立快速维权中心和矛盾纠纷调解室，实现了民间文艺版权非诉调解与行政执法和司法裁判的有机衔接，民间文艺版权一站式维权机制建设初见成效。

（四）利民惠民：民间文艺版权促进工程

抚州广泛宣传民间文艺资源、应用数字技术手段及打造民间文艺集聚发展区等，有力促进了民间文艺资源向文化产品、文化产业的转变。一是加强宣传，使民间文艺资源再焕新机。2023 年，抚州联合北京大学“元宇宙实验室”，打造了戏曲风数字人“舟小抚”，将其塑造成为抚州民间文艺的“形象大使”，助力民间文艺“出圈”；2022 年，乐安县流坑古村景区推出了沉浸式实景剧《流芳》等结合当地民间文艺的系列体验活动，促进了民间文艺与文化旅游深度融合。二是打造民间文艺产品的流通交易平台，鼓励民间文艺数字化发展。2023 年，抚州民间文艺版权网上交易中心平台正式上线运行，目前在线销售商品百余种，累计成交额 110 万元。此外，抚州充分运用“互联网 + 民间文艺”形式，成功培育了民间文艺网红工作室和示范企业“抚州章紫光文化公司”，并助其在 2023 年实现销售额 3000 余万元，其中作品通过版权提升价值 20% 以上。三是打造民间文艺集群，培育优秀版权示范单位。截至 2023 年底，抚州打造了 3 个民间文艺集聚区，培育了 4 家省级版权示范单位，发挥民间文艺集群效应和版权示范效应，有力提升了民间文艺资源的“活化”利用水平。

二、抚州市保护与促进民间文艺版权工作的成效

抚州市通过“四项工程”在版权确权、运营和保护方面取得了显著成效。细言之，通过实践提升了民间文艺的版权确权质量水平，赋能了民间文艺的版权价值，初建了版权全链保护体系。

（一）民间文艺作品版权登记确权量质齐升

抚州市文化传承坚持“新老传承、传帮接带”制度，并建立了便捷的民间文艺版权登记机制。截至2023年底，抚州市民间文艺家协会有会员380余人。2021—2023年间，抚州市共开展文艺活动31场。抚州市民间文艺家入选国家级会员和省级会员的人数逐年增加，2023年省级以上非遗传承人达97人（见图1）。同时，抚州市民间文艺作品量质齐升。目前全市已有民间工艺、技艺50余种，非物质文化遗产项目452个（其中国家级非遗项目7个），涵盖数十种民间艺术门类；并与科技、当代文化等相结合创作了诸多精品，如抚州市已三次喜摘中国民协最高奖“山花奖”，中国民协授予广昌县“中国莲文化之乡”、南城县“中国麻姑文化之乡”的称号。2023年，抚州市设立全省首个知识产权基层工作站及10家版权服务站，版权登记数量从2013年的3件飞速增长至2023年的11005件（见图2），奠定了民间文艺版权运营保护的良好基础。

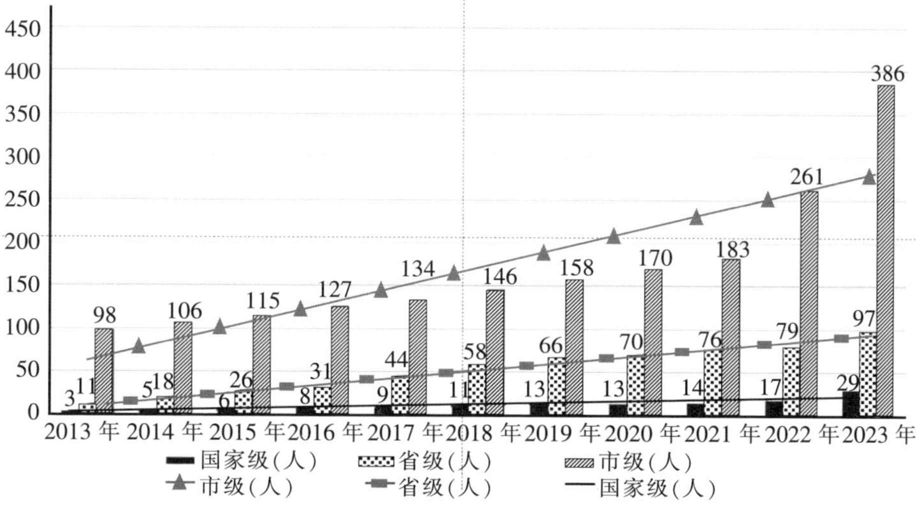

图1　2013—2023年抚州市市级以上民协会员数量图

数据来源：根据抚州市民间文艺家协会提供数据整理形成。

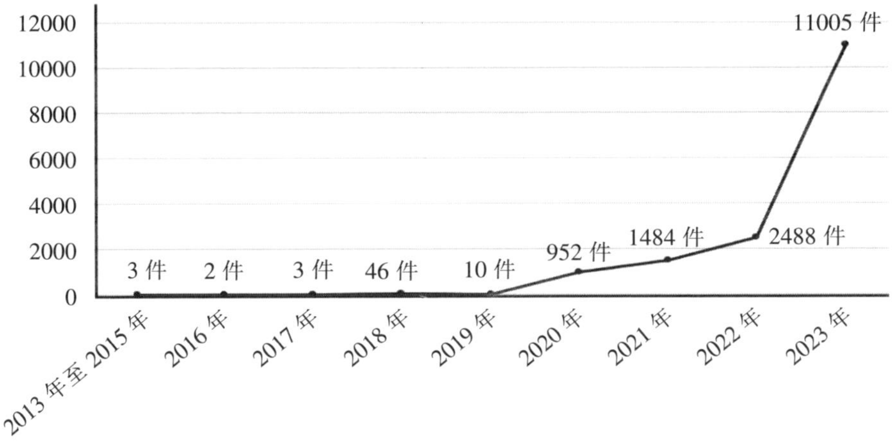

图 2　2013—2023 年抚州市著作权登记数量图

数据来源:根据抚州市版权局提供数据整理形成。

(二)民间文艺版权资源开发运营初见成效

抚州市灵活运用民间文艺资源,通过版权赋能提升民间文艺的经济和社会价值,打造多个城市品牌。一是组织民间文艺资源调查活动,梳理开发“三戏四舞”等诸多民间文艺资源,形成了种类繁多、内涵丰富的抚州民间文艺系列品牌。目前,傩舞被誉为“中国舞蹈艺术活化石”;民间艺人联合起来“抱团取暖”,已培育多家民间文艺版权园区(基地)、示范单位等,初步实现民间文艺聚集化发展;抚州还拥有“全国传统村落集中连片保护利用示范市”“中国诗歌之城”“美业之都”等多张国家级名片。二是通过设立民间文艺版权联盟、产业聚集融合等方式推动民间文艺版权的产业化进程(见表 1)。如南丰县组织 20 多家傩面具雕刻企业和工作室打造产业联盟,2023 年营业收入 5000 万元以上。截至 2023 年底,抚州市先后建成 5 个文化产业园,打造 3 个民间文艺集中连片区,通过产业集群融合赋能民间文艺版权产业。三是通过“民间文艺 + 互联网”搭建了民间文艺版权网上交易中心平台,借助数字媒体平台,运用直播带货等形式促进民间文艺资源变现增值,其中 2023 年版权赋能培育的典型企业销售额为 600 余万元。

表 1　2021 年以来抚州市民间文艺发展集群概况

民间文艺门类	集群相关联企业	产值
传统技艺、美术	黎川日用瓷、临川白浒窑、南丰白舍窑、南城云市窑等	约 70 亿元
传统技艺	章紫光艺术制作等	约 3000 万元
传统技艺	南城麻姑酒、临川菜梗、安石坊酿酒等	约 2000 万元
传统技艺	南丰傩面具雕刻，临川于杨青木雕、许彬凯木雕等	约 1200 万元
传统技艺	东乡神雕佛艺等	约 1000 万元
传统美术	黎川油画等	约 600 万元

数据来源：根据抚州市民间文艺家协会提供数据整理形成。

（三）民间文艺版权全链保护体系初步建成

抚州市设计了民间文艺版权保护的顶层制度，为民间文艺版权保护提供政策和法律保障。在制度设计方面，先是构建了党政主要领导、相关企业高管和版权专家学者共同参与的“政产学研用”知识产权工作协调机制。再是制定了“战略引领、方案统领、系列政策带领”的版权制度体系。抚州市在 2018 年专门制定了《抚州市知识产权战略纲要》，引领全市知识产权工作；在 2023 年出台了《抚州市民间文艺版权保护与促进试点工作方案》统领民间文艺版权工作全局。同年组织起草了《抚州市民间文学艺术作品著作权保护办法（试行）》以探索法制保障建设。同时，抚州市着重提升版权服务，构建版权保护协调机制。抚州先后完成抚州市民间文艺版权保护中心搭建、调解工作室组建、“知卫”微信小程序纠纷受理交办平台上线、首批涉民间文艺系列案件办理等系列工作。抚州市版权保护工作得到强化，仅 2023 年就办理了 45 个版权行政执法案件（见图 3）。联合多部门成立抚州市民间文艺版权保护中心，为民间文艺版权人提供一站式维权服务。

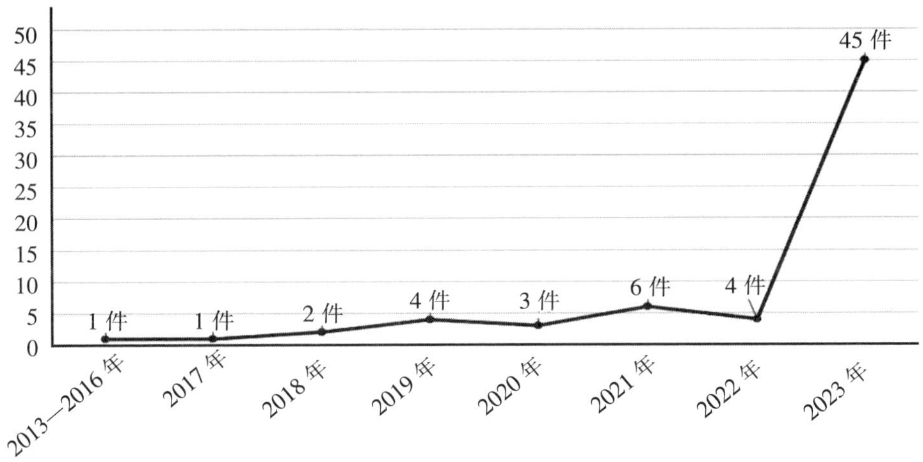

图 3　2013—2023 年抚州市版权执法案件数量图

数据来源:根据抚州市版权局提供的数据整理形成。

三、抚州市保护与促进民间文艺版权工作中存在的问题

抚州市试点工作已有一定成效,但因民间文艺版权客体的复杂性且全国该项工作尚处于探索阶段,在权益保障制度、作品转化创新等的实践上仍有待进一步完善之处。

(一)保护困境:民间文艺权益保障存制度空白

因目前民间文艺版权保护工作有难以突破的理论困境,故尚无全国性专门法律法规作为执法依据和权益保障制度,这导致民间文艺版权保护面临诸多难题。

第一,民间文学艺术表达相较于一般作品类型具有特殊性,且作品难以体现独创性。从版权法角度看,民间文学艺术的表达虽符合作品的基本定义,但与文字作品、音乐作品等此类版权法上的一般作品类型不同,其创作主体与创作时间无法确定,且具体表达内容也在世代传承的过程中不断演变。这使其在权利性质上无法与一般意义上的版权完全适配。从抚州实践来看,在抚州市申

请的作品与国内其他地市申请的作品具有一定的重复性，难以辨别作品的独创性，大部分民间文艺版权作品在终审时被退回，尤其是剪纸、木雕、篆刻作品，各地样式都相似，难以体现独创性。可见，实践中存在民间文艺衍生创作作品的独创性和相似性判断问题，这使得民间文艺作品尤其难以被既有版权法制度框架所保护。

第二，民间文艺作品的版权保护立法尚缺乏足够的民间推动力。由于目前民间文艺版权给民间文艺作者带来的经济和社会价值（荣誉）尚不显著，民间文艺作者参与版权保护与促进的积极性往往不高，民间文艺版权立法缺乏足够的民间推动力。通过调研发现，抚州民间文艺仍有受众较小的倾向，支撑民间文艺发展的主力军是民间文艺家、民间文艺传承人、有情怀的民间文艺爱好者，且民间文艺的研究以及精品力作的创作、评奖，社会关注度还不高，受众范围较小。

（二）促进乏力：民间文艺转化创新有疲软之态

民间文艺版权产业化可有效解决民间文艺创新“动力源”问题。然而受法律、政策、技术及民间文艺作品特征等多重因素影响，民间文艺的作品创新、版权转化、版权数字化等发展有疲软之态。

民间文艺版权专门立法与政策缺失造成了民间文艺作品版权的开发困境。由于没有法律条款或政府规章突出民间文艺版权的特色并将之与非遗版权等区分开来，民间文艺版权产业在发展、推广方面存在天然薄弱环节。且在政策层面，目前国家也尚未出台推进民间文艺版权创新发展的引导政策。《中国版权研究报告 2022—2023》中亦称，民间文艺作品在独创性认定、作者确认等方面的问题，需通过完善版权管理体制和法律规范等多措并举予以解决。

民间文艺作品创新动力不足，版权转化模式单一。民间文艺作品创新包括丰富创新作品内涵、创新记录方式、创新表现形式等，而现在大部分种类的民间文艺仍在摸索自身创新点，未形成版权产业化模式。进一步而言，较多民间文艺作品版权转化模式是简单的“传承—表演（现场/机械表演）”模式，或者是“记录 + 创新拍摄观念和手法”的方式。随着文化产业繁荣，民间文艺版权需结合新的技术和资源，升级民间文艺转化模式，例如结合区块链技术打造“民间文艺版权＋数字化”“民间文艺版权＋金融”等运营模式。

（三）革新不前：民间文艺数字运营显创新不足

民间文艺版权数字化程度较低，传统民间文艺版权运营模式陷入创新困局。

目前，版权数字化可分为两个方面：一是数字化传播，通过短视频平台等新媒体传播作品的画面、声音等；二是使用数字化技术实现版权追溯和交易，从而实现数字化赋能版权。民间文艺版权已实现初步的数字化传播，但数字化技术水平仍然较低，例如现有的抚州市民间文艺版权网上交易平台的数字化资源库不丰富、平台影响力较小，“盗图”仿制平台作品等问题有所浮现，AI技术的兴起也对民间文艺版权保护提出挑战。当下缺少全国性的数字化民间文艺资源库，也缺少统一的全国性民间文艺版权交易数字平台，在此背景下，利用区块链技术实现版权追溯和交易、推广数字化版权交易等新模式，从而加快民间文艺版权数字化转型，这不失为解决路径之一。另外，民间文艺版权运营主要分为三个阶段：第一阶段主要是传统的版权授权交易，这是发展的重点；第二阶段是开展版权代理、版权经纪等服务；第三阶段是版权平台化运营。三个阶段连接起来形成了“全版权运营模式”。而目前民间文艺版权运营显然大部分仅能达成第一阶段任务，想突破民间文艺版权运营模式的创新困局，需融合文化金融和数字版权，从而挖掘民间文艺的潜在价值。

抚州市已通过“四项工程”取得了一定成效，但也检验出了全国性专门立法缺失、版权价值开发不足、数字化和运营模式创新不够等问题。故凝练“抚州实践”为我国版权赋能民间文艺高质量发展的持续探索提供参考，显得尤为重要。

四、版权赋能民间文艺高质量发展的抚州实践路径探索

抚州市总结工作成效，直面发展问题，探索了未来版权赋能民间文艺高质量发展的实践路径，主要包括完善相关版权制度、深化服务体系、构筑创新惠益分享机制。

(一)持续完善有利于民间文艺作品传承弘扬的版权保护制度

民间文艺的版权保护机制构建,要求充分考量民间文艺兼顾社会属性与私权属性的特殊性,适当确定民间文艺作品版权保护的权利客体、权利主体、权利内容、权利保护期限等。

抚州市组织专家起草的《抚州市民间文学艺术作品著作权保护办法(试行)》(以下简称《办法》)为抚州民间文艺的版权保护工作提供了制度指引。但《办法》作为具有前瞻性、纲领性的文件,后续需进行何种修订、是否需出台配套相关配套法规政策等,仍有待实践进行检验论证。如在各方极具争议的民间文艺作品版权保护期方面,《办法》在不违背上位法《著作权法》保护期制度的前提下,综合各方考量,对民间文艺作品的著作财产权设置了自发表后的50年保护期限。但此后亦有可能出现部分民间文艺作品的传承者或来源地社群因不愿自身文化传承流入公共领域而对这一规则有所抵触的特殊情形。对此问题,抚州将持续跟踪实践,密切联络省版权局与国家版权局,以综合考虑是否有必要采取"期限性+续展"规则,即在50年的版权保护期截止后允许作者续展,或采取其他权利保护期规则等。此外,在权利行使主体方面,《办法》出于民间文艺作品往往具有集体创作特征而缺乏明确权利主体的综合考量,确定了在发生相关侵权纠纷时,除著作权人的代表外,来源地社群所在地的相关政府部门也有权以自己的名义依法提起仲裁或诉讼;又确定了在版权人授权之外,市级版权主管部门指定的机构也可进行民间文艺作品的许可、收费及分配等。但由于《办法》具有纲领性质,对于上述权利行使中的具体机制问题,如版权主管部门如何行使相关诉权、市级版权主管部门指定的机构的作品具体授权规则、使用费标准的确定、使用费的收取与分配模式等,仍有可完善之处。因此,是否出台、何时出台、如何出台相关配套法规政策,抚州将立足实践,综合审慎决定。

(二)持续深化有利于民间文艺作品转化利用的版权服务体系

通过版权赋能促进民间文艺资源的经济价值转化,实现民间文艺事业的高质量发展是试点工作的另一核心内容。抚州综合近两年的民间文艺版权转化利用工作经验,锚定了下一阶段的工作目标。

具体而言,一是要在版权登记层面深入探索完善民间文艺作品的审查备案机制。抚州市此前已经通过设立版权基层服务站等方式积极进行了民间文艺资源的版权转化和登记服务工作。但在这一过程中也发现,由于版权登记并不对作品内容作实质审查,民间文艺作品作为文学、艺术和科学领域内的智力成果,往往易与概念相近的“非遗”产生混淆,进而导致民间文艺作品的版权登记证明可能缺乏足够的公信力,影响其授权利用与司法保护。因此,下一步,抚州将密切联系江西省知识产权学院寻求智力支持,积极探索推动抚州区域内的民间文艺作品实质审查与备案登记工作,既为权利人提供更具公信力的权利证明,也为国家层面未来这一特殊作品类型的版权管理机制构建贡献地方实践经验。二是要在版权运用层面深入实施民间文艺作品的数字创新战略。许多民间文艺资源不具备有形载体,且传承方式多样,难以实现对外授权及交易流转。因此,抚州将探索构建本地区的民间文艺作品数据库,既通过数字化手段记录传承民间文艺,也便于抚州民间文艺精品的对外授权与交易流转。此外,抚州还将以现有的民间文艺版权数字交易平台为基础,通过丰富平台内容、创新商业运营模式等,持续打造完善、统一、高效的民间文艺版权数字交易平台,优化民间文艺作品版权市场环境。

(三)持续构筑有利于民间文艺作品传播创新的惠益分享机制

知情同意[即社群(作者)以外的人获取民间文艺作品应当取得社群同意]与惠益分享[即社群(作者)有权从他人使用民间文艺作品的收益中获取合理报酬]原则是民间文艺版权保护利用的基石。正如2023年世界知识产权组织通过的《保护传统文化表现形式:条款草案(修订稿)》第二条所强调的:“本文书的目的是提供知识产权方面的有效、兼顾各方利益和充分的保护,在支持对传统文化表现形式的适当使用的同时,防止传统文化表现形式未经授权和/或未获补偿即被使用。”据此,在对民间文艺的版权保护予以制度落实之外,还应当构筑现实性惠益分享机制。

此前,抚州已基于知情同意与惠益分享原则,在《办法》的“权利行使机制”

一章中明确规定使用本地区的民间文艺作品应当取得许可并支付合理报酬，为本地区民间文学艺术作品的有序传播利用奠定了制度基础。由于现阶段国内民间文艺作品的版权属性尚未得到普遍认知，在商业活动中未经许可使用、歪曲使用民间文艺作品的行为并不鲜见，国际上违背知情同意与惠益分享基本原则的民间文艺作品使用乃至“巧取”行为也并不鲜见。因而，抚州下一步将立足国内、面向国际，着力将制度原则落实到实践中去。具言之，抚州相关部门将密切联系相关民间文学艺术作品的来源地社群（作者），关注本地区民间文艺作品的市场使用情况，对于未取得许可、未支付合理报酬的商业使用行为，相关部门将与来源地社群（作者）一同通过私力救济、行政保护或司法手段等维护权利人正当权益；对于不正当使用、歪曲使用本地区民间文艺作品的，相关部门将与来源地社群（作者）一同通过仲裁、诉讼等手段维护权利人正当权益与本地区文化形象。

上饶市数字文化产业发展现状及对策研究

中共上饶市委宣传部课题组

摘要： 数字文化产业不仅是文化产业的重要组成部分，也是数字经济的重要支撑。近年来上饶依托江西数字经济示范区、江西数字经济创新发展试验区等平台优势，大力实施数字文化产业发展战略，深耕数字文化产业赛道，建立健全数字文化产业发展体系。本文从顶层设计、产业结构、招大引强、平台建设、要素保障五大领域着手，系统阐述上饶市数字文化产业发展的阶段性成果，深入剖析近年来上饶市数字文化产业高质量发展面临的问题，在此基础上，结合上饶的产业特色和资源禀赋，建议从激活发展动能、深耕重点领域、深化交流互鉴、推动业态融合和实施人才工程等五个方面入手，打造数字文化产业发展新高地。

关键词： 数字文化　文化产业　产业体系

数字文化产业是以文化创意内容为核心，依托数字技术进行创作、生产、传播和服务的产业。它具有技术更迭快、生产数字化、传播网络化、消费个性化、市场覆盖面广、全产业链带动性强等特点，是文化产业发展的重点领域和数字经济的重要组成部分。

近年来，上饶市深入学习贯彻习近平新时代中国特色社会主义思想和习近平

课题组成员：蒋丽华，中共上饶市委常委、宣传部部长；徐勇，中共上饶市委宣传部副部长；查盈玲，中共上饶市委宣传部文化产业发展科科长；吴宜周，中共上饶市委宣传部文化产业发展科干部。

文化思想，认真落实习近平总书记考察江西重要讲话精神，深入贯彻落实文化强省、文化强市战略，将数字文化产业作为文化强市建设的“一号工程”，创新发展思维，强化发展平台，优化发展环境，全力建设全省数字文化产业发展示范区，形成了全链条、广覆盖、多业态的数字文化产业布局，建立和完善数字文化产业发展体系，打造数字文化产业发展新高地，助力全省数字文化产业高质量发展。

一、上饶市数字文化产业发展概况

（一）加强顶层设计，明晰产业发展路径

2017 年，国家出台《关于推动数字文化产业创新发展的指导意见》，2020 年，文化和旅游部出台《关于推动数字文化产业高质量发展的意见》，2023 年，省委、省政府出台《江西省实施文化数字化战略行动方案》，这些都为上饶发展数字文化产业指明了方向。上饶市深入实施数字文化产业发展战略，制定出台扶持政策，推动产业全链条、全方位发展，激活产业发展动能。上饶市先后出台了《关于深入推进数字经济做优做强“一号发展工程”的实施意见》《关于加快上饶市数字经济发展的实施意见》《关于推进上饶市数字文化产业高质量发展的实施意见》等文件，从人才、要素、资金等方面，全方位支持数字文化产业发展。

党的十八大以来，上饶市文化产业规模稳步上升，全市规模以上文化企业营业收入从 2013 年的 87.24 亿元增长至 2023 年的 467.15 亿元（见图 1）；全市规模以上文化企业数量从 2013 年的 54 家跃升至 2023 年的 348 家（见图 2）。作为上饶市文化产业发展的“主力军”，数字文化产业日益重要，市场规模持续扩大，呈现出快速增长态势。上饶市规模以上数字文化产业营业收入从 2013 年的 39.3 亿元逐渐攀升至 2023 年的 315.19 亿元（见图 3）；规模以上数字文化企业数量从 2013 年的 26 家跃升至 2023 年的 189 家（见图 4），在上饶市规模以上文化企业营业收入中的占比从 45% 提升至 67.5%（见图 5）。

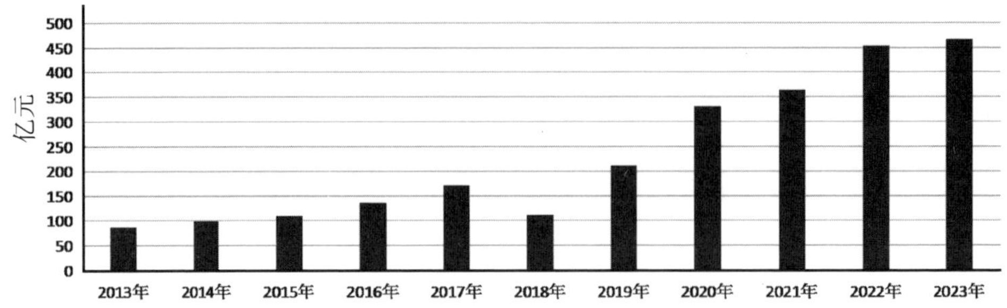

图 1　2013—2023 年上饶市规模以上文化企业营业收入

数据来源:上饶市统计局。

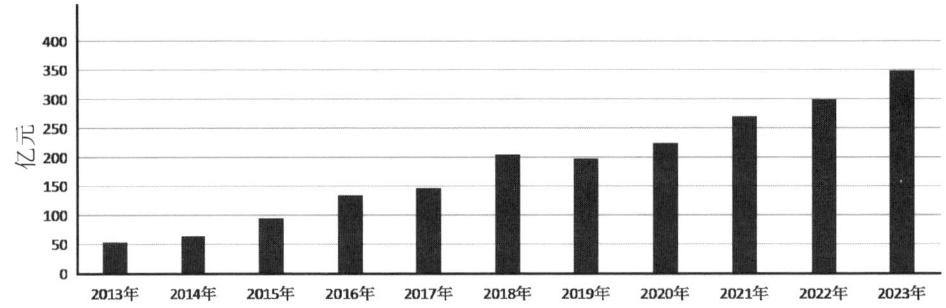

图 2　2013—2023 年上饶市规模以上文化企业数量

数据来源:上饶市统计局。

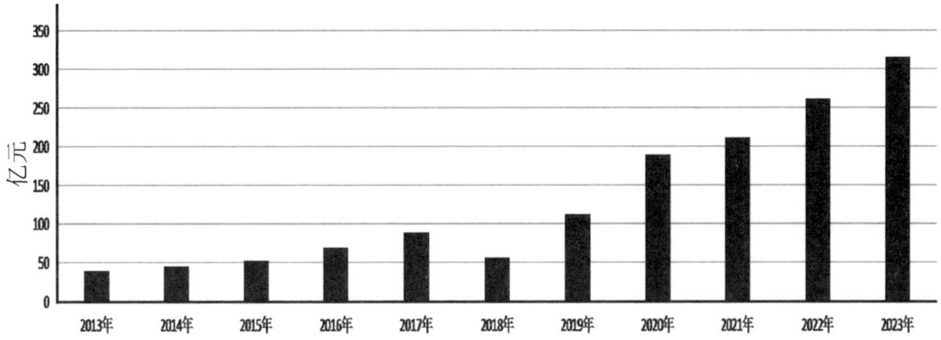

图3　2013—2023 年上饶市规模以上数字文化企业营业收入

数据来源:上饶市统计局、上饶市委宣传部。

注:2020 年以后为文化新业态特征较为明显的 16 个行业小类数据。

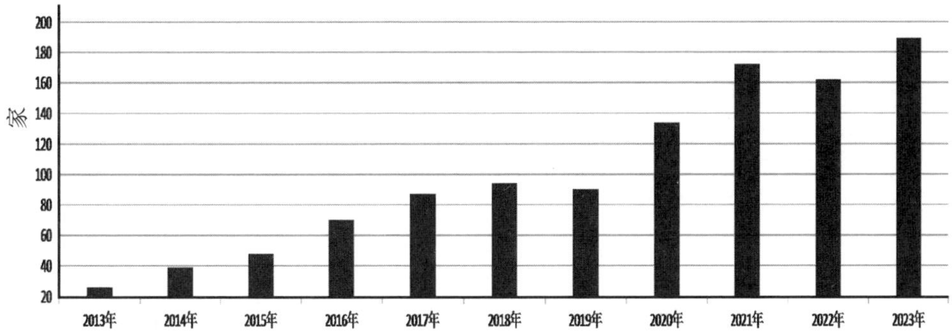

图4　2013—2023 年上饶市规模以上数字文化企业数量

数据来源:上饶市统计局、上饶市委宣传部。

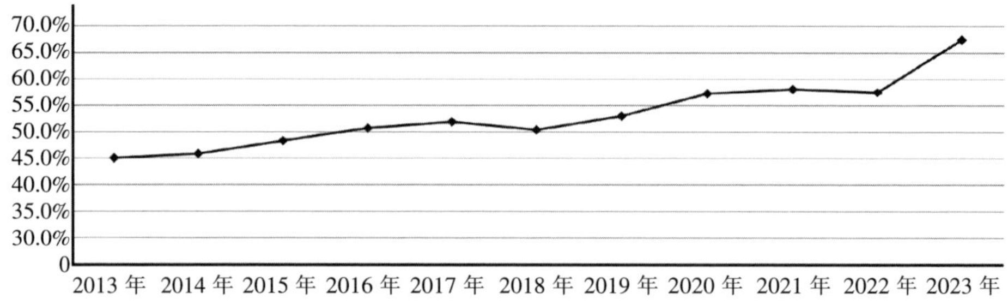

图 5　2013—2023 年上饶市规模以上数字文化产业营业收入占全市规模以上文化企业营业收入比例

数据来源:上饶市统计局、上饶市委宣传部。

(二)优化产业结构,完善产业发展链条

上饶数字文化产业历经了从无到有、从慢到快、从低端到高端的发展阶段。2013 年,上饶市成立了省内第一个信息服务业产业园,培育了以江西巨网为代表的一批数字文化企业,主要以互联网广告、游戏运营等业态为主。2016 年,上饶市借高铁枢纽之利,成立了上饶高铁经济试验区,并以此作为数字经济发展主平台,全力布局数字文化产业赛道,引进江西贪玩、恺英网络、江西倬云、光幕影视等一批优质数字文化企业,带动上饶数字文化产业快速发展。2020 年以来,上饶市贯彻落实省委省政府提出的"精细化、专业化、赛道化"的发展思路,整合数字文化产业资源,不断优化数字文化产业结构,着力发展数字文娱、互联网信息服务、网络文学、数字文化装备、数字视听五大重点产业。这主要包括大力发展以江西贪玩、网易游戏、阿里游戏、恺英网络、盛趣游戏等为龙头的数字文娱产业,以江西傲星、江西巨网、倬云网络、趣星文化等为龙头的互联网信息服务产业,以元聚网络、据点科技等为龙头的网络文学产业,以花脸数字科技、司艺文化、光幕影视等为龙头的数字视听产业,以宇瞳光学、立景科技、联创科技等为龙头的数字文化装备产业,构建数字文化产业高质量发展新格局(见表 1)。2023 年上饶市规模以上数字文化企业营业收入模型结构详见图 6。

表 1　上饶市数字文化产业代表企业

序号	产业领域	代表企业
1	数字文娱	江西贪玩、网易游戏、阿里游戏、恺英网络、盛趣游戏、冰川网络
2	互联网信息服务	江西傲星、江西巨网、巨广网络、倬云网络、趣星文化
3	网络文学	元聚网络、据点科技、起度文化、依米科技
4	数字视听	花脸数字、司艺文化、光幕影视、大千人和、麦腾影视
5	数字文化装备	宇瞳光学、立景科技、联创科技、凤凰科技、华丽丰

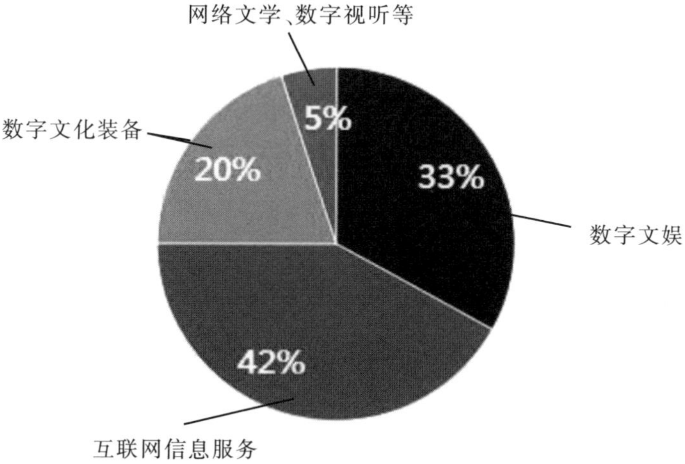

图 6　2023 年上饶市规模以上数字文化企业营业收入类型结构

数据来源:上饶市委宣传部、上饶市统计局。

此外,上饶市充分把握数字文化产业发展规律,寻找文化产业新兴业态之间的连接点、融合点,延伸产业链条,打造集数字文娱、网络文学、数字视听等板块的数字文化产业生态圈。例如,以元聚网络原创网络文学作品 IP 为创作源头,延伸探索下游有声书改编、影视改编、动漫改编等内容。与花脸数字科技合作,打造元宇宙示范区,开发虚拟数字人 IP、区块链数字藏品、元宇宙场景等数字文化项目。与纯白矩阵科技合作,成立区块链创新中心,发行数字文创艺术品。与中国联通合作，打造5G + VR智慧旅游项目，打造了VR虚拟主题展馆。

（三）坚持招大引强，打造产业发展品牌

上饶市坚持市县联动，从过去"广撒网"式招商转变为精准招商，锚定数字文化产业方向，建立百强企业走访信息库，形成招商引资"红黄榜"激励制度，多年来引进各类数字文化企业2000余家。积极创新招商方式，班子领导带队招商，招商小分队精准招商，借助饶商商会、乡友校友、行业协会等渠道以商招商，倾力吸引在外饶籍企业家回乡创新创业。在京津冀、长三角、大湾区设立招商引才中心，打造助推招商引才活动的服务平台。多次组织招商团队赴北京、广州、深圳、上海、杭州等地开展数字文化产业招商推介活动，主动上门走访阿里巴巴、网易、爱奇艺、百度等头部文化企业洽谈合作事宜。善用区位优势，发挥桥头堡作用，全面融入长三角地区，先后举办长三角（杭州）招商推介会、长三角数字经济合作恳谈会等招商推介活动。

在持续的努力下，历经2013—2015年的起步阶段、2016—2019年的快速发展阶段、2020年至今的高质量发展阶段，上饶数字文化产业全面布局、升级业态，乘势而上、加速前行，迎来了崭新的发展机遇。上饶市先后荣获江西省数字经济示范区、江西省大数据科创城、江西省数字经济特色小镇、江西省大数据产业基地、江西省首批数字经济创新发展试验区等荣誉。2021年，上饶高铁经济试验区文娱创意中心获评省级文化产业园区和省级文化与科技融合示范基地。2022年，上饶数字经济科创孵化中心获评国家级科技企业孵化器。2023年9月28日，江西贪玩的实际控制公司中旭未来在港交所挂牌上市，成为江西省实施文化企业培大育强攻坚行动之后首家上市的数字文化服务业企业。江西贪玩、江西巨网入选中国互联网百强企业，是全省仅有的两家入选企业。江西傲星入选中国互联网成长型企业前二十家企业。江西贪玩、江西巨网、江西倬云、江西渝网等数字文化企业多次跻身全省重点文化企业20强。江西贪玩、江西巨网、江西倬云、恺盛科技等企业入选2023年江西省互联网企业20强。

（四）推进平台建设，筑牢产业发展根基

近年来，上饶市持续整合资源，不断强化平台支撑，提升产业承载能力。上饶

高铁经济试验区规划建设了占地1000亩的数字文化产业园区，已建成文娱创意中心、游戏产业双创中心、中科数创园、网易创新中心、元宇宙产业园等一批平台型项目，共引进不同类型数字文化企业483家。上饶市信州区投资7亿元升级上饶信息服务业产业园，大力发展互联网信息服务产业，已集聚数字文化企业223家。广丰区、玉山县、经开区以高新产业园区为发展平台，大力发展数字文化装备产业。自2017年起，连续举办7届上饶文博会，每届展会专门设立数字文化展区，全力打造具有区域影响力的数字文化产品及项目展示和交易平台。

随着科学技术的更新迭代，上饶市积极拓展数字文化产业创新动能，推动政企研深度合作。2016年，与中国科学院云计算中心合作成立江西首个领域内大数据研究院，重点在旅游大数据、金融大数据、工业大数据等各领域进行学术研究、技术创新、人才培养和成果产业化。同年，与华为合作组建华为上饶云数据中心，上饶成为华为在江西的唯一数据节点城市。此后，江西省网络安全研究院、网易联合创新中心等机构先后在上饶成立，推动数字文化创新能力持续提升。

（五）强化要素保障，打破产业发展桎梏

在基建覆盖上，上饶市坚定推进数字经济“一号发展工程”，加速打造数字产业发展重点集聚区、产业数字化转型示范区、数字化治理先导区和数字新基建高地。2021年，上饶市成功入选全国首批“千兆城市”，建成运营江西首条国际互联网数据专用通道。2022年，上饶高铁经济试验区获评国家新型工业化产业示范基地（大数据方向）。截至2023年，全市累计建成5G基站1.33万个，已建成“多云纳管”平台，推动华为江西云数据中心采用“多云竞合”服务模式，提升数据中心利用效率。

在人才供给上，上饶市先后出台《上饶市特色人才特殊政策实施办法》《上饶市高层次人才引进暂行办法操作细则》等政策，为招引人才提供保障。搭建数字经济高层次人才交流服务中心，上线饶派青年人才驿站，搭建数字经济人才公寓，围绕数字文化产业人才需求提供全方位配套服务。2017年，在全省率先挂牌成立大数据人才服务中心。2022年，与江西师范大学合作共建全省首个数字产业学院。2023 年，与南昌航空大学科技学院等 8 所高校和华东数字医学工程研究院等 8 家企事业单位合作共建人才培养“双基地”。建设上饶数字经济产业培训共建共享基地，累计开展各类数字经济产业培训 66 场，培训总人数 3383 人。

在企业服务上，上饶市深化“放管服”改革，推进法人全生命周期“一件事”改革，设立以“互联网 + 政务服务”为特色的数字经济服务大厅，推进政务服务“一网、一门、一次”改革，为数字文化企业注册、审批、办证提供全程无偿式代跑代办“一对一”服务，打通税务、财政、银行和企业线上流程壁垒。优化知识产权快速维权机制，2018 年，成立全省首个知识产权犯罪侦查大队，加大数字文化领域盗版侵权行为打击力度，切实保护企业合法权益。2023 年，建成赣东北数据交易和知识产权全产业链运营服务中心，开展数据交易、知识产权运营、创新能力提升等业务。2023 年，上饶市共代理办理文网文证 30 本，占全省的 47.6%。

二、上饶市数字文化产业发展面临的问题

数字技术的发展促使文化新业态不断涌现、商业模式不断创新，推动数字文化产业发展驶入快车道。就上饶数字文化产业发展而言，虽然取得了一定的成绩，但也面临一些亟待破解的难题。

（一）数字文化产业发展缺乏核心创新动能

与发达地区的数字文化产业发展相比，上饶在关键技术创新和核心技术应用上仍有差距，在程序开发和内容创作等方面创新性不足。落户企业中不论是数字文娱企业还是互联网信息服务企业，都是以客服业务为主，企业的核心研发业态仍在一线城市，导致数字文化产业创新动能不足，缺乏核心竞争力，技术的迭代更新慢。尽管引进了江西师大数字产业学院、华为数字产业园等机构，但目前仍未形成良好的数字文化创新创业氛围，在数字渠道、数字内容、数字业态等方面缺乏创新资源。

（二）数字文化产业发展缺乏全链条贯通

上饶市重点布局的数字文化产业领域是数字文娱、互联网信息服务、网络

文学等,但并未实现真正的全产业链贯通。原创 IP 是文化企业发展的创意来源,目前上饶数字文化企业的原创、独家的创意文化产品和服务相对不足。以数字文娱产业为例,从事客服和运营等内容的数字文娱企业居多,从事原创动漫设计、原创游戏作品开发的仅占少数,产业链下游的 IP 培育、二次开发、衍生品打造等内容也有所欠缺,全链条发展尚未打通。

(三)数字文化产业发展缺乏区域协同联动

在区域合作上,共建共享机制还未建立,数字文化产业的区域协同仍存在短板,特别是与长三角地区数字文化的合作多停留在合作框架协议、倡议、备忘录层面,缺乏可落地的具体项目。在县域联动上,部分县(市、区)难以吸纳数字要素和数字技术,只能简单模仿学习,在产业转移、技术迁移、人才流入等方面存在路径梗阻的问题。各县(市、区)文化产业发展不平衡,尚未形成有效的梯度承接。2023 年上饶市中心五区仅傲星系、巨网系、贪玩系的企业营业收入便达到 270.61 亿元,占全市整体的比例为 57.9%(见图 7),遥遥领先于其他县(市、区)。

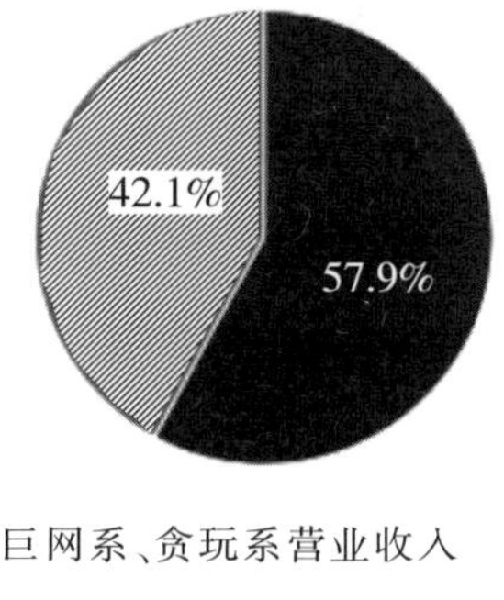

图 7　2023 年上饶市规模以上文化企业营业收入分布

数据来源:上饶市统计局。

（四）数字文化产业发展缺乏业态深度融合

新技术与新经济的碰撞会创造出无限的发展空间，但亦会对城市不断提出新的要求，需要对资本、技术、信息、人才等要素进行整合，从而形成新的融合发展模式。数字文化产业各领域可以通过功能互补和链条延伸，实现领域间的相辅共生。目前上饶市的数字文娱、网络文学、数字视听等产业之间尚未打破行业间壁垒，未形成推动产业一体化协同发展的合力，仍处于“各自为战”的发展状态。如上饶网络文学有一批优秀网络作品，但在IP打造、影视转化、动漫改编等领域的力度还不够强。

（五）数字文化产业发展缺乏高端专业人才

人才问题是制约上饶市数字文化产业发展的瓶颈之一。对多数数字文化企业而言，“招工难、用工荒”问题已经成为影响产业升级、企业发展的重要问题。尽管上饶市是全省数字经济示范区，但与一、二线城市相比，对外来人才的吸引力仍然不足，存在“难引进、用不好、留不住”的现象。数字文化产业面临着领军型、管理型、专业型人才和职业化运营团队匮乏，人才结构不合理、人才培养渠道狭窄等问题，严重制约了上饶市数字文化产业的发展和升级。

三、加快上饶市数字文化产业发展的对策和建议

打造数字文化产业的新高地，需要结合比较优势，顺应数字产业化和产业数字化发展趋势，围绕产业链部署创新链，促进产业链和创新链精准对接，扩大优质数字文化产品供给，融入新发展格局，多措并举推动上饶成为全省乃至赣浙闽皖四省交界区域的数字文化产业重要集聚地和优势引领区。

（一）激活发展动能，促进数字文化产业破茧蝶变

数字文化产业发展要坚持创新驱动，激活发展动能。要选准产业发展赛道，推动传统文化产业转型升级，向智能化、标准化、系统化方向发展，赋能旅游、非遗、文创、新零售等产业，引领新一轮数字文化产业创新。进一步探索应用大数据、AR、VR、人工智能、物联网、区块链等先进科技，拓宽数字创意、元宇

宙、云计算、软件与信息技术服务、数字展陈、网络演艺等优势赛道,夯实专用芯片、电子新材料及器件、工业互联网、机器人、可穿戴设备、超高清显示、智能终端等前沿赛道,积极拥抱数字经济新蓝海,打造数字文化消费新场景,培育文化消费新形态,提升文化消费体验,畅通文化消费渠道,构建文化消费新模式、新业态。

明确企业、科研院所、高校、社会组织等各类创新主体的功能定位,构建开放高效的创新网络。大力支持数字文化企业建立各级各类研究中心(基地),提升创新能力。鼓励全国知名数字文化企业落户并设立研发中心、实验室、技术研究院。推进关键技术实验室、行业创新中心、产业链公共服务平台等建设,扩大新技术、新工艺、新材料的应用范围。支持优秀原创网络剧、网络音乐、网络动漫、网络游戏等在饶制作发行。

(二)深耕重点领域,打造数字文化产业头雁阵营

坚持"以数字赋能,引领文化产业蝶变"的理念,不断拓展应用边界,厚植数字文化产业发展优势,推动数字文娱、互联网信息服务、网络文学、数字文化装备、数字视听等重点板块集聚发展。建立覆盖领军型、成长型、初创型企业的完善培育体系,培育数字文化产业园区。建立健全数字文化企业 10 强发布机制和数字文创重点企业库、项目库。

数字文娱产业方面,发挥网易游戏、阿里灵犀互娱、江西贪玩、冰川网络、恺英网络等龙头企业示范作用,培育和引进一批优质数字文娱企业,力争打造江西最大的数字文娱产业城。进一步增强网页游戏、网络游戏、手机游戏的自主研发和运营推广能力,鼓励优质原创数字文娱作品生产,探索动漫渲染、动漫演艺、动漫主题旅游、动漫教育等产品和服务。支持电子竞技类游戏发展,规划建设电子竞技馆和特色体验馆。同时积极引导数字文娱企业提升游戏产品的文化价值,秉持绿色游戏理念,助推行业健康发展。

互联网信息服务产业方面,支持江西巨网、江西傲星、江西渝网、趣星文化等企业做大做强。聚焦数字营销、互联网直播、文旅电商等领域发展,全面对接各大媒体网络,吸引集聚优质电商直播平台、直播机构、经纪公司,推动电商直

播、网红经济，打造江西省网红基地。

网络文学产业方面，以江西元聚、据点科技等网络文学企业为代表，鼓励创作出一批网络文学经典作品，完善补齐网络文学 IP 产业上下游链条，推动网络文学 IP 商业转化。坚持“协会+基地+园区+企业”协同发展模式，创新网络文学产业发展生态，夯实网络文学产业平台，引育优质网络文学上下游企业。

数字文化装备产业方面，积极探索应用 AR、VR、人工智能等先进科技，推动可穿戴设备、智能硬件等数字文化设备产业发展。支持广丰区、玉山县、上饶经济技术开发区等地发挥手机镜头、摄像镜头、智能显示屏等数字装备研发和制造领域优势，打造数字文化装备产业集群。

数字视听产业方面，推动元宇宙技术突破与内容创新，发展数字视听、演艺传播、影视制作等产业，建设数字音频、数字视频等创作生产基地。打造上饶影视策划制作中心，实施影视精品创作计划，增强内容生产力，对题材新颖、有创意的影视剧 IP 进行重点孵化，鼓励创作一批适应新媒体传播的短视频、网络剧作品。支持高铁经济试验区打造省级数字文创视听产业园。

（三）深化交流互鉴，推动数字文化产业区域合作

立足长三角地区文化资源富集、地缘人文相近的良好基础，全面加强文化交流与融合，共筑数字文化发展平台，共享一体化发展成果。推动数字文化产业融杭接沪，搭建数字文化产业“上上”（上饶、上海）合作平台，深化数字文化产品生产与推广的合作，着力实现资源共享。大力承接长三角数字文化创意和制造业的资源溢出，聚焦“专精特新”，加大对数字文化领域招商引资的力度，打造融通长三角、具有上饶特色的数字文化产业集群。

在对接长三角的同时，积极推动上饶数字文化产业融合发展、均衡发展，推动各县（市、区）走“特色化、差异化、错位化、专业化”的发展路子。鼓励各地融入地方元素，深挖历史资源，捕捉时代新潮，构建优秀制作团队，积极发展数字内容产品，开创上饶数字文化产业开放融合发展新局面。

（四）推动业态融合，释放数字文化产业发展活力

要抢抓长三角区域一体化等战略机遇，进一步推动数字文化产业体制机制

改革，推动数字文化产业和科技深度融合，全面提升文化科技创新能力，加快数字文化产业转型升级，培育壮大新型文化业态。构建以企业为主体、市场为导向、产学研相结合的文化科技创新体系，形成以龙头骨干企业为支点、上中下游衔接、大中小企业紧密配合的发展模式。充分发挥企业在模式创新和融合发展中的带动作用，加快各类创新创业政策体系和管理机制的先行先试。建立重大项目合作机制，开展关键核心技术协同创新，共同构建应用示范场景和产业化推广。

（五）实施人才工程，构筑数字文化产业人才高地

不断完善数字人才激励政策，用好《上饶市高层次人才引进培养办法操作细则（试行）》等人才引进补助政策，落实文化人才激励举措，加大对数字文化产业人才的激励力度。全面强化数字文化产业人才“双招双引”举措。把准产业发展方向，深挖产业链上下游、商会、基金等渠道资源，精准引进符合产业发展需求的优秀人才和项目。以专项签约、项目合作、岗位聘任等形式，引进高层次数字文化产业人才到上饶创业就业。积极组织企业开展校园招聘、中高端人才洽谈会等“助企聚才”活动，构建梯次合理、量质并举的数字文化人才发展格局。

建立健全数字文化人才培养体系，深度推进校企合作、产学对接。支持江西师大数字产业学院申报国家级重点产业学院，鼓励以课题合作、员工培训、实验室共建等方式开展深度人才培养合作。充分发挥数字经济产业共建共享实训基地作用，拓宽数字经济人才供给渠道。举办数字文化产业培训班，扶持有潜力的数字文化产业人才。

V

附　录

附录 1

江西省基层文化体制改革优秀项目名录

序号	申报单位	项目名称	项目类别	时间
1	南昌市	创新“孺子书房”建设管理运营新机制	公共文化服务	2022、2023 年
2	抚州市	整合构建市级融媒体中心全媒体传播新格局	媒体融合	2022 年
3	九江市德安县	打造“文化赋能乡村振兴”新模式	文化资源整合	2022 年
4	景德镇市珠山区	创建“夜珠山”消费带新业态	文旅融合发展	2022 年
5	鹰潭市贵溪市	开展婚俗改革　推进和谐婚姻家庭建设	精神文明建设	2022 年
6	赣州市瑞金市	探索建立革命文物保护利用长效机制	文化保护传承	2023 年
7	宜春市靖安县	探索实施休闲乡村民宿产业规范经营和管理改革	文旅融合发展	2023 年
8	抚州市	推进民间文艺版权保护与促进试点工作	文化保护传承	2023 年
9	赣州市全南县	深化“低彩礼、零彩礼、不收礼”婚俗改革	精神文明建设	2023 年
10	上饶市婺源县	探索传统村落保护利用新路径	文化保护传承	2023 年
11	九江市永修县	以群众需求为导向全力推进新时代文明实践中心建设	精神文明建设	2023 年
12	吉安市泰和县	“五个一”品牌行动整合基层文化资源改革试点项目	文化资源整合	2023 年
13	萍乡市	推进建立红色基因传承创新工作机制	红色基因传承	2023 年
14	新余市	联袂澎湃新闻全力推进市级融媒体改革	媒体融合	2023 年
15	景德镇市	构建“景德融媒”市级媒体结构性融合发展新模式	媒体融合	2023 年
16	鹰潭市	破解移风易俗难题　建设乡风文明	精神文明建设	2023 年

注:通报表扬 2022 年改革项目 5 个;通报表扬 2023 年改革项目 12 个(3 个全国改革案例和 9 个基层文化体制改革优秀项目)。

附录2

江西省荣获国家级文艺大奖情况（2013—2023）

一、“五个一工程”奖历届获奖名录（18 项）

时间	数量	获奖作品	备注
第十三届（2012—2014 年）	6	《洋妞到我家》（电影）导演：陈刚；编剧：李春利、李轻松；主演：徐帆、陈建斌等 《领袖》（电视剧）导演：石伟；编剧：邵钧林；主演：王霙、温峥嵘、侯祥玲、夏天、郭广平、洪涛等 《老阿姨》（歌曲）词：秦新民、陈涛；曲：王黎光 《本色》（广播剧）导演：胡培奋；演员：吕中、薛白 《回家》（戏剧）导演：徐向东；演员：杜欢、邬成香 《瓷上中国》（图书）作者：胡平	作品获奖“满堂红”，省委宣传部获组织工作奖
第十四届（2014—2017 年）	5	《建军大业》（电影）入选特别奖 《老阿姨》（电影）导演：雷献禾；编剧：郭中東、史建全等；主演：陶慧敏、李雪健等 《反腐第一枪》（广播剧）编剧：熊生民；导演：胡婷婷 《永远的歌谣》（戏剧）导演：张曼君、邓德森；编剧：温何根、彭阳 《一百个孩子的中国梦》（图书）作者：董宏猷	作品获奖“满堂红”，省委宣传部获组织工作奖
第十五届（2017—2019 年）	2	《可爱的中国》（电视剧）入选特别奖　导演：吴子牛；编剧：张强 《信仰者》（电影）导演：杨虎；编剧：李海江	
第十六届（2019—2022 年）	5	《一个人的长征》（戏剧）导演：张曼君；编剧：盛和煜，主演：杨俊 《爱拼会赢》（电视剧）导演：李小平、李小亭；编剧：宋凌云、张多 《信念树》（广播剧）编剧：阚平；导演：闻竹 《你笑起来真好看》（歌曲）作词：周兵；作曲：李凯稠 《琵琶围》（图书）作者：温燕霞	省委宣传部获组织工作奖

注：精神文明建设“五个一工程”奖是由党中央倡导，中共中央宣传部组织实施的一项旨在评选优秀文艺作品、促进文艺事业繁荣发展的重要工程。自 1992 年起每年进行一次，评选上一年度各省、自治区、直辖市和中央部分部委，以及解放军总政治部等单位组织生产、推荐申报的精神产品中五个方面的精品佳作。

二、文华奖历届奖获名录（8 项）

届数	获奖数量	文华大奖	文华新剧目奖	文华优秀剧目奖	文华剧目奖	文华单项奖（略）	备注
第十四届（2013 年）	7			大型赣南采茶歌舞剧《八子参军》	话剧《生如夏花》	《八子参军》5 个单项奖	
第十七届（2022 年）	1					1 个单项奖：表演奖（杨俊获文华表演奖）	
总计	8			1	1	6	

注：中国文化艺术政府奖——文华奖是中华人民共和国文化部（现文化和旅游部）设立的国家舞台艺术政府奖。文华奖每三年评选一次。文华奖设文华大奖、文华表演奖。

三、中国文联、中国作协奖项历届获奖名录（28 项，含中国评协推优）

奖项名称	数量	获奖作品（文艺家）
鲁迅文学奖	1	2022 年第八届：《回乡记》江子
全国优秀儿童文学奖	1	2017 第十届：《浮桥边的汤木》彭学军
全国少数民族文学骏马奖	1	2020 年第十二届：《陪审员手记》朝颜
中国戏剧奖	4	梅花奖(3 人) 2015 年第二十七届：杜欢、杨俊 2022 年第三十一届：梅院军
		曹禺剧本奖(1 个) 2019 年第二十三届：《遥远的乡土》任永新
中国电视金鹰奖	2	优秀电视剧奖 2016 年第二十八届：《破阵》江西尚世星河传媒有限公司等 2018 年第二十九届：《热血军旗》东方全景传媒有限公司等

续表：

奖项名称	数量	获奖作品（文艺家）
音乐金钟奖	2	创作奖（1件） 2013年第九届：《那一片红》黄小名、邓伟民、熊纬
		表演奖（1个） 2013年第九届民族唱法金奖：黄训国
舞蹈荷花奖	2	校园舞蹈大赛（2个） 2014年第九届编导奖、表演铜奖：《生如夏花》欧凯、林宣池（编导） 2018年第十一届舞剧奖：《井冈·井冈》吉安职业技术学院等
书法兰亭奖	1	2015年第五届二等奖：贺炜炜
民间文艺山花奖	8	2013年第十一届（优秀民间艺术表演）：《龙腾鱼跃》青云谱城南龙灯表演队 2013年第十一届（优秀民间工艺美术作品）：《花语芬芳》屠丽青 2013年第十一届（优秀民间工艺美术作品）：《飞舞的思绪》岑艳 2013年第十一届（优秀民间文艺学术著作）：《香炉造物艺术研究·战国至宋代的香炉》于清华 2013年第十一届（灯彩，优秀民间艺术表演）：《人物香灯》（灯彩）婺源岩前 2015年第十二届（优秀民间艺术表演奖）：《傩舞闹春》南丰县市山镇流坊大傩班 2015年第十二届（优秀民间文学作品）：《中国民间故事全书·江西抚州县卷本》抚州市文联、市民协、琴城镇水北大傩班 2022年第十五届（优秀民间工艺美术作品）：剪纸作品《早市地摊》谷中和
曲艺牡丹奖	2	节目特别奖（1个）2014年第八届：南昌清音《傲雪红梅》李伟佳 文学奖（1个）2018年第十届：鄱阳大鼓《晒秋》陆泽浦、李小英、周叔琛
“啄木鸟杯”文艺评论年度推优	4	2018年第二届著作类：《新世纪农民工书写研究》江腊生 2020年第四届文章类：《诗性现代戏的中国表达——张曼君现代戏创作探要》苏勇 2022年第六届长评类：《家国情与岭南风：舞剧〈醒·狮〉的民族审美建构》董超等 2023第七届长评类：《脱贫攻坚题材小说的美学追求与反思》江腊生

附录3

江西省国家级和省级文化生态保护（实验）区名单

名称	覆盖区域	覆盖县（市、区）数量	设立时间	命名时间	级别	设立、命名主体
徽州文化（婺源）生态保护区	上饶市婺源县	1	2008年1月	2019年12月	国家级	文化和旅游部
客家文化（赣南）生态保护区	赣州市	18	2013年1月	2023年7月	国家级	文化和旅游部
景德镇陶瓷文化生态保护实验区	景德镇市	4	2020年6月		国家级	文化和旅游部
庐陵文化生态保护实验区	吉安市	13	2015年3月		省级	江西省人民政府
戏曲文化（抚州）生态保护实验区	抚州市临川区、宜黄县、广昌县	3	2021年11月		省级	江西省文化和旅游厅
中医药文化（樟树）生态保护实验区	宜春市樟树市	1	2022年6月		省级	江西省文化和旅游厅

附录4

江西省博物馆（纪念馆）精品陈展

2013 年以来，江西共 11 项陈展获得“全国博物馆十大陈列展览精品推介”，具体名单如下：

1. 南昌县博物馆《洪州窑青瓷展》获得第十届（2012 年度）精品奖

2. 九江市博物馆《九派云横——九江历史文化陈列》获得第十届（2012 年度）精品奖

3. 南昌八一起义纪念馆《南昌起义　伟大开端》获得第十五届（2017 年度）精品奖

4. 江西省博物馆《惊世大发现——南昌汉代海昏侯国考古成果展》获得第十五届（2017 年度）精品奖

5. 江西省庐山博物馆《山语——庐山历代石刻陈列》获得第十六届（2018 年度）精品奖

6. 景德镇中国陶瓷博物馆《瓷业高峰是此都——景德镇瓷器、瓷业与城市发展史陈列》获得第十七届（2019 年度）精品奖

7. 江西省博物馆《江西省博物馆新馆基本陈列——“江西古代历史文化陈列”“江西革命史陈列”》获得第十八届（2020 年度）精品奖

8. 瑞金中央革命根据地纪念馆《“人民共和国从这里走来——中华苏维埃共和国史”陈列》获得第十九届（2021 年度）特别奖

9. 南方红军三年游击战争纪念馆《南国烽烟举红旗——南方红军三年游击战争历史陈列展》获得第二十届（2022 年度）精品奖

10. 江西省博物馆《寻 · 虎——小乌虎儿童主题展》获得第二十届（2022 年度）优胜奖

11. 赣州市博物馆《奋进新时代　书写新荣光——赣南等原中央苏区振兴发展十周年成就展》获得第二十届（2022 年度）优胜奖

附录5

江西省国家级旅游品牌创建名单

序号	品牌名称	数量	创建情况	备注
1	联合国世界旅游组织“最佳旅游乡村”	1	2023年:上饶市婺源县篁岭村	全国共4个
2	国家5A级旅游景区	14	2007年:九江市庐山风景名胜区、吉安市井冈山风景旅游区 2011年:上饶市三清山旅游景区 2012年:鹰潭市龙虎山旅游景区 2013年:上饶市婺源江湾景区、景德镇古窑民俗博览区 2015年:瑞金市共和国摇篮旅游区、宜春市明月山旅游区 2017年:抚州市资溪大觉山景区、上饶市龟峰景区 2018年:南昌市滕王阁旅游区 2019年:萍乡市武功山景区 2020年:九江市庐山西海景区 2022年:赣州市三百山景区	
3	国家级旅游度假区	4	2017年:宜春市明月山温汤旅游度假区 2020年:上饶市三清山金沙旅游度假区 2022年:新余市仙女湖七夕文化旅游度假区、赣州市大余县丫山旅游度假区	
4	国家生态旅游示范区	4	2013年:上饶市婺源国家生态旅游示范区、吉安市井冈山国家生态旅游示范区 2014年:上饶市鄱阳湖国家湿地公园 2015年:吉安市青原山风景名胜区	
5	国家全域旅游示范区	7	2019年:吉安市井冈山市、上饶市婺源县、抚州市资溪县 2020年:赣州市石城县、宜春市靖安县、九江市武宁县、景德镇市昌江区	

续表：

序号	品牌名称	数量	创建情况	备注
6	国家级夜间文化和旅游消费集聚区	14	2021 年：抚州市文昌里明清街区、宜春市万载古城·田下街区、吉安市庐陵人文谷街区、赣州市郁孤台特色文化街区、景德镇市“夜珠山”消费带 2022 年：南昌市“夜东湖”文化和旅游消费圈、南昌市万寿宫文化街区、上饶市梦里老家演艺旅游度假区、抚州市黎川古城、景德镇市陶阳里御窑、萍乡市南正街 2023 年：新余市赣西民俗风情街、吉安市恩江古城、上饶市葛仙村	
7	国家文化和旅游消费试点城市	5	2020 年：南昌市、新余市 2021 年：抚州市、宜春市、景德镇市	
8	国家文化产业和旅游产业融合发展示范区	3	2023 年：景德镇市珠山区、上饶市婺源县、九江市修水县（湖北咸宁市通城县、湖南岳阳市平江县、江西九江市修水县为联合申报）	
9	全国乡村旅游重点镇	6	2021 年：吉安市井冈山市茅坪镇、上饶市婺源县江湾镇、南昌市湾里管理局太平镇 2022 年：萍乡市湘东区麻山镇、吉安市安福县羊狮幕镇、鹰潭市余江区杨溪乡	
10	全国乡村旅游重点村	51	2019 年：上饶市婺源县江湾镇栗木坑村、赣州市大余县黄龙镇大龙村、上饶市婺源县赋春镇源头村、吉安市井冈山市大陇镇大陇村、新余市仙女湖风景名胜区仰天岗办事处孝头村、宜春市靖安县中源乡三坪村、抚州市资溪县乌石镇新月村、赣州市龙南县临塘乡东坑村、鹰潭市余江区杨溪乡琯溪村、九江市永修县柘林镇易家河村、吉安市井冈山市厦坪镇菖蒲村、南昌市南昌县黄马乡凤凰村 2020 年：景德镇市浮梁县瑶里镇瑶里村、南昌市安义县石鼻镇罗田村、萍乡市芦溪县宣风镇竹垣村、萍乡市湘东区麻山镇幸福村、吉安市万安县高陂镇高陂村、抚州市南丰县市山镇包坊村、九江市武宁县罗坪镇长水村、宜春市明月山温泉风景名胜区（袁州区）温汤镇水口村、吉安市安福县章庄乡章庄村、吉安市永新县高市乡滨江村（洲塘书画村）、抚州市广昌县驿前镇姚西村、上饶市德兴市香屯街道杨家湾村楼上楼村、上饶市婺源县紫阳镇	

续表：

序号	品牌名称	数量	创建情况	备注
			考水村、上饶市婺源县溪头乡西岸村江岭村、赣州市上犹县梅水乡园村村、宜春市明月山温泉风景名胜区（袁州区）洪江镇古庙村、赣州市大余县新城镇周屋村、抚州市资溪县乌石镇草坪村、抚州市资溪县马头山镇永胜村、鹰潭市贵溪市雷溪镇南山村、赣州市石城县琴江镇大畲村、上饶市婺源县蚺城街道上梅洲村塘村、九江市修水县杭口镇双井村、吉安市井冈山市茅坪镇神山村、吉安市井冈山市黄坳乡黄坳村 2021 年：赣州市于都县梓山镇潭头村、上饶市婺源县思口镇思溪村延村、赣州市瑞金市叶坪镇华屋村、九江市庐山市白鹿镇秀峰村、景德镇市浮梁县瑶里镇五华村、抚州市黎川县德胜镇德胜村、南昌市新建区溪霞镇店前村 2022 年：新余市渝水区良山镇下保村、赣州市全南县龙源坝镇雅溪村、萍乡市芦溪县银河镇紫溪村、南昌市新建区太平镇雷港村、上饶市广信区望仙乡望仙村、赣州市崇义县上堡乡水南村、抚州市资溪县鹤城镇大觉山村	
11	国家级旅游休闲街区	5	2022 年：上饶市鄱阳县饶州古镇旅游休闲街区 2023 年：南昌市西湖区万寿宫旅游休闲街区、上饶市广信区望仙谷岩铺老街旅游休闲街区 2023 年：赣州市章贡区郁孤台旅游休闲街区、抚州市临川区文昌里旅游休闲街区	
12	国家级文明旅游示范单位	4	2021 年：三清山风景名胜区、赣州市南康大酒店 2023 年：萍乡武功山景区、大余丫山旅游度假区	
13	国家旅游科技示范园区	1	2022 年：景德镇陶溪川文创街区	全国共 12 家
14	国家工业旅游示范基地	6	2017 年：萍乡市安源景区（国家工业遗产旅游基地） 2022 年：资溪面包食品产业城、仙客来灵芝园景区 2023 年：赣州市南康家居小镇、南昌市李渡烧酒作坊遗址景区、新余市博迅天工城工业旅游区	

续表：

序号	品牌名称	数量	创建情况	备注
15	国家体育旅游示范基地	3	2021 年：新余市仙女湖国际汽车文化产业园 2022 年：萍乡武功山风景名胜区 2023 年：九江庐山西海风景名胜区	
16	全国红色旅游融合发展试点单位	1	2022 年：吉安市井冈山市	全国共 10 个
17	五星级旅游饭店	20	2003 年：江西宾馆 2007 年：江西锦峰大酒店、江西嘉莱特和平国际酒店、九江远洲国际大酒店 2012 年：赣州锦江国际酒店、九江信华建国酒店 2013 年：南昌力高皇冠假日酒店、景德镇市紫晶宾馆、抚州荣誉国际酒店 2014 年：宜春迎宾馆、南康大酒店、新余市融城大饭店 2015 年：明月山维景国际温泉度假酒店 2020 年：鹰潭沁庐豪生大酒店、婺源县瑞怡宝婺度假酒店、伯爵文山酒店 2021 年：抚州凤凰开元名都大酒店、瑞金市荣誉国际酒店 2022 年：上饶国际大酒店 2023 年：吉安恺蒂国际大酒店	
18	全国甲级旅游民宿	8	2021 年：婺源县厚塘庄园民宿 2022 年：袁州区旧雨新知民宿、湾里岭溪谷民宿、井冈山半亩方塘民宿 2023 年：抚州市资溪县南源民宿、上饶市婺源县望婺源·流苏小筑、萍乡市莲花县吉内得稻田民宿、景德镇市浮梁县云里雾里塔里民宿入选甲级旅游民宿	
19	全国乙级旅游民宿	4	2021 年：龙南市栖一树民宿、婺源县花田溪民宿 2022 年：庐山云上山纪民宿 2023 年：上饶市婺源县月亮湾俞家民宿	

附录6

江西省文化产业园区（基地）、街区名单

国家级

一、国家级文化产业示范园区

景德镇陶溪川文创街区（景德镇市）

二、国家级文化和科技融合示范基地

南昌国家级文化和科技融合示范基地
景德镇（陶溪川）国家文化和科技融合示范基地（集聚类）

三、国家级数字出版基地

南昌市

四、国家级印刷包装产业基地

赣州市、吉安市

五、国家级文化出口基地

景德镇市

六、国家文化产业示范基地

景德镇古窑民俗博览区（景德镇市）

同方泰豪动漫产业投资有限公司（南昌市）
江西桐青金属工艺品股份有限公司（宜春市）
景德镇佳洋陶瓷有限公司（景德镇市）
景德镇逸品天合陶瓷有限公司（景德镇市）
江西祈福工艺品有限公司（九江市）
江西龙虎山美丽目的地文化旅游发展有限公司（鹰潭市）
赣州海邦文化产业发展有限公司（赣州市）
吉安嘉瑞实业有限公司（吉安市）
上饶市九牛大峡谷旅游景点综合开发有限公司（上饶市）

省级

一、江西省文化产业园区

699 文化创意园（南昌市）
黎川油画创意产业园（抚州市）
赣坊 1969 文化创意产业园（赣州市）
景德镇陶溪川文创街区（景德镇市）
慧谷产业园（南昌市）
上饶高铁经济试验区文娱创意中心（上饶市）
余江雕刻文化产业园（鹰潭市）
景德镇名坊园（景德镇市）
武宁数字文创园（九江市）
豫章 1 号文化科技园（南昌市）

二、江西省文化和科技融合示范基地

上饶高铁经济试验区文化和科技融合示范基地（集聚类）（上饶市）

景德镇陶溪川文创街区（集聚类）（景德镇）
吉安螃蟹王国文化和科技融合示范基地（单体类）（吉安市）
中至数据集团文化和科技融合示范基地（单体类）（南昌市）
小蓝泰豪 VR 产业基地（单体类）（南昌市）
江西省旅游集团文旅科技有限公司（单体类）（南昌市）
江西恩达麻世纪科技股份有限公司（单体类）（新余市）
江西省众灿互动科技股份有限公司（单体类）（南昌市）

三、江西省文化出口基地

分宜工业园区文化出口基地（新余市）
景德镇昌南新区文化出口基地（景德镇）
余江工业园区文化出口基地（鹰潭市）

四、江西省特色文化街区

景德镇三宝国际瓷谷街区
南昌万寿宫历史文化街区
赣州江南宋城·郁孤台历史文化街区
宜春万载古城·田下街区
抚州黎川明清古城老街
上饶望仙谷岩铺老街区
南昌原城纪·南昌城市文化街区
九江柘林老镇非遗美食文创街区
景德镇陶阳里历史街区
萍乡南正街文化旅游街区
吉安庐陵人文谷街区
抚州文昌里历史文化街区
上饶时光 PARK 特色文化街区

附录 7

江西省国家级文化产业赋能乡村振兴试点

萍乡湘东区

九江武宁县

附录 8

江西省文化产业重点县（市、区）

一、2020 年度江西省文化产业重点县（市、区）

南昌市红谷滩区、南昌市青山湖区、九江市庐山市、九江市瑞昌市、景德镇市珠山区、萍乡市上栗县、鹰潭市贵溪市、赣州市章贡区、上饶市广信区、吉安市吉安县

二、2021 年度江西省文化产业重点县（市、区）

赣州市章贡区、南昌市青山湖区、吉安市吉安县、南昌市红谷滩区、鹰潭市贵溪市、上饶市广信区、新余市分宜县、景德镇市昌江区、萍乡市上栗县、九江市瑞昌市

三、2022 年度江西省文化产业重点县（市、区）

吉安市吉安县、南昌市青山湖区、赣州市章贡区、南昌市红谷滩区、新余市分宜县、上饶市广信区、上饶市广丰区、景德镇市浮梁县、宜春市万载县、鹰潭市贵溪市

附录9

江西省重点文化企业名单

一、全国文化企业30强及提名企业

江西省出版传媒集团公司

江西文化演艺发展集团有限责任公司(提名企业)

景德镇陶瓷文化旅游发展有限责任公司(提名企业)

二、江西省文化企业20强及提名企业

(一)2020年度江西省文化企业20强及提名企业

1.2020年度江西省文化企业20强

江西省出版传媒集团公司、江西文化演艺发展集团有限责任公司、江西报业传媒集团有限责任公司、中国广电江西网络有限公司、江西教育传媒集团有限公司、中至数据集团股份有限公司、泰豪创意科技集团股份有限公司、江西仟得文化传播有限公司、江西桐青金属工艺品股份有限公司、南昌融创主题文化旅游管理有限公司、景德镇陶邑文化发展有限公司、江西亿铂电子科技有限公司、江西福山众品鑫包装有限公司、江西贪玩信息技术有限公司、江西倬云数字产业集团有限公司、婺源篁岭文旅股份有限公司、江西立讯智造有限公司、安福县海能实业股份有限公司、吉安螃蟹王国科技有限公司、江西台德智慧科技有限公司

2.2020年度江西省文化企业20强提名企业

江西联创宏声电子股份有限公司、南昌广播电视发展有限公司、萍乡市时代工艺包装有限公司、江西恩达麻世纪科技股份有限公司、江西杰锋印刷包装有限公司、江西中鼎金属工艺有限公司、江西水晶光电有限公司、赣州立德电子有限公司、朝阳聚声泰(信丰)科技有限公司、上饶市立景科技有限公司

（二）2021 年度江西省文化企业 20 强及提名企业

1. 2021 年度江西省文化企业 20 强

江西新华发行集团有限公司、江西立讯智造有限公司、江西文化演艺发展集团有限责任公司、江西巨网科技有限公司、江西报业传媒集团有限责任公司、江西金太阳教育研究有限公司、中至数据集团股份有限公司、婺源篁岭文旅股份有限公司、赣州立德电子有限公司、江西倬云数字产业集团有限公司、江西渝网科技股份有限公司、江西盛泰精密光学有限公司、天键电声股份有限公司、吉安螃蟹王国科技有限公司、安福县海能实业股份有限公司、江西沃格光电股份有限公司、江西水晶光电有限公司、景德镇陶溪川文创运营有限公司、江西台德智慧科技有限公司、泰豪创意科技集团股份有限公司

2. 2021 年度江西省文化企业 20 强提名企业

江西恩达麻世纪科技股份有限公司、勤业工业（龙南）有限公司、优幕广告有限公司、江西时刻互动科技股份有限公司、江西凤凰光学科技有限公司、江西仟得文化传播有限公司、江西福山众品鑫包装有限公司、萍乡市华雅印务有限公司、江西网络电视股份有限公司、江西中鼎金属工艺有限公司

（三）2022 年度江西省文化企业 20 强及提名企业

1. 2022 年度江西省文化企业 20 强

江西立讯智造有限公司、婺源篁岭文旅股份有限公司、江西广电传媒集团有限责任公司、安福县海能实业股份有限公司、江西省芦林纸业股份有限公司、创维视芯电子（宜春）有限公司、江西报业传媒集团有限责任公司、江西文化演艺发展集团有限责任公司、中至数据集团股份有限公司、江西巨网科技有限公司、江西贪玩信息技术有限公司、慈文传媒股份有限公司、江西仟得文化传播有限公司、江西武功山实业有限公司、江西联淦电子科技有限公司、江西台德智慧科技股份有限公司、江西水晶光电有限公司、赣州立德电子有限公司、优幕广告有限公司、江西省众灿互动科技股份有限公司

2. 2022 年度江西省文化企业 20 强提名企业

江西五星纸业有限公司、美智光电科技股份有限公司、江西盛泰精密光学

有限公司、江西沃格光电股份有限公司、南昌蓝珀笔业画材有限公司、九江凯瑞生态农业开发有限公司、井冈山西江月文化传媒有限公司、天键电声股份有限公司、赣州得辉达科技有限公司、江西酷哦科技有限公司

(四)2023 年度江西省文化企业 20 强及提名企业

1.2023 年度江西省文化企业 20 强

江西广电传媒集团有限责任公司、江西贪玩信息技术有限公司、江西傲星科技有限公司、江西巨网科技有限公司、江西报业传媒集团有限责任公司、中至数据集团股份有限公司、五洲特种纸业(江西)有限公司、21 世纪出版社集团有限公司、婺源篁岭文旅股份有限公司、江西仟得文化传播有限公司、江西人民出版社有限责任公司、江西倬云数字产业集团有限公司、天键电声股份有限公司、慈文传媒股份有限公司、赣州得辉达科技有限公司、美智光电科技股份有限公司、江西台德智慧科技股份有限公司、功夫动漫股份有限公司、上饶恺盛网络科技有限公司、江西桐青金属工艺品股份有限公司

2.2023 年度江西省文化企业 20 强提名企业

江西教育出版社有限责任公司、安福县海能实业股份有限公司、江西武功山实业有限公司、江西省芦林纸业股份有限公司、江西亿铂电子科技有限公司、吉安螃蟹王国科技有限公司、上饶市立景创新科技有限公司

图书在版编目（CIP）数据

新时代江西文化发展报告：2013—2023 / 傅云，蒋金法，肖洪波主编；郎道先，钟小武，陈晓平副主编. -- 南昌：江西人民出版社，2024.4

ISBN 978-7-210-15468-6

Ⅰ. ①新… Ⅱ. ①傅… ②蒋… ③肖… ④郎… ⑤钟… ⑥陈… Ⅲ. ①地方文化-文化发展-研究报告-江西-2013-2023 Ⅳ. ①G127.56

中国国家版本馆 CIP 数据核字（2024）第 096053 号

新时代江西文化发展报告（2013—2023）
XINSHIDAI JIANGXI WENHUA FAZHAN BAOGAO（2013—2023）
主　编　傅　云　蒋金法　肖洪波
副主编　郎道先　钟小武　陈晓平

出 版 人：梁　菁
责任编辑：万莲花
装帧设计：章　雷

江西人民出版社 Jiangxi People's Publishing House 全国百佳出版社 出版发行

地　　址：江西省南昌市三经路 47 号附 1 号（330006）
网　　址：www.jxpph.com
电子邮箱：64114527@qq.com
编辑部电话：0791-86898650
发行部电话：0791-86898815
承 印 厂：南昌市红星印刷有限公司
经　　销：各地新华书店

开　　本：787 毫米×1092 毫米　1/16
印　　张：22.75
字　　数：340 千字
版　　次：2024 年 4 月第 1 版
印　　次：2024 年 4 月第 1 次印刷
书　　号：ISBN 978-7-210-15468-6
定　　价：75.00 元
赣版权登字-01-2024-163